SCHOLAR

Higher

Authored by:

Eòghan Maclean Stewart (James Gillespie's High School)

Reviewed by:

Seonaidh Charity (James Gillespie's High School)

Previously authored by:

Eòghan Maclean Stewart

Ruaraidh G Macilleathain

Heriot-Watt University

Edinburgh EH14 4AS, United Kingdom.

First published 2018 by Heriot-Watt University.

This edition published in 2018 by Heriot-Watt University SCHOLAR.

Distributed by the SCHOLAR Forum.

SCHOLAR Study Guide Higher Gaelic

Higher Gaelic Course Code: C831 76

ISBN 978-1-911057-43-7

Print Production and Fulfilment in UK by Print Trail www.printtrail.com

Acknowledgements

Thanks are due to the members of Heriot-Watt University's SCHOLAR team who planned and created these materials, and to the many colleagues who reviewed the content.

We would like to acknowledge the assistance of the education authorities, colleges, teachers and students who contributed to the SCHOLAR programme and who evaluated these materials.

Grateful acknowledgement is made for permission to use the following material in the SCHOLAR programme:

The Scottish Qualifications Authority for permission to use Past Papers assessments.

The Scottish Government for financial support.

The content of this Study Guide is aligned to the Scottish Qualifications Authority (SQA) curriculum.

Contents

Context 1: Society

Context 1 Topic 1

Family and friends

Contents

Learning objective

This topic will focus on your listening and reading skills.

After this topic, you should be able to:

- understand detailed and complex written language by:
    - identifying overall purpose and main points;
    - applying knowledge and understanding of Gaelic.

1.1 Donald: Dòmhnall (UND2)

Dòmhnall

Hallo, 'S mise Dòmhnall MacAbhatair agus fàilte dhan chùrsa Ghàidhlig aig SCHOLAR. Tha mi an dòchas gun cord e riut a bhith ag ionnsachadh còmhla rium fhèin agus ri mo charaidean as fheàrr, Ceit, Calum agus Nina.

Tha **ùidh** mhòr agam ann an leughadh, **curachanachd**, sreap agus coiseachd nam beann. Tha seo a' togail m' aire do Ghàidhlig, **gu h-àraidh** ainmean àite agus eachdraidh na h-Alba, tha iad làn Ghaidhlig!

Tha Gàidhlig aig m' athair. 'S ann às an Eilean Sgitheanach a tha e. Tha m' athair na chroitear agus bidh e ag obair don Chomhairle cuideachd. Tha mo mhàthair ag obair ann am bùth. Tha bràthair mòr agam, Lachlann, 's esan ag obair **aig muir**.

Is fìor thoigh leam Gàidhlig. Tha mi ag obair ann an Taigh-òsta an Stèisein sa bhaile an-drasta ach tha mi an dòchas gum bi mi a' faighinn a-steach do Shabhal Mòr Ostaig as deidh dhomh an sgoil fhàgail. Tha mi airson a bhith nam chraoladair, bidh an obair sin nas fhearr na **nighe nan soithichean** co-dhiù! A-nise, faodaidh tu coinneachadh ri mo dheagh charaidean, Ceit, Calum agus Nina.

English translation

Donald

Hello, I am Donald MacAvatar and welcome to the Gaelic course here at SCHOLAR. I hope you enjoy learning along with me and my best friends, Kate, Calum and Nina.
I have a big interest in reading, canoeing, climbing and hill walking. This has made me interested in Gaelic, especially place names and Scottish history, they are full of Gaelic!
My father has Gaelic. He is from the Isle of Skye. My father is a crofter and he works for the Council also. My mother works in a shop. I have a big brother, Lachlann, and he works at sea.
I really like Gaelic. I work in the Station Hotel in the town just now but I hope that I will get into *Sabhal Mòr Ostaig* after leaving school. I want to be a broadcaster, it will be better work than washing dishes anyway! Now, you may meet my good friends!

1.2 Kate: Ceit (UND2)

Ceit

Latha math, 's e Ceit NicSimidh an t-ainm a tha orm, tha an **glaoic** sin Dòmhnall air fàilte a chur ort **mu thràth** ach tha mi toilichte d' fhaicinn an seo aig SCHOLAR.

Chan eil Gàidhlig aig mo phàrantan ach bha e aig mo sheanair agus bha **sinnsearan** mo mhàthar à Èirinn agus bha iad a' bruidhinn Gàidhlig na h-Èireann. Is toigh leam a bhith ag ionnsachadh Gàidhlig o chionn 's gu bheil mi a' smaoineachadh gu bheil i cudromach do dh'Alba.

Tha ùidh mhòr agam ann an spòrs! Ball-coise, rugbaidh, **lùth-chleasan**, fiù 's criogaid! 'S e **iomain** an spòrs as fheàrr leam ge-tà! Bidh mi a' cluich airson sgioba. Bidh mi a' dèanamh tòrr cuideachadh agus obair **còmhla ri cloinn** aig fèisean agus club Sradagan. Tha seo a' **cuideachadh** mo Ghàidhlig cuideachd.

Tha mi ag iarraidh a bhith nam thidsear. Tha mi air cur a-steach airson cùrsa teagaisg airson spòrs aig Oilthigh Shrath Chluaidh ann an Glaschu. Mus tèid mi gu oilthigh, bidh mi a' dol a Chanada **airson an t-samhraidh** - tha mi gu bhith a' coidseadh iomain aig fèisean do dhaoine ann an Alba Nuadh.

Feumaidh mi an cùrsa seo a dhèanamh an toiseach - trobhad, **nach ionnsaich sinn ri chèile?** Tha mi duilich, tha cuideigin aig an doras. Cò tha ann? 'S tu fhèin a Chaluim, thig a-steach!

English translation

Ceit

Good day, my name is Kate Sim, that *glaoic* Donald has welcomed you all already but I am happy to see you here at SCHOLAR.
My parents do not have Gaelic but my grandfather had it and my mother's ancestors came from Ireland and they spoke Irish Gaelic. I like to be learning Gaelic because I think that it is important for Scotland.
I have a big interest in sport! Football, rugby, athletics, even cricket! Shinty is my favourite sport however! I play for a team. I do a lot of helping and work with children at fèisean and Sradagan

clubs. This is helping my Gaelic as well.
I want to be a teacher. I am applying for a teaching course for P.E. at the University of Strathclyde in Glasgow. Before I go to university, I will be going to Canada in the summer. I am going to be coaching shinty at some fèisean for young people in Nova Scotia.
I must do this course first - trobhad, nach ionnsaich sinn ri chèile? - Come, why do we not learn together? Sorry, someone is at the door. Who is there? Oh, it is yourself Calum, come in!

1.3 Calum: Calum (UND1)

Calum

Hallo a charaid! 'S e Calum MacFhearguis an t-ainm a tha orm. Tha mi anns an aon sgoil ri Ceit agus Dòmhnall ach chan eil sinn anns an aon chlas Ghàidhlig oir tha mise fileanta mu thràth. Chaidh mise agus Nina don Aonad Gàidhlig ann am Baile a' Chàirn agus 's e **Gàidhlig a tha agamsa a-staigh** le mo dhithis phàrantan. Tha an ceathrar againn gu math dlùth mar charaidean ge-tà.

Tha Dòmhnall airson a bhith na **chraoladair** agus tha Ceit airson a bhith na tidsear ach tha mise airson a bhith nam phìobaire. 'S e pìobaireachd an cur-seachad as fheàrr leam agus bidh mi **a' seinn na pìoba** aig co-fharpaisean, **cùirmean-ciùil**, cèilidhean agus consairtean. Bidh mi a' teagasg aig an fhèis agus bidh mi a' cluich anns a' chòmhlan-ciùil ionadail - Còmhlan Pìob na Sgìre.

Tha mi diofraichte o Dhòmhnall agus Ceit cuideachd oir tha **deagh bheachd** aca far am bu toigh leotha a dhol airson an oilthigh. 'S urrainn dhomh a dhol chun na Conservatoire Rìoghail ann an Glaschu no gu Sabhal Mòr Ostaig airson ceòl tràidiseanta a rannsachadh. Tha an cothrom agam cuideachd **bith-beò** a dhèanamh mar neach-ciùil proifiseanta a' siubhal na **dùthcha** a' cluich.

Tha mise an-seo airson do chuideachadh a thaobh ionnsachadh mu chultar na Gàidhlig agus pùingean cànain ach tha aon tè agad ri **coinneachadh** fhathast, agus 's ise Nina! Nina, càite a bheil thu? Obh obh, tha i an-còmhnaidh anmoch!

To listen to Calum, you will need the following sound file:
hg-cgae1-1-1listening.mp3

English translation

Calum

Hello friend! My name is Calum Ferguson. I am in the same school as Kate and Donald but we are not in the same Gaelic class because I am fluent already. Nina and I went to the Gaelic Context in Baile a' Chàirn and Gaelic is the language I use in the house with my two parents. The four of us are very close as friends though.
Donald wants to be a broadcaster and Kate wants to be a teacher but I want to be a piper. Piping is

my favourite pastime and I play the pipes at competitions, gigs, ceilidhs and concerts. I teach at the fèis and I play in the local band - The District Pipe Band.
I am different from Donald and Kate because they have a good opinion about where they would like to go for university. I can go to the Royal Conservatoire in Glasgow or to Sabhal Mòr Ostaig to study traditional music. I also have the opportunity to make a living as a professional musician travelling the country to play.
I am here to help you with learning about Gaelic culture and language points but there is one person you have still to meet, and she is Nina! Nina, where are you? Obh obh, she is always late!

1.4 Nina: Nina (UND1)

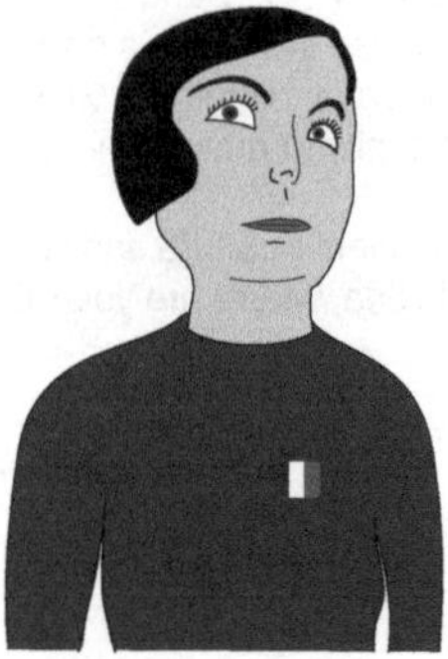

Nina

Is mise Nina NicCoinnich Rossi, agus na bi a' **creidsinn** an triùir eile, chan eil mi an-còmhnaidh fadalach!

Chaidh mise dhan Aonad Gàidhlig sa bhun-sgoil còmhla ri Calum. Chan eil fios agam dè nì mi **an ath bhliadhna** idir. 'S dòcha gum fuirich mi aig an taigh agus nì mi obair anns an sgoil-àraich. Tha mi ag obair an-sin latha san t-seachdain mar **eòlas-obrach**. 'S fìor thoigh leam a bhith ag obair le cloinn òga. Tha mi gu math **foighdineach** agus tha e a' còrdadh rium a bhith gan cuideachadh. 'S toigh leam a bhith a' cuideachadh mo charaidean cuideachd agus bidh mi a' coimhead as an dèidh. 'S e "Mamaidh" am far-ainm a tha aig an triùir eile orm!

Chan eil Gàidhlig anns an teaghlach agam idir idir. Tha mo **sheanair** às an Oban ach cha robh Gàidhlig aige. Tha m' athair às an Eadailt. Tha Eadailtis agam cuideachd. Tha e cudromach dhomh gu bheil mi **dà-chananach**, no, gu dearbh, **ioma-chànanach**. Tha rannsachadh a' **sealltainn** gum bi daoine aig a bheil barrachd na h-aon chànan a' dèanamh gu math anns an sgoil agus gu bheil an inntinn aca nas fhallaine. Uill, tha trì cànainean agam, tha mi an dòchas gum bi sin gam chuideachadh! Tha mi pròiseil às mo dhà dhualchas, Albannach agus Eadailteach agus 's toigh leam a bhith ag ionnsachadh mu chultaran ùra. Tha m an-seo airson do chuideachadh cuideachd, tha mi math air rannsachadh.

Uill, tha thu air coinneachadh rinn uile a-nis. **Toisicheamaid** air a' chùrsa, tha sinn a' dol a thoirt sùil air teaghlach agus caraidean. 'S e **fìor dheagh chuspair** a tha seo air a bheil sinn uile eòlach agus a tha a' **toirt cothrom** dhuinn gràmar agus cànan feumail ionnsachadh.

To listen to Nina, you will need the following sound file:
hg-cgae1-1-2listening.mp3

English translation

Nina

I am Nina MacKenzie Rossi, and do not believe the other three, I am NOT always late!
I went to the Gaelic Context in the primary school with Calum. I do not know what I want to do next year at all. Perhaps I will stay at home and I will do work in the Gaelic nursery school. I work there one day a week as work experience. I really like to work with young children. I am very patient and

I enjoy helping them. I like to help my friends also and I look after them. The other three call me "Mamaidh" as my nickname.
I have no Gaelic in my family at all. My grandfather was from Oban but he did not have Gaelic. My father is from Italy. I have Italian as well. It is important to me that I am bilingual, or, indeed, multilingual. Research shows that people with more than one language do well in school and that their minds are healthier. Well, I have three languages, I hope that helps me! I am proud of my two heritages, Scottish and Italian and I like learning about new cultures. I am here to help also, I am good at studying.
Well, you have met us all now. Let us start on the course, we are going to look at family and friends, a very good subject we can all talk about which also allows us to learn useful grammar and language.

1.5 Family: Teaghlach

There are several language points which can be used to make talking about friends and family more interesting and to increase your own fluency and chances of gaining a top grade.

Families are made of people. The number of people in a family can have a big effect on its members.

Gaelic has a separate (but similar) counting system for counting people.

In English a word such as this is called a *numerical noun*, in Gaelic it is called *ainmear àireamhach*.

These are used for counting people only - if you look closely they are very close to the numbers you are used to. You should already be aware of the common numbers and be able to count using them. You will notice that there is a pattern to the numerical nouns which should make learning them much easier.

To listen to these, you will need the following sound files:
hg-cgae1-1-3vocab.mp3 (1-20)

Common numbers	**Numerical nouns**	
aon	aonar/aonan	1
dhà	dithis	2
trì	triùir	3
ceithir	ceathrar	4
còig	còignear	5
sia	sianar	6
seachd	seachdnar	7
ochd	ochdnar	8
naoi	naoinear	9
deich	deichnear	10

Grammar: Numerical nouns - Counting people Go online

Count the number of people and use the correct numerical noun.

Q1:

....

Q2:

....

Q3:

....

Q4:

1.5.1 Things to note

Dithis takes the plural, whereas *dà* does not.

dithis bhràithrean	dà bhràthair

As these numbers are nouns, the word for the people that you are counting takes the genitive (possessive) form. With plurals, this is usually the plural form lenited.

If there was "nobody", you can say "**Cha robh duine ann**" or "**Cha robh neach sam bith ann**".

Dithis bhràithean	

triùir pheathraichean	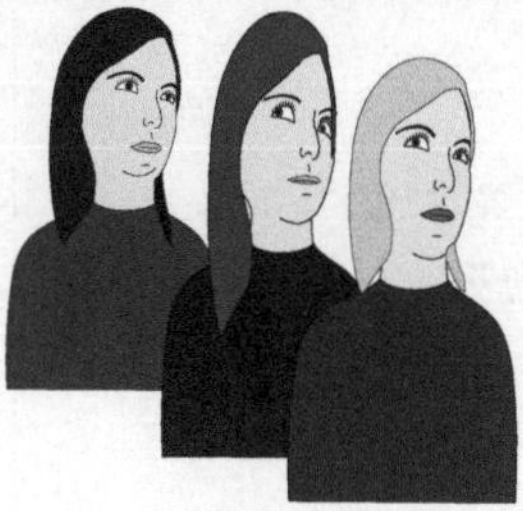
ceathrar bhalaich	
còignear nigheanan	
sianar thidsearan	
seachdnar chluicheadairean ball-coise	

ochdnar Lochlannaich	

naoinear iasgairean	

deichnear Ghàidheil	

1.5.2 Using numerical nouns with prepositional pronoun - Aig

As these numerical nouns are just that, nouns, you can use them to refer to people. When you are talking about numbers of people, for example "both", then you can use "dithis".

"an dithis agaibh" means "the both of you"
"an dithis againn" means "the both of us"
"an dithis aca" means "the both of them"

The following table has a range of different phrases using numerical nouns.

Chaidh an dithis againn dhan phàirc	The two of us went to the park
Chaidh an dithis aca dhan phàirc	The two of them went to the park
Thèid an triùir againn dhan bhùth	The three of us will go to the shop
Thèid an triùir agaibh dhan bhùth	The three of you will go to the shop
Bha ceathrar air bòrd	There were four on board
Bha còignear air bòrd	There were five on board
Tha sianar againn a' fuireach ann	Six of us live there
Tha seachdnar againn a' fuireach ann	Seven of us live there

1.6 Family members

The following pages will give you a good range of vocabulary connected to members of the family as well as ranges of context that these words may appear in. As these words are very common in the language, they can be irregular - this means that they do not always do what you expect regarding the grammar you will have picked up. However, the fact they are used frequently means you should get used to them. A good rule of thumb is, however, that all words for males are masculine nouns and those for females are feminine nouns.

1.6.1 Father: Athair, Mother: Màthair

an t-athair - the father
m' athair - my father
d' athair - your father
ar n-athair - our father
ur n-athair - your father
leas-athair - stepfather

athraichean is the plural

You may also hear Ar n-Athair - our Father, used as the opening line of the common Christian prayer, "The Lord's Prayer" "Urnaigh an Tighearna".

a' mhàthair - the mother
mo mhàthair - my mother
do mhàthair - your mother
ar màthair - our mother
ur màthair - your mother
leas-mhàthair - step-mother

màthraichean is the plural

1.6.2 Husband, wife and partner: Duine, bean agus cèile

There are a few Gaelic words to refer people who are in a relationship with you.

an duine agam - my husband
a' bhean agam - my wife
mo chèile - my partner
bràmar - boy or girlfriend
leannan - darling
pòsta - married
dealaichte - separated
air sgaradh - divorced

Neach is the Gaelic for a person, **luchd** is the plural

Duine is also often used for a man, although **fear** is also common.
Bean was traditionally used to refer to a woman but as it has connections with marriage.
However, the most common Gaelic word for "woman" - **boireannach**, is actually a masculine noun. It does not lenite.

1.6.3 Brother: Bràthair, Sister: Piuthar

Bràthair

mo bhràthair - my brother
do bhràthair - your brother
The plural is **bràithrean**
mac is the Gaelic for son
leth-bhràthair - half-brother
leas-bhràthair - step brother

Piuthar

mo phiuthar - my sister
do phiuthar - your sister
The plural is **peathraichean**
nighean is the Gaelic for daughter (as well as girl)
leth-phiuthar - half-sister
leas-phiuthar - step-sister

1.6.4 Grandfather: Seanair, Grandmother: Seanmhair

Seanair

The word "**sean**" means old - **seanair** literally means "old father"

You can define which grandfather you are talking about:

athair mo mhàthar - my mother's father
athair m' athar - my father's father
Sinn-seanair - is a great-grandfather
Seann-duine is an old man, **bodach** is a more informal saying.

Seanmhair

You can define which grandmother you are talking about:

màthair mo mhàthar - My mother's mother
màthair m' athar - my father's mother

You will also hear **granaidh** quite frequently.

sinn-seanmhair - is a great-grandmother
Sean bhean is an old woman, **cailleach** is a much more informal term and should not be used when that person is near!
sinnsearan is the Gaelic for ancestors.

1.6.5 Uncle: Uncail, Aunt: Antaidh, Cousin: Co-ogha

uncail is a loanword from English, it has become more frequently used as shorthand in recent years. The more traditional way of defining your relationship with your uncles and aunties is by referring to which parent they are related.

bràthair mo mhàthar - my mother's brother
bràthair m' athar - my father's brother

goistidh is the Gaelic for godfather.

If you are an uncle or auntie yourself you may refer to nephews and nieces as:

clann mo bhràthar - my brother's children
nighean mo pheathar - my niece (my sister's daughter)
mac mo bhràthar - my brother's son

antaidh is a loanword from English, it has become more frequently used as shorthand in recent years. The more traditional way of defining your relationship with your uncles and aunties is by referring to which parent they are related.

piuthar mo mhàthar - My mother's sister
piuthar m' athar - My father's sister

These relationships can be extended to included great-uncles and aunties as well.

co-ogha comes from the word **ogha** - meaning grandchild, **co-ogha** therefore refers to the fact you have the same grandparent. **Iar-ogha** is a great-grandchild.

If you wish to display your learning to a high level you can state the exact relationship:

mac piuthar mo mhàthar - My mother's sister's son

If they are distant cousins you may use the ordinal numbers a' chiad, an darna agus an treas.

mo dhara cho-ogha - my second cousin

1.7 Vocabulary: Friends

To listen to these, you will need the following sound files:
hg-cgae1-1-4vocab.mp3 (1-24)

earbsach	trustworthy	**mì-chàilear**	unpleasant
tuigseach	intelligent	**grod**	horrible
laghach	lovely	**leam-leat**	fickle
èibhinn	funny	**nìmheil**	malicious
cuideahaill	helpful	**mì-mhodhail**	rude
taiceil	supportive	**salach**	dirty
càirdeil	friendly	**fèineil**	selfish
comasach	able	**bragail**	boastful
cabach	chatty	**mosach**	grumpy
stòlta	composed	**rag**	stiff
làidir	strong	**robach**	ropey
àlainn	beautiful	**coma-co-dhiubh**	uncaring

Vocabulary: Good and bad qualities in a friend Go online

In the next exercise, the following *buadhairean* or *adjectives* are *qualities* or *feartan* that you may or may not want in a friend.

Match up the Gaelic and the correct translation.

Q5:

1. earbsach	a. strong
2. mì-modhail	b. ropey
3. mosach	c. beautiful
4. làidir	d. funny
5. robach	e. trustworthy
6. èibhinn	f. grumpy
7. leam-leat	g. intelligent
8. tuigseach	h. fickle
9. àlainn	i. rude

1.7.1 What can friends do?

Vocabulary: Good friends and bad friends Go online

What can friends do? Dè bhios caraid math a' dèanamh?

Q6: Match up the Gaelic and the correct translation.

1. a' coimhead as do dhèidh	a. kisses your boyfriend/girlfriend
2. ag èisteachd riut	b. helps you when you are in need
3. a' pògadh do bhramair	c. talks about themselves all the time
4. a' toirt iasad dhut	d. listens to you
5. gad chuideachadh nuair a tha thu nad èiginn	e. makes you smile
6. a' goid airgead bhuat	f. looks after you
7. a' bruidhinn mun deidhinn fhèin fad na h-ùine	g. puts you down
8. a' cur sìos ort	h. steals money from you
9. a' cur gàire ort	i. gives you a loan

1.7.2 Adjectives: Synonyms

It is also useful to have synonyms, these can add richness to your vocabulary and also allow you to increase in fluency.

To listen to these, you will need the following sound files:
hg-cgae1-1-5vocab.mp3 (1a-8b)

toilichte	**sona**
mosach	**gruamach**
ceòlmhor	**math air ceòl**
spaideil	**snàsail**
sgiobalta	**glan**
mì-thoilichte	**duilich**
gòrach	**amaideach**
brìghmhor	**math air bruidhinn**

To listen to these, you will need the following sound files:
hg-cgae1-1-6vocab.mp3 (1-7)

a' faighinn air adhart	getting along
dlùth le chèile	close to each other
's e deagh charaid a tha ann	he is a good friend
on uair a bha sinn glè òg	since we were very young
a' fuireach an ath dhoras	staying next door
anns an aon chlas aig an sgoil	in the same class at school
mo charaid as fheàrr	my best friend

1.8 Tha vs is: The substantive vs the copula

You should already know that **tha** and **is** (often represented as Is e or 'S e or 'S i)) are different forms of the verb **bi** (to be). However, when learning Gaelic it is important maintain awareness of when to use them.

Tha is called the substantive verb because it expresses substance or existence
Tha mi - I am
Tha is used to **describe** a subject or refer to its **actions**.
Tha an cat **leisg**
Tha Calum **mòr**
Tha an duine mòr **ag obair**

Is is called the copula, because it joins two noun-ideas, i.e. two persons or things.
Is mise Calum - I am Calum

Is is used to **define a subject**
Is e **cat** a tha ann

However, when adjectives are an intrinsic part of the subject as in English, "The Big Man", "The Wee Woman", **is** is used.

Is e **duine mòr** a tha ann	Is e **tè bheag** a tha innte

You are defining the man as the "big man", not just a "man" who is big.

Using the cat from the previous examples:

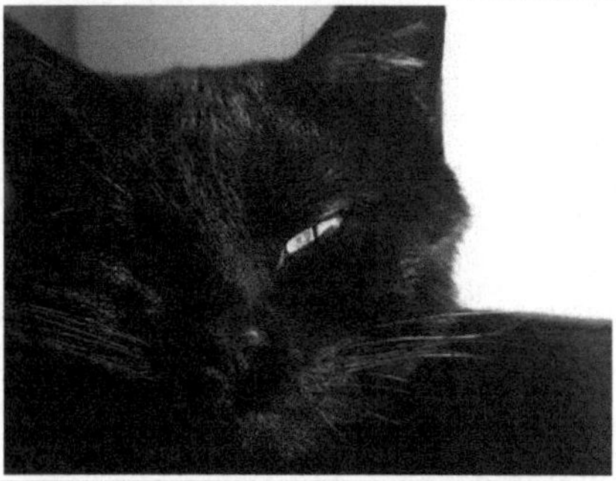	'S e **cat dubh** a tha ann - It is a **black cat** The black cat is an object. Its actions can be referred to as well. Therefore **an cat dubh** is one object where the adjective is part of the noun. Tha **an cat dubh** leisg - The **black cat** is lazy

The difference becomes much more obvious with feminine nouns, as feminine nouns lenite the following adjective. For example, piseag - kitten:

	Tha **a' phiseag** beag - The kitten is small 'S e **piseag bheag** a tha innte - It is a small kitten

	Compare with the masculine *cat* Tha **an cat** beag - The cat is small 'S e **cat beag** a tha ann - It is a small cat

Gaelic Life Hack!

If this is still difficult for you to understand —think about the Is like the '=' (equal sign) in mathematics

"Is e A B" or "Is e B a th' ann an A" is the equivalent of saying A = B

1.9 'S e with ann, innte, annta

When you are using **'S e** you will notice that the end of the sentence changes when you are not referring to the subject by name. This changes according to who is being referred to.

For a male you would use 'S e . . . a tha ann.
For a female you would use 'S e . . . a tha innte.
For more than one person (regardless of gender) you would use 'S e . . . a tha annta.

Grammar: Tha or 'S e Go online

Q7: The following sentences either use the substantive verb or the copula. Match them up.

1. Tha Calum duilich	a. 'S e dithis spaideil a tha annta
2. Tha Seonag duilich	b. 'S e duine toilichte a tha ann
3. Tha Seonaid agus Pàdraig duilich	c. 'S e daoine duilich a tha annta
4. Tha Pòl spaideil	d. 'S e gillean toilichte a tha annta
5. Tha Màiri spaideil	e. 'S e fear spaideil a tha ann
6. Tha Aonghas agus Raonaid spaideil	f. 'S e balach duilich a tha ann
7. Tha Gilleasbuig toilichte	g. 'S e tè spaideil a tha innte
8. Tha Catrìona toilichte	h. 'S e nighean dhuilich a tha innte
9. Tha Cailean agus Donnchadh toilichte	i. 'S e boireannach toilichte a tha innte

1.10 Is in everyday phrases

Is is often represented by **'S e** or **'S i** - This is called a contraction - which we are not allowed to use in English in SCHOLAR (or we're not / we aren't allowed to use!).

You will find Is at the beginning of many phrases.

You will already be well versed with *Is toigh leam*, *Is fheàrr leam* and *Is beag orm*. You will notice that it is an adjective which follows here. Why is this? You are not so much describing here but using the adjective to define your feelings towards the subject.

Tha **sin** math - **That** is good
but
Is **math** sin - That is **good**!
Here the *math* is made stronger.

These types of phrases often appear in everyday speech by fluent speakers in the Gaidhealtachd areas as well as in Gaelic song.

To listen to these, you will need the following sound files:
hg-cgae1-1-7vocab.mp3 (1-11)

Is truagh sin	That is a pity
Is bochd sin	That is a pity
Is coma leam	I do not care
Is duilich leam	I am sad
Is lugha orm	I hate
Is milse leam	I am fond of
Is caomh leam	I like (Leòdhasach)
Is fhada bhon uairsin	Long time no see
Is fhiach e	It is worth it
Is tric	frequently, often
Is gann	Scarcely

Grammar: Is in everyday phrases Go online

Match up the Gaelic and the correct translation.

Q8:

1. Is truagh/bochd sin	a. Long time no see
2. Is lugha orm	b. Frequently/often
3. Is caomh leam	c. I hate
4. Is fhada bhon uairsin	d. That is a pity
5. Is tric	e. I like

1.11 Playing with: Còmhla ri vs le

Be careful when translating from English to Gaelic when you are writing and speaking. Many common phrases in English use the same word (or spelling) for different concepts, whereas Gaelic will have separate and distinct phrases. This is the case for the preposition 'with'. For example, here is Donald talking about playing football on Saturday:

Bidh mi a' cluich ball coise **còmhla ri** mo charaidean.

Bidh mi a' cluich ball coise **le** brògan agus ball.

Còmhla ri means that you play *with* (in the company of) whereas *le* means *with*.

If Donald said *Bidh mi a 'cluich ball-coise le mo charaidean* this would mean he used them to play sport, I do not think me, Kate or Nina would be too happy being kicked up and down the park.

A good rule of thumb is that you use *còmhla ri* for people and *le* for objects.

Do the following exercise and use *còmhla ri* or *le* in the appropriate place.

Grammar: Còmhla ri or le? Go online

Fill in the blanks with either 'le' or 'còmhla ri'.

Q9: Bha mi a' cluich ball coise __________ mo bhall ùr.

a) le
b) còmhla ri

....

Q10: Chunnaic mi Dòmhnall a' coiseachd __________ Ceit .

a) le
b) còmhla ri

....

Q11: Chluich Jimi Hendrix ceòl __________ giotar.

a) le
b) còmhla ri

....

Q12: Chluich Pòl MacCartain __________ na Beatles.

a) le
b) còmhla ri

....

Q13: Bidh mi ag obair __________ Mgr Rothach.

a) le
b) còmhla ri

....

Q14: Rinn mi m' obair _________ coimpiutair.

a) le
b) còmhla ri

....

Q15: Tha mi a' fuireach _________ mo phàrantan.

a) le
b) còmhla ri

....

Q16: Bidh mi ag èisteachd ri ceòl _________ m' fhon-làimhe.

a) le
b) còmhla ri

....

Q17: Bidh mi ag èisteachd ri ceòl_________ mo charaid.

a) le
b) còmhla ri

1.12 Ri & le prepositions

Ri and **le** are prepositions. They make the following prepositional pronouns when used with the pronouns.

Pronouns

mi	sinn
thu	sibh
e	iad
i	

Ri

rium	rinn
riut	ribh
ris	riutha
rithe	

Le

leam	leinn
leat	leibh
leis	leotha
leatha	

Ri & le prepositions: Exercise Go online

Q18: Put the prepositional pronouns into the correct order. Choose from: ribh, ris, rium, riutha, rinn, rithe, riut.

Ri

....

Q19: Put the prepositional pronouns into the correct order. Choose from: leis, leat, leotha, leinn, leam, leibh, leatha.

Le

1.13 The SCHOLAR Gaelic students

You are now about to learn a little more about the SCHOLAR Gaelic students. Here they will tell you a little about their lives.

1.13.1 Donald: Dòmhnall (UND2)

Reading comprehension: Dòmhnall Go online

Tha ceathrar againn anns an teaghlach. Chan eil ach triùir a' fuireach anns an taigh ge-tà. Tha mo bhràthair, Lachlann, ag obair aig muir. 'S e einnseanair a tha ann. Tha an obair a' còrdadh ris. Tha Lachlann fichead 's a trì bliadhna a dh'aois. Tha sinn a' faighinn air adhart gu math. Cheannaich esan flat ann an Obar Dheathain ach thig e dhachaigh gu math tric oir tha a bhramar, Jolene, a' fuireach anns a' bhaile.

Tha m' athair ag obair aig a' chomhairle ach 's e croitear a tha ann cuideachd. Is toigh leis a bhith ag obair a-muigh leis na caoraich. Tha tractar aige. Is fìor thoigh leis an tractar sin. Tha e sean agus dearg, coltach ri m' athair! Tha mo mhàthair, Sandra, ag obair anns a' bhun-sgoil mar chocaire. Tha i fìor mhath air còcaireachd agus beicearachd. Feumaidh mi mòran eacarsaich a dhèanamh airson cumail tana! Is toigh leis a h-uile duine anns an teaghlach ball-coise. Bidh sinn a' coimhead air geamannan air an telebhisean còmhla.

Q20: How many people are in Donald's family?

a) 1
b) 2
c) 3
d) 4

....

Q21: How many people live in the house?

a) 1
b) 2
c) 3
d) 4

....

Q22: Lachlann enjoys his engineering job.

a) True
b) False

....

Q23: Donald and Lachlann do not get on.

a) True
b) False

....

Q24: Lachlann has a flat in Oban.

a) True
b) False

....

Q25: Donald's father likes working outside.

a) True
b) False

....

Q26: He works with cattle.

a) True
b) False

....

Q27: Sandra is a terrible cook.

a) True
b) False

....

Q28: Everyone in the family really likes football.

a) True
b) False

....

Q29: They watch football together.

a) True
b) False

1.13.2 Kate: Ceit (UND2)

Reading comprehension: Ceit Go online

Tha mi a' fuireach còmhla rim athair. Chan eil ach an dithis againn ann. Chan eil mo phàrantan pòsta a-nis. Dhealaich iad nuair a bha mi ochd bliadhna a dh'aois. Tha mo mhàthair a' fuireach ann an Glaschu. Chan eil mi ro eòlach oirre. Tha i pòsta ach cha toigh leam an duine aice. Tha an suidheachadh caran doirbh ach tha mi ceart gu leòr leis.

'S e manaidsear a tha nam athair air bùth anns a' bhaile. Bidh a' bhùth a' reic stùthan airson obair gairnealachd agus togail. 'S toigh le m' athair a bhith ag obair anns a' ghàrradh.

'S e duine sàmhach, ciùin a tha nam athair agus chan eil mòran a' cur dragh air. 'S e Coinneach an t-ainm a tha air. B' àbhaist dha a bhith a' cluich iomain airson sgioba a' bhaile ach tha e ro shean a-nis. Ged a tha mi nam aonar, chan eil mi a' faireachdainn aonaranach idir oir tha caraidean matha agam. Bidh mi a' dol a-mach còmhla ri mo charaidean air an deireadh-sheachdain agus bidh sinn a' còmhradh mu dheidhinn chùisean. Is toigh leam a bhith a' cabadaich agus a' dèanamh fealla-dhà.

Q30: Kate lives with her father.

a) True
b) False

....

Q31: How many are in the house?

a) 1
b) 2
c) 3
d) 4

....

Q32: What age was Kate when her parents divorced?

a) 6
b) 7
c) 8
d) 9

....

Q33: Kate does not like her mother's husband.

a) True
b) False

....

Q34: The shop sells material for gardening and building.

a) True
b) False

....

Q35: Kate's father is noisy and angry.

a) True
b) False

....

Q36: Kate's father still plays shinty.

a) True
b) False

....

Q37: Kate feels lonely.

a) True
b) False

....

Q38: Kate likes to chat and have fun.

a) True
b) False

1.13.3 Calum: Calum (UND1)

Listening comprehension: Calum Go online

You will need the following sound file to complete this exercise:
hg-cgae1-1-8listening.mp3

Q39: How many people are in Calum's family?

a) 4
b) 5
c) 8
d) 9

....

Q40: Calum is the oldest.

a) True
b) False

....

Q41: Marjory annoys Calum.

a) True
b) False

....

Q42: Michael and Martin are twins.

a) True
b) False

....

Q43: They fight all the time.

a) True
b) False

....

Q44: Andrea is really nice.

a) True
b) False

....

Q45: Flora is from Harris.

a) True
b) False

....

Q46: Calum's father has the same name as him.

a) True
b) False

....

Q47: Calum's father enjoys his work.

a) True
b) False

....

Q48: Calum's father can sometimes be grumpy.

a) True
b) False

....

Q49: Calum's father used to play the accordion.

a) True
b) False

1.13.4 Nina: Nina (UND1)

Listening comprehension: Nina Go online

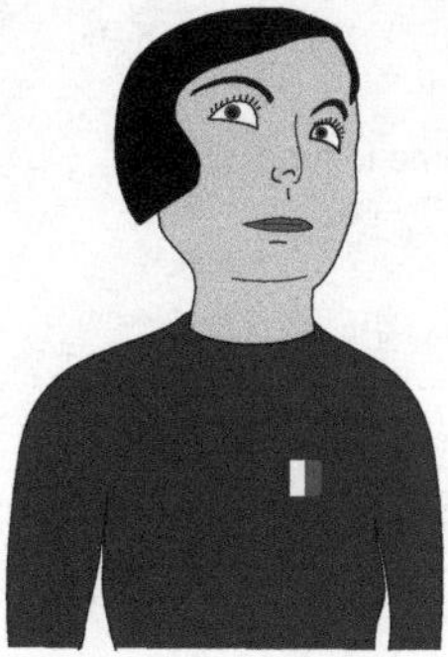

You will need the following sound file to complete this exercise:
hg-cgae1-1-9listening.mp3

Q50: How many people are there in Nina's family?

a) 4
b) 5
c) 6

....

Q51: Her grandfather lives with them.

a) True
b) False

....

Q52: All her sisters have left the house.

a) True
b) False

....

Q53: How old is Bella?

a) 20
b) 30
c) 40

....

Q54: The family often goes on holiday to Italy.

a) True
b) False

....

Q55: Nina looks after Dylan from time to time.

a) True
b) False

....

Q56: Marlena and her family live far away.

a) True
b) False

....

Q57: Kareen enjoys working in an office.

a) True
b) False

....

Q58: Kareen leaves university next summer.

a) True
b) False

....

Q59: All Nina's sisters are lovely.

a) True
b) False

....

Q60: Nina's parents are the worst parents in the world.

a) True
b) False

1.14 Writing practice (USE2)

Writing: Friends and family

Mr Munro: "In this assessment, having read the profiles of our four students and also the information they gave you at the start of the course, you are going to create a piece of writing based on friends and family. Choose one of the following exercises. You should submit this piece to your tutor. It need only be 200 words long. Ensure you use vocabulary you have learned in this section."

1. Write a profile of your best friend.
   - Name their best qualities. Use **tha**.
   - Define them using **is**.
   - Why do you like them?
   - Where do they stay?
   - What activities do you do with them?
2. Write about the makeup of a family (this can be your own or someone else's).
   - Members of family.
   - Describe them using **tha**.
   - Define parents using **is**.
   - What jobs do they do?
   - Do people get along in the family?
   - Do they do any activities together?

1.15 Reading comprehension (UND2)

Reading comprehension: Cairistìona Go online

Nuair a bha mi beag bha mo charaid as fheàrr a' fuireach an ath dhoras rium. 'S e Cairistìona NicLeòid an t-ainm a bha oirre agus bha sinn **cho dlùth a chèile** gun robh sinn mar pheathraichean. Bhiodh sinn a' cluich le ar deideagan agus doileagan agus a' leigeil air gur e seinneadairean pop no spuinneadairean a bha annainn.

Q61: Where did the writer's best friend live?

....

Q62: How does she describe their relationship?

Bha beatha gu math doirbh aig Cairistìona. Cha robh i a' fuireach còmhla ri a pàrantan. Chan e duine snog a bha na h-athair idir agus bha a màthair a' fulang le droch shlàinte. Mar sin, bha i a' fuireach còmhla ri a seanmhair. 'S e boireannach laghach, èibhinn a bha ann an seanmhair Cairistìona. 'S e Sineag an t-ainm a bha oirre. 'S ann às na Hearadh a bha i. **Dhèanadh i bèicearachd** gach madainn agus nuair a bhiodh sinn deiseil de chluich, bhiodh sinn a' faighinn **aran-coirce**, chèicichean agus bhriosgaidean. Chòrd e rium gu mòr a dhol an ath dhoras airson greim-bidhe.

Q63: How is Christina's life described?

....

Q64: What was Christina's granny, Sineag, like?

....

Q65: What did Sineag do every morning?

Bha taigh Sineag an-còmhaidh gu math sgiobalta agus glan. Bhiodh ise agus Cairistìona a' dol dhan eaglais gach Là na Sàbaid agus bhithinn a' faighinn ann an trioblaid bho mo mhàthair nan robh mi a' cluich a-muigh air Là na Sàbaid. Bhiodh mo mhàthair ag ràdh "Bi modhail, tha Sineag a' dol don eaglais agus cha toigh leatha daoine a bhith a' cluich Didomhnaich." Cha robh cead aig Cairistìona cluich Là na Sàbaid idir ach rinn sinn **fealla-dhà** na sìa làithean eile.

Q66: What was Sineag's house like?

....

Q67: What would happen if she played outside on a Sunday?

....

Q68: What reason was given to her for this happening?

Bha Cairistìona gu math sàmhach uaireannan. Bha i ag ionndrainn a pàrantan gu mòr. Chuidich mi i le obair-sgoile agus obair-dachaigh. Nuair a bha sinn aig an sgoil, bhiodh na tidsearan a' **gearan** gun robh sinn a' bruidhinn ri chèile cus! Rinn sinn gealladh gum biodh sinn nar caraidean gu bràth. Ach thàinig **briseadh-cridhe** nuair a bha sinn aon bhliadhna deug a dh'aois.

Q69: What is said about Christina's behaviour?

....

Q70: What reason is given for this?

....

Q71: What complaint did their teachers have about the two girls?

....

Q72: What promise did they make?

....

Q73: What is the meaning of 'briseadh-cridhe'?

Gu mì-fhortanach, chaochail Sineag le **stròc** agus **b' fheudar do** Chairistìona gluasad air falbh. Chuala mi gun robh a màthair air fàs na b' fheàrr agus fhuair iad taigh ann an Dùn Èideann. Chuir mi fòn gu Cairistìona turas no dhà agus sgrìobh i litir dhomh ach mu dheireadh thall, gun adhbhar, sguir sinn a bhruidhinn. Ghluais iad taigh a-rithist agus cha chuala mi guth oirre a-rithist.

Q74: In detail, what happened to Christina after Sineag's death?

....

Chaidh còrr is fichead bliadhna seachad agus bha mi a' fuireach ann an Glaschu. Bha mi aig an taigh aon Disàthairne nuair a lorg mi dealbh ann am bogsa a thog mi bho thaigh mo phàrantan. Na bhroinn, fhuair mi dealbh den dithis againn taobh a-muigh Taigh Sineag. Bha sinn a' coimhead cho òg, mu ochd bliadhna a dh'aois. Chuimhnich mi air Cairistìona agus chaidh mi air loidhne airson a lorg. Fhuair mi greim orra tro làrach-lìn airson caraidean sgoile a lorg agus chuir mi post-dealain thuice. Cha robh càil ann ach feitheamh air freagairt.

Q75: How much time passed?

....

Q76: Where did the writer find a picture of her and Christina?

....

Q77: Describe their appearance in the photo.

....

Q78: What did the writer use to find Christina?

Abair iongnadh a bha anns an fhreagairt! Bha Cairistìona cho toilichte cluinntinn bhuam! Tha i a-nis pòsta agus tha leanabh aice. 'S e Mairead an t-ainm a tha oirre mar a tha orm fhèin. Abair urram! Chan e sin deireadh a' ghnòthaich ge-tà. Ghluais mi gu flat ùr an-uiridh air **iomall a' bhaile** ann an Glaschu. Tha m' obair gu math trang agus mar sin cha robh mi air coinneachadh ri mo nabaidhean. Ach cò tha a' fuireach air an aon shràid? Ceart! Cairistìona, an duine aice, Ruairidh agus Mairead bheag! Tha sinn nar caraidean dlùth a-rithist agus ged nach eil sinn a' cluich le ar deideagan is doileagan a-nise, tha tòrr fealla-dhà againne!

Q79: What is the purpose of this passage?

a) A personal recollection about old friends
b) A short story about old friends
c) A newspaper article about a school reunion

1.16 Translation

Translation: Cairistìona Go online

Q80:

1. Abair iongnadh a bha anns an fhreagairt!
2. Bha Cairistìona cho toilichte cluinntinn bhuam!
3. Tha i a-nis pòsta agus tha leanabh aice.
4. 'S e Mairead an t-ainm a tha oirre mar a tha orm fhèin.
5. Abair urram!
6. Chan e sin deireadh a' ghnòthaich ge-tà.
7. Ghluais mi gu flat ùr an-uiridh air iomall a' bhaile ann an Glaschu.
8. Tha m' obair gu math trang agus mar sin cha robh mi air coinneachadh ri mo nabaidhean.
9. Ach cò tha a' fuireach air an aon shràid? Ceart!
10. Cairistìona, an duine aice, Ruairidh agus Mairead bheag!
11. Tha sinn nar caraidean dlùth a-rithist
12. Agus ged nach eil sinn a' cluich le ar deideagan is doileagan a-nise,
13. Tha tòrr fealla-dhà againne!

1.17 Learning points

Summary

You should now have some practice with:

- understanding detailed and complex **written** language by:
  - identifying overall purpose and main points;
  - applying knowledge and understanding of Gaelic.
- understanding detailed and complex **spoken** language by:
  - identifying overall purpose and main points;
  - applying knowledge and understanding of Gaelic.

Context 1 Topic 2

Lifestyles

Contents

Learning objective

By the end of this topic, you will have a wide vocabulary concerning the following:

- food production methods;
- foodstuffs and beverages;
- ailments and body parts;
- healthy eating and living.

You will also have covered the following grammar points:

- the relative clause - a, whom/which, and when it is used;
- the relative past;
- the relative future and how to construct it;
- the conditional tense and how to construct it;
- the conditional form of *Is* and its use in phrases.

You will have a wider understanding of food and its place in Scottish culture.

2.1 Introduction with Calum and Nina

Tha dòighean-beatha eadar-dhealaichte againn uile - tha **feadhainn** againn gu math fallainn agus tha feadhainn againn nach eil cho fallainn. Chanainn gu bheil mise **a-measg** na feadhna nach eil cho fallainn! Bidh Dòmhnall agus Ceit a' nochdadh ùidh mhòr ann an slàinte ge-tà agus bidh iad a' rannsachadh nan cuspairean sin anns an aonad seo. Bidh sinn a' **toirt sùil air** pùing chànain no dhà anns an aonad cuideachd agus bidh Mgr Rothach ann gus do chuideachadh.

To listen to Calum, you will need the following sound file:
hg-cgae1-2-1listening.mp3

English translation

Calum

We all have different lifestyles - some of us are very healthy and some are not so healthy. I would say I am amongst those who is not so healthy. Donald and Ceit are very interested in health however and they will be researching those subjects in this unit. We will be looking at one or two language points in this unit as well and Mr Munro will be here to help you.

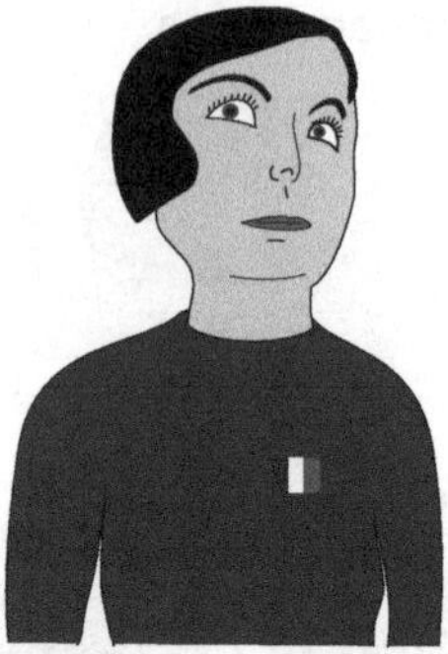

Tha am biadh a bhios sinn ag ithe a' toirt **buaidh** mhòr air ar slàinte. Ann an Alba, tha sinn ainmeil airson droch dhaidheat a bhith againn ach aig an aon àm, tha am fearann gu math torrach agus tha biadh math Albannach ri fhaighinn a tha math dhut agus math tric. Bidh mi a' **cumail sùil air** na bhios mi ag ithe agus ag òl. Tha mo shlàinte cudromach dhomh. Coinnichidh sinn ri dotair le Gàidhlig anns an aonad seo, Dotair Aonghas.

To listen to Nina, you will need the following sound file:
hg-cgae1-2-2listening.mp3

English translation

Nina

The food we eat has a very big effect on our health. In Scotland, we are famous for our bad diet but, at the same time, the land is very fertile and there is good Scottish food to be had which is good for you and good often. I keep an eye on what I eat and what I drink. My health is important to me. We will meet a doctor with Gaelic in this topic, Doctor Angus.

2.2 Food vocabulary

Cooking methods

grìosachadh	grilling
bruich	boiling
ròstadh	roasting
fraidhigeadh	frying
ullachadh	preparing
beiceadh	baking
gearradh	cutting
reothadh	freezing

Vocabulary: Cooking methods Go online

Cooking methods - Dòighean còcaireachd

Q1: Match up the Gaelic with the correct translation.

1. grìosachadh	a. roasting
2. bruich	b. cutting
3. ròstadh	c. freezing
4. fraidhigeadh	d. baking
5. ullachadh	e. boiling
6. beiceadh	f. grilling
7. gearradh	g. preparing
8. reothadh	h. frying

Meat, fruit and vegetables

To listen to these, you will need the following sound files:
hg-cgae1-2-3vocab.mp3 (1-20)

Feòil	Meat	Glàsraich	Vegetables
feòil-muice	pork	colag	cauliflower
hama	ham	càl	cabbage
feòil-uain	lamb	curran	carrot
feòil-muilt	mutton	snèap	swede
feòil-mhart	beef	tuineap	turnip
cearc	chicken	curran geal	parsnip
sitheann	venison	brocolaidh	broccoli
iasg	fish	balgain-bhuachair	mushrooms
tunnag	duck	buinneag	brussels sprout

Vocabulary: Meat, fruit and vegetables Go online

Q2: Match up the Gaelic with the correct translation.

Feòil	Meat	Glàsraichean	Vegetables
1. feòil-muice	a. mutton	10. colag	j. brussel sprout
2. hama	b. pork	11. càl	k. chicken
3. feòil-uain	c. parsnip	12. curran	l. broccoli
4. feòil-muilt	d. cauliflower	13. snèap	m. duck
5. feòil-mhart	e. swede	14. tuineap	n. ham
6. cearc	f. lamb	15. curran geal	o. venison
7. sitheann	g. cabbage	16. brocolaidh	p. beef
8. iasg	h. carrot	17. balgain-bhuachair	q. mushrooms
9. tunnag	i. fish	18. buinneag	r. turnip

Q3: Match up the Gaelic with the correct translation.

Measan	Fruit	Biadh Gaidhealach	Highland food
1. ubhal	a. banana	11. seadag	k. grapes
2. orainsear	b. lemon	12. smeur	l. apple
3. fìon-dhearcan	c. stuffed cod's head	13. marag dhubh	m. plum
4. anainn	d. mackerel	14. tagais	n. currant
5. plumbais	e. prawn	15. feusgain	o. raspberry
6. sùbh-làir	f. cherry	16. sgadan	p. herring
7. sùbh-craoibh	g. strawberry	17. bradan	q. haggis
8. liomaid	h. salmon	18.ceann cropaig	r. black pudding
9. banana	i. pineapple	19.rionnach	s. grapefruit
10. sìrist	j. orange	20. muasgan-chaolais	t. mussels

Describing taste

To listen to these, you will need the following sound files:
hg-cgae1-2-4vocab.mp3 (1-10)

làn gheir / làn shaill	full of fat
milis	sweet
searbh	bitter
siùcarach	sugary
lom	plain
tana	thin
tiugh	thick
saillte	salted
spìosrach	spicy
blasta	tasty

Vocabulary: Describing taste Go online

Q4: Match the Gaelic with the translation.

1. làn gheir / làn shaill	a. sugary
2. milis	b. plain
3. searbh	c. tasty
4. siùcarach	d. salted
5. lom	e. sweet
6. tana	f. thin
7. tiugh	g. full of fat
8. saillte	h. spicy
9. spìosrach	i. thick
10. blasta	j. bitter

2.3 Curry: Coiridh (UND2)

Dòmhnall and Ceit are reading an essay written by Mansur, whose family originally comes from Bangladesh. He is writing about a dish which is now very much part of Scottish food culture: curry!

Reading comprehension: Coiridh Go online

'S e biadh inntinneach a tha ann an coiridh. Faodaidh tu coiridh a dhèanamh le feòil sam bith neo gun feòil a chleachdadh idir. Bidh feadhainn ga h-ithe le rus agus feadhainn eile ga ithe le aran ris an canar 'naan'.

Q5: **In detail**, what are we told about how curries are made?

Thàinig coiridh a dh'Alba leis na h-Innseanaich a thàinig dhan dùthaich as dèidh an Darna Chogaidh. Bha am biadh seo à dùthaich fad às gu math eadar-dhealaichte ach chòrd e ris na daoine ge-tà oir bha iad cleachdte ri spam agus uighean pùdarach às dèidh a' chogaidh. Gu aithghearr, bha am pailteas dhe taighean-bìdh Innseanach air feadh na h-Alba agus iad fosgailte gu anmoch, rud a bha a' còrdadh ris na daoine. A-nis, chan eil baile ann an Alba far nach eil taigh coiridh.

Q6: According to the passage, when did the Indians come to Scotland?

....

Q7: What is said about the food they brought with them?

....

Q8: What did the people enjoy about the curry restaurants?

Bidh a h-uile duine an-còmhnaidh a' smaoineachadh gu bheil coiridhean uile uabhasach teth mar am Vindaloo agus gun cuir iad fallas ort. Chan eil seo ceart idir. Tha feadhainn ann mar an Korma a tha gu math fionnar agus feadhainn eile mar Jalfrezi nach eil ro theth ach aig a bheil blàs làidir bho na spìosraichean . Tha coiridh ann airson gach duine.

Q9: According to the passage, what do people always think about curries?

....

Q10: How does the passage describe a Jalfrezi?

Gu dearbh, tha iomadh seòrsa de choiridh ann. Tha mòran choiridhean gan dèanamh ann an tandoor. 'S e àmhainn chrèadh chruinn a tha ann an tandoor. Tha e a' faighinn teas bho fhiodh agus fàsaidh e gu math teth gu ruige 900 ìrean celsius. 'S ann an tandoor a bhios tikka masala le cearc ga dhèanamh. Bidh a' chearc ga chòmhdachadh ann am measgachadh de spiosraichean agus iogurt agus an uair sin ga chur san àmhainn. Tha an tikka masala ga ithe air feadh an t-saoghail a-nis. 'S dòcha nach eil fhios agad ach chaidh an tikka masala a chruthachadh ann an Glaschu le còcaire à Bangladesh, Ali Ahmed Aslam. Bha e ag iarraidh coiridh a chòrdadh ri blas nan daoine ann an Alba agus abair gun do chòrd! 'S e biadh fìor Albannach a tha ann an coiridh a-nis!

Q11: How is a *tandoor* described?

....

Q12: How is a *tandoor* heated?

....

Q13: How do you make a chicken *tikka masala*?

....

Q14: What might you not know about tikka masala?

....

Q15: What is the last thing Mansur says about curry?

2.4 Drink: Deoch (UND1)

Ceit is preparing a talk on several beverages for which Scotland is famous.

Listening comprehension: Deoch Go online

Ceit is preparing a talk on several beverages for which Scotland is famous.

To complete this exercise, you will need the following sound file:
hg-cgae1-2-6listening.mp3

Q16: Apart from Irn Bru, what are the three other drinks mentioned which are famous in Scotland?

....

Q17: What are they important for?

....

Q18: What do they have an effect on?

....

Q19: What benefit does Scotland's water have for companies?

....

Q20: What will you see in a refrigerator?

....

Q21: What does not make sense?

....

Q22: What effect does this have?

....

Q23: What question does Ceit ask about tap water?

....

Q24: What is said about Scotland?

....

Q25: What do dentists think?

....

Q26: Name three things which receive sponsorship from the companies.

....

Q27: What are the children seeing?

....

Q28: Where can distilleries be found?

....

Q29: Why does the fourth drink have benefits for the local economy?

....

Q30: Which two drinks does Ceit blame for bad behaviour amongst youth?

2.5 Labhairt mu bhiadh

Talking: Labhairt mu bhiadh

Here are some questions. See the answer section for sample answers

Q31: Am bi thu ag ithe gu fallainn?

....

Q32: Dè am biadh as fhèarr leat, agus carson?

....

Q33: Dè do bheachd air duine a bhios a' seachnadh feòil?

....

Q34: Am bi thu a' dèanamh còcaireachd aig an taigh?

....

Q35: An robh thu riamh ag obair ann an taigh-bìdh?

....

Q36: Nan robh thu a' cur air dòigh dìnnear, dè bhiodh tu a' taghadh airson gach cùrsa?

....

Q37: An itheadh tu casan-losgainn? (Would you eat frogs' legs?)
You could be asked about a strange food. Frogs legs - *casan losgainn* could be a possible candidate.

You should try and ask some of these questions to your teacher as well. This is an important skill for improving both your grade abut also your abilities in Gaelic.

2.6 Oatcakes for four: Aran-coirce airson ceathrar

Oatcakes for four

Tha aran-coirce gu math simplidh a dhèanamh agus faodaidh tu ithe le caise, silidh, paté neo leis fhèin. Tha iad fallainn agus gad chumail ceart! 'S e facal eile airosn aran-coirce - "bannoch" neo "bannock" mar a again ann an àite ainmeil "Allt a' Bhonnaich" no "Bannockburn" !

Oatcakes are very simple to make and you can eat them with cheese, jam, paté or on their own! Another word for oatcake is *bonnach* or Bannock as in Bannockburn.

Here is a simple recipe for *aran-coirce.*

cungaidhean

mìn-coirce 125 g
ìm (dà spàin-bhùird)
soda (dà spàin-teatha)
salann (**criomag**)
uisge teth (ceithir spàineachan)

These are the instructions for making *aran-coirce*:

Recipe for oatcakes
Leagh an t-ìm ann am poit
Measgaich a' mhìn-coirce, an salann agus an sòda.
Dòirt an t-ìm air a leaghadh a-steach dhan mheadhan.
Suath a h-uile càil le spàin-fiodh.
Cuir an t-uisge ann agus measgaich e gus bi e tiugh.
Cuir a h-uile rud air bòrd agus dèan bonnach.
Roinn am bonnach na chairtealan.
Cuir na cairtealan air greideal airson trì mionaidean gach taobh.
Fàg iad airson greiseag.
Ith iad!

Vocabulary: Oatcakes for four Go online

Q38: These are the instructions for making *aran-coirce* - oatcakes - read through them and then put them into order.

Recipe for oatcakes
1. Ith iad!
2. Fàg iad airson greiseag.
3. Leagh an t-ìm ann am pòit
4. Suath a h-uile càil le spàin-fiodh.
5. Roinn am bonnach na chairtealan.
6. Cuir a h-uile rud air bòrd agus dèan bonnach.
7. Measgaich a' mhìn-coirce, an salann agus an sòda.
8. Cuir an t-uisge ann agus measgaich e gus bi e tiugh.
9. Dòirt an t-ìm air a leaghadh a-steach dhan mheadhan.
10. Cuir na cairtealan air greideal airson trì mionaidean gach taobh.

....

Q39: Ceit followed the recipe last night, Donald will be making oatcakes tonight. They are talking about this. The past tense and the future tense are mixed up - can you sort them out so that they read correctly?

Imperative	Past tense	Future tense
Leagh an t-ìm ann am pòit	Leagh mi an t-ìm ann am pòit.	Leaghaidh mi an t-ìm ann am pòit.
Measgaich a' mhìn-coirce, an salann agus an sòda.	Measgaichidh mi a' mhìn-choirce, an salann agus an sòda.	Mheasgaich mi a' mhìn-choirce, an salann agus an sòda.
Dòirt an t-ìm air a leaghadh a-steach dhan mheadhan.	Dòirtidh mi an t-ìm air a leaghadh a-steach dhan mheadhan.	Dhòirt mi an t-ìm air a leaghadh a-steach dhan mheadhan.
Suath a h-uile càil le spàin-fiodh.	Shuath mi a h-uile càil le spàin-fiodh.	Suathaidh mi a h-uile càil le spàin-fiodh.
Cuir an t-uisge ann agus measgaich e gus bi e tiugh.	Cuiridh mi an t-uisge ann agus measgachaidh mi e gus am bi e tiugh.	Chuir mi an t-uisge ann agus mheasgaich mi e gus an robh e tiugh.
Cuir a h-uile rud air bòrd agus dèan bonnach.	Chuir mi a h-uile rud air bòrd agus rinn mi bonnach.	Cuiridh mi a h-uile rud air bòrd agus nì mi bonnach.
Roinn am bonnach na chairtealan.	Roinnidh mi am bonnach na chairtealan.	Roinn mi am bonnach na chairtealan.
Cuir na cairtealan air greideal airson trì mionaidean gach taobh.	Chuir mi na cairtealan air greideal airson trì mionaidean gach taobh.	Cuiridh mi na cairtealan air greideil airson trì mionaidean gach taobh.
Fàg iad airson greiseag.	Dh'fhàg mi iad airson greiseag.	Fàgaidh mi iad airson greiseag.
Ith iad!	Ithidh mi iad!	Dh'ith mi iad!

2.7 Tatties and herring: Buntàta agus sgadan (UND2)

The following passage tells you about the traditional Highland food of tatties and herring which is served on special occasions in the Gàidhealtachd and at gatherings of Gaels throughout the World. It is a common dish that is eaten on Oidhche Challainn, the Old Celtic New Year, which is slightly later than the common one.

Translation: Buntàta agus sgadan Go online

Read the passage and attempt to translate.

Q40:

Buntàta agus sgadan

Tha fios againn uile mu dheidhinn Oidhche Raibeairt Burns agus gum bi daoine ag ithe tagais, buntàta agus snèap air an còigeamh là air fhichead den Fhaoilleach gach bliadhna. Ach an robh fhios agaibh gun robh oidhche shònraichte aig na Gaidheil gach bliadhna cuideachd? An robh fios agad gu bheil biadh sònraichte aca fhèin a bhios iad ag ithe air an là cuideachd? 'S e an là seo an t-Seann Bhliadhna Ùr.

Nuair a chaidh **mìosachan** na bliadhna atharrachadh ann an seachd ceud deug caogad sa dhà, ghluais toiseach na bliadhna dhan chiad latha den Fhaoilleach ach tha na Gaidheil air an t-seann mhìosachan a chumail fad bhliadhnaichean agus tha sin a' ciallachadh gu bheil **Oidhche Challainn** a' landaig air an dara là deug den Fhaoilleach an uairsin.

'S e biadh gu math ìosal, cumanta a tha ann an buntàta is sgadan. Bidh a' bhuntàta air bruich agus bidh an sgadan ga chòmhdachadh ann am mìn-choirce is bidh daoine gan ithe le an làmhan. Chan eil am biadh uabhasach cudromach ge-tà. 'S e cothrom a tha ann do dhaoine a bhith a' tighinn còmhla airson craic agus còmhradh agus a thogail òrain agus rann.

Reading comprehension: Buntàta agus sgadan Go online

Q41: Put these statements into the correct order:

1. The potatoes are boiled.
2. The food is eaten by hand.
3. The Gaels retained the old calendar for many years.
4. People celebrate Burns Night with haggis, neeps and tatties.
5. It is a great opportunity for people to come together.
6. The calendar was changed in 1752.
7. The Old new year falls on the 12th of January.
8. Did you know the Gaels have their own special night and food?

2.8 The relative clause

'S e sin a' phoit a chleachdas mi airson uighean. - That is the pan which I use for eggs.

a = which

You should be used to the idea of reported speech or **that** '*gu bheil*'

However, the use of '*that*' is an informal English mechanism when it is really '*which*' (for inanimate objects) or '*who*' (for people) which should be used.

Therefore in Gaelic, we do not use '*gu bheil*' in these situations but the simpler '*a*'. This is called the relative clause - i.e. it is related to the subject but is not necessary for the sentence to make sense.

Here is an example of how the relative clause works in the past tense:

- *Bhàsaich Calum MacAonghais,* ***a bha na mhanaidsear aig an taigh òsta Rìoghail****, ann an ospadal Dihaoine.*
- Malcolm MacInnes, **who was a manager at the Royal Hotel**, died in hospital on Friday.

If you took out the clause, then the sentence would still make sense in that Malcolm MacInnes died in hospital on Friday.

2.8.1 Creating the relative form

The form of the verb which we use after *a* is what we call the 'relative' form of the verb. It will appear after the vast majority of question forms; Cuin? Dè? Cia mheud? (but not Càite?) as well.

Creating the relative form is very straightforward in the present tense - It is simply **a tha**

In the simple past (using the verb **bi** - to be) we just use a *bha*

Examples:
an duine ***a*** *cheannaich an taigh* - the man **who** bought the house
an taigh ***a*** *thog an duine* - the house **which** the man built

In the simple past and present tenses we just use *a bha*, or *a tha*. But in the future tense, things become slightly more complicated; we use the relative *a bhios*, or in some forms *a bhitheas*.

Examples:
na rudan ***a*** *bhios mi a' ceannach aig a' bhùth* - the things **which** I will buy at the shop
an duine ***a*** *bhios i a' pòsadh* - the person **whom** she is marrying

For other verbs in the future tense we add *-eas* or *-as* to the end of the root - depending on whether the vowel is broad or slender - to create the future relative tense after *a*.

Examples:
a cheannaich - a choisicheas
a thog - a thogas

The relative is used after all questions (*Dè? Cuin? Carson?*) except *Càite?*

Grammar: Future relative tense endings Go online

Q42: Choose the correct ending, *eas* or *as*, for the following verbs to make the future relative tense.

a choisich	eas OR as	
a dh'òl	eas OR as	
a cheannaich	eas OR as	
a dh'fhàg	eas OR as	
a dhùin	eas OR as	
a dh'ith	eas OR as	
a thog	eas OR as	
a sheinn	eas OR as	
a chluich	eas OR as	
a chan	eas OR as	

2.9 Relatives and irregular verbs

With the irregular verbs, the relative future form is mostly the future affirmative after *a*.

Example: *an rud a nì mi* - the thing which I will do

Some change, however, according to the rules set out previously.

Example: *an ceòl a chluinneas mi a-nochd* - the music which I will hear tonight

Here are some irregular verbs:

Interrogative	Affirmative	Negative	Relative?	English Root
An tèid?	Thèid	Cha tèid	a thèid	go
Am faic?	Chì	Chan fhaic	a chì	see
An cluinn?	Cluinnidh	Cha chluinn	a chluinneas	hear
Am faigh?	Gheibh	Chan fhaigh	a gheibh	get
An tig?	Thig	Cha tig	a thig	come
An toir?	Bheir	Cha toir	a bheir	give/bring
An dèan?	Nì	Cha dean	a nì	do/make
An ruig	Ruigidh	Cha ruig	a ruigeas	arrive/reach
Am beir?	Beiridh	Cha bheir	a bheireas	catch
An abair	Their	Chan abair	a chanas* from the regular verb *can* *(rarely a dh'abras)*	say

Are the following sentences using the correct relative future for the irregular verb?

Q43: Cuin a thèideas sinn dhachaigh?

a) Correct
b) Wrong

....

Q44: Cò an duine a chì sinn aig an taigh?

a) Correct
b) Wrong

....

Q45: Dè a chanas mi airson 'cat'?

a) Correct
b) Wrong

....

Q46: Dè a thoireas mi do Chalum airson a cho-là-brèith?

a) Correct
b) Wrong

....

Q47: 'S e sin am bus a ruigeas Dùn Èideann aig meadhan oidhche.

a) Correct
b) Wrong

Grammar: Relative future Go online

Q48: Write the correct spelling of the relative future in the final column.

English	Root	Relative future
meet	coinnich	
lift	tog	
take	gabh	
sell	reic	
speak	bruidhinn	
use	cleachd	
write	sgrìobh	
leave	fàg	
collect	cruinnich	
close/shut	dùin	
open	fosgail	
listen	èist	
sing	seinn	
play	cluich	
win	buannaich	
stay	fuirich	
help	cuidich	
put	cuir	
buy	ceannaich	
drink	òl	

....

Q49: Write the correct spelling of these irregular relative futures in the final column.

go	rach	
see	faic	
hear	cluinn	
get	faigh	
come	thig	
take/bring	thoir	
do/make	dean	
arrive/reach	ruig	

There is also a further form of **a** which is **na**. It is along the lines of *that which* i.e. *Am faca tu na rinn mi?* - Did you see what I did?

Q50: Translate the following sentences into Gaelic:

1. When will we arrive at the house?
2. Who will sing a song?
3. How will we win the game?
4. What will they use?
5. How many will come to the party?

....

Q51:

Ceit and Donald are at a school dance which they helped organise at the *Taigh Òsta an Stèisein* - Identify the uses of *a* as the relative clause i.e. for which/who.

Ceit	Dè an t-ainm a bha air an taigh-òsta a chleachd sinn an-uiridh?
Dòmhnall	'S e an Taigh Òsta Rìoghail a bh' ann. 'S e Taigh Òsta Chabar Fèidh a bha sinn ag iarraidh ach bha sin trang le ceilidh aig a' Chomann Eachdraidh.
Ceit	Am faca tu na postairean a chuir Sìleas an-àird? Nach eil iad math? Fhuair i 'A' ann an ealain an-uiridh.
Dòmhnall	An do ghabh thu an trifle a rinn a màthair? Tha sin nas fhèarr! Bha e cho blasta.
Ceit	Ghabh. Fuirich mionaid tha an ceic seo a' coimhead sgoinneil. Gabhaidh mi pìos dheth.
Dòmhnall	'S e sin an ceic a rinn Siusaidh! O bha e math! Chleachd i ùighean bho chroit a seanar, bha iad cho buidhe!
Ceit	Agus cho milis! Tha mòran dhaoine air tighinn a-nochd.
Dòmhnall	Tha. 'S math rinn sinn leis an t-sanasachd.
Ceit	Obh obh cò tha sin? 'S e sin Aonghas air a' chòigeamh bhliadhna, an duine a dh'ìth cus an uiridh agus a chuir a-mach.
Dòmhnall	Tha coltas air gur esan an duine a dh'itheas cus a' bhliadhna-sa cuideachd.
Ceit	Tha mi an dochas nach ith! 'S mise a ghlanas an-àird e.

....

Q52: Try to translate the following sentences.

1. An cuala tu na rinn e?
2. Thog mi na dh'fhag e.
3. Am faic thu na bhios iad a' coimhead?
4. Leugh mi na sgrìobh thu.

2.10 Health: Slàinte (UND2)

Meet Dr. Angus, Donald and Kate's doctor, read through his introduction in Gaelic.

Q53:

Dotair Aonghas MacLeòid

Hallo, 's mise Dotair Aonghas. Bha mi aig an sgoil còmhla ri athair Dhòmhnaill agus tha mi air a bhith nam dhotair aig Dòmhnall agus Ceit bhon uair a bha iad nam pàistean. B' abhaist dhomh a bhith ag obair ann an ospadal mòr ann an Glaschu ach tha mi a-nis ag obair aig an ionad-slàinte an seo. Cha bu toigh leam a bhith a' fuireach anns a' bhaile mhòr a-rithist. Tha mi a' fàs sean agus tha e cudromach gu bheil mi a' coimhead as mo dhèidh. Bu chòir dhut **an dearbh rud** a dhèanamh le beagan eacarsaich agus le bhith ag ithe nan rudan ceart. Mholainn-sa aon rud eile dhaibh saor an asgaidh - na tèid faisg air smocadh! Nì sin cron uabhasach nach gabh a chàradh air do bhodhaig! Tha mi a' guidhe slàinte a' bhradain thugad - cridhe fallainn agus gob fliuch!

Reading comprehension: Casg smocaidh Go online

Read the text and then answer the questions.

We all know somebody who smokes - it is a disgusting and very unhealthy habit but lots of people still do it as it is highly addictive. Donald is at an anti-smoking seminar with Dr. Angus MacLeod, who gives the class a leaflet about the smoking ban, "*An Casg Smocaidh*", which is one of the ways in which the Scottish Government has tried to reduce the amount of smoking in Scotland. This is what it said in the leaflet:

Ann an dà mhille sa sia, chuir **Pàrlamaid na h-Alba** stad air smocadh ann an **àiteachan poblach** ann an Alba. Bha an **lagh** seo gu math connspaideach aig an àm ach a-nise tha a' **mhòr-chuid** de dhaoine ag aontachadh gur e rud math a tha anns a' chasg smocaidh.

'S e Alba an dùthaich as miosa anns an Roinn Eòrpa airson tinneas cridhe, aillse agus stròc, trioblaidean slàinte a tha uile **ceangailte ri** smocadh agus tombaca. Tha smocadh a' cosg an uamhais do dh'eaconamaidh na dùthcha agus a' marbhadh dhaoine nuair a tha iad ro òg.

Ged a bha casgan smocaidh ann an iomadh àite air feadh an t-saoghail, 's ann à Poblachd na h-Èireann a thàinig a' bheachd-smuain airson **casg** smocaidh ann an Alba. Bha am **prìomh mhinistear** aig an àm, Seac MacConaill gu math cinnteach gur e an rud ceart a bha ann airson slàinte agus cultar na dùthcha atharrachadh.

Bha na companaidhean grùdaidh a' cur an aghaidh an lagh gu mòr o chionn 's gun robh iad den bheachd nach biodh daoine airson a dhol dhan taigh seinnse mura b' urrainn dhaibh smocadh agus bheireadh seo buaidh air a' **ghnìomhachas** aca. Shaoileadh tu gum biodh e math nan robh daoine a' cur seachad tìde na bu lugha san taigh-seinnse.

Bha buaidh mhòr air na taighean seinnse **gun teagamh** ach ann an dòigh gu tùr eadar-dhealaichte bhon a bha na companaidhean grùdaidh a' bagairt. O chionn 's nach robh daoine a' smocadh, bha an àrainneachd anns na taighean seinnse na b' fhallaine, na bu ghlaine agus agus na bu thaitniche. Thoisich barrachd dhaoine a dhol a-mach air sgàth 's nach fhaigheadh iad fàileadh a' cheò air am falt neo air an cuid aodaich.

Cha chluinn thu ach aon ghearan mu dheidhinn a' chaisg mar as àbhaist, 's e sin nach eil cail ann airson fàilidhean eile a chòmhdachadh! Cha chan mi gùth dè seòrsa de dh'fhàilidhean a tha iad a-mach air!

Tha an casg air a bhith math airson slàinte na h-Alba. Anns a' chiad bhliadhna a-mhàin, thuit an àireamh de ghreimean-cridhe seachd puingean deug às a' cheud agus thoisich teaghlaichean a' cur casg air daoine a' smocadh aig an taigh. Rinn an casg e na b' fhasa do dhaoine smocadh a **leigeil seachad** agus cha robh daoine a' gabhail anail den cheò aig daoine eile na bu mhotha cuideachd.

A-nis nam b' urrainn dhuinn casg a chur air a' cheò eile a tha ann an Alba! **Ceò nam beann**!

Q54: In what year was the smoking ban introduced?

....

Q55: How was the law considered when it was introduced?

....

Q56: How is the ban considered now?

....

Q57: Name the three health problems connected with smoking.

....

Q58: According to the passage, what two effects does smoking have?

....

Q59: Where did the idea for a smoking ban come from?

....

Q60: Of what was Jack McConnell sure about the ban?

....

Q61: Who opposed the law?

....

Q62: Why did they oppose the law?

....

Q63: What effect did the smoking ban have on the places mentioned?

....

Q64: Why did more people start going out?

....

Q65: What is usually the only complaint about the smoking ban, according to the passage?

....

Q66: What effect has the ban had on Scottish health?

....

Q67: What happened to the number of heart-attacks in Scotland as a result of the ban?

....

Q68: What has the ban helped make easier?

....

Q69: What is the overall purpose of this text?

a) A factual piece about the benefits of the smoking ban.
b) An anti-smoking ban opinion piece.
c) An information leaflet on quitting smoking.

Vocabulary: Casg smocaidh Go online

To listen to these, you will need the following sound files:
hg-cgae1-2-7vocab.mp3 (1-11)

Q70: Match up the Gaelic with the English translation.

1. greim-cridhe	a. agreeing
2. às a' cheud	b. cancer
3. àrainneachd	c. controversial
4. buaidh	d. culture of the country
5. cuir an aghaidh	e. effect
6. cultar na dùthcha	f. environment
7. beachd-smuain	g. heart attack
8. connspaideach	h. idea
9. aontachadh	i. oppose
10. stròc	j. per cent
11. aillse	k. stroke

2.11 Finland: Suòmaidh (UND2)

After the seminar on smoking, Dòmhnall speaks further Dr Angus MacLeod, who is originally from North Uist but works in a hospital in Glasgow. He tells Dòmhnall about one of Scotland's biggest killer diseases and about how one country, Finland, deals with the problem.

Reading comprehension: Suòmaidh Go online

Chaidh mi gu Suòmaidh an-uiridh as t-samhradh. Bha e uabhasach inntinneach air sgàth 's gun robh solas an latha ann aig meadhan oidhche fhathast. 'S e dùthaich chàirdeil, fhallain a tha ann an Suòmaidh. Ged a bha na daoine riamh càirdeil, cha robh iad riamh cho fallainn. Fhuair mi a-mach carson a bha seo bho dhotair eile, Rika Litmanen, a bha ag obair ann an *Karelia a Tuath*, sgìre san dùthaich.

Q71: When did he go to Finland?

....

Q72: Why is Finland interesting?

Anns na seachdadan, 'b 'e Suòmaidh an dùthaich a bu mhiosa airson tinneas cridhe anns an Roinn Eòrpa. Ged a bha a h-uile duine a' dèanamh tòrr eacarsaich agus ged nach robh na Fionnaich a' smocadh barrachd an taca ri dùthchannan eile ann an Roinn Eòrpa, bha na h-ìrean cianail àrd

Q73: Describe **in detail** the health situation in 1970s Finland.

'S e na bha na Fionnaich ag ithe as coireach - bha iad ag ithe cus bainne, caise, uachdar agus ìm, gun guth air glasraichean agus measan. Bha mòran dhaoine a' bàsachadh gu math tràth roimh seasgad bliadhna de dh'aois. Bhiodh iad a' faireachdainn pian nan uchd agus gu math aithghearr bhiodh iad marbh.

Mhothaich Riaghaltas Suòmaidh gum bu choir dha rudeigin a dhèanamh ach dè dhèanadh iad?

Q74: Name three things the Finns ate too much of.

....

Q75: What was one symptom of this disease?

....

Q76: What question is asked in the last line?

Part 2

Thoisich an Riaghaltas a' cur air dòigh iomairtean airson an ìre de thinneas cridhe a lughdachadh. Bha e follaiseach gun robh e cudromach dòigh-beatha nam Fionnach atharrachadh. Chaidh sùghan agus dearcan a chur, rudan a bhios a' fàs gu math ann an dùthaich fada gu tuath agus dh'iarr an Riaghaltas air bùthan tuilleadh mheasan a reic

Q77: What was obvious to the government?

....

Q78: What two types of fruit were planted?

....

Q79: Why were these fruits chosen?

Chaidh co-fharpaisean cholastarol a chur air dòigh eadar bailtean agus coimhearsnachdan agus bhiodh a' choimhearsnachd leis an ìre a b' ìsle de cholastarol a' buannachadh duais.

Q80: Who won the competitions?

....

Q81: What did they win?

Chuir an Riaghaltas casg mòr air smocadh cuideachd trithead bliadhna mus robh casg smocaidh ann an Alba. Chan fhaicear sanasachd sam bith airson tombaca agus tha a h-uile sgillinn a tha air a thogail bho chìsean tombaca a' dol do phrograman foghlaim mu dheidhinn nan cunnartan a tha an lùib smocaidh.

Q82: What can you not see any of in Finland?

....

Q83: What happens to taxes from tobacco?

A-nis, air sgàth 's nan iomairtean seo, tha na h-àireamhan de dhaoine a' fulang le tinneas cridhe air tuiteam gu mòr agus ged nach eil e cho ìosal sa dh'fhaodadh e a bhith, chan eil e ro dhona. Tha cultar na dùthcha air atharrachadh gu mòr.

Tha an dearbh rud a dhith air Alba. 'S e toiseach toiseachaidh a tha anns a' chasg air smocadh ach tha fada ri dhol fhathast.

Q84: What has been the effect of the initiatives?

....

Q85: What is only the beginning?

....

Q86: How is this point emphasised by Doctor Angus?

....

Q87: What is the overall purpose of this text?

a) To highlights Finland's health record as an example for Scotland.
b) To describe how bad the health situation is in Finland today.
c) A guide to the lifestyle and exercise habits of the Finnish.

Vocabulary: Suòmaidh Go online

To listen to these, you will need the following sound files:
hg-cgae1-2-8vocab.mp3 (1-13)

Q88: Match up the Gaelic with the English translations.

1. solas an latha	a. awful
2. fallain	b. cholesterol
3. eacarsaich	c. danger
4. an taca ri	d. daylight
5. cianail	e. exercise
6. iomairt	f. healthy
7. a dhìth	g. heart disease
8. fulang	h. in relation to
9. dòigh-beatha	i. initiative
10. tinneas cridhe	j. lacking
11. colastarol	k. lifestyle
12. cunnart	l. suffering
13. cìsean	m. taxes

2.12 Boot camp: Campa nam botannan (UND1)

Tha Ceit a' bruidhinn ri Fionnghal NicFhionguin, tè a bhios a' ruith 'boot camp', no 'campa nam botannan' anns an Eilean Sgitheanach.

Kate is speaking to Fiona MacKinnon, a woman who runs a 'boot camp' in the Isle of Skye.

Listening comprehension: Campa nam botannan Go online

Before you attempt this listening exercise, you can try this vocabulary activity.

Q89: Match the Gaelic with the English translations.

1. Ionad Spòrs A-Muigh	a. retraining
2. ath-thrèanadh	b. yoga
3. iòga	c. giving advice
4. gnothach	d. weight
5. blàthachadh suas	e. beside the beach
6. a' toirt coimhairle	f. Outdoor Sports Centre
7. clach	g. warm up
8. cuideam	h. stone
9. ri taobh na traghad	i. business, matter

To complete this exercise, you will need the following sound files:
hg-cgae1-2-9listening.mp3 and *hg-cgae1-2-9listening.mp3 (1-6)*

Q90: When did **Fiona** start doing classes?

....

Q91: Where did she used to work?

....

Q92: What had she not got?

....

Q93: How did she start at first?

....

Q94: Where did she start?

....

Q95: When are classes held?

....

Q96: Where do the attendees come from?

....

Q97: What do they do?

....

Q98: What do the sessions begin with?

....

Q99: What does Fiona give the women?

....

Q100: What is important to avoid according to Fiona?

....

Q101: What benefits did the camp have for one woman?

....

Q102: According to the passage, what happens at Muscle Beach?

....

Q103: What is said about Skye in comparison to Muscle Beach?

2.13 News show: Aithris an Fheasgair (UND1)

Nina is listening to Aithris an Fheasgair on BBC Radio Nan Gàidheal in order to hear more Gaelic spoken - she listens to the afternoon news - she hears three separate reports in which body parts are mentioned.

Listening comprehension: Aithris an fheasgair Go online

To complete this exercise, you will need the following sound files:
hg-cgae1-2-10listening.mp3 and *hg-cgae1-2-10listening.mp3 (1-3)*

Q104: Where was the man taken to hospital?

....

Q105: Describe his condition.

....

Q106: Who was with him?

....

Q107: How many accidents have there been this week?

....

Q108: Who is the mountain rescue searching for?

....

Q109: Name three of the diseases which too many Scots are suffering from.

....

Q110: Which group are the doctors concerned about?

....

Q111: Who is Dr MacTaggart?

....

Q112: What does he say the Scottish Government needs to do?

....

Q113: When was Ronaldessi injured?

....

Q114: What was happening when he was injured?

....

Q115: What two parts of his body has he damaged?

....

Q116: What is hoped?

....

Q117: How had he scored his two goals?

Vocabulary: Aithris an fheasgair Go online

To listen to these, you will need the following sound files:
hg-cgae1-2-11vocab.mp3 (1-22)

Q118: Match up the Gaelic and the English translation.

1. stàid	a. accident
2. sgioba teasairginn	b. attack
3. sgioba teasairginn nam beann	c. avalanche
4. goirteachadh	d. bad health
5. leòn	e. bright, obvious
6. tubaist	f. catch
7. maoim-sneachda	g. diabetes
8. ro-reamhrachd	h. edge
9. tinneas an t-siùcair	i. goal
10. gabh uallach	j. happen
11. ìre	k. have concern
12. Ceann an Iar na h-Alba	l. hole
13. droch shlàinte	m. injured
14. ionnsaigh	n. level
15. cliathaich	o. mountain rescue team
16. cuir car na adhbrann	p. obesity
17. soilleir	q. publication
18. tadhal	r. rescue team
19. tachair	s. state, condition
20. toll	t. twist in an ankle
21. glac	u. wounded
22. foillseachadh	v. West of Scotland

2.14 Body parts: Pàirtean na bodhaig

Vocabulary: Pàirtean na bodhaig Go online

Q119: Match the Gaelic words for parts of the body to the English translations.

a' bhodhaig	the body
1. cas	a. bottom
2. casan	b. hand, hands
3. làmh, làmhan	c. ribs
4. uchd	d. head, heads
5. broilleach	e. thigh
6. tòin	f. back
7. sliasaid	g. chest
8. calpa	h. shin
9. asnaichean	i. brain
10. cnàmh, cnàmhan	j. leg, foot
11. lurgann	k. jaw
12. ceann, cinn	l. skull
13. eanchainn	m. legs, feet
14. claigeann	n. bone, bones
15. peirceall	o. calf
16. druim	p. breast

....

Q120: Match the Gaelic words for joints in the body to the English translations.

1. cruachann	a. elbow
2. uileann	b. wrist
3. gualainn	c. ankle
4. glùn	d. hip
5. adhbhrann	e. knee
6. cùl an dùirn	f. shoulder

....

Q121: Match the Gaelic words for internal organs to the English translations.

1. cridhe	a. lung, lungs
2. sgamhan, sgamhain	b. liver
3. dubhag	c. stomach
4. grùthan	d. guts, intestines
5. brù	e. heart
6. mionnaich	f. belly
7. stamag	g. kidney

....

Q122: Match the Gaelic words for parts of the head to the images.

1. amhaich	a. forehead
2. smiogaid	b. eye, eyes
3. maol	c. chin
4. gnùis	d. nose
5. mala, malaichean	e. neck, throat
6. sùil, sùilean	f. cheek, cheeks
7. gruaidh, gruaidhean	g. eyebrow, eyebrows
8. bus	h. hair
9. sròn	i. muzzle
10. falt	j. brow

....

Q123: Match the Gaelic words for parts of the hand to the English words.

1. ìnean	a. the middle finger
2. an òrdag	b. the pinkie finger
3. an gunna fada	c. palm
4. an sgealbag	d. fingers
5. luideag bheag an airgid	e. the 4th finger
6. mac an aba	f. fist
7. corragan	g. fingernails
8. meuran	h. fingers
9. bas	i. the 2nd finger
10. dòrn	j. the thumb

....

Q124: Match the Gaelic words for parts of the mouth to the English words.

1. beul	a. tongue
2. fiacal	b. gums
3. teanga	c. lips
4. bilean	d. tooth
5. gamagan	e. mouth

2.15 Diseases

Diseases are described using the preposition "air" e.g. *Tha an cnatan air* - He has a cold.

Vocabulary: Diseases Go online

Q125: Match the Gaelic to the English translations.

1. tinneas	a. a cold
2. galar	b. arthritis
3. galar-feise	c. asthma
4. an cnatan	d. cancer
5. aillse	e. disease, illness
6. a' ghriùthlach	f. disease, infection
7. an tinneas busach	g. epilepsy
8. tinneas ospagach	h. insanity
9. tinneas tuiteamach	i. measles
10. tinneas nan alt	j. mumps
11. ro-reamhrachd	k. obesity
12. cur a-mach	l. sexually transmitted infection
13. diobhairt	m. vomit
14. cuthach	n. vomit

Air prepositions

Air is a preposition. It makes the following prepositional pronouns when used with the pronouns:

Pronouns

mi	sinn
thu	sibh
e	iad
i	

Air

orm	oirnn
ort	oirbh
air	orra
oirre	

Mu dheireadh thall

Depending on the area of the Gàidhealtachd you are in, there are certain ways of talking about death.

Here are several words used for death in Gaelic: *bàs*, *eug*, *caochladh* (also meaning *change*), *siubhal* (also meaning *travel*).

Chaochail e. . .
Bhàsaich e. . .
Dh'eug e. . .
Shiubhail e. . . (used in Tiree/Tiriodh)

In some areas, it is considered inappropriate to say "Bhàsaich e". It is more correct to say "Fhuair e bàs".

If someone is killed, (marbh) the passive voice is used.
Chaidh a mharbhadh - He was killed
Mharbhadh e - He was killed

Gnàths-cainnt - Here is a rather pessimistic Gaelic idiom.
Galar fada is eug na bhun, a long illness and death at its end.

2.16 Deuchainn slàinte (USE1)

You are going to the surgery to see your doctor for a routine health check-up.

Talking: Deuchainn slàinte

1. Create a conversation, on paper, between yourself and the doctor. There are ideas to help you with this in the next section.
2. Show the conversation to your teacher.
3. Practise this conversation with one of your classmates.
4. You can listen to Donald and Kate's roleplay in the final section.

Some ideas and useful vocabulary

You should include the usual pleasantries and queries about the day's activities, the weather etc.

You could construct the conversation using many of the following questions.

You can also find some very basic answers which you may be able to use as the basis for your answers. You would need to expand upon these to gain an "A" grade but they will give you a guide and a starting block.

To listen to these, you will need the following sound files:
hg-cgae1-2-12vocab.mp3 (1-26)

Am bi thu smocadh? (Do you smoke?)
Cha bhi mi a' smocadh idir. Tha e grod. (I do not smoke at all. It is disgusting.)

Ma bhios tu a' smocadh, dè na bhios tu a' smocadh gach latha? (If you do smoke, how much do you smoke each day?)

Am bi thu ag òl deoch laidir? (Do you drink alcohol?)
Cha bhi mi ag òl idir (I do not drink at all.)

Ma bhios tu ag òl deoch laidir, dè na bhios tu ag òl gach seachdain? (If you do drink alcohol, how much do the drink a week?)
aonad (unit), aonadan (units)

Dè tha ceàrr ort? (What is wrong with you?)
Tha mo chas goirt. Thuit mi nuair a bha mi a-mach a' coiseachd an-de. (My leg is sore. I fell when I was out walking yesterday.)
Tha ceann goirt orm. Bidh mi ag òl gu leòr uisge 's mar sin chan eil fhios agam dè as coireach. (I have a sore head. I drink a lot of water, so I do not know what is to blame.)

Càite a bheil am pian? (Where is the pain?)
Tha am pian nam stamag. Tha e gu math goirt. (The pain is in my stomach. It is very sore.)

A bheil trioblaidean slàinte nad theaghlach? (Are there health problems in your family?)
Tha eachdraidh de thinneas-cridhe air taobh m' athar. (There is a history of heart disease on my father's side.)
Chan eil. Tha sinn uile gu math fallain. (No. We are all very healthy.)

Dè cho tric sa bhios tu a' dèanamh eacarsaich? (How often do you exercise?)
Bidh mi ag eacarsaich co-dhiù trì tursan san t-seachdain airson leth-uair a thìde. Tha mi gu math beòthail. (I exercise at least three times a week for half an hour at a time. I am very active.)

A bheil dad ann nach eil ag aontachadh leat? (Is there anything to which you are allergic?)
Chan eil aspirin ag aontachadh leam. (I am allergic to aspirin.)
Chan urrainn dhomh cnothan ithe. (I cannot eat nuts.)

A bheil snathaidean a' cur eagal ort? (Are you scared of needles?)
Cha chuir iad dragh sam bith orm. (They do not worry me at all.)
Tha iad a' cur eagal mo bheatha orm. (They frighten the life out of me.)

Cuin a bha an deuchainn-slainte mu dheireadh agad? (When was your last health exam?)
Bha deuchainn agam o chionn sìa mìosan. (I had an exam six months ago.)
'S fhada bhon uairsin. (It has been a long time since then.)

Other things the doctor might say

To listen to these, you will need the following sound files:
hg-cgae1-2-12vocab.mp3 (27-29)

Tha mi a' sgrìobhadh ordugh dhut airson botail chungaidh. (I am writing you a prescription for a bottle of medicine.)

Dèan casad! (Cough!)

Can "AHHH" (Say "AHHH")

Mr Munro's advice - Comhairle an Rothaich

- Always pay attention to the verb and the form of the verb that is being used.
- Try and vary how you begin your answer, perhaps express your opinion first then answer the questions.
- Try and make the conversation seem natural and unforced - this will help you remember phrases better and adapt it into real life situations.

2.17 *Bu*: he conditional and past form of *is*

You may have encountered this grammatical feature already. It is the past and conditional from of the verb *is* and is used the same way.

For example:

Is toigh leam caise - I like cheese
Bu toigh leam caise - I would like cheese or *rarely* I liked cheese

NB: The following may also be heard by native speakers from the Outer Hebrides:
Bu mhath leam - I would like
Bu chaomh leam - I would like

In front of *nouns* and *fh* - **Bu** become **B'**, just as **Is** often becomes **'S**.

'S fhèarr leam aran donn - I prefer brown bread
B' fhèarr leam aran donn - I would prefer brown bread

'S àbhaist dhomh obair ann an Glaschu - I usually work in Glasgow
B' àbhaist dhomh obair ann an Glaschu - I used to work in Glasgow

These constructions are very useful for using in real life conversation, you should try to master them and use them on a daily basis. Talking in the conditional tense opens up the amount of things you can talk about and the depth with which you can talk about them.

2.17.1 Using *Bu* or *B'*

These incomplete verb phrases using *Bu* mostly operate using prepositional pronouns - you will have studied these, here is a list of some verbal phrases.

B' fhèarr le - Would prefer
B' àbhaist do - Used to
Bu toigh le - Would like
Bu mhath le - Would like
Bu chaomh le - Would like
Bu choir do - Should
Mar bu trice - Would usually
B' aithne do - Recognised

Grammar: *Bu* or *B'* Go online

Do you use Bu or B' for the following incomplete verbal phrases?

Q126: fhèarr leam a bhith na mo leabaidh airson leth uair a thide eile.

a) Bu
b) B'

....

Q127: àbhaist dhan taigh a bhith le Jimmy Page.

a) Bu
b) B'

....

Q128: toigh leam fuireach thall ann an Canada.

a) Bu
b) B'

....

Q129: choir dhut do ghlasraichean ithe.

a) Bu
b) B'

....

Q130: mhath leam mo thaing a thoirt seachad.

a) Bu
b) B'

....

Q131: Mar {. . . } trice, rachadh e dhan bhall-coise Disathairne.

a) Bu
b) B'

....

Q132: aithne dhomh e nuair a bha mi òg.

a) Bu
b) B'

2.18 Learning points

Summary

You should now have a wide vocabulary concerning the following:

- food production methods;
- foodstuffs and beverages;
- ailments and body parts;
- healthy eating and living.

You have also covered the following grammar points:

- the relative clause - a, whom/which, and when it is used;
- the relative past;
- the relative future and how to construct it;
- the conditional tense and how to construct it;
- the conditional form of *Is* and its use in phrases.

You should now have a wider understanding of food and its place in Scottish culture.

Context 1 Topic 3

Media

Contents

Learning objective

In this topic on media you will:

- learn a wide range of vocabulary connected to the media;
- focus on the use of reported speech in order to express opinions and report on events;
- learn how to augment an adjective to make it more intense or descriptive;
- focus on several Gaelic idioms and the contexts of their usage;
- will learn about the relationship between Gaelic language and the media.

3.1 Donald

Hai Dòmhnall an seo, tha mi a' **coimhead air adhart** ri **fàgail na sgoile** ged tha e caran **eagalach** a' smaoineachadh air **saoghal mòr na h-obrach**. Bidh mi a' coimhead air na h-obraichean a tha ri fhaotainn ann an Saoghal na Gàidhlig. Tha mi airson a bhith nam **neach naidheachd** ag obair do BhBC Alba ach feumaidh mi obair air mo Ghàidhlig airson sin a dhèanamh. Tha mi a' dol a dhèanamh eòlas-obrach aig a' BhBC ann an Glaschu. Tha rud beag eagal orm! Tha mòran rudan gu math inntinneach a' tachairt anns na meadhanan a thaobh Gàidhlig an-dràsta le sianail digiteach Gàidhlig agus làraich-lìn a' nochdadh air an eadar-lìon am measg rudan eile. Tha mi a' smaoineachadh gum bi an cuspair seo a' còrdadh rium!

English translation

Hello, Donald here, I am looking forward to leaving school although it is quite frightening thinking about the big world of work. I will be looking to get a job in the Gaelic world. I want to be a journalist working for BBC Alba but I must work on my Gaelic to do that. I am going to do work experience at the BBC in Glasgow. I am a little scared! There are many interesting things happening regarding Gaelic just now with a digital Gaelic channel and websites appearing on the internet amongst them. I think I will enjoy this subject.

3.2 Calum

To listen to Calum, you will need the following sound file:
hg-cgae1-3-1listening.mp3

Latha math, Calum an-seo. Tha mi air a bhith air telebhisean Gàidhlig gu math tric on a bha mi òg. Rinn mi *Dè a-Nis*? nuair a bha mi anns a' bhun-sgoil agus chluich mi a' phìob air program-ciùil an-uiridh. Rinn mi **agallamh** mu dheidhinn ceòl tràidiseanta anns na sgoiltean cuideachd airson BBC An Là. Tha mòran rudan an lùib obair an telebhisein. Feumaidh tu feitheamh airson ùine mhòr mus bi iad deiseil airson fiolmadh. Tha e gu math sgìtheil. Ach, feumaidh mi ràdh gu bheil mo sheanmhair gu math toilichte nuair a bhios i gam fhaicinn air an sgailean mhòr! Bidh mi ag innse dhut mar a chaidh dhomh nuair a bha mise air an TBH. Chòrd e rium ach cha bu toigh leam a dhèanamh mar obair.

English translation

Good day, Calum here. I have been on Gaelic TV quite often since I was young. I did *Dè a-Nìs*? when I was in primary school and I played the pipes on a music programme last year. I did an interview about traditional music in schools for BBC An Là as well. There are many things involved in TV work. You must wait a long time before they are ready to film. It is very tiring. But, I must say, my granny is very happy when she sees me on the big screen! I will tell you how it went for me when I was on TV. I enjoyed it but I would not like to do it as a job.

3.3 Nina

To listen to Nina, you will need the following sound file:
hg-cgae1-3-2listening.mp3

Hallo. Ciamar a tha thu a' faighinn air adhart? Cha bhi mi a' coimhead mòran telebhisean idir ach bidh mi ag èisteachd ris an radio gu math tric. Is toigh leam a bhith a' dèanamh **banas-taighe** le BBC Radio nan Gàidheal a' cluich. Tha a h-uile seòrsa de phrogram ri chluinntinn air seirbhis Ghàidhlig a' BhBC: **Còmhradh**, Naidheachdan, Eachdraidh, Spòrs, agus ceòl den a h-uile seòrsa; roc, pop, tràidiseanta agus Gàidhlig. Rinn mi fhèin program ciùil mar a rinn Calum ach na gabh dragh, cha do chluich mi càil! - rinn mi *Breab do Rapal* far an robh an cothrom agam na pìosan ciùil as fheàrr leam a thaghadh agus bruidhinn mun deidhinn. Bha am preasantair uamhasach laghach agus bha e gam dhèanamh cofhurtail. Cluinnidh tu rud beag bhon phrogram.

English translation

Hello. How are you getting on? I do not watch much TV but I listen to the radio very often. I like to do housework with BBC Radio nan Gàidheal playing. There is every sort of programme on the BBC's Gaelic service; Chat, News, History, Sport and every kind of music; rock, pop, traditional and Gaelic. I did a music programme just like Calum did but do not worry, I did not play anything! - I did *Breab do Rapal* where I got the opportunity to choose my favourite pieces of music and talk about them. The presenter was terribly lovely and made me feel comfortable. You will hear a little bit from the programme.

3.4 Ceit

Bidh mi ag èisteachd ri mòran radio Gàidhlig agus a' coimhead BBC Alba **fad na h-ùine** airson mo Ghàidhlig a leasachadh. Bidh mi a' cleachdadh ghoireasan air loidhne cuideachd. Tha am pailteas de stuth air loidhne a bhios feumail. Tha an t-eadar-lìon air a bhith glè chuideachail airson ionnsachadh na Gàidhlig a bhrosnachadh. Bidh mi a' sgrìobhadh **lèirmheas** mu program a choimhead mi. Bidh mi a' bruidhinn ri Dòmhnall cuideachd agus a' faighinn a-mach mar a tha e a' dol dha aig a' BBC. Chan eil mise ag iarraidh obair anns na meadhanan, chan eil rathad ann gum bi mise a' bruidhinn air camara, tha mi ro **dhiùid**!

English translation

I listen to lots of Gaelic radio and watch BBC Alba all the time to develop my Gaelic. I use resources online. There is a wealth of stuff online that is useful. The internet has been very helpful for encouraging Gaelic learning. I will be writing a review of a programme that I watched. I will be speaking to Donald as well and finding out how he is getting on at the BBC. I do not want work in the media, there is no way I will speak on camera, I am too shy!

Vocabulary: Film jobs Go online

To listen to these, you will need the following sound files:
hg-cgae1-3-3vocab.mp3 (1-16)

Dreuchd/Job	English
Stiùiriche	Director
Riochdaire	Producer
Sgrìobhadair	Writer
Preasantair	Presenter
Neach-deasachaidh	Editor
Neach-camara	Camera operator
Neach-fuaim	Sound Engineer
Rannsaiche	Researcher
Cleasaiche	Actor
Neach-taice	Assistant
Teicniche	Technician
Luchd-amhairc	Viewers
Luchd-èisteachd	Audience
Neach-aithris	Reporter
Àrd-riochdaire	Executive producer

Q1: Translate these words into English.

Dreuchd	
Stiùiriche	
Riochdaire	
Sgrìobhadair	
Preasantair	
Neach-deasachaidh	
Neach-camara	
Neach-fuaim	
Rannsaiche	
Cleasaiche	
Neach-taice	
Teicniche	
Luchd-amhairc	
Luchd-èisteachd	
Neach-aithris	
Àrd-riochdaire	

Vocabulary: Film verbs Go online

To listen to these, you will need the following sound files:
hg-cgae1-3-4vocab.mp3 (1-16)

Actions	English
stiùireadh	directing
riochdachadh	producing
geàrradh	editing
sgrìobhadh	writing
fiolmadh	filming
clàradh	recording
rannsachadh	researching
cleasachd	acting
toirt taic	assisting
aithris	reporting
càradh	repairing
coimhead	watching
èisteachd	listening
craoladh	broadcasting
sealltainn	showing/looking
amharc	viewing

Related phrases

Dreuchd/Job	**Dè bhios iad a' dèanamh?**	**English Translation**
Stiùiriche	Bidh e a' stiùireadh a h-uile duine air a' phrògram	He directs everyone on the programme
Riochdaire	Bidh i a' cumail sùil air a' program gu lèir	She looks after the whole programme
Sgrìobhadair	Bidh i ag ullachadh na sgriopt	She prepares the script
Neach-camara	Bidh e a' fiolmadh	He films
Neach-fuaim	Bidh e a' clàradh na fuaim	He records the sound
Rannsaiche	Bidh i a' faighinn fiosrachadh airson a' phrogram	She founds out information for the programme
Preasantair	Bidh i a' bruidhinn ris an luchd-amhairc bho air beulaibh a' chamara	She speaks to the viewers from in front of the camera
Neach-taice	Bidh e a' cuideachadh an stiùiriche	He helps the director
Teicniche	Bidh e a' càradh rudan agus a' cumail rudan a' dol	He repairs things and keeps things going
Luchd-amhairc	Bidh iad a' coimhead air a' phrogram	They watch the programme

3.5 BBC Radio nan Gàidheal (UND1)

Listening comprehension: Nina Go online

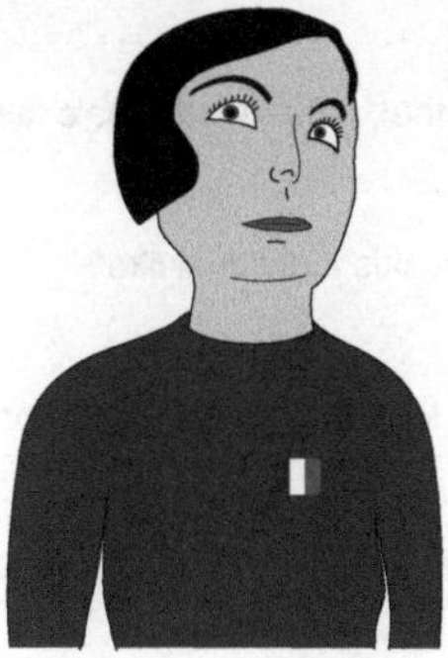

To listen to these, you will need the following sound files
hg-cgae1-3-6listening.mp3 (1-5)

Section 1 (*hg-cgae1-3-6listening1.mp3*)

Q2: What day is it?

....

Q3: Where is Nina?

....

Q4: What question does the presenter ask Nina?

Section 2 (*hg-cgae1-3-6listening2.mp3*)

Q5: What is the presenter sure about?

....

Q6: What is the presenter's opinion of Donald?

....

Q7: In detail, what does Nina say about her stories about Donald?

Section 3 (*hg-cgae1-3-6listening3.mp3*)

Q8: What does the presenter think about Nina?

....

Q9: What does the presenter ask Nina about her songs?

Section 4 (*hg-cgae1-3-6listening4.mp3*)

Q10: What decades are mentioned specifically by Nina?

....

Q11: Who else, apart from her mother, influenced Nina's taste in music?

....

Q12: What two kinds of music does this individual like?

....

Q13: What reason does Nina give for this individual liking one of these kinds of music?

....

Q14: What comment does the presenter make about Nina's taste in music?

....

Q15: Why does Nina like Electronic Dance music?

Section 5 (*hg-cgae1-3-6listening5.mp3*)

Q16: When was Nina at the Hebridean Celtic Festival?

....

Q17: Name some things her chosen song reminds her about? Max 3.

....

Q18: What does Nina think is important?

....

Q19: When does the presenter say they will be back?

3.6 Reading the papers (UND2)

First read the text and then attempt the questions.

Reading comprehension: Calum Go online

Is toigh leam a bhith a' leughadh irisean agus pàipearan-naidheachd. Bidh mi gan leughadh airson fiosrachadh fhaighinn a-mach mu dheidhinn spòrs agus poileataigs. Tha iad gu math feumail cuideachd oir tha paipearan-naidheachd a' dèanamh airgead a-mach à sanasan-reice agus 's urrainn dhut bargain fhaighinn anns na paipearan ionadail. Bidh daoine a' reic a h-uile càil; cearcan, fiodh agus seann chàraichean.

Aon latha, chunnaic mi sanas ann am Pàipear Beag an Eilein Sgitheanaich a' sireadh luchd-ciùil òga airson program ùr air BBC Alba mu dheidhinn ceòl tràidiseanta. Bhiodh e air a chlàradh ann an caisteal mòr eireachdail faisg air an Eilean Sgitheanach agus bha pàigheadh math ann; dà cheud not gu leth airson aon latha obrach.

Chuir mi post-dealain dhan chompanaidh-riochdachaidh le mo chunntas-beatha. Anns a' chunntas-beatha, bha mi ag innse mu dheidhinn an eòlais a tha air a bhith agam air ceòl tràidiseanta agus air telebhisean. Cha robh mi ro dhòchasach ach fhuair mi freagairt luath bho bhoireannach leis an ainm, Iseabail, ag ràdh gun robh iad gam iarraidh airson fiolmadh an ath Dhisathairne.

Ràinig mi an caisteal tràth anns a' mhadainn. Bha e dorch fhathast aig an àm sin oir cha robh a' Ghrian air èirigh. Chaidh mi a-steach dhan oifis, bha bothan beag ann far an do dh'iarr Iseabail orm suidhe airson ullachadh. Nochd boireannach breàgha le falt ban. 'S e Ciorstaidh an t-ainm a bha oirre. Thuirt i rium gun robh i a' dol a chur maise-ghnùis orm! Cha robh mi cho toilichte mu dheidhinn seo idir ach b'fheudar dhomh cur suas ris. Tha e a' coimhead nas fheàrr air camara a-rèir coltais.

Bha mi a' feitheamh fad ceithir uairean a thìde airson cothrom a bhith a' cluich. Bha trioblaidean teicnigeach aca leis an fhuaim agus bha aon chòmhlan ann a rinn mòran mhearachdan. Cha chan mi guth cò bh' ann! Bha mi a' fàs gu math an-fhoiseil agus mì-fhoighdineach. Bha tìm a' gluasad cho slaodach ri seilcheig! Cha mhòr gun do choisich mi a-mach ach mu dheireadh thall thuirt Iseabail gun robh iad gam iarraidh air an àrd-ùrlair.

Chuir iad air dòigh a h-uile càil. Chluich mi cho math 's a chluich mi riamh. Bha mi air mo dhòigh. Thòisich a h-uile duine a' bualadh am boisean agus bha mi a' faireachdainn cho pròiseil. An uairsin thuirt an stiùiriche. "Tha mi duilich a Chaluim, ach cha robh am maicrofon ag obair gu ceart." Nach mi a bha fiadhaich! B' fheudar dhomh a dhèanamh ceithir tursan uile gu lèir! Bha mi toilichte gu leòr ach cha robh gin dhiabh cho math ris a' chiad uair.

Fhuair mi an cothrom a bhith a' cluich còmhla ri dithis ghaisgich agam, Ailean Dòmhnallach agus Tormod Maclomhair. 'S e sàr luchd-ciùil a tha annta ach 's e daoine uasal a tha annta cuideachd. Dh'ionnsaich mi mòran bhuapa agus thug Tormod cuireadh dhomh a bhith a' cluich còmhla ris aig cèilidh an ath thuras a bhios e anns an sgìre agam.

Bha ùine mhòr ann mus deach am program a chraoladh air BBC Alba. Rinn sinn am fiolmadh anns a' Mhàrt ach cha do nochd e air an sgàilean gus Là na Nollaig. Bha seo a' ciallachadh gun robh a h-uile duine anns an taigh a' coimhead orm. Cha robh guth air Doctor Who an latha sin, fiù 's bho mo bhràthair beag.

Bha lèirmheas anns a' phàipear ag ràdh gur e program glè mhath a bha ann. Tha mi toilichte gun robh iad a' smaoineachadh sin oir bha tòrr obair na chois.

Questions

Is toigh leam a bhith a' leughadh irisean agus pàipearan-naidheachd. Bidh mi gan leughadh airson fiosrachadh fhaighinn a-mach mu dheidhinn spòrs agus poileataigs. Tha iad gu math feumail cuideachd oir tha paipearan-naidheachd a' dèanamh airgead a-mach à sanasan-reice agus 's urrainn dhut bargain fhaighinn anns na paipearan ionadail. Bidh daoine a' reic a h-uile càil; cearcan, fiodh agus seann chàraichean.

Q20: Apart from newspapers, what else does Calum like to read?

....

Q21: What two subjects does he get information on?

....

Q22: What do people sell using adverts in local newspapers?

Aon latha, chunnaic mi sanas ann am Pàipear Beag an Eilein Sgitheanaich a' sireadh luchd-ciùil òga airson program ùr air BBC Alba mu dheidhinn ceòl tràidiseanta. Bhiodh e air a chlàradh ann an caisteal mòr eireachdail faisg air an Eilean Sgitheanach agus bha pàigheadh math ann; dà cheud not gu leth airson aon latha obrach.

Q23: What was the advert in the West Highland Free Press seeking?

....

Q24: Where was the TV programme being recorded?

....

Q25: What was the fee?

Chuir mi post-dealain dhan chompanaidh-riochdachaidh le mo chunntas-beatha. Anns a' chunntas-beatha, bha mi ag innse mu dheidhinn an eòlais a tha air a bhith agam air ceòl tràidiseanta agus air telebhisean. Cha robh mi ro dhòchasach ach fhuair mi freagairt luath bho bhoireannach leis an ainm, Iseabail, ag ràdh gun robh iad gam iarraidh airson fiolmadh an ath Dhisathairne.

Q26: How did he contact the production company?

....

Q27: What did he include in his CV?

Ràinig mi an caisteal tràth anns a' mhadainn. Bha e dorch fhathast aig an àm sin oir cha robh a' Ghrian air èirigh. Chaidh mi a-steach dhan oifis, bha bothan beag ann far an do dh'iarr Iseabail orm suidhe airson ullachadh. Nochd boireannach breàgha le falt ban. 'S e Ciorstaidh an t-ainm a bha oirre. Thuirt i rium gun robh i a' dol a chur maise-ghnùis orm! Cha robh mi cho toilichte mu dheidhinn seo idir ach b'fheudar dhomh cur suas ris. Tha e a' coimhead nas fheàrr air camara a-rèir coltais.

Q28: Other than the use of the word, tràth, what tells us that it is early in the morning?

....

Q29: How does Calum describe the make-up artist?

....

Q30: How did Calum feel about wearing make up?

Bha mi a' feitheamh fad ceithir uairean a thìde airson cothrom a bhith a' cluich. Bha trioblaidean teicnigeach aca leis an fhuaim agus bha aon chòmhlan ann a rinn mòran mhearachdan. Cha chan mi guth cò bh' ann! Bha mi a' fàs gu math an-fhoiseil agus mì-fhoighdineach. Bha tìm a' gluasad cho slaodach ri seilcheig! Cha mhòr gun do choisich mi a-mach ach mu dheireadh thall thuirt Iseabail gun robh iad gam iarraidh air an àrd-ùrlair.

Q31: Why was Calum waiting so long?

....

Q32: How did Calum start to feel?

....

Q33: "Cho slaodach ri seilcheig." - As slow as a:

a) tortoise.
b) snail.
c) glacier.
d) corpse.

Chuir iad air dòigh a h-uile càil. Chluich mi cho math 's a chluich mi riamh. Bha mi air mo dhòigh. Thòisich a h-uile duine a' bualadh am boisean agus bha mi a' faireachdainn cho pròiseil. An uairsin thuirt an stiùiriche. "Tha mi duilich a Chaluim, ach cha robh am maicrofon ag obair gu ceart." Nach mi a bha fiadhaich! B' fheudar dhomh a dhèanamh ceithir tursan uile gu lèir! Bha mi toilichte gu leòr ach cha robh gin dhiabh cho math ris a' chiad uair.

Q34: What showed that the audience enjoyed Calum's performance?

....

Q35: Who told Calum that there was a problem?

....

Q36: What went wrong during the performance?

....

Q37: Calum has to record his tunes four times, what does he say about these performances?

Fhuair mi an cothrom a bhith a' cluich còmhla ri dithis ghaisgich agam, Ailean Dòmhnallach agus Tormod MacIomhair. 'S e sàr luchd-ciùil a tha annta ach 's e daoine uasal a tha annta cuideachd. Dh'ionnsaich mi mòran bhuapa agus thug Tormod cuireadh dhomh a bhith a' cluich còmhla ris aig cèilidh an ath thuras a bhios e anns an sgìre agam.

Q38: What opportunity did Calum get on the programme?

....

Q39: When will he get to play the pipes with Norman MacIver?

Bha ùine mhòr ann mus deach am program a chraoladh air BBC Alba. Rinn sinn am fiolmadh anns a' Mhàrt ach cha do nochd e air an sgàilean gus Là na Nollaig. Bha seo a' ciallachadh gun robh a h-uile duine anns an taigh a' coimhead orm. Cha robh guth air Doctor Who an latha sin, fiù 's bho mo bhràthair beag.

Bha lèirmheas anns a' phàipear ag ràdh gur e program glè mhath a bha ann. Tha mi toilichte gun robh iad a' smaoineachadh sin oir bha tòrr obair na chois.

Q40: When was the programme recorded?

....

Q41: According to the text, who watched the show?

....

Q42: Why was Calum happy with the review of the programme in the newspaper?

3.7 Time in Gaelic

In Calum's text, several different words appear which are translated as 'time' in English. All these words reflect different aspects of the concept of 'time'.

ùine - time as a moving concept, flowing from one point to another fad na h-ùine - all the time a' toirt ùine - taking time a' toirt ùine mhòr - taking a long time *never use 'gabh' when talking about taking time

uair - a specific hour, or minute, for telling the time aon uair deug - Eleven o' clock. leth-uair - half an hour uair a bha siud - that time uaireigin - sometime uaireannan - sometimes

tìm - Time as an overall concept, used rarely outwith certain situations glàiste ann an tìm - frozen in time inneal-tìme - time machine Tìm an Òbain - the Oban Times newspaper "Tìm, am fiadh, ann an coille Hallaig" - "Time, the deer, in the wood of Hallaig" from Sorley MacLean's poem Hallaig.

àm - a time, less specific than uair bho àm gu h-àm - from time to time àm-cluiche - playtime/break àm-dìnnear - dinnertime

turas, trup - a time, different from the time before, both also mean "trip" an ath thuras - next time an trup mu dheireadh - the last time

Dè an uair a tha e?

Here is a refresher on the times of day.

Minutes		Hours		
còig mionaidean an dèidh	.05	uair	1 o'clock	pm - feasgar
deich mionaidean an dèidh	.10	dà uair	2 o'clock	am - sa mhadainn
cairteal an dèidh	.15	trì uairean	3 o'clock	
fichead mionaid an dèidh	.20	ceithir uairean	4 o'clock	
fichead 's a còig mionaidean an dèidh	.25	còig uairean	5 o'clock	
leth-uair an dèidh	.30	sia uairean	6 o'clock	
fichead 's a còig mionaidean gu	.35	seachd uairean	7 o'clock	
fichead mionad gu	.40	ochd uairean	8 o'clock	
cairteal gu	.45	naoi uairean	9 o'clock	
deich mionaidean gu	.50	deich uairean	10 o'clock	
còig mionaidean gu	.55	aon uair deug	11 o'clock	
gu bhith mu	almost about	meadhan là meadhan oidhche dà uair dheug dà reug	midday midnight 12 o'clock 12 o'clock	

3.8 Talking: Labhairt (USE1)

Here is an opportunity for you to practise some speaking. You can do a role play and imagine you are speaking to Catriona Smith at the BBC when you arrive for your work placement.

Conversation simulation: Work placement with Gaelic Department at BBC

Q43:

Character	Script	Translation
Catrìona		Good morning, Donald. It's good to see you.
Dòmhnall		Good morning, Catriona. I'm happy to get this opportunity.
Catrìona		We'll go up to the Gaelic Department in the lift and you can meet the team.
Dòmhnall		Very good. How many are in your team?
Catrìona		That is difficult to say because some work freelance and only come in for a project and then go away for a while.You will see that a lot work for the Gaelic Department here.

3.9 Work placement: Post-dealain (UND2)

Dòmhnall e-mails Ceit about his work placement. Read the article and answer the questions.

Reading comprehension: Post-dealain Go online

Hi a Cheit

Ciamar a tha thu?

Uil, tha mise air mo chiad latha a chur a-steach air a' ghreis ghnìomhachais agam agus 's e bha math. A' chiad rud anns a' mhadainn chaidh mi gu togalach brèagha a' BhBC aig Pacific Quay agus bhruidhinn mi ri tè-fàilteachaidh. Dh'inns mi carson a bha mi air tighinn. Thuirt i gun robh fios aice mu mo dheidhinn agus gun robh cairt-aithnichidh aice dhomh.

An dèidh sin choinnich mi ri Catrìona Nic a' Ghobhainn a tha os cionn greisean gnìomhachais agus chaidh sinn suas gu Roinn na Gàidhlig. Air an rathad suas chaidh sinn gu sgioba nan naidheachdan Gàidhlig agus choinnich mi riutha. Abair gun robh iad trang a' faighinn nan sgeulachdan aca deiseil airson an fheasgair sin. Air an cùl bha sgioba nan naidheachdan Beurla agus bha iadsan trang cuideachd ag ullachadh airson naidheachdan meadhan latha agus *Reporting Scotland* aig leth-uair an dèidh sia.

Mu dheireadh thall, choinnich mi ri sgioba na Gàidhlig. Bha a h-uile duine cho càirdeil, laghach. Bha m' ùidh air a ghlacadh le fear a bha ag obair air prògram mu eachdraidh nan Gàidheal. Tha sreath de shia prògraman a' dol a bhith ann agus bha Seumas ag obair air eachdraidh nan Gàidheal a chaidh a-null a Chanada anns an naoidheamh linn deug. Tha mi cinnteach gun còrd e riut gu mòr nuair a thèid a chraoladh.

Innsidh mi dhut mu aon rud eile mus fhalbh mi. Tha tòrr fiosrachaidh a' dol a-mach air an eadar-lìon a-nis agus bha mi a' bruidhinn ri dithis a bha ag obair làn-ùine air seo. Bidh iad a' cur fiosrachadh ùr air làrach-lìn a' BhBC gach latha agus feumaidh iad fiosrachadh a tha sean a thoirt dheth.

A-màireach bidh mi a' dol a-mach air '*location*' a dh'fhaicinn 'siabann' ùr a tha a' dol a bhith air a chlàradh air taobh a deas Ghlaschu. Bidh sin inntinneach.

Bruidhnidh sinn a-màireach. Oidhche mhath.

Dòmhnall

Q44: What is the main purpose of this text?

a) A personal recollection of work experience in the media
b) A complaint about the amount of Gaelic on TV
c) A job application for work at a Gaelic website

....

Q45: What has Donald just completed? His first day at:

a) a workshop.
b) his new job.
c) his work placement.

....

Q46: Who was the first person he spoke to?

a) The door person
b) A receptionist
c) The cleaner

....

Q47: What is the first thing this person says to Donald? She:

a) knew about him.
b) asked if he would fill in a form.
c) told him that he would be dealt with shortly.

....

Q48: What was the next thing she said? She:

a) had an identity card for him.
b) had a security card for him.
c) had a travel pass for him.

....

Q49: What is Catriona Smith's position? She:

a) is on a work placement..
b) arranges work placements.
c) is in charge of work placements.

....

Q50: Whom did Donald visit first of all? The Gaelic:

a) news team.
b) football team.
c) news presenter.

....

Q51: What did he think about them?

a) How enthusiastic they were.
b) How much they enjoyed their work.
c) How busy they were.

....

Q52: Where was the English news team?

a) Behind the Gaelic news team
b) Alongside the Gaelic news team
c) In front of the Gaelic news team

....

Q53: What did Donald say about the person working on the Gaelic history programme?

a) Donald thought he didn't have a very interesting job.
b) He caught Donald's attention.
c) He did not speak to Donald.

....

Q54: What is Donald certain of?

a) That Kate would not be interested in the history programme.
b) That Kate would enjoy the history programme.
c) That Kate would greatly enjoy the history programme.

....

Q55: What did the two people whom Donald spoke to do?

a) They worked on Internet information.
b) They surfed the Internet full-time.
c) They worked full-time on Internet information.

....

Q56: What did they have to remove?

a) Objectional material
b) Old information
c) Both objectional material and old information

....

Q57: Where is Donald going tomorrow? To film:

a) a clean-up on the southside of Glasgow
b) a soap on the southside of Glasgow
c) a special location on the southside of Glasgow

....

Q58: Donald is not looking forward to this.

a) True
b) False

3.10 Mobile phone: Fòn-làimhe (UND1)

Kate phones Donald on her mobile after he has finished the second day of his placement.

Listening comprehension: Fòn-làimhe Go online

To complete this exercise, you will need the following sound file: *hg-cgae1-3-8listening.mp3*

Q59: What kind of a day has Donald had?

a) A typical day
b) A terrible day
c) A super day

....

Q60: What question does Kate ask after Donald has said what kind of day he has had?

a) How did you get on with the 'soap'?
b) Who was in the 'soap'?
c) How did you spend the day at the 'soap'?

....

Q61: What is Donald's reply?

a) Very well
b) Good
c) Not so well

....

Q62: Donald tells which crew members were there. Which is the correct list?

a) Lighting, sound, camera, electricians, and actors
b) Lighting, camera, other actors
c) Lighting, sound, camera, actors and others

....

Q63: What is Kate's next question?

a) How long were you filming?
b) How long were you on location?
c) What length was the programme?

....

Q64: Donald did not feel the day long.

a) True
b) False

....

Q65: What was Donald's comment about the day?

a) There was so much happening.
b) There were some things of interest.
c) There was not much happening.

. . . .

Q66: What does Kate say about the 'soap'?

a) Tell me about it.
b) Are you permitted to tell me what it is about?
c) You don't have to tell me about it.

. . . .

Q67: Why is the English soap *River City* mentioned?

a) The Gaelic soap is like it.
b) They used the same location as it.
c) The Gaelic soap is a welcome change from it.

. . . .

Q68: Why are Italy, Pakistan, Afghanistan, England and the Highlands mentioned?

a) The characters in the soap come from there.
b) The characters in the soap will visit these places.
c) The characters in the soap mentioned these places in the first episode.

. . . .

Q69: All of the dialogue in the soap is in Gaelic.

a) True
b) False

3.11 Elizabeth MacNeill: Ealasaid NicNèill (UND2)

Seo cunntas air Ealasaid NicNèill a rinn cùrsa telebhisein agus Gàidhlig. (Here is a profile of Elizabeth MacNeill who is doing a television and Gaelic Course.)

Read the text and then attempt the questions.

Reading comprehension: Ealasaid NicNèill Go online

Ealasaid NicNèill, Barraigh

Bha ùidh mhòr agam sna meadhanan on a bha mi sa bhun-sgoil nuair a rinn sinn pròiseact air na meadhanan Gàidhlig. Nuair a bha mi air an t-siathamh bliadhna chuir mi a-staigh airson àite air a' chùrsa BA *Gàidhlig agus na Meadhanan*. Bha mi toilichte nuair a chuala mi gun robh àite agam air a' chùrsa oir bha Sabhal Mòr Ostaig air a' Ghàidhealtachd ann an coimhearsnachd a bha taiceil dhan a' Ghàidhlig. Cuideachd, bha mi a' dol a bhith a' dèanamh cùrsa a bha fìor chòrdadh rium. An dèidh a' chùrsa BA *Gàidhlig agus na Meadhanan* rinn mi *Dioplòma anns na Meadhanan Gàidhlig.*

Tha an dà chùrsa gu math eadar-dhealaichte. Tha an cùrsa ceum a' dèiligeadh ri barrachd obair acadaimeagach agus an dioplòma a' dèiligeadh ri obair phractaigeach. Nam bheachd-sa, fhuair mi eòlas is fiosrachadh feumail a-mach às an dà chùrsa. Thàinig mo Ghàidhlig air adhart gu mòr cuideachd.

Bha tòrr ri dhèanamh taobh a-muigh chlasaichean aig an t-Sabhal Mhòr. Bha mi an sàs ann am beatha nan oileanach mar cheannard air Comann nan Oileanach. Bha an-còmhnaidh rudeigin a' tachairt air an oidhche airson ar Gàidhlig a leasachadh agus ar n-ùidh a thogail.

Tha e a' còrdadh rium a bhith aig Sabhal Mòr Ostaig. Tha mi ag ionnsachadh ann an àrainneachd chàirdeil. Tha na h-àireamhan anns na clasaichean nas lugha na bhiodh iad ann am baile mòr. Mar phàirt den Dioplòma anns na Meadhanan Gàidhlig, tha mi a-nis ag obair airson sia mìosan còmhla ri companaidh telebhisein neo-eisimealach ann an Glaschu.

Q70: What initially raised Elizabeth's interest in the media?

a) She watches a lot of television.
b) A media project in primary school
c) A visitor to her secondary school

....

Q71: When did she apply for a place on a Gaelic Media course?

a) Sixth year at school
b) Last year
c) After seven years in work

....

Q72: Why was she happy to go to Sabhal Mòr Ostaig? Pick two.

A) It had a good reputation.
B) It was situated in the Highlands in a supportive Gaelic community.
C) It was situated in a beautiful locality.
D) She would be doing a course she enjoyed

....

Q73: Both of Elizabeth's courses at Sabhal Mòr Ostaig were media related.

a) True
b) False

....

Q74: What was the difference between the two courses?

a) One course focused on Gaelic and the other on the media.
b) One course was more academic and the other more practical.
c) One course focused on academic topics and the other on Gaelic.

....

Q75: What did she gain from the courses? Pick three.

A) Experience
B) Useful information
C) Opportunities
D) Improvement in her Gaelic
E) A certificate
F) Assistance

....

Q76: What position did Elizabeth hold in the College?

a) Head of the student society
b) Chairman of the badminton club
c) Secretary of the islanders' club

....

Q77: What kind of events often happened at night?

a) Something which allowed them to meet with the community
b) Something to improve their Gaelic and to keep them occupied
c) Something to raise the profile of Gaelic

....

Q78: What does Elizabeth enjoy about the environment at Sabhal Mòr Ostaig?

a) There are lots of things to do in the local community.
b) There is a friendly environment and small classes.
c) There is the opportunity to speak Gaelic all the time.

....

Q79: Where is Elizabeth at the moment?

a) She is doing a project for the final six months of her course.
b) She is with an independent television company for six months as part of her course.
c) She has temporary employment for six months until she finds a full-time post.

....

Q80: What is the main purpose of this text?

a) A personal text with information about how to become involved in the media.
b) A personal text about a misfortunate event involving the media.
c) A factual text with information about BBC Alba.

3.12 Angela (UND1)

In this listening passage Angela provides viewers with information.

Listening comprehension: Dè tha dol? Go online

To complete this exercise, you will need the following sound file:
hg-cgae1-3-9listening.mp3

Q81: Angela announces that 'Dè tha dol?' will provide viewers with:

a) the news from Scotland and the Highlands.
b) information about new programmes on the BBC's Gaelic services.
c) Gaelic music programmes on BBC Alba.

....

Q82: Before she moves to her main information, what information will she provide first of all?

a) What is happening in the district football
b) What is happening in our local communities
c) The weather in the Outer Hebrides

....

Q83: What is the name of the speaker at Stornoway Town Hall?

a) James Macdonald
b) Hamish MacDougall
c) Janet MacTaggart

....

Q84: What is the speaker's subject?

a) Gaels who went to America in the 18th century.
b) Immigrants to the Highlands in the 20th century.
c) Gaels who went to Canada in the 19th century.

....

Q85: What will Professor John Graham's lecture topic be?

a) The history of the Highland Games
b) Gaelic in Inverness
c) Gaelic place names in the Highlands

....

Q86: Where will the lecture be held at 8 pm?

a) The King's Hotel
b) The Eden Court Theatre
c) The Royal Museum

....

Q87: Next Angela gives us information about a new soap on the Gaelic channel.

a) True
b) False

....

Q88: When does the programme begin?

a) 7.30 pm
b) 7 am
c) 5.15 pm

....

Q89: Angela talks about some of the people who will appear in this new programme. Which of these does she mention?

A) Gaels
B) Immigrants
C) Lowlanders / Non-Gaels
D) Experts on global warming
E) Teachers
F) Golfers
G) Singers

....

Q90: The show is filmed in Glasgow, where in the town is it set?

a) Partick
b) South Side
c) West End
d) City Centre
e) East End

....

Q91: Choose some of the things that are stated to appear in the new programme. Pick three.

A) Debate
B) Stupidity
C) Violence
D) Sorrow
E) Bad language
F) Laughter
G) Humour

....

Q92: The title of the children's cartoon programme in English is:

a) My Rocket Car
b) John on the Moon
c) The White Bird

3.13 Review writing: A' sgrìobhadh lèirmheas (USE1, USE2)

Writing: A' sgrìobhadh lèirmheas

"In the written examination you will be given four bullet points for which you must include the information and then you should try and add other relevant details.

Take a paragraph to deal with each bullet point. You should always give opinions where appropriate to allow you to expand on your points. It is a good idea to space out your paragraphs, allowing you to deal with each bullet point initially and then you will have room to return to each bullet point to expand.

The SQA will recommend that you do 150-180 words, but if you exceed this mark do not worry. The following example is around 270 words, less if you remove the section in square brackets. The writing section is a great place to display your learning of vocabulary and grammar."

Scenario: Culture - The Event, An Tachartas

You are going to write a review of an event for the student newspaper. You must include the following information and you should try to add other relevant details.

- Which event you attended and where it was held;
- What the event was in aid of and the people that were involved;
- What activities took place and how enjoyable they were;
- Whether you would recommend the event to others and/or if you would go again.

Talking: Reported speech

Reported speech is very useful for creating writing texts with opinions. The following can all be used before the verb when used as reported speech.

Pick a comment from each section to make your own sentence using reported speech. Read it out to yourself.

Verb with opinion	Verb for reported speech	Subject	Augmented adjective
Tha mi den bheachd		an consairt	fìor mhath
Tha mi den bharail	gu bheil	an cèilidh	gu math inntinneach
Chanainn	nach eil	a' chleasachd	uamhasach truagh
Tha mi a' smaoineachadh	gun robh	an ceòl	sònraichte
Tha mi a' smaointinn	nach robh	na dealbhan	caran dòrainneach
Tha mi an dòchas	gum bi	e	air leth
Saoilidh mi	nach bi	i	beagan robach
Feumaidh	gum biodh	iad	dìreach samhaidh
Chòrd e rium glan	nach biodh	na daoine	cho math 's a chunnaic mi riamh
Thathar ag ràdh		na sgoilearan	cho trang 's a ghabhas

Vocabulary: Useful phrases Go online

The following are all useful phrases which can be used with reported speech, followed by the correct form of the verb.

Tha mi den bharail	I am of the opinion
Chanainn	I would say
Tha mi a' smaoineachadh	I think
Tha mi a' smaointinn	I think
Tha mi an dòchas	I hope
Saoilidh mi	I suppose
Feumaidh	Must
Thathar ag ràdh	It is said (passive voice)
Tha mi a' creidsinn	I believe

Vocabulary: Strong opinions Go online

The following phrases are mostly augmented adjectives which can be used to really give a strong opinion about anything, from an event to a film. Many of these are very common in everyday speech - watch out for "dìreach samhaidh", this is a classic phrase from the district of Ness in the North of Lewis.

To listen to these, you will need the following sound files:
hg-cgae1-3-11vocab.mp3 (1-10)

fìor mhath	truly good
gu math inntinneach	very interesting
uamhasach truagh	terribly awful
sònraichte	special/excellent
caran dòrainneach	a little boring
air leth	unique
beagan robach	a little ropey
dìreach samhaidh	just brilliant
cho math 's a chunnaic mi riamh	as good as I ever saw/seen
cho trang 's a ghabhas	as busy as can be

Useful phrases

You may hear the following phrases in everyday speech. They are often the markers of a native speaker, or a learner with an excellent grasp upon the language.

To listen to these, you will need the following sound files:
hg-cgae1-3-12vocab.mp3 (1-4)

Cha chreid mi gu bheil - I do not believe so
Cha chreid mi nach eil - I believe so (double negative makes a positive)
Cha mhòr nach eil - Nearly
Cha mhòr gu bheil - Hardly

The second part of all these phrases will change according to tense of course i.e. gu bheil > gu robh etc.

Vocabulary: Adjectives Go online

Here are some examples of adjectives you might use to describe events and programmes.

To listen to these, you will need the following sound files:
hg-cgae1-3-13vocab.mp3 (1-12)

dòrainneach	boring
inntinneach	interesting
domhainn	deep
aotrom	light
èibhinn	funny
làn fhealla-dhà	full of fun
do-chreidsinneach	unbelievable
truagh	awful
ceòlmhor	musical
annasach	unusual
sònraichte	special
tlachdmhor	enjoyable

Useful phrases for reviews and everyday talk

The following are two 'gnàths-chainnt' or idioms which would be useful for talking about how much an event, text or film made you laugh.

Gus sgàineadh le gàireachdainn. - Almost splitting with laughter.
Chuireadh e gàire air gamhainn! - It would make a calf smile!*
(*meaning it is really funny, used in the area of Tròndairnis, Ceann a Tuath an Eilein Sgitheanaich - Trotternish, the North End of Skye)

3.14 Indirect speech

We often have to give information about what people say or think. In order to do this we can use **direct speech** or **indirect speech**.

Direct Speech

Saying exactly what someone has said is called **direct speech**. It is also called *quoted speech*.

When using direct speech, what a person says appears within quotation marks ("...") and should be word for word.

For example:

Thuirt Dòmhnall, "Tha mi a' dèanamh greis gnìomhachais aig a' BhBC an-dràsta."

or

"Tha mi a' dèanamh greis gnìomhachais aig a' BhBC an- dràsta," thuirt Dòmhnall.

Indirect Speech

Indirect speech (sometimes called *reported speech*) is written down differently from direct speech:

- indirect speech does not use quotation marks to enclose what the person said,
- it does not have to be word for word.

For example:

Thuirt Dòmhnall gu bheil e a' dèanamh greis gnìomhachais aig a' BhBC an- dràsta.

or

Thuirt Dòmhnall gun robh e a' dèanamh greis gnìomhachais aig a' BhBC an- dràsta.

3.14.1 Tense changes in indirect speech

When using indirect speech the tense usually changes. This is because when we report something that someone has said, it has already taken place and the verbs usually have to be in the past.

For example:

Direct speech	"Tha mi a' dèanamh greis gnìomhachais."
Indirect speech	Thuirt e gun robh e a' dèanamh greis gnìomhachais.

Usually, when you report something someone has said in English you go back a tense. This is not always the case in Gaelic. In the table below the direct speech tense changes to the indirect speech tense below it.

1.	Direct Speech	Present tense	"Tha mi a' clàradh prògram," thuirt Anna.	"I am recording a programme" said Anna.
	Indirect Speech	Past tense	Thuirt Anna gun robh i a' clàradh prògram.	Anna said that she was recording a programme.
2.	Direct Speech	Past tense	"Chlàraich Anna prògram an-dè," thuirt Alasdair	"Anna recorded a programme yesterday," said Alasdair.
	Indirect Speech	Past tense	Thuirt Alasdair gun do chlàraich Anna prògram an-dè.*	Alasdair said that Anna (had) recorded a programme yesterday.
3.	Direct Speech	Future tense	"Clàraidh mise prògrama-màireach," thuirt Anna.	Anna said, "I shall record a programme tomorrow.".
	Indirect Speech	Conditional tense	Thuirt Anna gun clàradh i prògram a-màireach.	Anna said that she would record a prògram tomorrow. (Note change of tense in both Gaelic and English.)

*We could also have said: Thuirt Alasdair *gun robh Anna air prògram a chlàradh* an-dè.
This would translate as: Alasdair said that Anna had recorded a programme yesterday.

Let's try some exercises.

Grammar: Direct speech to indirect (1)

Go online

Tense change: present tense to past tense

Remember that you must change the tense of the direct speech in the quotation marks before you put it into indirect speech.

Direct speech	**Present tense**	"Tha mi a' clàradh prògram," thuirt Anna.	"I am recording a programme," said Anna.
Indirect speech	**Past tense**	Thuirt Anna gun robh i a' clàradh prògram.	Anna said that she was recording a programme.

Q93: Select the correct answer from the options provided.

	Direct speech	Indirect speech	Possible choices		Answer
1.	"Tha mi a' sgrìobhadh post-dealain," thuirt Màiri.	Thuirt Màiri	gu bheil gun robh gum bi	i a' sgrìobhadh post-dealain.	
2.	"Chan eil mi ga fhaicinn air an Eadar-lìon," thuirt Seumas.	Thuirt Seumas	nach eil nach robh nach bi	e ga fhaicinn air an Eadar-lìon.	
3.	"Tha mi a' cur air an telebhisean," thuirt Anna.	Thuirt Anna	gu bheil gun robh gum bi	i a' cur air an telebhisean.	
4.	"Chan eil mi ag èisteachd ri prògram Gàidhlig air an rèidio," thuirt Uilleam.	Thuirt Uilleam	nach eil nach robh nach bi	e ag èisteachd ri prògram Gàidhlig air air an rèidio.	
5.	"Tha an seanal Gàidhlig inntinneach," smaoinich Ceit rithe fhèin.	Smaoinich Ceit	gu bheil gun robh gum bi	an seanal Gàidhlig inntinneach.	
6.	"Tha am prògram ùr a' còrdadh rium," dh'aidich Iain.	Dh'aidich Iain	gu bheil gun robh gum bi	am prògram ùr a' còrdadh ris.	

Grammar: Direct speech to indirect (2) Go online

Tense change: past tense to past tense

Direct Speech	**Past tense**	"Chlàraich Anna prògram an-dè," thuirt Alasdair.	"Anna recorded a programme yesterday," said Alasdair.
Indirect speech	**Past tense**	Thuirt Alasdair gun do chlàraich Anna prògram an-dè.	Alasdair said that Anna (had) recorded a programme yesterday.

Q94: Select the correct answer from the options provided.

	Direct speech	**Indirect speech**	**Possible choices**		**Answer**
1.	"Sgrìobh mi post-dealain," thuirt Màiri.	Thuirt Màiri	gu gun do nach do	sgrìobh i post-dealain.	
2.	"Chan fhaca mi am fiosrachadh air an Eadar-lìon," thuirt Seumas.	Thuirt Seumas	gu gum nach	faca* e am fiosrachadh air an Eadar-lion.	
3.	"Chuir mi air an telebhisean," thuirt Anna.	Thuirt Anna	gu gun do nach do	chuir i air an telebhisean.	
4.	"Dh'èist mi ri prògram Gàidhlig air air an rèidio," thuirt Uilleam.	Thuirt Uilleam	gu gun do nach do	dh'èist e ri prògram Gàidhlig air an rèidio.	
5.	"Chunnaic mi an seanal Gàidhlig a-raoir," thuirt Ceit.	Thuirt Ceit	gu gum nach	*faca i an seanal Gàidhlig a-raoir	
6.	"Chòrd am prògram ùr rium," dh'aidich Iain.	Dh'aidich Iain	gu gun do nach do	chòrd am prògram ùr ris.	

* Note the irregular verb.

Grammar: Direct speech to indirect (3) Go online

Tense change: future tense to conditional tense

Direct Speech	**Future tense**	"Clàraidh mise prògram a-màireach," thuirt Anna.	Anna said, "I shall record a programme tomorrow."
Indirect speech	**Conditional tense**	Thuirt Anna gun clàradh i prògram a-màireach.	Anna said that she would record a programme tomorrow.

Q95: Select the correct answer from the options provided.

	Direct speech	**Indirect speech**	**Possible choices**		**Answer**
1.	"Sgrìobhaidh mi post-dealain a-màireach," thuirt Màiri.	Thuirt Màiri	gum gun nach	sgrìobhadh i post-dealain a-màireach.	
2.	"Chì mi am fiosrachadh air an Eadar-lìon," thuirt Seumas.	Thuirt Seumas	gum gun nach	faiceadh e am fiosrachadh air an Eadar-lìon.	
3.	"Cuiridh mi air an telebhisean," thuirt Anna.	Thuirt Anna	gu gun do nach do	chuir i air an telebhisean.	
4.	"Dh'èist mi ri prògram Gàidhlig air air an rèidio," thuirt Uilleam.	Thuirt Uilleam	gum gun nach	èisteadh e ri prògram Gàidhlig air an rèidio a-nochd.	
5.	"Chì mi am prògram Gàidhlig air iPlayer a-màireach," thuirt Ceit.	Thuirt Ceit	gum gun nach	faiceadh i am prògram Gàidhlig air iPlayer a-màireach.	
6.	"Còrdaidh am prògram ùr riut," thuirt Iain ri Anna.	Thuirt Iain ri Anna	gum gun nach	còrdadh am prògram ùr rithe.	

Did you notice what happened when direct speech in the future tense was changed into indirect speech?

Thuirt Iain ri Anna **gun còrdadh** am prògram ùr rithe.	• Normally, we form the conditional tense by adding 'h' after the first consonant in the root of the verb: **còrd** → **chòrd** and then we add the ending **-adh** if the last vowel is broad or **-eadh** if the last vowel is narrow → chòrdadh. • However, when *gun* or *gum* precedes the conditional, the 'h' is removed.

Grammar: Conditional after *gun* or *gum* Go online

Q96: Write in the correct conditional form of the verb after *gun* or *gum*. The first one is done for you.

Statement	Answer
Bha e a' smaoineachadh gun(coisich) e dhachaigh.	Bha e a' smaoineachadh gun **coisicheadh** e dhachaigh.
Bha e ag ràdh gum (fuirich) e an oidhche.	
Thuirt i gum (fosgail) i an doras.	
Gheall i gun (cuir) i post-dealain thugam.	
Smaoinich e gun (coimhead) e an telebhisean.	
Dh'aontaich i gun (sgrìobh) i litir.	

Grammar: Identify direct speech Go online

Donald has kept a note of his first day on placement with the BBC Gaelic Department in Glasgow.

You will find **five** examples of direct speech in the passage. Identify them.

Q97: Greis gnìomhachais

Choisich mi a-steach dhan togalach mhòr bhrèagha aig a' BhBC agus chaidh mi gu fàilteachas. Bha fios aca gun robh mi a' tighinn oir thuirt tè air cùl an deasg rium, " Ah, a Mhgr MhicAbhatair! Bha Roinn na Gàidhlig a' bruidhinn rinn agus tha cairt-aithnichidh againn an seo deiseil dhuibh." Chùm i oirre agus thuirt i, "Bidh cuideigin bho Roinn na Gàidhlig an seo ann am mionaid."

Ann an ceann mionaid thàinig tè tro dhìon agus thuirt i, "A Dhòmhnaill, is mise Catrìona Nic a' Ghobhainn. Faodaidh sinn a dhol suas gu Roinn na Gàidhlig agus connichidh tu ris an sgioba."

Chaidh sinn a-staigh dhan lioft agus chaidh sinn suas ùrlar no dhà. An uair sin choinnich mi ri tòrr dhaoine. Bha feadhainn ag eadar-theangachadh fo-thiotalan airson phrògraman; bha feadhainn a' deasachadh bhidiothan airson an craoladh; bha feadhainn a' cur stuth suas air làrach-lìn a' BhBC, agus bha feadhainn a' rannsachadh fiosrachadh airson phrògraman culturail.

Thuirt Catrìona rium, "Seo an deasg agad airson an ùine a bhios tu còmhla rinn. Ma tha ceistean sam bith agad, dìreach leig fios."

"Tha seo a' dol a chòrdadh rium," thuirt mi rium fhìn.

Translation: Greis gnìomhachais

Translate this passage into English.

Greis gnìomhachais

Choisich mi a-steach dhan togalach mhòr bhrèagha aig a' BhBC agus chaidh mi gu fàilteachas. Bha fios aca gun robh mi a' tighinn oir thuirt tè air cùl an deasg rium, " Ah, a Mhgr MhicAbhatair! Bha Roinn na Gàidhlig a' bruidhinn rinn agus tha cairt-aithnichidh againn an seo deiseil dhuibh." Chùm i oirre agus thuirt i, "Bidh cuideigin bho Roinn na Gàidhlig an seo ann am mionaid."

Ann an ceann mionaid thàinig tè tro dhìon agus thuirt i, "A Dhòmhnaill, is mise Catrìona Nic a' Ghobhainn. Faodaidh sinn a dhol suas gu Roinn na Gàidhlig agus connichidh tu ris an sgioba."

Chaidh sinn a-staigh dhan lioft agus chaidh sinn suas ùrlar no dhà. An uair sin choinnich mi ri tòrr dhaoine. Bha feadhainn ag eadar-theangachadh fo-thiotalan airson phrògraman; bha feadhainn a' deasachadh bhidiothan airson an craoladh; bha feadhainn a' cur stuth suas air làrach-lìn a' BhBC, agus bha feadhainn a' rannsachadh fiosrachadh airson phrògraman culturail.

Thuirt Catrìona rium, "Seo an deasg agad airson an ùine a bhios tu còmhla rinn. Ma tha ceistean sam bith agad, dìreach leig fios."

"Tha seo a' dol a chòrdadh rium," thuirt mi rium fhìn.

Grammar: Direct speech to indirect (4) Go online

Q98: How would you make the following direct statements indirect? Remember that in addition to making the speech indirect you may need to change the tense.

"Bha Roinn na Gàidhlig a' bruidhinn rium," thuirt an tè-fàilteachaidh.	Thuirt an tè-fàilteachaidh	gu bheil gun robh gum bi gum biodh	Roinn na Gàidhlig a' bruidhinn rithe.
"Tha cairt-aithnichidh agam dhuibh," thuirt Anna.	Thuirt Anna	gu bheil gun robh gum bi gum biodh	cairt-aithnichidh aice dhomh
"Bidh cuideigin bho Roinn na Gàidhlig còmhla riut ann am mionaid" thuirt Ealasaid.	Thuirt Ealasaid	gu bheil gun robh gum bi gum biodh	cuideigin bho Roinn na Gàidhlig còmhla rium ann am mionaid.
Thuirt Catrìona, "Faodaidh sinn a dhol suas gu Roinn na Gàidhlig."	Thuirt Catrìona	gun gum nach gum biodh	faodadh sinn a dhol suas gu Roinn na Gàidhlig

3.15 Learning points

Summary

You should now:

- have a wide range of vocabulary connected to the media;
- be able to use reported speech in order to express opinions and report on events;
- know how to augment an adjective to make it more intense or descriptive;
- know several Gaelic idioms and the contexts of their usage;
- have learned about the relationship between Gaelic language and the media.

Context 1 Topic 4

Global languages

Contents

Learning objective

By the end of this topic, you will have learned:

- about Gaelic's place in the world of languages;
- about Gaelic's links with other languages;
- vocabulary related to language;
- vocabulary related to placenames;
- about the basics of the feminine genitive (possessive case).

You will have a wider understanding of food and its place in Scottish culture.

4.1 Gaelic in the world of languages

Gaelic is a language spoken by just under 60,000 people in Scotland and by smaller communities across the globe. Despite being a small language, it is part of the wider family of languages in the World and has been influenced by other languages for many years, as well as many words from Gaelic being adopted into other languages. We are going to look at the place of Gaelic within the languages of the World.

4.2 The Celts

Gaelic is a member of the Celtic language family. At one time these languages were spoken all over Europe, from **An Tuirc** (Turkey) to **An Spàinn** (Spain), we know this from archaeology and from placenames such as **Galatia** (in Turkey) and **Galicia** (in Spain). A great deal of important archaeology was found at the settlements of **La Tene** and **Hallstatt** in the Alps. France was called Gaul by the Romans and the Gauls or the Celts famously sacked and pillaged Rome in 390 BC. The Celtic peoples started to decline with the rise of the Roman Empire but their influence remains in placenames and cultural practices across Europe. Celtic art and legends are also very popular to this day.

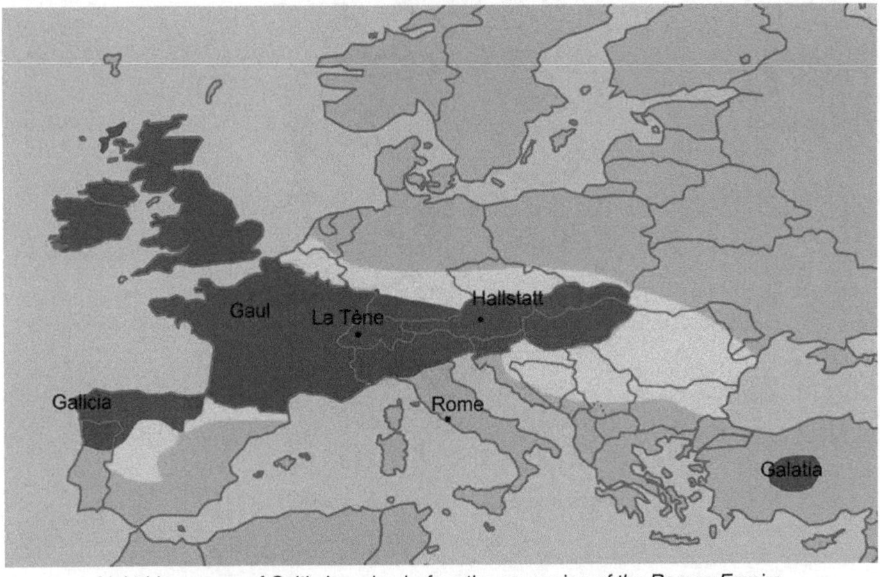

Light blue, areas of Celtic invasion before the expansion of the Roman Empire.

4.3 Celtic languages today

The six Celtic languages which survive today are to be found on the Western edge of the continent of Europe. There are the Q-Celtic languages, Scottish Gaelic (Gàidhlig), Irish Gaelic (Gaeilge), Manx (Gaelg) and the P- Celtic languages Breton (Brezhoneg), Welsh (Cymraeg) and Cornish (Kernewek).

All these languages are minority languages in the countries in which they are spoken. Irish is the official language of the Republic of Ireland, but even in that country it is not the majority language. Groups from all these areas and languages often come together at the **Fèis Phan-Cheilteach** - The Pan Celtic Festival.

The six Celtic languages which survive today are to be found on the Western edge of the continent of Europe. There are the Q-Celtic languages, Scottish Gaelic (Gàidhlig), Irish Gaelic (Gaeilge), Manx (Gaelg) and the P- Celtic languages Breton (Brezhoneg), Welsh (Cymraeg) and Cornish (Kernewek). All these languages are minority languages in the countries in which they are spoken. Irish is the official language of the Republic of Ireland, but even in that country it is not the majority language. Groups from all these areas and languages often come together at the **Fèis Phan-Cheilteach** - *The Pan Celtic Festival.*

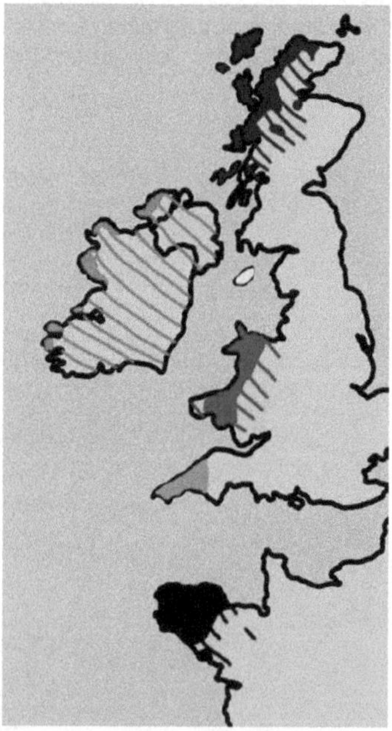

Areas where Celtic languages spoken.

Name of country	Name of country in own language	Name in English	Flag	Name of language in Gaelic	Name of language in own language	Number of speakers
Alba	Alba	Scotland		Gàidhlig	Gàidhlig	58.000
Èirinn	Éire	Ireland		Gàidhlig na h-Èireann	Gaeilge	130.000 to 1.7 million
A' Chuimrigh	Cymru	Wales		Cuimris	Cymraeg	720.000
A' Chòrn	Kernow	Cornwall		Còrnais	Kernewek	500*
Mannainn	Mannin, Ellan Vannin	Mann, Isle of Man		Ghàidhlig Mhannaineach	Gaelg	1000*
A' Bhreatainn Bheag	Breizh	Brittany		Breatainnis	Brezhoneg	200.000

4.4 Why P-Celtic and Q-Celtic?

The languages are classified by how they pronounce certain common words. The P & Q division comes from the word for "son". Q-Celtic languages pronounce this word "mac", with a hard K or Q sound. P-Celtic languages pronounce this word as "mab", with a P/B sound made on the lips.

They share similarities in grammar and in vocabulary but it is not possible to communicate between P and Q languages. However, speakers within the P & Q languages can work towards comprehension, even if the spelling and pronunciation is often quite different.

This is where the word for Penguin came from - Welsh and Breton sailors saw birds with white heads off the coast of Newfoundland in Canada (these were actually the now extinct Great Auk) and named them pen gwyn. Pen is the P celtic for head, Ceann is the Q Celtic for head. When Antarctica was discovered, the Welsh and Breton sailors transferred the word to the birds they found there. So the Celts even reach as far as Antarctica.

Here are some examples from all six Celtic languages. These will allow you to see the similarities and differences between the languages.

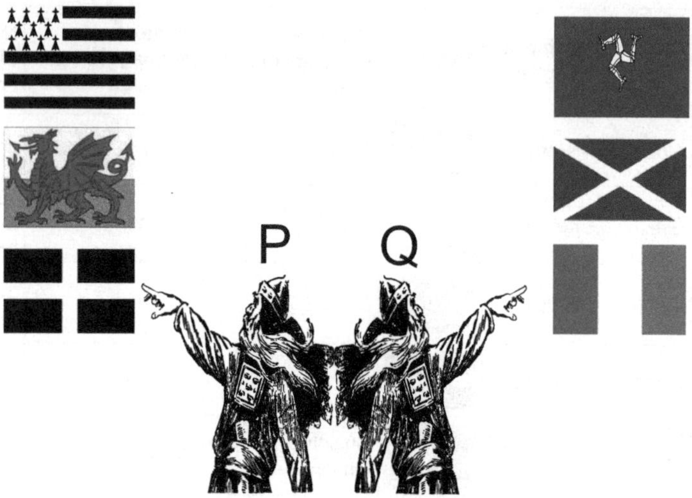

Welsh - P	Cornish - P	Breton - P	Irish - Q	Scottish Gaelic - Q	Manx - Q	English
gwenynen	gwenenen	gwenanenn	beach	seillean, beach	shellan	bee
cadair	kador	kador	cathaoir	cathair, seidhir	caair	chair
caws	keus	keuz	cáis	càis(e)	caashey	cheese
aber	aber	aber	inbhear	inbhir	inver	estuary, mouth of a river
llawn	leun	leun	lán	làn	lane	full
gafr	gaver	gavr	gabhar	gobhar	goayr	goat
ty	chi	ti	teach, tigh	taigh	thie	house

Article 1 of the Universal Declaration of Human Rights: *All human beings are born free and equal in dignity and rights. They are endowed with reason and conscience and should act towards one another in a spirit of brotherhood.*

Irish: *Saolaítear na daoine uile saor agus comhionann ina ndínit agus ina gcearta. Tá bua an réasúin agus an choinsiasa acu agus dlíd iad féin d'iompar de mheon bráithreachas i leith a chéile.*

Manx: *Ta dagh ooilley pheiagh ruggit seyr as corrym ayns ard-cheim as kiartyn. Ren Jee feoiltaghey resoon as cooinsheanse orroo as by chair daue ymmyrkey ry cheilley myr braaraghyn.*

Scottish Gaelic: *Tha gach uile dhuine air a bhrèith saor agus co-ionnan ann an urram 's ann an còirichean. Tha iad air am breth le reusan is le cogais agus mar sin bu chòir dhaibh a bhith beò nam measg fhein ann an spiorad bràthaireil.*

Breton: *Dieub ha par en o dellezegezh hag o gwirioù eo ganet an holl dud. Poell ha skiant zo dezho ha dleout a reont bevañ an eil gant egile en ur spered a genvreudeuriezh.*

Cornish: *Pub den oll yw genys frank ha kehaval yn dynita ha gwiryow. Yth yns i enduys gans reson ha cowses hag y tal dhedhans gwul dhe udn orth y gila yn spyrys a vredereth.*

Welsh: *Genir pawb yn rhydd ac yn gydradd â'i gilydd mewn urddas a hawliau. Fe'u cynysgaeddir â rheswm a chydwybod, a dylai pawb ymddwyn y naill at y llall mewn ysbryd cymodlon.*

4.5 Loanwords

As Gaelic is an Indo-European language, it shares many cognates with other languages spoken in Europe. Cognates are words which are common to languages within the same linguistic family and can be identified across wildly different languages.

Gaelic	màthair	athair	bràthair,	trì	mì
English	mother	father	brother	three	me
French	mère	père	frère	trois	moi
Spanish	madre	padre	hermano	tres	me
Italian	madre	padre	fratello	tre	me
Ícelandic	móðir	faðir	bròðir	ðrír	mig
Sanskrit	matar	patar	bhrator	tri	me

Scottish Gaelic has been influenced by Norse, Greek, Latin, French and of course, Scots and English. All these languages have affected Gaelic's vocabulary but Gaelic has also contributed a lot of words to Scots and, to a lesser extent, English.

Some examples of loan words in Gaelic from other languages.

- *eaglais* from Greek *εκκλησια, ekklesia*
- *leabhar* from Latin *liber*
- *bàta* from Old Norse *bádr*
- *pòs* from French *épouser*
- *còta* from English *coat*

Words in English and Scots that have come from Gaelic:

- *galore* - from *gu leòr* - enough
- *pet* - from *peata* - tame animal
- *ceilidh* - from *cèilidh*- a gathering of music and song

4.6 Bilingualism and multilingualism

Being a fluent speaker of a second language can make learning a third, fourth or even a fifth language much easier. Many Germans have learned Gaelic, and with Gaelic Medium Education growing in Scottish Cities, there are children who speak Spanish, Urdu, Chinese and many other languages other than English at home, learning Gaelic. Bilingualism is also believed to have lifelong benefits. Research has shown that people who are bilingual have less chance of suffering from dementia in later life.

http://commons.wikimedia.org/wiki/File:Bilingual_Gaelic-English_road_sign_in_Scotland.jpg by http://commons.wikimedia.org/wiki/User:Zeman, licensed under http://creativecommons.org/licenses/by-sa/3.0/

Gaelic and other Celtic languages are also spoken in areas of the world settled by emigrants from the traditional areas. There is still a Scottish Gaelic community in Nova Scotia in Canada, a Welsh speaking community in Argentina and Irish Gaelic is widely spoken in New York and the eastern United States by Irish immigrants. More about the Scottish Gaelic community in Nova Scotia will appear later in the course.

Hopefully, this little run through of Gaelic's place in the world will have informed you. You may wish to conduct some further study for a project. Our students on the SCHOLAR course have certainly done so. You can look at some of their findings about Gaelic, other Celtic languages and other modern languages in this unit. Gur math thèid leibh!

Mgr Rothach

4.7 The Highlands: A' Ghàidhealtachd

The term Gàidhealtachd means "the place where Gaelic is spoken". Until the 19th Century, the Gàidhealtachd was practically the same the thing as the Highlands of Scotland, as well as the South West of Scotland in Galloway and South Ayrshire. Due to the decline of Gaelic, the areas where Gaelic is spoken have retreated to the far North West, in the Western Isles, the Inner Hebrides and a few pockets on the mainland. However, the numbers of Gaelic speakers in the major cities of Scotland is quite significant. Can these areas use the term Gàidhealtachd? Nowadays, **Gàidhealtachd** is also used to refer to the cultural and political area known as the Highlands of Scotland. The Islands are called **Na h-Eileanan** or, more traditionally, Innse Gall (The Hebrides).

4.8 Maps

The following are maps showing some of the Highland areas of Scotland where Gaelic is still spoken as a first language. It also provides the term used to refer to somebody from that place. This is always the name of the island/area with **-ach** added to the end. This word can also be used as an adjective. A Gaelic speaker is called a **Gàidheal**, the adjective for Gaelic or Highland is **Gàidhealach**.

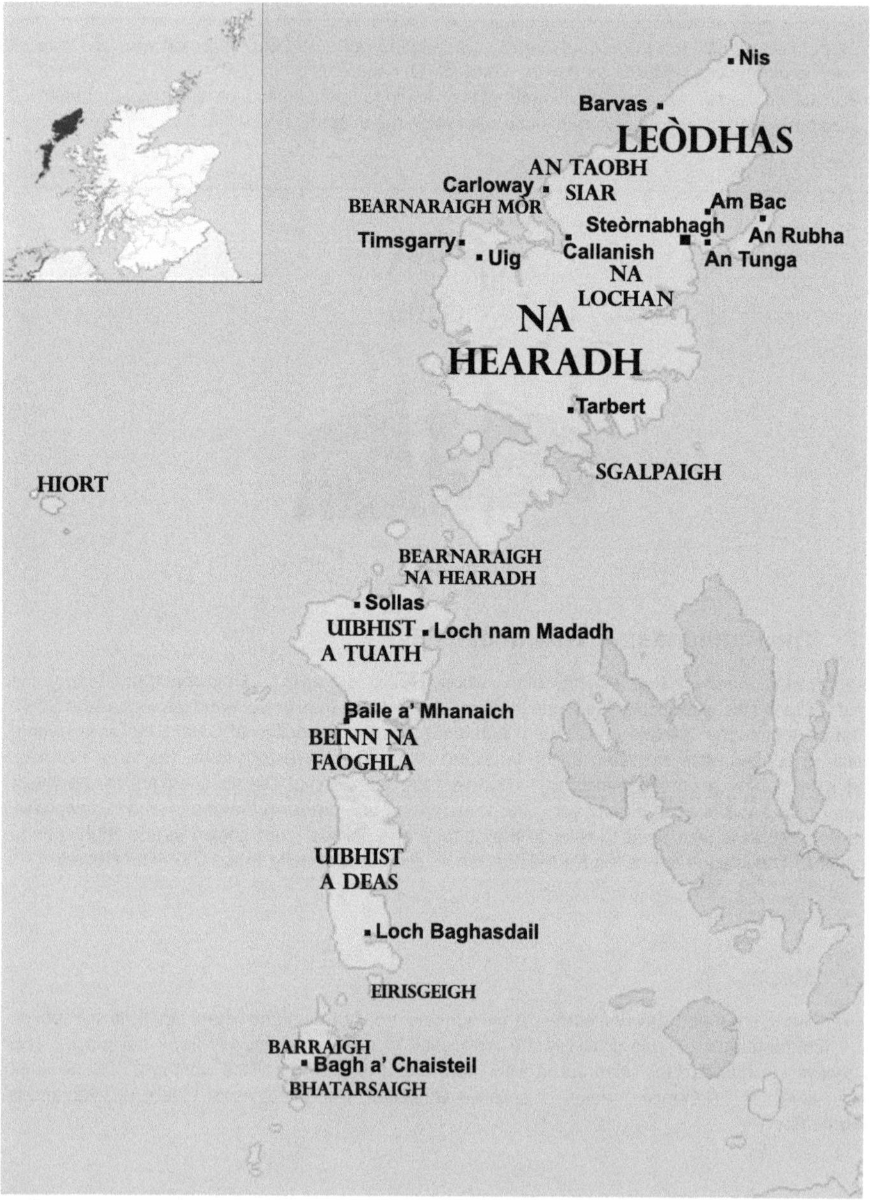
Nis
Barvas
LEÒDHAS
AN TAOBH SIAR
Carloway
BEARNARAIGH MÒR
Am Bac
Steòrnabhagh
An Rubha
Timsgarry
Uig
Callanish
An Tunga
NA LOCHAN
NA HEARADH
Tarbert
SGALPAIGH
HIORT
BEARNARAIGH NA HEARADH
Sollas
UIBHIST A TUATH
Loch nam Madadh
Baile a' Mhanaich
BEINN NA FAOGHLA
UIBHIST A DEAS
Loch Baghasdail
EIRISGEIGH
BARRAIGH
Bagh a' Chaisteil
BHATARSAIGH

Place	English	Someone from that place
Leòdhas	Lewis	Leòdhasach
Uig	Uig	Uigeach
Am Bac	Back	Bacach
An Rubha	Point	Rubhach
Na Lochan	Lochs	Lochie
An Tunga	Tong	Tungach
An Taobh Siar	Westside	Siarach
Nis	Ness	Niseach
Steòrnabhagh	Stornoway	Townie
Na Hearadh	Harris	Hearach
Bearnaraigh Mòr	Great Bernera	Bearnarach
Bearnaraigh na Hearadh	Berneray	Bearnarach
Sgalpaigh	Scalpay	Sgalpach
Hiort	St Kilda	Hiortach

Place	English	Someone from that place
Uibhist	Uist	Uibhisteach
Uibhist a Tuath	North Uist	Tuathach
Beinn na Faoghla	Benbecula	Faoghlach
Uibhist a Deas	South Uist	Deasach
Eirisgeigh	Eriskay	Eirisgeach
Baile Sear	Baleshare	Searach
Griomsaigh	Grimsay	Griomsach
Barraigh	Barra	Barrach
Bhatarsaigh	Vatersay	Bhatarsach

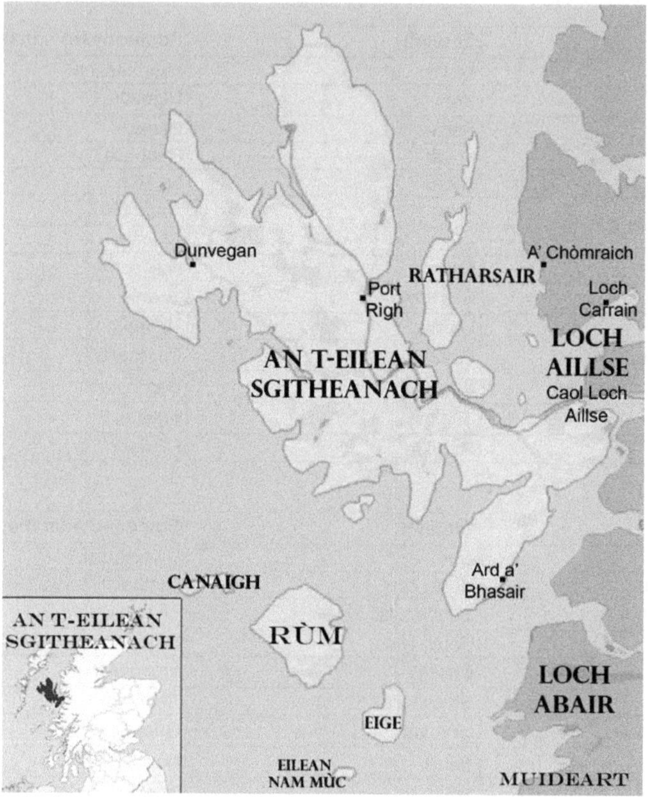

Place	English	Someone from that place
An t-Eilean Sgitheanach	Isle of Skye	Sgitheanach
Ratharsair	Raasay	Ratharsach
Muideart	Moidart	Muideartach
Eige	Eigg	Eigeach
Eilean nam Mùc	Muck	Mùcach
Rùm	Rùm	Rùmach
Canaigh	Canna	Canach
Loch Abair	Lochaber	Abrach
Loch Aillse	Lochalsh	Aillseach
Loch Carrain	Lochcarron	Carranach
A' Chòmraich	Applecross	Còmrach

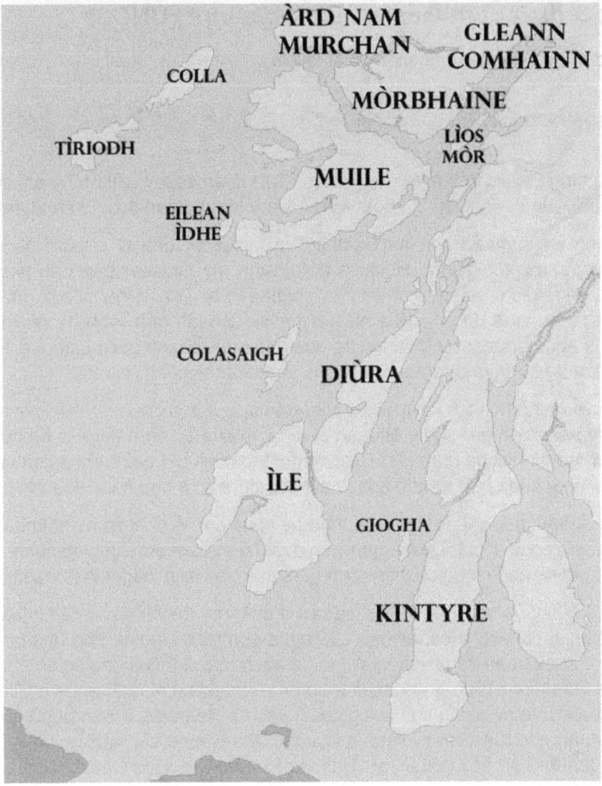

Place	English	Someone from that place
Muile	Mull	Muileach
Eilean Ìdhe	Iona	Ìdheach
Lìos Mòr	Lismore	Lìosach
Ìle	Islay	Ìleach
Diùra	Jura	Diùrach
Giogha	Gigha	Gioghach
Colasaigh	Colonsay	Colasach
Tìriodh	Tiree	Tiristeach
Colla	Coll	Collach
Àrd nam Murchan	Ardnamurchan	Murchanan
Mòrbhaine	Morvern	Mòrbhaineach
Gleann Comhainn	Glencoe	Comhainneach
Cinn Tire	Kintyre	Cinn Tireach

4.9 Accent & dialect in Gaelic: Blas-chainnt (UND2)

Read the text and then tackle the questions that follow.

Reading comprehension: Blas-chainnt Go online

Kate is researching Gaelic in the Western Isles. This is an essay written by a Gaelic learner now studying at Sabhal Mòr Ostaig about a discovery that helped them with learning Gaelic.

Nuair a bhithinn ag ionnsachadh na Gàidhlig an tòiseach, cha b' urrainn dhomh daoine bho dhiofar eileanan a thuigsinn. Bhithinn a' tuigsinn mo thidsear ceart gu leòr ach nuair a dh'èistinn ris an reidio no nuair a bhithinn a' coimhead air BBC Alba, cha b' urrainn dhomh bun no bàrr a dhèanamh dheth. Bha mi a' smaoineachadh gun robh mi gu math eòlach air briathrachas agus gràmar oir bhithinn ag obair gu dìcheallach gach oidhche, a' sgrùdadh liostaichean fada de bhriathran agus a' toirt sùil air leabhraichean gràmair.

Bha mi a' smaoineachadh nach robh mi air adhartas sam bith a dhèanamh leis a' chànan ann an còig bliadhna anns an àrd-sgoil. Bha an obair a' fàs na bu chruaidhe is na bu chruaidhe agus cha do chòrd èisteachd rium idir. Rachainn dhachaigh aig deireadh an latha fo mhulad oir cha robh mi a' dèanamh ro mhath anns na measaidhean a bha mi a' dèanamh sa chlas.

Cha b' urrainn dhomh deiligeadh ris na bu mhotha agus aon là dh'fhàs mi troimh-chèile anns a' chlas, a' rànaich agus a' gal. Dh'fhaighnich mo thidsear rium ann an guth sèimh socair "Dè tha ceàrr?". Thuirt mi nach robh mi cinnteach carson a bha mi a' faighinn fhreagairtean ceàrr.

Bidh mi taingeil gu siorraidh bràth airson an taic a thug mo thidsear rium an latha ud. Thuirt i gun robh Gàidhlig coltach ri cànainean eile agus gun robh daoine bho dhiofar sgìrean a' bruidhinn ann an dòighean eadar-dhealaichte, dìreach mar a bhios daoine ann an Lunnainn a' bruidhinn le blas diofraichte bho dhaoine anns a' Chaisteal Nuadh anns a' Bheurla. Tha blas eadar-dhealaichte air a' Ghàidhlig aig daoine às na Hearadh, à Barraigh agus à Ile mar eisimpleir. Ann an Leòdhas, an t-eilean as motha, tha blasan diofraichte aig a h-uile sgìre eadar Nis, an Taobh Siar, na Lochan, am Bac, an Rubha, Uig agus Carlabhagh.

Cuideachd, dh'inns i dhomh gun robh faclan diofraichte ann an cuid de sgìrean airson rudan cumanta. Smaoinich mi gun robh seo gu math gòrach anns a' chiad dol-a-mach mus d' fhuair mi a-mach gun robh an dearbh rud a' tachairt anns a' Bheurla.

Dh'fhosgail seo mo shùilean gu mòr. A-nis, tha fios agam ma bhios cuideigin à Leòdhas a' bruidhinn air bùrn, tha iad a' ciallachadh uisge agus ma tha cuideigin às an Eilean Sgitheanach a' cantainn gu bheil rudeigin glan, chan eil e daonnan a' ciallachadh rud nach eil salach ach gu bheil e a' còrdadh riutha fìor mhath.

Bidh Gàidheil dualtach a bhith a' creidsinn gu bheil e gu math doirbh Gàidhlig bho sgire eile a thuigsinn. 'S e seo as còireach gum bi mòran a' tionndadh dhan a' Bheurla ro thric. Tha seo a' dèanamh cròn air a' chànan. Mar a chanas iad, "cleachd i no caill i!"

Mholainn a bhith ag èisteachd ri BBC Radio nan Gàidheal gu cunbhalach airson do chuid Ghàidhlig a leasachadh. 'S ann air an t-seirbhis seo a chluinneas raon farsaing de dhiofar bhlasan-cainnt, bho thùsanaich agus daoine a dh'ionnsaich a' Ghàidhlig. 'S fheàrr leam Gàidhlig na Hearadh oir 's ann à sin a bha mo sheanmhair ach tha Gàidhlig sam bith math gu leòr dhomhsa!

Q1: Who did the writer not have trouble understanding?

....

Q2: What does the phrase "Cha b' urrainn dhomh bun no bàrr a dhèanamh a-mach." tell us about the writer's understanding?

a) I could not understand a thing.
b) I could only understand the top part.
c) I made out some words.

....

Q3: What steps had the writer taken to improve their Gaelic?

....

Q4: Which of these statements apply to the writer's situation?

A) Did not feel progress being made.
B) Had spent ten years learning the language.
C) Work getting harder.
D) Enjoyed listening.
E) Would go home sad at end of day.
F) Doing well in assessments.
G) Worked hard every night
H) Revised vocabulary
I) Looked at grammar

....

Q5: What did the writer say to their teacher?

....

Q6: According to the passage, how is Gaelic similar to other languages?

....

Q7: Name some islands mentioned.

....

Q8: What was the writer's initial opinion of different areas having different words for the same things?

....

Q9: For which common substance do people from Lewis have a separate word, according to the passage?

....

Q10: What recommendation does the writer have to improve your Gaelic?

....

Q11: What two types of speaker are mentioned?

....

Q12: Why does the writer prefer Harris Gaelic?

....

Q13: What is the purpose of this text?

a) To mock the accent of people with a different accent from the writer.
b) To inform about the differences in Gaelic accents and dialect.
c) To talk about Gaelic in the Western Isles.

4.10 Vocabulary: Blas-chainnt

Familiarise yourself with the vocabulary and then attempt the exercise.

To listen to these, you will need the following sound files:
hg-cgae1-4-1.mp3 (1-27)

nuair a dh'èistinn	when I would listen
bun no bàrr	head or tail
briathrachas	vocabulary
sgrùdadh	examine/study
gu dìcheallach	diligently
adhartas	progress
cruaidh	hard
fo mhulad	sad, depressed
deiligeadh ri	dealing with
gu siorraidh bràth	forever more
An Caisteal Nuadh	Newcastle
blas eadar-dhealaichte	different accent
an t-eilean as motha	the biggest island
Carlabhagh	Carloway
cumanta	common
anns a' chiad dol-a-mach	in the first place
an dearbh rud	the very thing
a' tachairt	happening
bùrn	water (Lewis dialect)
daonnan	always
dualtach	likely
a' dèanamh cròn air a' chànan.	damaging the language
Mar a chanas iad	as they say
cleachd i no caill i	use it or lose it
mholainn	I would recommend
raon farsaing	a wide range
tùsanach	native

Vocabulary: Blas-chainnt Go online

Q14:

Translate these words and phrases into English.

nuair a dh'èistinn	
bun no bàrr	
briathrachas	
sgrùdadh	
gu dìcheallach	
adhartas	
cruaidh	
fo mhulad	
deiligeadh ri	
gu sìorraidh bràth	
An Caisteal Nuadh	
blas eadar-dhealaichte	
an t-eilean as motha	
Carlabhagh	
cumanta	
anns a' chiad dol-a-mach	
an dearbh rud	
a' tachairt	
bùrn	
daonnan	
dualtach	
a' dèanamh cròn air a' chànan.	
Mar a chanas iad	
cleachd i no caill i	
mholainn	
raon farsaing	
tùsanach	

4.11 Irish Gaelic: Gàidhlig na h-Èireann (UND1)

Listening comprehension: Gàidhlig na h-Èireann Go online

Nina is at Sabhal Mòr Ostaig for an event. She meets a Gaelic learner with links to Donegal (Dun nan Gall) in the Republic of Ireland. This area is a strong Irish speaking area with strong links to the West of Scotland, both historically and in the present day.

To complete this exercise, you will need the following sound files:
hg-cgae1-4-2listening.mp3 (1-5)

Q15: Where is Kevin from?

....

Q16: According to the passage, where in Ireland is Donegal?

....

Q17: Why did Kevin's great-grandfather come to Scotland?

....

Q18: What difficulties did the Irish immigrants face?

....

Q19: Describe the living conditions in the Gorbals according to the passage.

....

Q20: Which person was important to the community?

....

Q21: How was the family connection with Ireland maintained?

....

Q22: Where can the Irish community be found nowadays according to Kevin?

....

Q23: What symbol is there of continued links between Donegal and Glasgow?

4.12 Vocabulary: Gàidhlig na h-Èireann

Familiarise yourself with the vocabulary and then attempt the exercise.

To listen to these, you will need the following sound files:
hg-cgae1-4-3vocab.mp3 (1-19)

Ceann Iar-Thuath na h-Èireann	North West of Ireland
a' sireadh	searching
innealan fuaigheil	sewing machine
beatha	life
gràin-creideimh	sectarianism
fòirneart	violence
cunnart	danger
Ceann a Deas a' Bhaile	South Side of the City
taigheadas	housing
galairean	diseases
Eaglais Chaitligeach	The Catholic Church
Aifreann	Mass
Sagart	Priest
cudromach	important
a' tadhal air	visiting
ag ionndrainn	missing
làidir	strong
loma-làn	packed full
a' dol a dh'ionnsaigh	heading towards

Vocabulary: Gàidhlig na h-Èireann Go online

Q24: Translate these words and phrases into English.

Ceann Iar-Thuath na h-Èireann	
a' sireadh	
innealan fuaigheil	
beatha	
gràin-creideimh	
fòirneart	
cunnart	
Ceann a Deas a' Bhaile	
taigheadas	
galairean	
Eaglais Chaitligeach	
Aifreann	
Sagart	
cudromach	
a' tadhal air	
ag ionndrainn	
làidir	
loma-làn	
a' dol a dh'ionnsaigh	

4.13 Connemara (UND2)

Calum went on a musical tour of Ireland last year and visited the country of Galway, home to one of the strongest Irish speaking communities in Ireland, Connemara.

Reading: Conamara - Èisteachd Go online

Tha Conamara na sgìre ann an Conntae na Gaillimh air taobh siar na h-Èireann. Anns an àite shìtheil seo, 's urrainn do chuideigin cluich air an tràigh, bàt'-aiseig a ghabhail dha na h-eileanan far a' chosta no a dhol a choiseachd air na monaidhean. Tha e gu math coltach ri Gàidhealtachd na h-Alba ann an iomadh dòigh.

Ma tha a' Ghàidhlig aig cuideigin làidir gu leòr, 's urrainn dhaibh conaltradh a dhèanamh còmhla ri muinntir an àite anns a' chànan aca pèin - Gàidhlig na h-Èireann no Gaeilge. Tha Conamara ann an Roinn na Gaeltachta - tè de na sgìrean sònraichte a tha air a ghlèidheadh airson luchd-labhairt a' chànain Èirinnich.

'S e prìomh chànan Poblachd na h-Èireann a tha ann an Gàidhlig na h-Èireann agus feumaidh cuideigin àrd-ìre ann an Gàidhlig na h-Èireann fhaighinn ma tha iad airson a dhol dhan oilthigh no a bhith ag obair don riaghaltas.

Mar sin, bidh an sgìre a' lìonadh le òigridh bho air feadh na h-Èireann airson sgoiltean Samhraidh. Bidh a' chlann a' tighinn bho gach ceàrn de Phoblachd na h-Èireann airson an cànan ionnsachadh tro dhiofar dhòighean. Bidh iad a' dèanamh chlasaichean àbhaisteach le peann is pàipear, a' cluich spòrs, a' dèanamh dràma agus bidh iad a' dèanamh ceòl.

'S e Colaiste Lurgán tè de na colaistean as ainmeile ann an Èirinn. Choisinn i cliù bhon a bhith a' tionndadh òrain phop gu Gàidhlig na h-Èireann. Chaidh na bhideothan seo a choimhead còrr is ceithir millean tursan ann am bliadhna air YouTube agus fhuair na h-oileanaich a rinn an clàradh an cothrom a dhol air telebhisean nàiseanta na h-Èireann agus na h-òrain a sheinn.

Tha mòran den bheachd gu bheil cuid den chlàradh a rinn na h-oileanaich nas fheàrr na na h-òrain a bha ann an toiseach.

Tha na sgoiltean samhraidh seo gu math soirbheachail agus bhiodh e math an aon sheòrsa de sgoil fhaicinn airson luchd-ionnsachaidh na Gàidhlig ann an Alba. Bhiodh dà bhuannachd ann; bhiodh luchd-ionnsachaidh òga a' faighinn a' chothruim a bhith a' coinneachadh a chèile agus bhiodh e a' toirt airgead dha na daoine a bhios a' ruith taighean-òsta agus taighean leabaidh is bracaist anns na h-Eileanan againn.

Q25: According to the passage what can be done in the county of Galway?

....

Q26: Where is it compared to?

....

Q27: How is a Gaeltacht area described by the text?

....

Q28: Why do you need an Irish qualification in the Republic of Ireland?

....

Q29: Where do the children come from to attend the summer schools in the Gaeltacht areas?

....

Q30: Name some of the activites they do to learn the language?

....

Q31: How did Colaste Lurgan become famous?

....

Q32: What shows that this project was a success?

....

Q33: What opinion do many hold about this?

....

Q34: What would the speaker like to see?

....

Q35: What benefits does the speaker see in this?

4.14 Vocabulary: Conamara

Familiarise yourself with the vocabulary and then attempt the exercise.

To listen to these, you will need the following sound files:
hg-cgae1-4-4vocab.mp3 (1-13)

àite sìtheil	peaceful place
taighean leabaidh is bracaist	Bed and Breakfast
a' faighinn a' chothruim	getting the opportunity
soirbheachail	successful
a' tionndadh	turning, converting
ag obair don riaghaltas	working for the government
conaltradh	communication
Poblachd na h-Èireann	Republic of Ireland
gach ceàrn	every corner
sgìrean sònraichte	special areas
air a ghlèidheadh	reserved
a' lìonadh	filling
buannachd	advantage, reward

Vocabulary: Conamara Go online

Q36: Translate these words and phrases into English.

àite sìtheil	
taighean leabaidh is bracaist	
a' faighinn a' chothruim	
soirbheachail	
a' tionndadh	
ag obair don riaghaltas	
conaltradh	
Poblachd na h-Èireann	
gach ceàrn	
sgìrean sònraichte	
air a ghlèidheadh	
a' lìonadh	
buannachd	

4.15 Nina (UND2)

Reading comprehension: Nina anns an Roinn Eòrpa Go online

Tha trì cànainean agam. Tha Beurla agam agus rinn mi foghlam tro mheadhan na Gàidhlig bhon a bha mi trì bliadhna a dh'aois ach tha cànan eile agam. 'S ann às an Eadailt a tha mo sheanphàrantan agus tha Eadailtis aig m' athair. Bidh e a' bruidhinn rium anns an Eadailtis a-staigh. Chan eil mo chuid Eadailtis ro làidir, ach tha mi a' tuigsinn gu leòr airson a dhol mun chuairt anns an dùthaich leam fhèin nuair a bhios sinn thall air làithean-saora.

Nuair a bha mi beag, chaidh sinn dhan Roimh airson banais mo cho-ogha. 'S e latha breàgha a bha ann agus ghabh sinn biadh math Eadailteach, pasta, piotsa agus aran. Cha do ghabh mi fion oir bha mi ro òg aig an àm. Rinn sinn dannsa agus sheinn mo sheanair òran breàgha Eadailteach mu dheidhinn gaoil. Thòisich mo sheanmhair a' rànaich.

Bha dà latha againn mus do dh'fhalbh sinn dhachaigh a dh'Alba agus chaidh sinn a-steach gu meadhan a' bhaile mhòir airson preasantan a cheannach.Gu mì-fhortanach, chaidh mi air chall agus ged a bha beagan dragh orm, cha robh mi troimh-chèile idir. Lorg mi neach-poileis agus bhruidhinn mi rithe anns an Eadailtis. Thug i mi gu sàbhailteachd aig stèisean a' phoileis far an do chuir i fòn dham athair. Nuair a nochd m' athair airson mo thogail, bha e rud beag feargach ach an uairsin thuirt an neach-poileas gun robh Eadailtis fhìor mhath agam airson tè bheag Albannach. Bha e gu math pròiseil asam an latha sin.

Chan eil cànan eile agam ge-tà. Chaidh sinn air turas dhan Fhraing còmhla ris an sgoil anns an treas bliadhna. Chan e turas Fraingis a bha ann idir ach turas sgithidh. Bha e gu math doirbh anns na bùithtean oir cha b' urrainn dhomh bruidhinn ris an luchd-reic. Bha gu leòr dhaoine ann le Beurla aig an ionad-sgithidh ach thuig mi gu bheil e a' còrdadh ri daoine a bhith a' bruidhinn ri daoine bho thall thairis anns a' chànan aca fhèin.

Tha mòran chànainean ga bruidhinn anns an Roinn Eòrpa. Tha fichead 's a ceithir cànainean oifigeil aig an Aonadh Eòrpach. Feumaidh eadar-theangachadh a dhèanamh air a h-uile rud a bhios a' tachairt ann am Pàrlamaid na h-Eòrpa. Tha an t-airgead math airson obair eadar-theangachaidh. Feumaidh tu a bhith gu math mionaideach agus gu math eòlach air an dà chànan.

Tha mòran cheanglaichean eadar na dùthchannan Lochlannach agus Gàidhealtachd na h-Alba. A-reir coltais, tha tòrr fhaclan ann an Gàidhlig, gu h-àraid faclan le ceangal dhan mhuir, air tighinn bhon chànan Lochlannais. Tha na cànainean Lochlannach uile gu math coltach ri chèile agus 's urrainn do luchd-labhairt Nirribhis, Suainis agus Danmhairgis tuigsinn càch a chèile furasta gu leòr. Bu toigh leam a dhol gu Stockholm, prìomh bhaile na Suaine. Chuala mi gur e baile àlainn, eachdraidheil a tha ann. Tha e air a thogail air tòrr eileanan beaga ri taobh a' chuain. Feumaidh mi beagan Suainis ionnsachadh mus tèid mi ann.

Q37: How many languages does Nina speak?

....

Q38: How does Nina describe her competence in Italian?

....

Q39: What event took Nina and her family to Rome?

....

Q40: What did her grandfather do?

....

Q41: How did this affect her grandmother?

....

Q42: When Nina got lost, what did she do?

....

Q43: What made her father proud of her?

....

Q44: Why did Nina go to France?

....

Q45: What effect did her visit to France have on her?

....

Q46: How many official languages does the European Union have?

....

Q47: What qualities must a translator have?

....

Q48: According to the passage, which of these statements are true?

A) Many Gaelic words connected with the moor are from Norse.
B) There are many connections between Scandanavia and the Highlands.
C) Speakers of different languages can understand each other easily enough.
D) Denmark, Sweden and Norway are always fighting about language.
E) Gaelic and Scandanavian languages are very similar.

....

Q49: How is Stockholm described?

....

Q50: What is the purpose of this text?

a) A history of the different languages of Europe.
b) A story about Nina's holiday to Rome.
c) A personal piece about different European languages.

4.16 Vocabulary: Nina anns an Roinn Eòrpa

Familiarise yourself with the vocabulary and then attempt the exercise.

To listen to these, you will need the following sound files:
hg-cgae1-4-5vocab.mp3 (1-21)

foghlam tro mheadhan na Gàidhlig	Gaelic Medium Education
tha Eadailtis aig m' athair.	My father speaks Italian
Chan eil mo chuid Eadailtis ro làidir,	My Italian is not too strong
banais	wedding
rànaich.	crying
chaidh mi air chall	I got lost
Thug i mi gu sàbhailteachd	She took me to safety
rud beag feargach	A little angry
pròiseil às	proud of
cha b' urrainn dhomh bruidhinn	I could not speak
an luchd-reic	the sales people
bho thall thairis	from abroad
cànainean oifigeil	official languages
an t-Aonadh Eòrpach	European Union
Pàrlamaid na h-Eòrpa	European Parliament
mionaideach	minute, precise
A-reir coltais	apparently
luchd-labhairt	speakers
tuigsinn càch a chèile	understanding each other
eachdraidheil	history
mus tèid mi ann.	before I go

Vocabulary: Nina anns an Roinn Eòrpa Go online

Q51: Translate these words and phrases into English.

foghlam tro mheadhan na Gàidhlig	
tha Eadailtis aig m' athair	
Chan eil mo chuid Eadailtis ro làidir	
banais	
rànaich.	
chaidh mi air chall	
Thug i mi gu sàbhailteachd	
rud beag feargach	
pròiseil às	
cha b' urrainn dhomh bruidhinn	
an luchd-reic	
bho thall thairis	
cànainean oifigeil	
an t-Aonadh Eòrpach	
Pàrlamaid na h-Eòrpa	
mionaideach	
A-reir coltais	
luchd-labhairt	
tuigsinn càch a chèile	
eachdraidheil	
mus tèid mi ann.	

4.17 The Countries of Europe: Dùthchannan na Roinn Eòrpa

The vast majority of European Countries are feminine nouns (ainmearan boireanta). This makes them excellent examples of how feminine nouns work in the genitive (or possessive) case. You will see this when you refer to things such as the flag of the country, the capital of the country and language of the country.

The word for country in Gaelic is also feminine - dùthaich. This word has dùthcha as its genitive form.

Languages also happen to be feminine nouns - if a language takes its name from a country, it will have -is as a suffix or tail to the country. An Fhraing - Fraingis - bear in mind that many countries do not have their own language, or that several languages are spoken in that country.

A citizen of a country is marked by the suffix -ach, as in the famous Gaelic loan word for somebody from England (Sasann), - **sasannach**. You will have encountered this form when talking about the origins of a Gaelic speaker from the islands. These terms are always masculine nouns, but can also be used as *adjectives* to describe an item - e.g. biadh Eadailteach - Italian food; aodach Frangach - French clothes. Ensure you do not use the form used for languages above when describing an object.

To listen to these, you will need the following sound files:
hg-cgae1-4-6vocab.mp3 (1-27)

Name of country		**Languages (Cànain(ean) na)**	**A citizen (Saoranach na)**	**Genitive (Ginideach)**	**Capital (Prìomh-bhaile na)**
An Spàinn	Spain	Spàinntis, Catalanais, Basgais	Spàinnteach	na Spàinne	Madrid
A' Bheilg	Belgium	Fraingis, Fleamais	Beilgeach	na Beilge	Am Bruiseal
An Fhraing	France	Frainigis, Breatainnis	Frangach	na Frainge	Paris
A' Phortagaill	Portugal	Portagallais	Portagailleach	na Portagaille	Lisbon
An Eadailt	Italy	Eadailtis	Eadailteachd	na h-Eadailte	An Roimh
An Olaind	Netherlands	Duidseis	Duidseach	na h-Olainde	Amsterdam
A' Ghearmailt	Germany	Gearmailtis	Gearmailteach	na Gearmailte	Berlin
An Eilbheis	Switzerland	Gearmailtis, Fraingis, Eadailtis, Romanais	Eilbheiseach	na h-Eilbheise	Bern
A' Pholainn	Poland	Polainnis	Polainneach	na Polainne	Warsaw
An Ostair	Austria	Gearmailtis	Ostaireach	na h-Ostaire	Vienna
An Danmhairg	Denmark	Danmhairgis	Danmhairgeach	na Danmhairge	Copenhagen
An t-Suain	Sweden	Suainis	Suaineach	na Suaine	Stockholm
A' Ghreig	Greece	Greigis	Greigeach	na Greige	Baile na h-Aithne
An Ruis	Russia	Ruiseanais	Ruiseanach	na Ruise	Moscow
An Ungair	Hungary	Ungairis	Ungaireach	na h-Ungaire	Budapest
An Tuirc	Turkey	Tuiricis	Tuirceach	na Tuirce	Ancara
An Eiphit	Egypt	Arabais	Eiphiteach	na h-Eiphite	Cairo
An t-Seic	Czech Republic	Seicis	Seiceach	na Seic	Prague

Other European nations/regions:

Name of country		**Languages (Cànain(ean) na)**	**A citizen (Saoranach na)**	**Genitive (Ginideach)**	**Capital (Prìomh-bhaile na)**
Innis Tìle	Iceland	Innis Tìlis	Innis Tìleach	Innis Tìle	Rekjyavik
Nirribhidh	Norway	Nirribhis	Nirribheach	Nirribhidh	Oslo
Suòmaidh / Fionnlainn	Finland	Fionnais	Fionnach	Shùòmaidh, Fhionnlainn	Helsinki
Slòbhaig	Slovakia	Slòbhagais	Slòbhagach	Slòbhaigia	Bratislava
Slòibheana	Slovenia	Slòibheinis	Slòibheinis	Slòibheana	Ljublana
Lochlann	Scandinavia	Lochlannais	Lochlannach	Lochlainn	N/A
Sasann	England	Beurla	Sasannach	Shasainn	Lunnainn
Catalònia	Catalunya	Catalanais	Catalanach	Chatalòinia	Barcelona
Dùthaich nam Basgach	Euskadi / Basque Country	Basgais	Basgach	Dùthaich nam Basgach	Bilbao

An Spàinn	Spain	**An Ruis**	Russia
A' Bheilg	Belgium	**An Ungair**	Hungary
An Fhraing	France	**An Tuirc**	Turkey
A' Phortagaill	Portugal	**An Eiphit**	Egypt
An Eadailt	Italy	**An t-Seic**	Czech Republic
An Olaind	Netherlands	**Innis Tìle**	Iceland
A' Ghearmailt	Germany	**Nirribhidh**	Norway
An Eilbheis	Switzerland	**Suòmaidh / Fionnlainn**	Finland
A' Pholainn	Poland	**Slòbhaig**	Slovakia
An Ostair	Austria	**Slòibheana**	Slovenia
An Danmhairg	Denmark	**Lochlann**	Scandanavia
An t-Suain	Sweden	**Sasann**	England
A' Ghreig	Greece	**Catalònia**	Catalunya
		Dùthaich nam Basgach	Euskadi / Basque Country

4.18 An introduction to the genitive case for feminine nouns

For feminine nouns in the genitive case, also known as the possessive case. (when a relationship is expressed between two items), two things tend to occur which a Gaelic learner should be aware of:

1. The spelling of the word will probably change; the word will probably already be *slenderised*, as the vast majority of feminine nouns are slender already. The vowel e is often placed after the final letter. (although not always)

eaglais becomes *eaglaise*
sgoil becomes *sgoile*
beinn becomes *beinne*

In some cases, this vowel will entirely replace the broad vowel. this will often happen with ea, as an extra vowel (eai) would make this difficult to pronounce.

caileag becomes *caileig*
piseag becomes *piseig*

In other cases, the word will not change at all:

camanachd
bàrdachd

2. The definite article (*the* in English) will always change to:

na
Rathad na Beinne
Sràid na h-Eaglaise
Comann na Camanachd

or

na h- (in front of a vowel)
muinntir na h-Ostaire
bratach na h-Eilbheise
prìomh-bhaile na h-Eadailte

You will have noticed this occurring in the previous exercise regarding countries. There will be another focus on the genitive case later in the course

4.19 Gàidhlig (USE1)

Talking: Gàidhlig

You are going to prepare a conversation about your use of Gaelic. Listen to the SCHOLAR pupils talk to Mr Munro. Use their response to create your own answers to the seven questions. If you have the opportunity, take turns asking your friends the questions.

These are basic responses from which you should expand your answers. You may wish to anticipate questions. You will be rewarded for being proactive in conversations. At this point the conversation should last 5-6 minutes.

To listen to the answers of the SCHOLAR pupils, you will need the following sound files: *hg-cgae1-4-7listening.mp3 (1-7)*

1. Cuin a thòisich thu ag ionnsachadh Gàidhlig?
2. A bheil Gàidhlig sam bith anns an teaghlach agad?
3. Ciamar a tha thu a' faireachdainn mu dheidhinn do chuid Ghàidhlig?
4. Dè an sgil as fheàrr agad?
5. Am bi thu a' cleachdadh do chuid Ghàidhlig?
6. A bheil thu ag amas air fileantachd?
7. Am bu toigh leat obair ceangailte ris a' Ghàidhlig?

4.20 *A / às*: Preposition

à or às is a very idiomatic Gaelic preposition - it can mean **from** but in the sense of **from a place**, or **out of**. It is also used to express feelings such as **pride** or when somebody is **being made fun of**.

asam	asainn
asad	asaibh
às	asta
aiste	

às is used for places or things that have the definite article. If the definite article changes with anns, air or other prepositions, it will also change after às.

The following are idioms where às is used:

Tha mi às na Hearadh - I am from Harris
Sguir a tharraing asam. - Stop making fun of me
Tha mi a' tarraing asad - I am making fun of you
Bha e cho pròiseil às - I was so proud of it/him
Tha mi moiteil às! - I am proud of it/him
Tha e gu math fad às - It is quite distant/far away

Thug e an car asam - He deceived me
às a chèile - loosened

Grammar: *À* and *às* Go online

Q52: Place all the prepositional pronouns in the correct position. Choose from às, asta, asam, asaibh, aiste, asad, asainn.

....

Q53: Place the correct prepositional pronoun at the end of the sentence.

I am proud of you (pl.)	Tha mi pròiseil	
Stop making fun of her	Sguir a tharraing	
I am making fun of you	Tha mi a' tarraing	
He deceived me	Thug e an car	
I am not sure of them	Chan eil mi cinnteach	
He let out a scream	Leig e sgreuch	
She is not proud of us	Chan eil i moiteil	

4.21 Cò às a tha thu?

Cò às a tha thu? and Cò às a tha sibh? are a minefield for learners of Gaelic. Many learners will mistakenly reply with their name as they will assume that somebody has asked them "Who are you?" "Cò thu?"

However, Cò? is sometimes not used to mean Who? but in this case was used to mean Where? as in Where are you from?

This is probably a throwback to when an individual's clan and family was more important than which geographic location.

So be aware when you hear Cò às a tha thu?

How to reply to Cò às a tha thu? / Cò às a tha sibh? - Tha mi à....

This part of the unit will show you a simple way to reply and a more complex (but more common) way.

You simply reply:

Tha mi à... (placename)
e.g. Tha mi à Obar Dheathain

or

Tha mi às... (the placename)
Tha mi às a' Ghearasdan

The preposition has two different forms à and às.

à is used in front of words without the **definite article**, às is used with any word beginning with the **indefinite article**. às affects the spelling of the words in the same way that **anns** and other prepositions do.

à		**às**	
Leòdhas	Tha mi à Lèodhas	An Fhraing	Tha mi às an Fhraing
Uibhist	Tha mi à Uibhist	An t-Eilean Sgitheanach	Tha mi às an Eilean Sgitheanach
Nirribhidh	Tha mi à Nirribhidh	An t-Òban	Tha mi às an Òban
Lunnainn	Tha mi à Lunnainn	Na h-Eileanan Siar	Tha mi às na h-Eileanan Siar
Inbhir Nis	Tha mi à Inbhir Nis	Na Hearadh	Tha mi às na Hearadh
Glaschu	Tha mi à Glaschu	An t-Suain	Tha mi às an t-Suain

4.22 Is ann à

Is ann or 's ann is used to emphasise the preposition in a sentence. It will place the preposition after 's ann. It almost turns the sentence back to front:

Tha mi à Alba becomes *'S ann à Alba a tha mi*

This is the more common form used by fluent speakers. This structure can be found in the famous Gaelic song 'S ann an Ile:

'S ann an Ile, Ile, Ile	It's in Islay, Islay, Islay
'S ann an Ile rugadh mi	It's in Islay that I was born
'S ann an Ile, Ile, Ile	It's in Islay, Islay, Islay
'S ann an Ile, bhòidheach	It's in beautiful Islay
'S ann an Ile, Ile, Ile	It's in Islay, Islay, Islay
'S ann an Ile rugadh mi	It's in Islay that I was born
'S ann an Ile, Ile, Ile	It's in Islay, Islay, Islay
'S ann an Ile, bhòidheach	It's in beautiful Islay
'S ann an Ile ghorm an fheòir	It's in green Islay of the grass
A rugadh mi 's a thogadh mi	That I was born and raised
'S ann an Ile ghorm an fheòir	It's in green Islay of the grass
A rugadh mi 'sa bha mi	That I was born, that I was
'S ann an Ile ghorm an fheòir	It's in green Islay of the grass
A rugadh mi 's a thogadh mi	That I was born and raised
'S ann an Ile ghorm an fheòir	It's in green Islay of the grass
A rugadh mi 'sa bha mi	That I was born, that I was
Nuair a bha mi ann an Ile	When I was in Islay
Bha Catrìona cuide rium	Catriona was with me
Nuair a bha mi ann an Ile	When I was in Islay
Bha Catrìona làmh rium	Catriona was by my side
Nuair a bha mi ann an Ile	When I was in Islay
Bha Catrìona cuide rium	Catriona was with me
Nuair a bha mi ann an Ile	When I was in Islay
Bha Catrìona làmh rium	Catriona was by my side

'S ann with other prepositions

'S ann can be used with any preposition, both simple and compound:

Tha mi a' fuireach ann an Alba
'S ann ann an Alba a tha mi a' fuireach

It can also be used with any form of any verb:

Bha mi a' bruidhinn ri Màrtainn
'S ann ri Màrtainn a bha a' bruidhinn
Chuir Calum an cat anns a' chidsin
'S ann anns a' chidsin a chuir Calum an cat

Practice with *'S ann* Go online

Reorganise the following sentences so that they can be used with 'S ann.

Q54: Tha mi ag obair anns à bhanca.

....

Q55: Tha Peadar às an Òban.

....

Q56: Dh' ionnsaich mi matamataig tro mheadhan na Gàidhlig.

....

Q57: Rugadh mi ann an Ìle.

....

Q58: Tha an geansaidh le Calum.

....

Q59: Tha an cùrsa seo mu dheidhinn Gàidhlig.

4.23 Learning points

Summary

You should now have learned:

- about Gaelic's place in the world of languages;
- about Gaelic's links with other languages;
- vocabulary related to language;
- vocabulary related to placenames;
- about the basics of the feminine genitive (possessive case).

You now have a wider understanding of food and its place in Scottish culture.

Context 1 Topic 5

Citizenship

Contents

Learning objective

By the end of this topic, you will have learned:

- a wide range of vocabulary connected with citizenship;
- vocabulary connected with the natural world;
- translation skills;
- to explore the masculine genitive (possessive) case at a basic level;
- to explore citizenship opportunities available in Gaelic;
- to develop your writing skills.

5.1 Citizenship: Saoranachd

'S e rud farsaing ach sònraichte a tha ann an saoranachd. Tha e a' ciallachadh diofar rudan, ach leis a h-uile rud tha e a' bualadh air mar a bhios sinn a' gabhail pàirt anns a' choimhearsnachd againn. Faodaidh coimhearsnachd a bhith cho beag biodach ris a' bhaile bheag agad fhèin no an sgoil agad no cho mòr ris an t-saoghal air fad. 'S urrainn dhuinn uile buaidh mhath a thoirt air beathannan dhaoine. Bidh na sgoilearan SCHOLAR a' toirt sùil air diofar dhòighean airson a bhith an-sàs ann an obair saoranachd.

To listen to Mr Munro, you will need the following sound file:
hg-cgae1-5-1listening.mp3

English translation

Saoranachd - Citizenship - is a broad but special thing. It means different things, but it involves everything about how we participate in our community. A community may be as small as your village or school or as big as the whole wide World. We can all have a positive influence upon people's lives. The SCHOLAR pupils are going to look at different ways to be involved in citizenship work.

To listen to these, you will need the following sound files:
hg-cgae1-5-2vocab.mp3 (1-11)

oifigear leasachaidh	development officer
iomairt	initiative, enterprise
teisteanas	qualification, certificate
ciad-chobhair	First Aid
dìreach air an sgoil fhàgail	just left school
cursa aig astar	distance learning course
foghlam coimhearsnachd	community education
bochdainn	poverty
eucoir	crime
brosnachadh	encouraging
droch bhuaidh	bad influence

5.2 Còidseadh (UND2)

Read the text and then attempt the exercise.

Reading comprehension: Coìdseadh Go online

Ceit: Dè an t-ainm a tha oirbh agus dè an obair a tha agaibh?

Caomhain: Is mise Caomhain MacRisnidh agus tha mi nam oifigear leasachaidh spòrs airson Sgìre Taobh na Beinne ann am Baile a' Chàirn.

Ceit: Ciamar an do thoisich sibh anns an obair seo?

Caomhain: Fhuair mi an cothrom a bhith a' còidseadh spòrs anns an sgìre tro iomairt aig a' Chomhairle. 'S e Iomairt Spòrs an t-ainm a bha air a' phròiseact seo. Chunnaic mi sanas anns a' phàipear-naidheachd ag ràdh gun robh iad a' sireadh dhaoine le ùidh ann an spòrs de gach seòrsa, a bha fallainn agus aig an robh teisteanas ciad-chobhair. Bha a h-uile fear sin agam agus chuir mi a-steach airson na h-obrach ged a bha mi dìreach air an sgoil fhàgail. Fhuair mi an obair agus bha mi an-sàs anns an iomairt sin, a' brosnachadh chloinne a bhith a' cluich spòrs airson ceithir bliadhna gu leth nuair a chuala mi gun robh obair a' dol an-seo.

Ceit: An robh feum agaibh mòran treànadh ri dhèanamh?

Caomhain: Bha mi air mòran treànadh fhaighinn anns an Iomairt Spòrs, ach bha mi air cùrsa aig astar dhèanamh ann am foghlam coimhearsnachd. Bha seo na chuideachadh mòr dhomh agus rinn sinn an obair na b' fhasa. Bidh mi a' tadhal air bun-sgoiltean ann an sgìrean le ìrean àrda de bhochdainn, de dh'eucoir agus de dhuilgheadasan soisealta eile. Bidh mi ag amas air a' chloinn aig nach eil mòran ùidh ann an spòrs no gnìomhan eile fiosaigeach. Tha galairean mar thinneas an t-siùcair agus ro-reamhrachd a' toirt droch bhuaidh air òigridh latha an-diugh. Tha spòrs agus gnìomhan fiosaigeach a' toirt deagh bhuaidh air slàinte inntinn cuideachd.

Ceit: Cò ris a dh'fheumas sibh a bhith coltach airson an obair seo a dhèanamh?

Caomhain: Feumaidh tu a bhith gu math foighdineach. 'S tric a bhios clann nach eil cho math anns an sgoil a' tighinn thugainn agus a' bruidhinn rinn ann an dòigh mhì-mhodhail.

Cleachdaidh iad droch chainnt agus chan eil sin uamhasach càilear. Bha aon ghille, Dale, agus tha an suidheachadh aige na dhachaigh fìor èiginneach. Chan eil athair mun chuairt agus tha a mhàthair na thraill-dhrogaichean. Tha duilgheadasan aige le modh anns an sgoil ach nuair a bhios e air a' phàirc còmhla rinn, tha e cho sona ris an rìgh. Tha an t-oifigear soisealta aige ag ràdh gu bheil iomain a' dèanamh feum dha agus tha sin follaiseach bhon adhartas a tha e air a dhèanamh.

Ceit: 'S e obair chruaidh a tha agaibh. A bheil an obair a' còrdadh ribh?

Caomhain: Tha mi toilichte a bhith an-sàs anns an obair seo. Tha e a' còrdadh rium gu mòr a bhith a' cur air ais rudeigin dhan choimhearsnachd agam fhìn. Ged nach urrainn dhut a h-uile pàiste a chuideachadh, nuair a bhios aonan dhiabh a' soirbheachadh, bheir e togail dha do chridhe agus dhad anam.

Ceit: A Chaomhain, tha seo air a bhith gu math inntinneach. Mìle taing.

Caomhain: 'S e ur beatha.

Q1: After the initial introduction, what question does Kate ask Kevin about his work?

....

Q2: How did Kevin find out about the job?

....

Q3: Name some qualities that the employers were looking for?

....

Q4: How long was Kevin involved in this project?

....

Q5: What effect did the distance learning course in community education have on Kevin?

....

Q6: What are some of the problems faced in the area where Kevin works?

....

Q7: What does sport and physical activity have a positive effect on according to Kevin?

....

Q8: Give an example of the children's bad behaviour?

....

Q9: What difficulties does Dale face with his parents?

....

Q10: Which sport has a positive effect on Dale?

....

Q11: What does Kevin enjoy?

....

Q12: What does Ceit have to say about her conversation with Kevin?

....

Q13: What was the purpose of the text?

a) A conversation about Kevin's work.
b) A conversation about Ceit's plans for after school.
c) An interview about sport in the local area.

5.3 Vocabulary

oifigear leasachaidh	development officer
iomairt	initiative, enterprise
teisteanas	qualification, certificate
ciad-chobhair	first aid
dìreach air an sgoil fhàgail	just left school
cursa aig astar	distance learning course
foghlam coimhearsnachd	community education
bochdainn	poverty
eucoir	crime
brosnachadh	encouraging
droch bhuaidh	bad influence

Vocabulary: Còidseadh Go online

Q14: Translate these words and phrases into English.

oifigear leasachaidh	
iomairt	
teisteanas	
ciad-chobhair	
dìreach air an sgoil fhàgail	
cursa aig astar	
foghlam coimhearsnachd	
bochdainn	
eucoir	
brosnachadh	
droch bhuaidh	

5.4 Childcare: Cùram-chloinne (UND1)

Nina is talking about a career choice that she would like to pursue and what is involved.

Listening comprehension: Cùram-chloinne Go online

To complete this exercise, you will need the following sound files:
hg-cgae1-5-3listening.mp3 and *hg-cgae1-5-3listening.mp3 (1-7)*

Section 1
hg-cgae1-5-3listening.mp3

Q15: When did Nina start looking after babies?

....

Q16: How much does she get paid?

....

Section 2
hg-cgae1-5-3listening2.mp3

Q17: When did she do her childcare course?

....

Q18: What did they receive lessons in?

....

Q19: What do they use dolls for?

....

Section 3
hg-cgae1-5-3listening3.mp3

Q20: Select some of the health problems that a child care worker must know about:

A) Drugs they must take regularly
B) Regular feeding
C) Foods they cannot eat
D) Problems with learning
E) Bad behaviour problems
F) Parents with drug addiction

....

Section 4
hg-cgae1-5-3listening4.mp3

Q21: What benefit does her work with a boy on Saturdays have?

....

Q22: What difficulties does Nina face with the boy?

....

Section 5
hg-cgae1-5-3listening5.mp3

Q23: When did Nina do work experience?

....

Q24: What connection did Nina have with the nursery school?

a) Former pupil
b) Mother worked there
c) Her niece attends

....

Section 6 & 7
hg-cgae1-5-3listening6.mp3 & hg-cgae1-5-3listening7.mp3

Q25: How does Nina describe the pupils?

....

Q26: What did she receive on the last day?

....

Q27: What does Nina wish sometimes?

5.5 Vocabulary: Childcare

To listen to these, you will need the following sound files:
hg-cgae1-5-4vocab.mp3 (1-17)

a' coimhead as dèidh na cloinne	looking after children
pàigheadh	pay
Bu toigh leam a bhith nam thidsear sgoil-àraich	I would like to be a nursery teacher
nuair a bhios mi nas sìne	when I am older
cùram-chloinne	childcare
badan	nursery
fìor dhroch fhaileadh	really bad smell
obair rianachd	administrative work
gu cunbhalach	regular
a' toirt faochadh	giving relief
pàrant sìngilte	single parent
troimh-chèile	upset
chuir mi seachad grèiseag	I spent a short while
B' àbhaist dhomh	I used to
cho ciùit	so cute
fialaidh	generous
coma-co-dhiubh	apathetic, did not care

Vocabulary: Cùram-chloinne Go online

Q28: Translate these words and phrases into English.

a' coimhead as dèidh na cloinne	
pàigheadh	
Bu toigh leam a bhith nam thidsear sgoil-àraich	
nuair a bhios mi nas sìne	
cùram-chloinne	
badan	
fìor dhroch fhaileadh	
obair rianachd	
gu cunbhalach	
a' toirt faochadh	
pàrant sìngilte	
troimh-chèile	
chuir mi seachad grèiseag	
B' àbhaist dhomh	
cho ciùit	
fialaidh	
coma-co-dhiubh	

5.6 'Care for a cèilidh' (UND2)

Calum is reporting on an individual who uses Gaelic culture to make a positive difference to communities in his city and in the islands.

Reading comprehension: 'Care for a cèilidh' Go online

Chan eil mòran charactaran ann an coimhearsnachd Ghàidhealach Ghlaschu cho cliùiteach ri Dòmhnall MacLeòid air neo Donaidh Maroot mar a chanas ris.

'S e "Maroot" am far-ainm a tha air. Tha e cumanta anns an h-eileanan a bhith a' faighinn far-ainm o chionn 's gu bheil an uimhir de dhaoine ann leis an aon ainm ann; Dòmhnall, Tormod, Iain agus mar sin air adhart. Gu math tric, bidh na far-ainmean a' leantainn o ghìnealach gu gìnealach. Rugadh agus thogadh Donaidh ann an Steòrnabhagh agus ged nach eil mòran Gàidhlig aige, tha e an-sàs gu mòr ann an cultar na Gàidhlig anns a' bhaile.

'S e achdaire a tha ann. Bidh achdairean a' tomhas dè bu choir a bhith ga phàigheadh airson poileasaidhean àrachais. Ma tha e a' measadh gu bheil tòrr chunnartan an lùib suidheachaidh sam bith, bidh Donaidh a' moladh gum bu choir do bharrachd àrachais a bhith ga phàigheadh. 'S e obair throm, dhoirbh a tha ann ach 's e duine aotrom, spòrsail a tha ann an Donaidh

Maroot a bhios a' dèanamh mòran obair airson carthannais.

Bidh Donaidh a' seinn ann an Coisir Ghàidhlig Ghlaschu agus bidh e a' seinn leis fhèin cuideachd. Tha e gu math aithnichte a-measg dhaoine a bhios a' dol gu mòdan agus tachartasan Gàidhealach air feadh na h-Alba.

Chuir e air chois an iomairt "Care for a Cèilidh" ann an Dà Mhìle sa Trì Deug. Bidh an iomairt ag iarraidh air luchd-ciùil tràidiseanta a bhith a' dol do Dhachaighean Cùram Sheann Dhaoine ann an Glaschu agus a bhith a' cluich nan ionnsramaidean aca no a' gabhail òran. Bidh an luchd-ciùil a' dèanamh seo gu saor-thoileach anns an tìde aca fhèin. Tha na cèilidhean a' còrdadh glan ris na seann-daoine. Bidh feadhainn dhiabh a' fulang le seargadh-inntinn agus le trioblaidean slàinte eile a bharrachd air an t-seann aois. A-rèir coltais, tha an dà chuid, seann-dhaoine agus luchd-ciùil a' faighinn toileachais às na cèilidhean seo.

Tha Donaidh gu math measail air adhbhachas agus tha air mòran iomairtean eile a chur air bhonn airson daoine a chuideachadh. Bidh e a' reic dà leabhar làn de dh'abhachdan fon ainm "Donnie Maroot's Awful Joke Book" agus bidh na prothaidean uile a' dol gus na dachaighean cùram airson daoine a' fulang le aillse anns na h-Eileanan Siar. Sgrìobh e a h-uile abhachd anns na leabhraichean agus aidichidh Dòmhnall fhèin gu bheil na h-abhachdan truagh ach tha e uile airson adhbhar glè shònraichte. Bidh e a' cur gu feum na meadhanan soisealta airson na h-iomairtean seo a shanasachadh agus bidh e a' cur abhachd an àird gach latha.

Anns a' Mhàrt Dà Mhìle sa Ceithir Deug, bhris e an clàr cruinne airson an àireamh de abhachdan innse ann an uair a thìde. Dh'inns e Còig ceud 's a h-Ochdad abhachdan anns an ùine sin, b' e sin cha mhòr ceud na bu mhotha na an seann chlàr. Rinn e an euchd seo ann an taigh-òsta Gàidhealach ann an Glaschu, Taigh-òsta na Pàirce air beulaibh nan ceudan de luchd-taic is de charaidean. Thog seo tòrr airgead airson carthannas agus ghlac e àire nam meadhanan. Nochd Donaidh air an telebhisean agus air duilleag-aghaidh nam pàipearan naidheachd air feadh an t-saoghail. Fear iriosal, dòigheil, thug Donaidh taing dhan a h-uile duine le bhith a' cur teachdaireachd air loidhne. Bha e gu math toilichte gun robh e air mòran airgid a thogail airson carthannais.

Q29: Which city is Donnie Maroot renowned in?

....

Q30: Why are nicknames common in the Western Isles, according to the text?

....

Q31: What connection does Donnie Maroot have with Stornoway?

....

Q32: Donnie is an actuary. According to the passage, what does an actuary do?

....

Q33: What is the work of an actuary like?

....

Q34: What is said about Donnie's own personality?

....

Q35: Who does Donnie sing with?

....

Q36: Who plays at the care homes for "Care for a Ceilidh"?

....

Q37: What does the word "Saor-thoileach" tell us about these people?

....

Q38: Who benefits from the profits of Donnie Maroot's Awful Joke Books?

....

Q39: How does Donnie Maroot use the internet?

....

Q40: How many jokes did Donnie tell to break the world record?

....

Q41: Who was there to see him break the record?

....

Q42: Where did Donnie appear in the media?

....

Q43: How did Donnie feel?

....

Q44: Why did he feel this way?

5.7 Vocabulary: 'Care for a cèilidh'

To listen to these, you will need the following sound files:
hg-cgae1-5-5vocab.mp3 (1-26)

coimhearsnachd Ghàidhealach	Highland community
cliùiteach	renowned
far-ainm	nickname
agus mar sin air adhart	and so on, etcetera
o ghìnealach gu gìnealach	from generation to generation
Rugadh agus thogadh	born and raised
achdaire	actuary
àrachas	insurance
carthannas	charity
Coisir Ghàidhlig	Gaelic Choir
aithnichte	recognised
an iomairt	the initiative
Dachaigh Cùram Sheann Dhaoine	Old Persons' Care Home
gu saor-thoileach	voluntarily
a' fulang	suffering
seargadh-inntinn	dementia
an dà chuid	both types
toileachas	happiness
abhachd	joke
clàr cruinne	world record
innis	tell
euchd	great achievement
iriosal	humble
dòigheil	sound
teachdaireachd	message
air loidhne	on-line

Vocabulary: 'Care for a cèilidh' Go online

Q45: Translate these words and phrases into English.

coimhearsnachd Ghàidhealach	
cliùiteach	
far-ainm	
agus mar sin air adhart	
o ghìnealach gu gìnealach	
Rugadh agus thogadh	
achdaire	
àrachas	
carthannas	
Coisir Ghàidhlig	
aithnichte	
an iomairt	
Dachaigh Cùram Sheann Dhaoine	
gu saor-thoileach	
a' fulang	
seargadh-inntinn	
an dà chuid	
toileachas	
abhachd	
clàr cruinne	
innis	
euchd	
iriosal	
dòigheil	
teachdaireachd	
air loidhne	

5.8 Duais Ian Muir (UND2)

Donald is putting his love of the outdoors to good use, taking part in the John Muir Award run by the John Muir Trust. Donald is getting the opportunity to do this through Gaelic thanks to Comann na Gàidhlig, the Gaelic Development Organisation.

Reading comprehension: Duais Ian Muir Go online

Nuair a bha mi beag, bhiodh mo phàrantan gam thoirt air tursan mòra a' coiseachd nam beann. Bhon uairsin, tha mi air bhith measail air an àrainneachd nàdarrach. A h-uile cothrom a gheibh mi, bidh mi a-muigh a' dèanamh rudeigin. Bidh mi tric a' dol a shreap anns a' Chuilthionn anns an Eilean Sgitheanach agus a' dol a churachanachd air an àbhainn faisg air mo dhachaigh ann am Baile a' Chàirn.

Bha mi air mo dhòigh nuair a chuala mi mu dheidhinn an Duais Iain Muir. 'S e duine inntinneach, cudromach a bha ann an Iain Muir. Rugadh e ann an Alba, ann an Dùn Bàrra ann an Lodainn an Ear. Ghluais a theaghlach gu Ameirigea nuair a bha e deich. Sgrìobh e litrichean. aistean agus leabhraichean mu dheidhinn nàdair. Bha e a' meas àiteachan fiadhaich prìseil agus chuir e air dòigh urras airson talamh fiadhaich a cheannach is a ghlèidheadh airson nan gìnealaichean ri teachd. Stèidhich e a' chiad phàirc Nàiseanta anns na Stàitean Aonaichte agus tha Urras Iain Muir fhathast a' coimhead as dèidh talamh fiadhaich latha an-diugh.

Rinn mi an Duais seo còmhla ris a' bhuidheann leasachaidh Ghàidhlig, Comann na Gàidhlig. Bidh iad ag obair ann an compàirteachas le Dualchas Nàdar na h-Alba. Bha clann bhon sgìre agam fhèin an-sàs anns a' bhuidheann.

Bhiodh sinn a' coinneachadh a h-uile seachdain agus bhiodh sinn a' faighinn fiosrachadh mu dheidhinn nàdair. Rinn sinn taisbeanadh ann an talla a' bhaile airson aire an t-sluaigh a thogail do chùisean ceangailte ri glèidheadh na h-àrainneachd anns an sgìre againn.

Chuir sinn seachad trì oidhche ann an Ostail Òigridh ann an Coire Odhair. Tha Coire Odhar air Mointeach Raineach eadar Glaschu agus An Gearasdan ach chan eil rathad sam bith a' ruighinn Ostail Òigridh Choire Odhair. Dh'fheumadh sinn an treana a ghabhail gu ruige an stèisean agus an uairsin dh'fheumadh sinn coiseachd dhan Ostail Òigridh. Tha an òstail ri taobh loch breàgha.

Tron latha, bhiodh sinn a' rannsachadh fiadh-bheatha anns na beanntan mun chuairt oirnn. Bha camara aig a h-uile duine againn agus thog mi dealbhan air feidh agus iolairean. Bha an t-sìde cho breàgha, bha sin gu math fortanach. Bha e tràth anns a' bhliadhna agus mar sin cha robh meanbh-chuileagan ann. Rinn mi mòran charaidean ùra bho air feadh na h-Alba. Choinnich mi ri Seumas à Dùn Bheagan san Eilean Sgitheanach. Tha sinn a' dol a shreap a' Chliseim anns na Hearadh còmhla an ath Shamhradh.

Fhuair mi buannachd mhòr às an Duais Iain Muir agus mholainn do neach sam bith a bhith ga dhèanamh ma gheibh iad an cothrom. Bidh e a' coimhead glè mhath air a' chunntas-bheatha agaibh.

Q46: Who took Donald hillwalking?

....

Q47: When will Donald go outside?

....

Q48: What two activities does Donald often do?

....

Q49: How is John Muir described?

....

Q50: What types of text did John Muir write about nature?

....

Q51: What does the John Muir Trust do, according to the text?

....

Q52: Who was involved in doing the John Muir Award?

....

Q53: What do they do every week?

....

Q54: The children ran an exhibition. What matters did it deal with?

a) Preserving the environment in their area
b) Saving endangered wildlife
c) Recycling by local businesses

....

Q55: How long did they spend at the youth hostel?

....

Q56: The youth hostel was in Corrour on Rannoch Moor. What difficulty does somebody have reaching Corrour?

....

Q57: How must they travel to the youth hostel?

....

Q58: Describe, in detail, what they did during the day?

....

Q59: Why were there no midges?

....

Q60: What benefit does Donald say the prize has for job prospects?

....

Q61: What is the overall purpose of this text?

a) To talk about the work of the John Muir Trust.
b) To talk about wildlife in the wilderness of Scotland.
c) To inform about photography of wild animals.

5.9 Vocabulary: Duais Ian Muir

To listen to these, you will need the following sound files:
hg-cgae1-5-6vocab.mp3 (1-28)

coiseachd nam beann	walking the mountains
Bhon uairsin	since then
measail air	fond of
an àrainneachd nàdarrach	the natural environment
A h-uile cothrom a gheibh mi	every opportunity I get
a' dol a shreap	going climbing
a' dol a churachanachd	going kayaking
Bha mi air mo dhòigh	I was delighted
Dùn Bàrra	Dunbar
Lodainn an Ear	East Lothian
a' meas prìseil	regard as valuable
urras	a trust
gìnealaichean ri theachd	future generations
Stèidhich	establish
buidheann leasachaidh	development organisation
compàirteachas	partnership
Dualchas Nàdar na h-Alba	Scottish Natural Heritage
taisbeanadh	exhibition, display
aire an t-sluaigh	the attention of the public
cùisean	matters
ceangailte ri	connected to
glèidheadh na h-àrainneachd	preserving the environment
Coire Odhair	Corrour
Mointeach Raineach	Rannoch Moor
fiadh-bheatha	wildlife
meanbh-chuileagan	midges
buannachd	benefit
cunntas-beatha	curriculum vitae

Vocabulary: Duais Ian Muir Go online

Q62: Translate these words and phrases into English.

coiseachd nam beann	
Bhon uairsin	
measail air	
an àrainneachd nàdarrach	
A h-uile cothrom a gheibh mi	
a' dol a shreap	
a' dol a churachanachd	
Bha mi air mo dhòigh	
Dùn Bàrra	
Lodainn an Ear	
a' meas prìseil	
urras	
gìnealaichean ri theachd	
Stèidhich	
buidheann leasachaidh	
compàirteachas	
Dualchas Nàdar na h-Alba	
taisbeanadh	
aire an t-sluaigh	
cùisean	
ceangailte ri	
glèidheadh na h-àrainneachd	
Coire Odhair	
Mointeach Raineach	
fiadh-bheatha	
meanbh-chuileagan	
buannachd	
cunntas-beatha	

5.10 Animals: Beathaichean

It is a very valuable practice to learn the Gaelic for animals, including their plurals and also their young. Gaelic animal names are to be found in placenames, idioms and in everyday Gaelic conversation. It is also useful for learning the different forms which the plural can take in Gaelic.

To listen to these, you will need the following sound files:
hg-cgae1-5-7vocab.mp3 (1-36)

Beathach fireanta	**Beathach boireanta**	**Beathach òg**	**Beathach iolra**
tarbh	bo	laogh	crodh, sprèidh
bull	cow	calf	cattle
damh (fiadh)	eilid	mangan	feidh
stag (deer)	hind/doe	fawn	deer
torc	mùc	uircean	mùcan
boar	pig/sow	piglet	pigs
rùda, reithe	caora	uan	caoraich
ram	sheep	lamb	sheep
coileach	cearc	isean	cearcan
cockerel	hen	chick	hens
boc	gobhar	meann	gobhair
billy-goat	she-goat	kid-goat	goats
cù	galla, saigh	cuilean	coin
dog	female dog	puppy	dogs
capall	each	searrach	eich
stallion	horse	foal, pony	horses

5.11 Wild animals: Beathaichean fiadhaich

To listen to these, you will need the following sound files:
hg-cgae1-5-8vocab.mp3 (1-19)

Gaelic	English
mathan	bear
fiadh	deer
fiadh-chat	wildcat
iolaire	eagle
madadh-allaidh	wolf
madadh-ruadh, sionnach	fox
fitheach	raven
capall coille	capercaillie
broc	badger
biast dhubh, dobhran	otter
ròn	seal
Niseag	Nessie
mùc-mhara	whale
leumadair	dolphin
feannag	crow
faoileag	seagull
bradan	salmon
feòcallan	polecat
neas	weasel

Vocabulary: Beathaichean fiadhaich Go online

Q63: Translate these into English.

Gaelic	English	Gaelic	English
mathan		ròn	
fiadh		Niseag	
fiadh-chat		mùc-mhara	
iolaire		leumadair	
madadh-allaidh		feannag	
madadh-ruadh, sionnach		faoileag	
fitheach		bradan	
capall coille		feòcallan	
broc		neas	
biast dhubh, dobhran			

5.12 Gaelic placenames

The following are all very common Gaelic placenames - they will appear as an element in placenames throughout Scotland. Many of them, beinn, srath, gleann, ceann and cnoc, have been anglicised to ben, strath, glen, kin- and knock-. This has often affected how people pronounce the placenames and has caused confusion. Many of the placenames were originally written down by Victorian map makers from the South with no knowledge of Gaelic.

As a language used by people who lived in such a varied and rugged landscape, there is a wealth of Gaelic vocabulary for natural features. There are several Gaelic words for mountain & hill which we will address later in the course.

To listen to these, you will need the following sound files:
hg-cgae1-5-9vocab.mp3 (1-21)

eas	waterfall
abhainn	river
gleann	glen, narrow valley
srath	strath, wide valley
beinn	mountain
sgeir	skerry, reef
allt	stream, burn
coire	corrie
ceann	head, end
druim	ridge
eilean	island
innis	island
creag	rock
cladach	rocky shore
mol	shingle beach
tràigh	sandy beach
cnoc	hill
bàgh	bay
inbhir	river mouth
àth	ford

Vocabulary: Gaelic placenames Go online

Q64: Translate these into English.

eas	
abhainn	
gleann	
srath	
beinn	
sgeir	
allt	
coire	
ceann	
druim	
eilean	
innis	
creag	
cladach	
mol	
tràigh	
cnoc	
bàgh	
inbhir	
àth	

5.13 An introduction to the genitive case for masculine nouns

For masculine nouns in the genitive case, also known as the possessive case. (when a relationship is expressed between two items), two things tend to occur which a Gaelic learner should be aware of:

1. The word will *slenderise*

The spelling of the word will change. A slender vowel *i* will be placed after the final vowel.

cat becomes *cait*

In some cases, this vowel will entirely replace the broad vowel. this will often happen with *ea*, as an extra vowel would make this difficult to pronounce.

each becomes *eich*
eilean becomes *eilein*

In other cases, the vowel sound will change entirely, this is very common with *ò*

bòrd becomes *bùird*
ceòl becomes *ciùil*

2. The definite article will change

an/am become *a'*
an t- becomes *an*
an becomes *an t-* (before s+vowel)
am becomes *an* (before f)

There will be another focus on the genitive case later in the course.

5.14 The Isle of Genitives: Eilean nan Ginideach

Welcome to the Isle of Genitives! Come to the island to see the genitive case in action. The following are all placenames using wild animals which are masculine nouns.

To listen to these, you will need the following sound files:
hg-cgae1-5-11vocab.mp3 (1-12)

Cnoc a' Chait	Hill of the Cat
Gleann an Daimh	Glen of the Stag
Eilean an Eich	Horse Island
Sgeir an Ròin	Seal Skerry
Beinn a' Mhathain	Bear Mountain
Eas a' Bhradain	Salmon Waterfall
Abhainn an Eoin	Bird River
Uamh an t-Sionnaich	Cave of the Fox
Bàgh an Rionnaich	Mackerel Bay
Creag an Fhithich	Raven's Rock
Àth a' Bhruic	Badger's Ford
Loch a' Mhadaidh-Allaidh	Loch of the Wolf

Vocabulary: Eilean nan Ginideach Go online

Q65: Translate these into English.

Cnoc a' Chait	
Gleann an Daimh	
Eilean an Eich	
Sgeir an Ròin	
Beinn a' Mhathain	
Eas a' Bhradain	
Abhainn an Eoin	
Uamh an t-Sionnaich	
Bàgh an Rionnaich	
Creag an Fhithich	
Àth a' Bhruic	
Loch a' Mhadaidh-Allaidh	

5.15 Island names using the genitive case

Many of the Hebridean Islands have "romantic" Gaelic names. These are also very useful as examples of the genitive case in action. Learn the following. They are useful for writing exercises.

To listen to these, you will need the following sound files:
hg-cgae1-5-12vocab.mp3 (1-12)

Gaelic Name	**Romantic Name**	**English**	**Meaning**
Leòdhas	Eilean an Fhraoich	Lewis	Isle of Heather
An t-Eilean Sgitheanach	Eilean a' Cheò	Skye	Isle of Mist, Misty Isle
Uibhist a Tuath	Tir an Eòrna	North Uist	Land of Barley
Uibhist a Deas	Tir a' Mhurain	South Uist	Land of Marram Grass
Na Hearadh	Tir nam Beann*	Harris	Land of Mountains
Barraigh	Tir nan Òg*	Barra	Land of the Young

* *Tir nan Òg* was the Celtic Otherworld, to be reached by sailing West over the Ocean. *Tir nam Beann* is also a generic romantic phrase for the Highlands amongst the Gaels. Both of these examples are examples of the plural in the genitive case.

Vocabulary: Island names Go online

Q66: Translate these into English.

Gaelic Name	**Romantic Name**	**English**	**Meaning**
Leòdhas	Eilean an Fhraoich	Lewis	Isle of Heather
An t-Eilean Sgitheanach	Eilean a' Cheò	Skye	Isle of Mist, Misty Isle
Uibhist a Tuath	Tir an Eòrna	North Uist	Land of Barley
Uibhist a Deas	Tir a' Mhurain	South Uist	Land of Marram Grass
Na Hearadh	Tir nam Beann*	Harris	Land of Mountains
Barraigh	Tir nan Òg*	Barra	Land of the Young

5.16 Translation: Hunting - Sealgaireachd

Ceit and Donald are being asked to write a discursive piece about whether hunting should be banned. They wrote them for English first and are translating them into Gaelic for an essay competition.

he topic of the competition is:

Am bu chòir casg a chur air sealgaireachd? - Should hunting be banned?

Translation: Sealgaireachd Go online

Read the following pieces by Ceit and Donald on their positions regarding hunting and attempt to translate them.

Ceit

Q67: Tha sealgaireachd **borb** agus **mì-nàdarrach**. Chan eil e a' toirt cothrom na fèinne dha na beathaichean. Gu math tric, bidh an creutair bochd a' **fulang** ann am **pian** mòr le peilearan agus a' bàsachadh tìde mhòr as dèidh làimhe.

....

Q68: Chan eil sinne a' faighinn buannachd bho shealgaireachd/ - 's e na daoine mòra beartach a bhios a' faighinn buannachd / - a' coiseachd na mòintich ann an seacaidean clò Hearach / le gunna fon achlais / air tòir cabar feidh airson an taigh mhòir aca mu dheas. / Bidh iad a' tighinn agus a' falbh / ann am plèana airson deireadh-seachdain / agus a' fuireach anns na loidsichean mòra / gun sgillinn a chosg anns na bùthan.

....

Q69: Dè an tlachd a tha ri fhaighinn / bho mharbhadh chreutairean beaga? / Chan eil ann ach **murt**! / Bidh iad ag ràdh gum feum iad na h-àireamhan de dh'fhèidh a chumail sìos / ach chanainn-sa gur e daoine na beathaichean / a bhios a' dèanamh an cron as motha air an dùthaich!

....

Q70: Bu choir dhuinn casg a chur air sealgaireachd.

Donald

Q71: Tha sealgaireachd **nàdarrach** airson mac an duine./ Tha e nas nàdarraiche / na bhith a' cumail bheathaichean ann an achadh co-dhiù. / Mura robh sinn a' sealg / bhiodh an t-acras oirnn uile / agus bhiodh sinn fhathast a' fuireach ann an uaimhean.

....

Q72: Feumaidh sinn sealgaireachd airson **am fearainn a ghlèidheadh**. / Mar eisimpleir, ma bhios cus fèidh ann, / bidh iad a' dèanamh cròn / air craobhan agus air na rathaidean.

....

Q73: Feumaidh daoine sealg / air sgàth 's nach eil sealgairean nàdarrach san dùthaich seo / mar mhadaidhean-allaidh neo mathain nas motha.

....

Q74: Chan eil e ceart a bhith a' sealg cus ge-tà / agus chan eil e a' dèanamh ciall a bhith a' sealg rudan a tha gann/, ach 's e an dòigh cheart airson greim a chumail / air na h- aireamhan de dh'fheidh, de radain, de shionnaich agus de ròin.

....

Q75: Bidh daoine cho measail air ròin / air sgàth 's gu bheil iad cho snog is bòidheach / nuair a bhios iad òg / ach nì iad tòrr cron air tuathanasan èisg / agus air dòighean iasgaich eile / a bhios a' toirt obair do dh'iomadh neach air a' Ghàidhealtachd.

....

Q76: Cha bu chòir dhuinn casg a chur air sealgaireachd.

5.17 Sealgaireachd (USE2)

Writing: Sealgaireachd Go online

In the assignment you can write about anything you want as long as it fits into one of the four scenarios. And most things fit into society and culture if they are not to do with learning or employment, so you can do something you really enjoy. (Not that work and school are not fun!). You might want to do a discursive piece about hunting for example.

What are your views on hunting? Who did you agree with, Ceit or Donald?

Answer the question: **Am bu chòir casg a chur air sealgaireachd?** - Should hunting be banned?

You may wish to use the following grammatical structures:

Tha mi a' smaoineachadh gu bheil - Reported speech
Nam bheachd, - In my opinion
Air an làimh eile - On the other hand

Use a range of vocabulary from this unit and the course in general.

Express your feelings about the matter.

This should be around 200-250 words in length.

Show your views to your teacher.

5.18 Vocabulary: Sealgaireachd

To listen to these, you will need the following sound files:
hg-cgae1-5-13vocab.mp3 (1-16)

Kate

air tòir	
cothrom na Fèinne	
creutair	
peilearan	
às dèidh làimhe	
fon achlais	
cabar feidh	
gun sgillinn a chosg	
tlachd	
feidh	

Donald

mac an duine	
achadh	
sealgairean nàdarrach	
an dòigh cheart	
dòighean iasgaich	
a' dèanamh cron	

Vocabulary: Sealgaireachd Go online

Q77: Translate these into English.

air tòir	
cothrom na Fèinne	
creutair	
peilearan	
às dèidh làimhe	
fon achlais	
cabar feidh	
gun sgillinn a chosg	
tlachd	
feidh	

mac an duine	
achadh	
sealgairean nàdarrach	
an dòigh cheart	
dòighean iasgaich	
a' dèanamh cron	

5.19 Extra vocabulary

Much of the following vocabulary does not appear in the texts, however, it may appear in Context Assessments and Added Value final Assessments.

To listen to these, you will need the following sound files:
hg-cgae1-5-14vocab.mp3 (1-49)

a' treòrachadh	guiding	**bodhar**	deaf
a' toirt cobhair	aiding	**balbh**	dumb/mute
a' toirt faochadh	relieving	**gun dachaigh**	homeless
a' cuideachadh	helping	**gun obair**	unemployed
a' togail airgid	raising money	**gun dòchas**	without hope
cior ramach	disabled person	**gun ghuth**	without a voice
ciorramaichte	disabled	**trò cair**	mercy
dall	blind	**bàidheil**	affectionate

coibhneil	kind	**urrsairean**	trustees
truas	pity	**èiginn**	distress
fialaidh	generous	**staing**	difficulty
tabhartasan	donations	**gaol**	love
obair ionmholta	incredible work	**a' nochdadh ùidh**	showing interest
co-obrachadh	co-operating	**carthannas**	charity
co-obrachail	co-operative	**deònach**	willing
urras	trust	**a dh'aindeoin**	despite

ìochdaran	underdog	**cruaidh-chàs**	hardship
truaghan	poor soul	**cruadal**	hardship
dìlleachdan	orphans	**dochann**	harm
gun phàrantan	without parents	**droch-ghnàthachadh**	abuse
cas-ruisgte	barefoot	**truailleadh**	pollution
aontachadh	agreeing	**cròn**	damage
aonta	agreement	**leasachadh**	development
tuigseach	sensitive	**seasmhachd**	sustainability
nam èiginn	in my difficulty		

Extra vocabulary: Citizenship Go online

Translate these words and phrases into English.

Q78:

a' treòrachadh		bodhar	
a' toirt cobhair		balbh	
a' toirt faochadh		gun dachaigh	
a' cuideachadh		gun obair	
a' togail airgid		gun dòchas	
cior ramach		gun ghuth	
ciorramaichte		trò cair	
dall		bàidheil	

....

Q79:

coibhneil		urrsairean	
truas		èiginn	
fialaidh		staing	
tabhartasan		gaol	
obair ionmholta		a' nochdadh ùidh	
co-obrachadh		carthannas	
co-obrachail		deònach	
urras		a dh'aindeoin	

....

Q80:

ìochdaran		cruaidh-chàs	
truaghan		cruadal	
dìlleachdan		dochann	
gun phàrantan		droch-ghnàthachadh	
cas-ruisgte		truailleadh	
aontachadh		cròn	
aonta		leasachadh	
tuigseach		seasmhachd	
nam èiginn			

Context 2: Learning

Context 2 Topic 1

Learning in context

Contents

Learning objective

In this part of the course you will learn:

- vocabulary connected to learning in context;
- how to use the verbal noun and its infinitive.

1.1 Learning in context

Gaelic learners are vital to the continued existence of the language as a vibrant community language. In this section we will see how different learners have come to the language. Gaelic learning is a life-long process. The contexts for learning will help. The gang are on a trip to Skye and the Gaelic College, Sabhal Mòr Ostaig. They find out about the work of the college as well as encountering some life-long learners of the language.

Sabhal Mòr Ostaig Photo - a picture of the new campus Àrainn Chaluim Chille

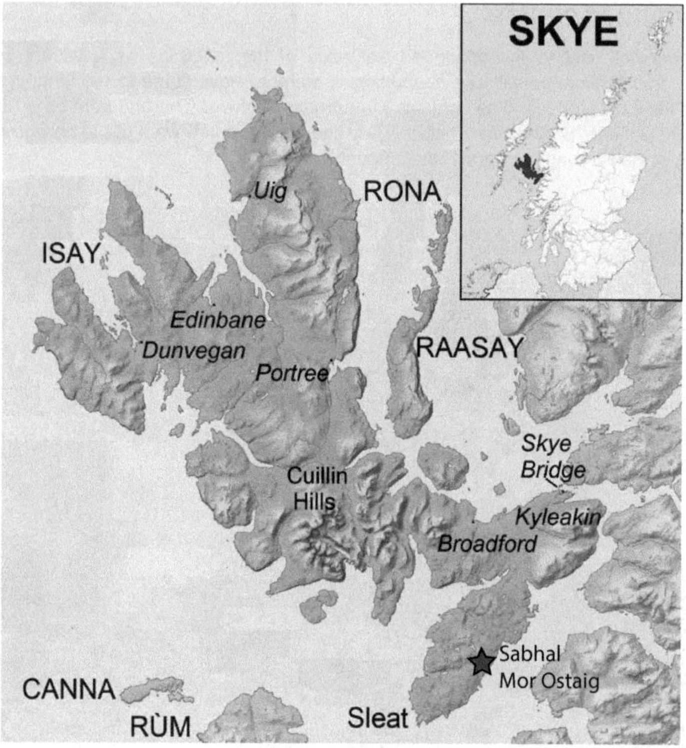

Isle of Skye
(http://de.wikipedia.org/wiki/Skye#mediaviewer/File:Isle_of_Skye_UK_relief_location_map_labels.jpg)
by Ruhrfisch (https://commons.wikimedia.org/wiki/User:Ruhrfisch), licensed under
CreativeCommons BY-SA 3.0

1.2 Sabhal Mòr Ostaig (UND2)

The following vocabulary appears in the passage.

You will need the following sound file to complete this exercise:
hg-cgae2-1-1vocab.mp3

ionad-fàilte	reception
bàthaich	barn
'S e sin as coireach	that is the reason, that is to blame
shuas an rathad	up the road
seòmraichean	rooms
mar a thuirt mi na bu thràithe	as I said earlier
àite-fuirich	accommodation
tùr	tower
chaidh a thogail	it was built
craobh-sgaoileadh	broadcasting
an dà chuid	both kinds
ceòl traidiseanta	traditional music
foghlam	education
cultar	culture
a' sìor fhàs	ever growing
a-mhàin	only
ceum	degree, step
fileantachd	fluency
cùrsa bogaidh	immersion course
cho fileanta sa ghabhas	as fluent as possible
èifeachdach	effective

Vocabulary: Sabhal Mòr Ostaig Go online

Q1: Fill in the meanings:

ionad-fàilte	
bàthaich	
èifeachdach	
seòmraichean	
tùr	
a-mhàin	
ceum	

....

Q2: Fill in the meanings:

foghlam	
cultar	
an dà chuid	
àite-fuirich	
shuas an rathad	
Chaidh a thogail	
craobh-sgaoileadh	

....

Q3:

mar a thuirt mi na bu thràithe	
ceòl traidiseanta	
a' sìor fhàs	
fileantachd	
cùrsa bogaidh	
cho fileanta sa ghabhas	
'S e sin as coireach	

Reading comprehension: Sabhal Mòr Ostaig Go online

Ceit and Donald arrive at Sabhal Mòr Ostaig where they will be doing a week's course learning more Gaelic. Read the text and answer the questions that follow.

They are greeted by Iain, who works for the college. He tells them a little about the history of the college and where they will be staying whilst they are there.

Fàilte oirbh gu Sabhal Mòr Ostaig. Tha sibh aig an **ionad-fàilte** ann an Arainn Chaluim Chille agus tha mi airson beagan fiosrachadh **a thoirt seachad** mu dheidhinn eachdraidh na colaiste. Chaidh a' cholaiste fhosgladh ann an naoi ceud deug seachdad sa trì. 'S e seann bhàthaich a bha ann agus bha e mòr agus bha e ann an Ostaig. **'S e sin as coireach** gun abrar ris Sabhal Mòr Ostaig!

Tha sinn fhathast a' cleachdadh an t-seann sabhail mar phàirt de dh'Arainn Ostaig. Tha sin **shuas an rathad** mu chairteal mìle air falbh. Bidh Ceit agus na nighnean uile a' fuireach an-sin. Ach cha bhi sibh a' fuireach anns a' bhàthaich! Thog a' cholaiste **seòmraichean** ùra spaideil ann an naoi ceud deug naochad sa trì. Tha sinn fhathast a' **cleachdadh** an t-sabhail mar talla - Bidh ceilidh mhòr an sin a-nochd. An urrainn dhuibh ionnstramaid a chluich no òran a ghabhail?

Mar a thuirt mi na bu thràithe, tha sinn ann an Arainn Chaluim Chille. Chaidh am pàirt seo den cholaiste fhosgladh ann an naoir ceud deug naochad sa naoi. Tha seallaidhean brèagha ann dhan tìr mhòr. Chì sibh bho Ghleann Eilg gu Àird nam Murchan. 'S ann an seo a bhios na clasaichean agaibh agus gheibh sibh biadh sa mhadainn agus feasgar cuideachd. Tha dà **àite-fuirich** ann cuideachd ri thaobh, Bloc C agus an Tùr. Bidh na balaich a' fuireach anns an Tùr.

Tha mi an dòchas gun còrd an t-seachdain ribh uile.

The Students receive a tour of the FAS building, another part of the college, from Morven, a student on the media course.

'S e seo FAS. **Chaidh a thogail** ann an 2007 airson iomadh adhbhar ach gu h-àraidh airson nam meadhanan Gàidhlig. Tha cùrsa nam meadhanan aig Sabhal Mòr Ostaig air a bhith ga ruith fad bhliadhnaichean agus tha e a' teagasg sgilean ann an **craobh-sgaoileadh** do dhaoine aig a bheil Gàidhlig. Tha mòran a' faighinn obraichean anns na meadhanan, **an dà chuid** Gàidhlig agus Beurla. Gheibh sibh trèanadh math an seo.

Tha tòrr chùrsaichean eile aig a' cholaiste. Tha mòran dhaoine a' dèanamh cùrsa ann an **ceòl traidiseanta** agus tha cùrsaichean ann am **foghlam** agus ann an **cultar** agus eachdraidh cuideachd. Tha na h-àireamhan de dh'oileanaich **a' sìor fhàs** gach bliadhna. Faodaidh sibh fuireach airson bliadhna **a-mhàin** neo ceum air fad a dhèanamh airson ceithir bliadhna.

Na gabhaibh dragh mur eil sibh fileanta anns a' Ghàidhlig fhathast. Faodaidh sibh an Cùrsa Comais a dhèanamh airson sin a thoirt gu h-ìre fileantachd. 'S e cùrsa bogaidh a tha ann agus 's e sin a rinn mise agus a-nise tha mi cho fileanta sa ghabhas. Mholainn-sa dhuibh uile an cùrsa comais, tha e inntinneach agus èifeachdach ach feumaidh sibh obair gu cruaidh ge-tà!

Fàilte oirbh gu Sabhal Mòr Ostaig. Tha sibh aig an **ionad-fàilte** ann an Arainn Chaluim Chille agus tha mi airson beagan fiosrachadh **a thoirt seachad** mu dheidhinn eachdraidh na colaiste. Chaidh a' cholaiste fhosgladh ann an naoi ceud deug seachdad sa trì. 'S e seann bhàthaich a bha ann agus bha e mòr agus bha e ann an Ostaig. **'S e sin as coireach** gun abrar ris Sabhal Mòr Ostaig!

Q4: What part of Arainn Chaluim Chille are they in?

....

Q5: What does Iain give them?

....

Q6: What kind of building was the college opened in first?

Tha sinn fhathast a' cleachdadh an t-seann sabhail mar phàirt de dh'Arainn Ostaig. Tha sin **shuas an rathad** mu chairteal mìle air falbh. Bidh Ceit agus na nighnean uile a' fuireach an-sin. Ach cha bhi sibh a' fuireach anns a' bhàthaich! Thog a' cholaiste **seòmraichean** ùra spaideil ann an naoi ceud deug naochad sa trì. Tha sinn fhathast a' **cleachdadh** an t-sabhail mar talla - Bidh ceilidh mhòr an sin a-nochd. An urrainn dhuibh ionnstramaid a chluich no òran a ghabhail?

Q7: How far away is the old campus?

....

Q8: What is the old barn used as these days?

....

Q9: What question does he ask the students?

Mar a thuirt mi na bu thràithe, tha sinn ann an Arainn Chaluim Chille. Chaidh am pàirt seo den cholaiste fhosgladh ann an naoi ceud deug naochad sa naoi. Tha seallaidhean brèagha ann dhan tìr mhòr. Chì sibh bho Ghleann Eilg gu Àird nam Murchan. 'S ann an seo a bhios na clasaichean agaibh agus gheibh sibh biadh sa mhadainn agus feasgar cuideachd. Tha dà **àite-fuirich** ann cuideachd ri thaobh, Bloc C agus an Tùr. Bidh na balaich a' fuireach anns an Tùr.

Tha mi an dòchas gun còrd an t-seachdain ribh uile.

Q10: When was Arainn Chaluim Chille opened?

....

Q11: What two things will happen in this campus?

....

Q12: Where are the boys staying?

The students receive a tour of the FAS building, another part of the college, from Morven, a student on the media course.

'S e seo FAS. **Chaidh a thogail** ann an 2007 airson iomadh adhbhar ach gu h-àraidh airson nam meadhanan Gàidhlig. Tha cùrsa nam meadhanan aig Sabhal Mòr Ostaig air a bhith ga ruith fad bhliadhnaichean agus tha e a' teagasg sgilean ann an **craobh-sgaoileadh** do dhaoine aig a bheil Gàidhlig. Tha mòran a' faighinn obraichean anns na meadhanan, **an dà chuid** Gàidhlig agus Beurla. Gheibh sibh trèanadh math an seo.

Q13: Why was the FAS building built?

....

Q14: What does the media course teach?

....

Q15: Where do many of the students get jobs?

Tha tòrr chùrsaichean eile aig a' cholaiste. Tha mòran dhaoine a' dèanamh cùrsa ann an **ceòl traidiseanta** agus tha cùrsaichean ann am **foghlam** agus ann an **cultar** agus eachdraidh cuideachd. Tha na h-àireamhan de dh'oileanaich **a' sìor fhàs** gach bliadhna. Faodaidh sibh fuireach airson bliadhna **a-mhàin** neo ceum air fad a dhèanamh airson ceithir bliadhna.

Q16: Name **three** kinds of courses which are run by the college.

....

Q17: What is happening to the number of students?

....

Q18: What two options does Morvern say about how long they can stay at the college?

Na gabhaibh dragh mur eil sibh fileanta anns a' Ghàidhlig fhathast. Faodaidh sibh an Cùrsa Comais a dhèanamh airson sin a thoirt gu h-ìre fileantachd. 'S e cùrsa bogaidh a tha ann agus 's e sin a rinn mise agus a-nise tha mi cho fileanta sa ghabhas. Mholainn-sa dhuibh uile an cùrsa comais, tha e inntinneach agus èifeachdach ach feumaidh sibh obair gu cruaidh ge-tà!

Q19: What should they not worry about?

....

Q20: What kind of course is the Cursa Comais?

....

Q21: What three things does she say about the course after recommending it?

....

Q22: What is the purpose of this passage?

a) An overview of the development of Sabhal Mòr Ostaig and its courses.
b) An introduction to a specific course at Sabhal Mòr Ostaig.
c) A guide to student life at the Gaelic College.

1.3 Kit and Eilean (UND1)

You will need the following sound file to complete this exercise:
hg-cgae2-1-3vocab.mp3

Na Stàitean Aonaichte	The United States
o chionn deich bliadhna	ten years ago
geamannan Gàidhealach	Highland Games
cànan nan Gàidheal	The language of the Gael (Gaelic)
tòrr fuaim	lots of noise
ho-ro-gheallaidh	celebration, good craic
fuaim	noise
Oilthigh Ghlaschu	Glasgow University
bha am fuaim fada na bu mhiosa	the noise was much worse
ionndrainn	longing, missing
Ach' Ille Bhuidhe	Achiltibuie
cleachdte ri	used to

Vocabulary: Kit and Eilean Go online

Q23: Fill in the translations:

Na Stàitean Aonaichte	
o chionn deich bliadhna	
geamannan Gàidhealach	
cànan nan Gàidheal	
tòrr fuaim	
ho-ro-gheallaidh	
fuaim	
Oilthigh Ghlaschu	
bha am fuaim fada na bu mhiosa	
ionndrainn	
Ach' Ille Bhuidhe	
cleachdte ri	

Listening comprehension: Kit and Eilean Go online

You will need the following sound file to complete this exercise:
hg-cgae2-1-2listening.mp3 (1-2)

It is recommended that you listen to the entire sound file (*hg-cgae2-1-2listening.mp3*) before starting the exercise.

Beachd Kit
hg-cgae2-1-2listening1.mp3 (1-2)

At the ceilidh in the evening, Ceit speaks to Kit, a mature student from the United States. Listen to Kit's opinion on the college and answer the questions.

Q24: Why did Kit come to the college?

....

Q25: When did he start learning Gaelic?

....

Q26: How did he start learning Gaelic?

....

Q27: What did activity does he do in the United States?

....

Q28: Why does he really enjoy Sabhal Mòr Ostaig?

....

Q29: Why does he not like the young students going out at night?

Barailean Eilein

hg-cgae2-1-2listening2.mp3 (1-2)

Donald is also speaking to a student, Eilean, a young female student who has spent time at the University of Glasgow. Listen to Eilean's opinion on the college and answer the questions.

Q30: What does Eilean think of the college?

....

Q31: What does she do at the ceilidhs?

....

Q32: What does she say about some of the older students?

....

Q33: How does the University of Glasgow compare to Sabhal Mòr Ostaig?

....

Q34: Why does she not miss the big city too much?

1.4 Distance learning (UND2)

The following vocabulary appears in the passage.

To listen to these, you will need the following sound files
hg-cgae2-1-4vocab.mp3

stèidhichte	based, established
air feadh an t-saoghail	throughout the world
dealasach	enthusiastic
dicheallach	diligent
ann an gach ceàrn	in every corner
cuideachail	helpful
ionnsachadh	learning
a' tabhann	offering
aig astar	at a distance
ge bith far a bheil iad	wherever they are
oide	tutor
oileanach	student
coileanadh	complete, completing
inntrig	access
sùbailte	flexible, supple
freagairt	answer

Vocabulary: Distance learning Go online

Q35:

Fill in the translations

stèidhichte	
air feadh an t-saoghail	
dealasach	
dicheallach	
ann an gach ceàrn	
cuideachail	
ionnsachadh	
a' tabhann	

....

Q36:

Fill in the translations

aig astar	
ge bith far a bheil iad	
oide	
oileanach	
coileanadh	
inntrig	
sùbailte	
freagairt	

Reading comprehension: Distance learning Go online

Sabhal Mòr Ostaig is a centre for Gaelic learning across the World. Calum is reading a leaflet about a course that the college offers.

Tha luchd-ionnsachaidh na Gàidhlig **stèidhichte air feadh an t-saoghail**. Tha mòran luchd-ionnsachaidh a' fuireach anns a' Ghearmailt agus anns na Stàitean Aonaichte, ach tha daoine **dealasach**, **dicheallach ann an gach ceàrn**.

Ciamar a nì cuideigin ionnsachadh nuair a bhios iad a' fuireach fad air falbh o Ghàidhealtachd na h-Alba? Tha an t-eadar-lìn air a bhith uamhasach **cuideachail** anns an fhichead bhliadhna a chaidh seachad agus bidh mòran dhaoine ga chleachdadh airson an cànan **ionnsachadh**.

Bidh Colaiste Ghàidhlig na h-Alba, Sabhal Mòr Ostaig **a' tabhann** chursaichean **aig astar**. Tha seo a' ciallachadh gun urrainn do dh'oileanaich an cùrsa a dhèanamh anns na dachaighean aca pèin **ge bith far a bheil iad** anns an t-saoghal.

Tha **oide** aig gach **oileanach**. Mar as trice, bidh an t-oide stèidhichte aig a' cholaiste ach tha oidean ann air feadh na h-Alba cuideachd.

Bidh an oide a' cumail clas tron t-seachdain air an fhòn agus bidh duilleagan-obrach ann a dh'fheumas iad a **choileanadh** agus a chur dhan oide tro phost-dealain.

Q37: Which two countries are mentioned specifically?

....

Q38: How are the learners throughout the world described?

....

Q39: What has assisted Gaelic learners over the past twenty years?

....

Q40: What opportunity does the course allow students?

....

Q41: What does each student have?

....

Q42: How does the course work?

Tha cothrom aig na h-oileanaich tighinn còmhla aig a' cholaiste dà uair sa bhliadhna. Bidh an colaiste a' cumail deireadh-seachdain de chlasaichean ann an Ceann a Deas an Eilein Sgitheanaich.

Tha An Cùrsa **Inntrigidh** gu math feumail airson daoine a bhios ag obair làn-ùine. Tha an cùrsa gu math fosgailte agus **sùbailte**. Tha e a' dol le dòigh-beatha latha an-diugh, a' **freagairt** air daoine aig a bheil clann cuideachd. Bidh mòran phàrantan le clann ann am Foghlam tro Mheadhan na Gàidhlig ga dhèanamh.

Thathar an dùil gum bi cuideigin a nì an Cùrsa Inntrigidh deiseil airson a thighinn dhan cholaiste mar oileanach làn ùine agus bidh mòran a' dèanamh seo. Tha cùrsaichean eile ann airson an cànan a dh'ionnsachadh, leithid Ùlpan, far nach eil sgrìobhadh na lùib, no clasaichean oidhche tràidiseanta. Tha clas ann a fhreagras air a h-uile dòigh ionnsachaidh.

Q43: How often do the students meet?

....

Q44: Where do they meet?

....

Q45: According to the passage, what impact will the course have on a student?

....

Q46: What is the purpose of this passage?

a) To describe the difficulties faced by Gaelic learners living abroad.
b) To give a profile of Gaelic learners throughout the world.
c) To inform about different courses for learning Gaelic.

1.5 Gaelic in the home (UND2)

The following vocabulary appears in the passage

To listen to these, you will need the following sound files
hg-cgae2-1-5vocab.mp3

foghlam tro mheadhan na Gàidhlig	Gaelic Medium Education
deugaire	teenager
An Comann Ceilteach	The Celtic Society
rachainn	I would go
thachair	happened
fad na h-ùine	all the time
tiodhlacadh	burial, funeral
an t-Òb	Leverburgh
an t-seirbhis	the service
bun no bàrr	head nor tail
clas còmhraidh	conversation class
biathadh	feeding
nighe	washing
atharrachadh	changing
taiceil	supportive
innealadair	engineer
crann-ola	oil-rig
an dùil leanabh	expecting a baby
trom	heavy (also pregnant)
dà-chànanach	bilingual
slàinte-inntinn	mental health

Vocabulary: Gaelic in the home Go online

Q47: Translate the Gaelic into English..

foghlam tro mheadhan na Gàidhlig	
deugaire	
An Comann Ceilteach	
rachainn	
thachair	
fad na h-ùine	
tiodhlacadh	

....

Q48: Translate the Gaelic into English.

an t-Òb	
an t-seirbhis	
bun no bàrr	
clas còmhraidh	
biathadh	
nighe	
atharrachadh	

....

Q49: Translate the Gaelic into English.

taiceil	
innealadair	
crann-ola	
an dùil leanabh	
trom	
dà-chànanach	
slàinte-inntinn	

Reading comprehension: Gaelic in the home

Go online

This is an article from a magazine for Gaelic speakers. It is written by a woman called Eilidh MacSween (Eilidh NicSuain).

Thogadh mi anns na Hearadh. Mus deach mi dhan bhun-sgoil, bha mi fileanta ann an Gàidhlig. Cha robh **foghlam tro mheadhan na Gàidhlig** ann an uair sin. Dh'fhàs mi fileanta anns a' Bheurla agus sguir mo phàrantan a' bruidhinn rium anns a' Ghàidhlig.

Nuair a bha mi nam **dheugaire**, bha mi a' smaoineachadh nach d' fhiach Gàidhlig agus cha do bhruidhinn mi i airson ùine mhòr. Cha robh Gàidhlig aig mo charaidean anns an oilthigh ann an Dùn Èideann. Cha deach mi **dhan Chomann Cheilteach** agus nuair a **rachainn** dhachaigh, bhithinn a' freagairt dhaoine anns a' Bheurla.

An uair sin, **thachair** dà rud mòr na mo bheatha phearsanta. 'S e a' chiad rud nuair a chaochail mo sheanair, Ruairidh Alasdair. Bha mi gu math dlùth ri mo sheanair nuair a bha mi beag agus bhiodh e a' bruidhinn rium ann an Gàidhlig **fad na h-ùine**. Bhithinn a' cur seachad mo làithean-saora anns na Hearadh. Chaidh mi dhan **tiodhlacadh** aige anns **an**

t-Òb. Bha **an t-seirbhis** air fad anns a' Ghàidhlig. Cha b' urrainn dhomh **bun no bàrr** a d hèanamh a-mach. Smaoinich mi gum bu chòir dhomh rudeigin a dhèanamh. Nuair a thill mi a Ghlaschu, lorg mi **clas còmhraidh**.

Q50: Describe Eilidh's experiences with Gaelic as a child.

....

Q51: Why did she not speak Gaelic at university?

....

Q52: In detail, what was the first event which affected her views on Gaelic?

....

Q53: Why did this event affect her so much?

....

Q54: What does the idiom "bun no barr" tell us about Eilidh's fluency in Gaelic at that point?

'S e an dara rud nuair a rugadh mo mhac, Cailean. Bha e a' faireachdainn gu math nàdarrach dhomh a bhith a' bruidhinn ris anns a' Ghàidhlig nuair a bha e na leanabh. Bhithinn a' bruidhinn ris anns a' Ghàidhlig cho fad 's gun robh mi ga **bhiathadh**, ga **nighe** agus ga **atharrachadh**. Bha mi a' cur cuimhne air na h-òrain a bhiodh mo mhàthair a' seinn rium nuair a bha mi fhèin beag agus gan seinn.

Fhuair mi bileag tron phost bhon Chomhairle Ionadail mu dheidhinn sgoil-àraich Ghàidhlig anns an sgìre agus chuir mi ainm Chailein sìos airson àite.

Chan eil Gàidhlig aig mo chèile, Brian, ach tha e gu math **taiceil**. 'S e **innealadair** a tha ann air **crann-ola** agus chan eil e aig an taigh fad na h-ùine. Bidh esan a' bruidhinn Beurla ri Cailean agus 's urrainn do Chailean deiligeadh ris an dà chànan gu furasta.

Q55: How does Eilidh use Gaelic with her child, Colin?

....

Q56: How does Colin deal with his father not being able to speak Gaelic?

Tha mi **an dùil ri leanabh** eile. Tha mi air bhith **trom** airson sia mìosan agus tha sinn uile a' coimhead air adhart ris. Chan eil fios agam dè gnè a tha gu bhith aig an leanabh. Bu toigh leam nighean bheag, chan eil mi ag iarraidh fuireach ann an taigh làn ghillean! Thèid an leanabh gu bun-sgoil Ghàidhlig còmhla ri Cailean.

Chuala mi gun robh e math dhut a bhith **dà-chànanach**. Tha buannachd mhòr ann a thaobh **slàinte-inntinn**. Mas urrainn dhomh mo phàistean a chuideachadh ann an dòigh sam bith le bhith a' bruidhinn riutha anns a' chànan agam fhèin, nì mi sin!

Q57: Eilidh is pregnant again. Why does she want a girl this time?

....

Q58: What benefit does being bilingual have according to Eilidh?

....

Q59: What was the purpose of this passage?

a) To describe an individuals experiences with rediscovering Gaelic.
b) A report on the challenges faced with raising a child bilingually.
c) A history of an individual's family.

1.6 Adult learners (UND1)

The following vocabulary is used in the exercise.

To listen to these, you will need the following sound files:
hg-cgae2-1-7vocab.mp3

eadar-theangachadh	translation, translating
freagarrach	suitable
pàiste	child
Dùn Phàrlain	Dunfermline
bho thùs	originally
Fiobha	Fife
's fhada bho	long since.
cho fad 's a dh'fhiosraich mi	as far as I knew
bùth nan leabhraichean	bookshop
eachdraidh na h-Alba	history of Scotland
Leughainn	I would read
dh'èistinn ris	I would listen to
beagan adhartais	a little progress

To listen to these you will need the following sound file:
hg-cgae2-1-8vocab.mp3

faireachdainn	feeling
aonaranach	lonely
Paislig	Paisley
fuaimneachadh	pronunciation
blas	accent
Chuir mi romham	I decided
o mhoch gu dubh	from early until late
comhfhurtail	comfortable
Leig mi dhìom mo dhreuchd	I retired (lit. I let my position from me)
iongantach	surprising, wonderful
foighdineach	patient.
misneachd	confidence
deònach mearachdan a dhèanamh	willing to make mistakes

Vocabulary: Adult learners Go online

Q60: Translate the Gaelic into English.

eadar-theangachadh	
freagarrach	
pàiste	
Dùn Phàrlain	
bho thùs	
Fiobha	
's fhada bho	
cho fad 's a dh'fhiosraich mi	
bùth nan leabhraichean	
eachdraidh na h-Alba	
Leughainn	
dh'èistinn ris	

. . . .

Q61:

Fill in the translation

beagan adhartais	
faireachdainn	
aonaranach	
Paislig	
fuaimneachadh	
blas	
Chuir mi romham	

. . . .

Q62:

Fill in the translation

o mhoch gu dubh	
comhfhurtail	
Leig mi dhìom mo dhreuchd	
iongantach	
foighdineach	
misneachd	
deònach mearachdan a dhèanamh	

Listening comprehension: Adult learners Go online

Nina is speaking to an adult learner of Gaelic, Catherine Kerr, Catrìona NicIlleChiar, about her experiences of learning the language. Catherine came from a non-Gaelic background but became fluent in the language through self-study and hard work.

You will need the following sound file to complete this exercise: *hg-cgae2-1-6listening1.mp3*

Q63: Give a summary of Catherine's background.

....

You will need the following sound file to complete this exercise: *hg-cgae2-1-6listening2.mp3*

Q64: Give a summary of Catherine's steps towards learning Gaelic?

You will need the following sound file to complete this exercise:
hg-cgae2-1-6listening3.mp3

Q65: Describe Catherine's trip to Eriskay Bed and Breakfast.

....

Q66: How long did it take until she felt comfortable with the language?

a) Two years
b) Two months
c) Three years

....

Q67: How long did it take until she was fluent in Gaelic?

a) Four years
b) Twelve years
c) Two and a half years

....

Q68: How long she has spoken Gaelic for?

a) Exactlyt forty years
b) Over thirty years
c) About twenty years

You will need the following sound file to complete this exercise:
hg-cgae2-1-6listening4.mp3

Q69: What activities does Catherine do in her retirement?

....

You will need the following sound file to complete this exercise:
hg-cgae2-1-6listening5.mp3

Q70: What qualities should Gaelic learners have?

1.7 Assignment: Writing a letter (USE2)

Writing: Applying for a place on a course

You have decided to apply for a place on a course at Sabhal Mòr Ostaig. The following courses are available to you.

NC An Cùrsa Comais	**NC An Cùrsa Conaltraidh**	**MA Gàidhlig agus Ceòl**	**BA Gàidhlig is na Meadhanan**
Cùrsa aon bhliadhna	Cùrsa aon bhliadhna	Cùrsa ceithir bliadhna	Cùrsa trì bliadhna
Airson daoine a tha ag ionnsachadh na Gàidhlig	Airson daoine a tha fileanta anns a' Ghàidhlig mu thràth	Ieth-bhliadhna thall thairis ann an Canada no Èirinn	Bliadhna-obrach anns na meadhanan as dèidh an treas bliadhna
Cuspairean a nì thu - Gramar Briathrachas Sgrìobhadh Bàrdachd Òrain	**Cuspairean a nì thu** - Gramar Eachdraidh Sgrìobhadh Obair sa choimhearsnachd Litreachas	**Cuspairean a nì thu** - Gramar Òrain Ceòl Tràidiseanta Eachdraidh Cultar	**Cuspairean a nì thu** - Gramar Fiolmadh Sgrìobhadh Cleasachd Preasantadh
Feumaidh tu a bhith air àrd-ìre (luchd-ionnsachaidh) no An Cùrsa Inntrigidh a dhèanamh	Feumaidh tu a bhith air àrd-ìre fileantaich a dhèanamh no comas fileanta ann an Gàidhlig a bhith agad	Feumaidh tu An Cùrsa Comais no An Cùrsa Conaltraidh a dhèanamh anns a' chiad bhliadhna	Feumaidh tu An Cùrsa Comais no An Cùrsa Conaltraidh a dhèanamh anns a' chiad bhliadhna

Choose a course from the above table, then write a letter and include:

- your name, age, where you are from and where you live;
- your educational experiences up to this point;
- your hobbies and pastimes;
- your fluency in Gaelic;
- why you would like to attend the college;
- why you would like to take this particular course;
- what you are going to do after college.

Write the letter and then show it to your tutor for review. This should be about 250 words in length.

1.8 The verbal noun

Part A - The nominal

The verbal noun is one part of the Gaelic language where the very term can confuse learners, brought up by English teachers to believe that there are verbs (doing words) and there are nouns (naming words). Well, your English teacher is correct. However, did you ever think about how actions can actually have names?

A verbal noun is the name you give to an activity or an action. They can work as verbs or as nouns. As nouns they can be preceded by the definite article (the).

- *sgrìobhadh* - writing
- *an sgrìobhadh* - The writing
- *seinn* - singing
- *an t-seinn*- the singing
- *coiseachd* - walking
- *a' choiseachd* - the walking
- *bruidhinn* - talking
- *am bruidhinn* - the talking
- *òl* - drinking
- *an t-òl* - the drinking
- *ullachadh* - preparing
- *an t-ullachadh* - the preparation

As all these words are "things", they are called the nominal - ie the most basic form of the noun - and they can be treated like any other noun. They have genders as well, so can be masculine or feminine. The following examples show how the verbal noun can be treated as any other noun.

- I like pizza - *Is toigh leam piotsa*
- I like swimming - *Is toigh leam snàmh*
- I enjoy football - *Tha ball-coise a' còrdadh rium*
- I enjoy dancing - *Tha dannsadh a' còrdadh rium*

Part B - The participle

The participle is the next form of the verbal noun. This is when the verbal noun is preceded by the letters a' or ag. This is the equivalent of saying in English of using the form of the verb which ends -ing. This is usually found when the previous verb or verbal noun is to be e.g. tha, bha, bidh, bhiodh, a bhith

- *Tha mi a' dol dhachaigh* - I am going home
- *Bha mi a' sgrìobhadh litir* - I was writing a letter
- *Chan eil mi a' leughadh an-dràsta* - I am not reading just now
- *Bidh mi a' crìochnachadh a-nochd* - I will be finishing tonight
- *Cha bhi mi ag ithe feòil* - I do not eat meat
- *Bhithinn a' togail taighe* - I would build a house
- *Cha bhiodh tu toilichte ag ullachadh an-sin* - You would not be happy preparing there
- *Tha mi air a bhith a' coiseachd airson dà latha* - I have been walking for two days
- *Cuin a bhios tu a' tilleadh?* - When will you be returning?

The a' is short for ag, this in itself is an abbreviation of aig, meaning at. You will see ag used with vowels. The apostrophe is to signify the missing letter g.

In Irish Gaelic, the g is still written.

Grammar: The verbal noun

Q71:

Translate the following sentences as they appear into Gaelic - spelling is important.

John is hitting a ball	
Mary is walking on the beach	
I will be shutting the door	
Paul was not cutting wood	
I was climbing in France	
The lorry was pulling a car	
Are you reading the Bible?	
Douglas was researching history	
David was not steering at the time	
He would open the book	
I will not be changing clothes	
I get up at eight o' clock	
Is Janet learning Italian?	
Johnny works in a factory	
What are you thinking?	
Margaret lives in Glasgow	
Do you understand German?	
Roderick is writing poetry	
They want a cup of coffee	
William works in Aberdeen	
Do you feel all right?	
I do not understand	

1.9 Verbal nouns with pronoun objects

You may have noticed that Gaelic does not like pronouns floating around the place. You have noticed prepositional pronouns deal with this issue.

Bha mi a' bruidhinn ***ris*** *an-dè?*
Choinnich mi ***rithe*** *an-diugh.*
A bheil thu a' toirt preasant ***dhomh****?*

When the verbal noun is not followed by a preposition, things are not as straightforward.

For example, say you were to say:

He is making bread - *Tha e a' dèanamh aran*

This is straightforward

However, if you wanted to say:

He is making it

It is not as straightforward

As a native speaker of English, you would expect to say:

Tha e a' dèanamh e

This would be entirely wrong.

This is not the way that it is formed in Gaelic.

Tha e ga dhèanamh

This is literally saying "He is at its making"

As pointed out above, the *a'* comes from *aig*. This merges with the possessive for it, *a* to create *ga*.

This is a feature of Gaelic which English does not have and will take some practise before you become used to it. You may hear people refer to this as *gam/gad*. It is often to be heard in the everyday English speech of older native speakers of Gaelic, as they translate literally from their first language into English - "I was at his seeing this morning" is one example.

How does it work?

With the verbal noun, pronouns are removed by using a mixture of the participle and the possessive. The possessive retains its ability to lenite where this is possible. Other changes are made to the spelling of words beginning with vowels as well in order to make pronunciation easier.

The first table shows you how it all comes together:

aig + mo	gam	aig + ar	gar
aig + do	gad	aig + ur	gur
aig + a	ga	aig + an/am	gan / gam
aig + a	ga		

This second table shows you how these new structures affect the verbal noun:

gam*	gar?
gad*	gur?
ga*	gan / gam %
ga!	

*Causes lenition where possible
! places an h- before vowels
? places an n- before vowels
% gam before verbal nouns beginning b, p, f, m

Examples

The following examples show you how this structure using the possessive and the participle works in sentences.

Tha Dòmhnall gam bhualadh	Donald is hitting me
Tha mi gad fhaicinn	I see you
A bheil thu ga chluinntinn?	Do you hear him/it?
Bha iad ga cluinntinn	They heard her
Bidh Iseabail gar coinneachadh	Isobel will meet us
Tha m' athair gur faighneachd	My father is asking for you
Bha Pòl gan iarraidh	Paul wanted them
Bha Ruairidh ga h-iarraidh	Roderick wanted her/it
An robh sibh gar n-iarraidh?	Did you want us?
Is e Calum a tha gam peanasachadh	It is Calum who is punishing them

Grammar: Verbal nouns with pronoun objects Go online

Q72: Translate the following sentences as they appear into Gaelic. Spelling is important.

Do you hear me?	
Do you (plu.) see it?	
James is meeting them	
Was Sorley hitting you?	
Who wants us?	
I am answering him now	
Are you leaving us here?	
Are you buying it? (fem)	
They were singing it (masc)	

1.10 The infinitive (and beyond...)

Part 1 - Introduction

The verbal noun is also used to create the infinitive.

The infinitive is the form of the verb which follows *to* in English. For example: to go; to eat; to walk; to live; to love.

In Gaelic, the infinitive follows the equivalent preposition a. The infinitive from of a verb is based on the nominal from of the verbal noun. For example: *a dhol; a dh'ithe; a choiseachd; a dh'fhuireach; a ghràdhaich.*

Part 2 - When should you use the infinitive?

The infinitive is used in Gaelic if the previous verb or verbal noun is one which can express emotion i.e. *a' dol, a' tighinn, a' falbh.*

YES - Use infinitive	NO - Use the verbal noun
Tha mi a' dol a dh'obair	Tha mi ag iarraidh obair
Chaidh mi a choiseachd	Is toigh leam coiseachd
Thàinig mi a dh'fhaicinn	Tha dùil agam faicinn
Dh'fhalbh mi a choiseachd	Is toigh leam coiseachd

Part 3 - Lenition - Sèimheachadh

If you are ever struggling with the infinitive, remember that the infinitive is a form of the verbal noun, therefore, it is a noun in the same way that a placename is a noun.

Here is a list of places in Scotland. The final column shows the placename as it would appear after a' dol a. You can see the English for each placename in the box at the side.

		Tha mi a' dol a...
Helensburgh	Baile Eilidh	Bhaile Eilidh
Kyle of Lochalsh	Caol Loch Aillse	Chaol Loch Aillse
Dundee	Dùn Deagh	Dhùn Deagh
Gairloch	Geàrrloch	Gheàrrloch
Perth	Peairt	Pheairt
Strontian	Sròn an t-Sithein	Shròn an t-Sithein
Tyndrum	Taigh an Droma	Thaigh an Droma
Lewis	Leòdhas	Leòdhas
Renfrew	Rinn Friù	Rinn Friù
Stornoway	Steòrnabhagh	Steòrnabhagh
Fife	Fiobha	dh'Fhiobha
Arisaig	Àrasaig	dh'Àrasaig
Elgin	Eilginn	dh'Eilginn
Dingwall	Inbhir Pheofairean	dh'Inbhir Pheofairean
Aberdeen	Obar Dheathain	dh'Obar Dheathain
Uig, Skye	Ùige	dh'Ùige

1.11 How to apply the infinitive?

The trick to mastering how the infinitive works in Gaelic is to remember the rules that you use for placenames and to apply those rules to the verbal nouns. Treat the verbal nouns as if they were places you are going to.

	Tha mi a' dol a...	
bualadh	bhualadh	to hit
coiseachd	choiseachd	to walk
dùnadh	dhùnadh	to close
geàrradh	gheàrradh	to cut
peanasachadh	pheanasachadh	to punish
sreap	shreap	to climb
tarraing	tharraing	to pull
leughadh	leughadh	to read
rannsachadh	rannsachadh	to research
stiùireadh	stiùireadh	to direct, to steer
fosgladh	dh'fhosgladh	to open
atharrachadh	dh'atharrachadh	to change
èirigh	dh'èirigh	to rise
ionnsachadh	dh'ionnsachadh	to learn
obair	dh'obair	to work
ullachadh	dh'ullachadh	to prepare

Grammar: How to apply the infinitive? Go online

Q73:

Translate the following sentences as they appear into Gaelic. Spelling is important.

John is going to hit a ball	
Mary is going to walk on the beach	
I am going to shut the door	
Paul was not going to cut wood	
I am going to climb in France	
Are you going to read the Bible?	
Douglas was going to research history	
I am going to open the book	
I am not going to change clothes	
I am going to get up at eight o' clock	
Is Janet going to learn Italian?	
Johnny is going to work in a factory	
What are you going to think?	
Margaret is going to live in Glasgow	
Roderick is going to write poetry	
They are going to want a cup of coffee	
William is going to work in Aberdeen	
Do you going to feel all right?	
I am not going to understand	

1.12 Infinitives with pronoun objects

Infinitive with pronoun objects

With the infinitive, pronouns are also removed using the structure referred to earlier. Technically this is a different construction (based on gu+ the possessive) but it is spelled the same way and has the same effect upon the verb that follows it.

The first table shows you how it all comes together:

gu + mo	gam	gu + ar
gu + do	gad	gu + ur
gu + a	ga	gu + an/am
gu + a	ga	

This second table shows you how these new structures affect the verbal noun

gam*	gar?
gad*	gur?
ga*	gan / gam%
ga!	

*Causes lenition where possible
! places an h- before vowels
? places an n- before vowels
% gam before verbal nouns beginning b, p, f, m

Examples

The following examples show you how this structure using the possessive and gu works in sentences.

Tha Dòmhnall a' dol gam bhualadh	Donald is going to hit me
Tha mi a' dol gad fhaicinn	I am going to see you
A bheil thu dol ga chluinntinn?	Are you going to hear him/it?
Bha iad a' dol ga cluinntinn	They are going to hear her
Bidh Iseabail a' dol gar coinneachadh	Isobel will be going to meet us
Tha m' athair a' dol gur faighneachd	My father is going to ask for you
Bha Pòl a' dol gan ionndrainn	Paul was going to miss them
Bha Ruairidh a' dol ga h-ionndrainn	Roderick was going to miss her/it
An robh sibh gar n-ionndrainn?	Were you going to miss us?

Grammar: Infinitives with pronoun objects Go online

Q74:

Translate the following sentences as they appear into Gaelic. Spelling is important.

Are you going to you hear me?	
Are you (plu.)going to see it?	
James is going to meet them	
Was Sorley going to hit you?	
Who is going want us?	
I am going to answer him now	
Are you going to leave us here?	
Are you going to buy it? (fem)	
They were going to sing it (masc)	

1.13 The irregular verbal noun and the infinitive

The irregular verbal noun is very commonly used in everyday writing and speech, therefore, its infinitive is very common as well in everyday use.

Dè tha thu a' dol a dhèanamh? - What are you going to do?

Dè bha thu a' dol a ràdh? - What are you going to say?

It is very common to hear the infinitive of *dol, a dhol,* used, even after *a' dol* itself *"Tha mi a' dol a dhol dhachaigh."*

		Tha mi a' dol a...
breith	to catch	bhreith
cluinntinn	to hear	chluinntinn
dèanamh	to do, to make	dhèanamh
dol	to go	dhol
faicinn	to see	(dh')fhaicinn
faighinn	to get	(dh')fhaighinn
ràdh	to say	ràdh
ruighinn	to reach, to arrive	ruighinn
tighinn	to come	thighinn
toirt	to give, to take, to bring	thoirt

Grammar: The irregular verbal noun Go online

Q75:

Translate the following sentences as they appear into Gaelic - spelling is important.

I am going to hear music	
She is going to do homework	
James is going to make dinner	
Is he going to go?	
Are you going to see a film with him?	
What are you going to get?	
What were you going to say?	
When is the bus going to arrive?	
When is the bus going to come?	
I am going to take a piece	
Were you going to bring money with you?	
I was going to give money to you	

1.14 The difference between *a'* and *a*

Grammar: The difference between *a'* and *a* Go online

Remember earlier on, we talked about how the apostrophe in *a'* stood for the letter g which was missing? Well that is why you must be very careful about where you put apostrophes and where you do not. *Tha a* used before the infinitive is a totally different *a*, meaning to. It should never have an apostrophe.

Which is the correct construction to use?

Which is the correct construction to use?

Q76:

Tha sinn a' dol. . . . . an taigh-òsta aig naoi uairean

We are going to reach the hotel at 9

a) a' ruighinn
b) ag ruighinn
c) a ruighinn

. . . .

Q77:

Bha Calum a' dol. . . . . dhachaigh ach dh'fhuirich e

Malcolm was going to go home but he stayed

a) a dhol
b) a' dol
c) ag dol

. . . .

Q78:

A bheil thu. . . . . dad math airson na Nollaig?

Are you getting anything good for Christmas?

a) a' faighinn
b) fhaighinn
c) ag fhaighinn

. . . .

Q79:

Dè tha thu a' dol. . . . . leat?

What are you going to take with you?

a) a' toirt
b) a thoirt
c) a' thoirt

. . . .

Q80:

Tha mi. . . . . airgead dha.

I am giving money to him

a) ag toirt
b) a' toirt
c) a thoirt

. . . .

Q81:

Tha mi a' dol. . . . . ceic a-nochd

I am going to make a cake tonight

a) a dèanamh
b) a' dèanadh
c) a dhèanamh

. . . .

Q82:

Bidh mi. . . . . ceic a-nochd

I will be making a cake tonight

a) a' dèanamh
b) a dèanadh
c) a dhèanamh

. . . .

Q83:

A bheil Màiri a' dol. . . . . a-nochd?

Is Mary going to come tonight?

a) a' thighinn
b) a thighinn
c) a' tighinn

1.15 Learning points

You should now be familiar with:

- vocabulary connected to learning in context;
- how to use the verbal noun and its infinitive.

Donald - I enjoyed my time at Sabhal Mòr Ostaig. It is a beautiful place. I am very much considering doing at least a year there in order to gain fluency in the language.

Ceit - I also enjoyed Sabhal Mòr Ostaig but I would like to hit the bright city lights. In the next unit I will be finding out more about university in Scotland.

Nina - Cha d' rinn mi mòran aig Sabhal Mòr Ostaig. Fhuair mi cnatan agus bha mi cho tinn ris a' chù. Thàinig Ceit dhan t-seòmar agam le seoclaid agus cupa tì dhomh. Bha sin uabhasach laghach.

Calum - Tha mi fhèin am beachd a dhol gu Sabhal Mòr airson an cursa ciùil a dhèanamh. Bha an craic sgoinneil nuair a choinnich sinn ris na h-oileanaich anns an talla.

Context 2 Topic 2

Education

Contents

Learning objective

Education is a broad category which touches upon the lives of everyone from the youngest to the oldest. In this topic we will look at education in general as well as how it impacts upon Gaelic.

In this part of the course you will learn:

- how the perfect tense works;
- how inversion works;
- vocabulary connected to education and learning.

2.1 The young learning is the beautiful learning

https://commons.wikimedia.org/wiki/File:Studying_(2759729091).jpg by http://commons.wikimedia.org/wiki/User:Ser_Amantio_di_Nicolao, licensed under http://creativecommons.org/licenses/by/2.0/deed.en

An t-Ionnsachadh Òg, An t-Ionnsachadh Bòidheach - "the young learning is the beautiful learning", i.e. learn it young and you learn it well.

The above saying is an old Gaelic proverb, which whilst often used as a cliché these days is very true. In particular, learning a language is much easier when you are young.

The word *ionnsachadh* of course means learning. You should be using the following phrase all the time already.

Tha mi ag ionnsachadh Gàidhlig - I am learning Gaelic.

However, the *ionnsachadh* can also be used interchangeably with other words connected with the concept of education.

2.2 Synonyms for education

Look at these four words:

- *oideachadh* - schooling, tutoring;
- *ionnsachadh* - learning;
- *foghlam* - education;
- *teagasg* - teaching.

They all have approximately the same meaning, *I got a good education*, if used thus:

- *Fhuair mi oideachadh math*

- *Fhuair mi ionnsachadh math*
- *Fhuair mi foghlam math*
- *Fhuair mi teagasg math*

They say that a good teacher is a good learner as well, and in Gaelic it is certainly true!

Hopefully this topic will provide you with a broad range of knowledge, skills and experiences.

2.3 Education and Gaelic: Foghlam agus Gàidhlig

The value that Gaelic speakers have put on learning throughout history has been very high.

Gaelic speaking monks from Ireland and Scotland took education to mainland Europe after the Fall of Rome during the Dark Ages. They were learned in their own Gaelic language, Greek and Latin as well as many other tongues and set about reproducing the Gospels and other major gems of world literature by hand.

Whilst Celtic cultures prized oral traditions (beul-aithris), such as storytelling and poetry, written Gaelic was not as common as that of English or French. However, the skills required to participate in storytelling (seanchas) and to create poetry (bàrdachd, or sometimes fileachd or dànachd) were very demanding and required great mental agility and education. Poets such as Duncan Ban MacIntyre (1724-1812) were able to create and retain massive amounts of poetry despite being functionally illiterate in their native language.

The highly religious nature of much of the Highlands and Islands saw the Bible (Am Bioball) translated into Gaelic in 1801 after the Protestant Reformation in order to provide people to access to the Christian gospels in their own language. (The previously predominate Roman Catholic faith providing church services in Latin up until that point.)

Education has not always been of benefit to the Gaelic language. The Statutes of Iona in 1609 tried to ban the use of Gaelic in Scotland, and by the time of the 1872 Education Act in Scotland, Gaelic was denied a place in the Scottish Education system. Even into the second half of the twentieth century, Gaelic speaking children were physically punished by teachers for speaking Gaelic in school. This all had a very negative impact on Gaelic speakers' perception of themselves and their language. Sadly many Gaels believed that their language would hold them back and many turned their back on the language, either by stopping speaking it themselves or refusing to speak it to their children.

Whilst these outdated opinions can still be found amongst people, both Gaelic and non-Gaelic speakers alike, the tide has turned and Gaelic Medium Education and Gaelic (Learners) Education both play a vital role in shaping a positive and prosperous future for the language.

Gaelic Medium Education is one aspect of Gaelic education which has been a major success since it began in the 1980s. This alongside increased awareness of Gaelic culture and language has contributed to the decline of the numbers of speakers of Gaelic in Scotland being arrested some what.

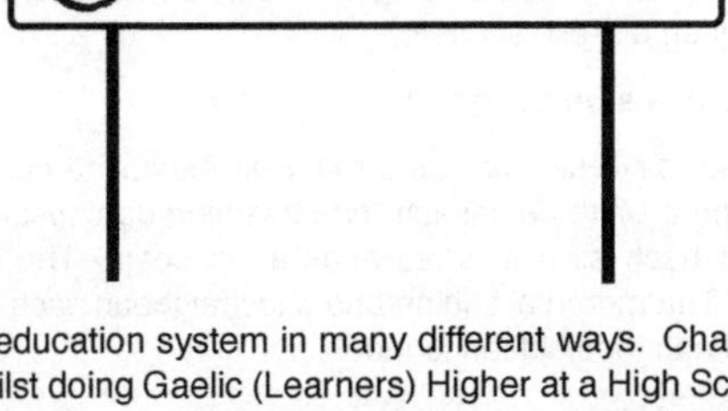

You can enter the Gaelic education system in many different ways. Chances are you are studying this SCHOLAR course whilst doing Gaelic (Learners) Higher at a High School or Academy, but from Nursery to University, there are many different ways to access formal education in Gaelic.

Native Gaelic speakers and learners of Gaelic have achieved success in practically every field, from broadcasting to law, from politics to business, from literature to education itself. Being bilingual in any language provides you with one set of skills but Gaelic provides you with access to one of Europe's oldest living cultures and traditions.

2.4 My life as a teacher: Mo bheatha mar thidsear (UND2)

Reading comprehension: Mo bheatha mar thidsear Go online

Mr Munro brought the Gaelic (learners) and Gàidhlig classes together. He gave them the opportunity to ask him about his job as a Gaelic teacher. Here is a transcript of part of the seminar.

Cuin a thòisich thu a' teagasg?

Rinn mi cùrsa for-cheumnach aon bhliadhna as dèidh dhomh an t-oilthigh fhàgail, agus as dèidh sin, b'fheudar dhomh bliadhna a chur seachad ann an sgoil a' teagasg airson teisteanas fhaighinn. Rinn mi a' chiad bhliadhna agam ann an Sgoil Ghàidhlig Ghlaschu. An uair sin, rinn mi ceithir bliadhna ann an Sgoil Lionacleit ann an Uibhist. Mu dheireadh thall, fhuair mi obair an-seo aig Àrd Sgoil Bhaile a' Chàirn agus tha mi air a bhith an seo fad deich bliadhna.

Dè tha anns na duilgheadasan as motha a tha agad?

Tha mòran obair an-sàs ann an teagasg, a bharrachd air a bhith ag oideachadh nan sgoilearan. Eadar ceartachadh, sgrìobhadh aithisgean, smachdachadh agus obair rianachd eile, uaireannan tha thu a' dol fodha ann am pìosan pàipeir. Chan eil mi a' gabhail cus dragh mu mhì-mhodh. Ma bhios tu a' toirt spèis do sgoilearan, bidh iad a' toirt spèis dhut. Tha mi a' strì a bhith cothromach dhan a h-uile sgoilear.

Dè na sgilean a dh'fheumas a bhith agad?

Feumaidh tu a bhith math air bruidhinn agus math air èisteachd cuideachd. 'S e an rud as cudromaiche a tha ann a bhith dealasach mu dheidhinn do chuspair. 'S urrainn dha na sgoilearan fhaicinn nuair nach eil ùidh agad anns a' chuspair. Tha e cudromach a bhith foighdineach cuideachd. Tha mòran a' tighinn bho dhachaighean nach eil uabhasach càilear agus tha sin ag adbhrachadh trioblaidean le modh.

Am bi thu a' coinneachadh ri seann sgoilearan agad uair sam bith?

Tha mi air a bhith a' teagasg ùine mhòr a-nis. Tha seann sgoilearan agam air fàs an-àird agus air a dhol air adhart do dh'obraichean aca pèin. Nuair a bhios mi a' coinneachadh riutha, tha mi an-còmhnaidh toilichte am faicinn cho fad 's gu bheil a' cuimhneachadh nan ainmean orra. Tha mi air còrr is dà mhìle sgoilearan a theagasg is mar sin, chan eil cuimhne agam air a h-uile neach gu mì-fhortanach. Tha cuid de sgoilearan agam air a dhol an-sàs ann an Gàidhlig gu mòr agus leis a sin, tha fear no dithis a-nis nan tidsearan cuideachd.

Feumaidh gu bheil na saor-làithean fada a' còrdadh riut.

Tha na làithean-saora a' còrdadh rium gu mòr ach tha mi feumach orra nuair a thig an teirm gu crìoch. Bidh m' inntinn feumach air sith agus fois airson mios as t-samhradh. Thèid mi air ais a Leòdhas far a bheil mo theaghlach a' fuireach. Thèid mi a choiseachd air an tràigh agus nì mi obair leis na caoraich. Bidh mi a' leughadh leabhraichean cuideachd, chan eil ùine agam cho fad 's gu bheil mi anns an sgoil.

Carson a mholadh tu do chuideigin a dhol na thidsear?

Ged 's e obair chruaidh a tha ann, gheibh thu mòran bhuannachdan bhuaithe. Tha e math a bhith a' faicinn an adhartais a bhios clann a' dèanamh thar nam bliadhnaichean. Tha thu a' cuideachadh dhaoine le fàs. Air sgàth 's gu bheil mise nam thidsear Gàidhlig cuideachd, tha mi a' faireachdainn gu bheil mi a' cuideachadh leis na h-oidhirpean gus an cànan a chumail beò.

Questions

Part 1

Cuin a thòisich thu a' teagasg?

Rinn mi cùrsa for-cheumnach aon bhliadhna as dèidh dhomh an t-oilthigh fhàgail, agus as dèidh sin, b'fheudar dhomh bliadhna a chur seachad ann an sgoil a' teagasg airson teisteanas fhaighinn. Rinn mi a' chiad bhliadhna agam ann an Sgoil Ghàidhlig Ghlaschu. An uairsin, rinn mi ceithir bliadhna ann an Sgoil Lionacleit ann an Uibhist. Mu dheireadh thall, fhuair mi obair an-seo aig Àrd Sgoil Bhaile a' Chàirn agus tha mi air a bhith an seo fad deich bliadhna.

Q1: What did Mr Munro have to do to qualify fully as a teacher?

....

Q2: Where, and for how long for in each school, did Mr Munro work before coming to Àrd Sgoil Bhaile a' Chàirn?

Part 2

Dè tha anns na duilgheadasan as motha a tha agad?

Tha mòran obair an-sàs ann an teagasg, a bharrachd air a bhith ag oideachadh nan sgoilearan. Eadar ceartachadh, sgrìobhadh aithisgean, smachdachadh agus obair rianachd eile, uaireannan tha thu a' dol fodha ann am pìosan pàipeir. Chan eil mi a' gabhail cus dragh mu mhì-mhodh. Ma bhios tu a' toirt spèis do sgoilearan, bidh iad a' toirt spèis dhut. Tha mi a' strì a bhith cothromach dhan a h-uile sgoilear.

Q3: What other duties does Mr Munro have over and above teaching the pupils?

....

Q4:

The phrase "*tha thu a' dol fodha ann am pìosan pàipeir.*" implies that:

a) Mr Munro deals with administration easily.
b) Mr Munro is sometimes overwhelmed with administration.
c) Mr Munro's classroom is sinking.
d) Mr Munro had a boat which sank.

Part 3

Dè na sgilean a dh'fheumas a bhith agad?

Feumaidh tu a bhith math air bruidhinn agus math air èisteachd cuideachd. 'S e an rud as cudromaiche a tha ann a bhith dealasach mu dheidhinn do chuspair. 'S urrainn dha na sgoilearan fhaicinn nuair nach eil ùidh agad anns a' chuspair. Tha e cudromach a bhith foighdineach cuideachd. Tha mòran a' tighinn bho dhachaighean nach eil uabhasach càilear agus tha sin ag adbhrachadh trioblaidean le modh.

Q5: According to Mr Munro which of these skills must a teacher have?

- Imagination
- Enthusiasm for subject
- Good at reading
- A sense of importance
- Patience
- Good at talking and listening
- A wide range of knowledge
- Creative skills

....

Q6: What kind of backgrounds do many pupils come from?

....

Q7: What effect does this have?

Part 4

Am bi thu a' coinneachadh ri seann sgoilearan agad uair sam bith?

Tha mi air a bhith a' teagasg ùine mhòr a-nis. Tha seann sgoilearan agam air fàs an-àird agus air a dhol air adhart do dh'obraichean aca pèin. Nuair a bhios mi a' coinneachadh riutha, tha mi an-còmhnaidh toilichte am faicinn cho fad 's gu bheil a' cuimhneachadh nan ainmean orra. Tha mi air còrr is dà mhìle sgoilearan a theagasg is mar sin, chan eil cuimhne agam air a h-uile neach gu mì-fhortanach. Tha cuid de sgoilearan agam air a dhol an-sàs ann an Gàidhlig gu mòr agus leis a sin, tha fear no dithis a-nis nan tidsearan cuideachd.

Q8: Why does he often have trouble remembering the names of old pupils?

....

Q9: What shows that Mr Munro has had a positive effect as a Gaelic teacher?

Part 5

Feumaidh gu bheil na saor-làithean fada a' còrdadh riut.

Tha na làithean-saora a' còrdadh rium gu mòr ach tha mi feumach orra nuair a thig an teirm gu crìoch. Bidh m' inntinn feumach air sith agus fois airson mios as t-samhradh. Thèid mi air ais a Leòdhas far a bheil mo theaghlach a' fuireach. Thèid mi a choiseachd air an tràigh agus nì mi obair leis na caoraich. Bidh mi a' leughadh leabhraichean cuideachd, chan eil ùine agam cho fad 's gu bheil mi anns an sgoil.

Q10: What does his mind need?

....

Q11: Why does Mr Munro go to Lewis on holiday?

....

Q12: What does Mr Munro do there? Name **three** activities.

Part 6

Carson a mholadh tu do chuideigin a dhol na thidsear?

Ged 's e obair chruaidh a tha ann, gheibh thu mòran bhuannachdan bhuaithe. Tha e math a bhith a' faicinn an adhartais a bhios clann a' dèanamh thar nam bliadhnaichean. Tha thu a' cuideachadh dhaoine le fàs. Air sgàth 's gu bheil mise nam thidsear Gàidhlig cuideachd, tha mi a' faireachdainn gu bheil mi a' cuideachadh leis na h-oidhirpean gus an cànan a chumail beò.

Q13: Which of the following does Mr Munro say are good aspects of being a teacher?

- Helping the effort to keep Gaelic alive
- Excellent pay
- Helping people grow
- Keeps his Gaelic skills up
- Great job opportunities
- You see lots of people
- Good to see children progress
- You feel great at the end of the day

....

Q14: The following statements or questions were asked, in Gaelic, during the seminar with Mr Munro, number them from 1-6 (1 being the first) in the order in which they were said.

- What are the greatest difficulties you have?
- Why would you recommend to someone to become a teacher?
- You must enjoy the long holidays
- What skills must you have?
- Do you ever meet any old pupils?
- When did you start teaching?

....

Q15:

The overall purpose of this text was to:

a) inform about the difficulties of teaching in a high school.
b) discourage pupils from considering high school teaching as a career.
c) inform about the working life of a high school teacher.

2.5 Gaelic medium education (UND2)

Reading comprehension: Gaelic medium education Go online

Nina is reading a pamphlet about Gaelic medium education (GME)

Tha Foghlam tro Mheadhan na Gàidhlig a' toirt chothroman do chlann teagasg fhaighinn ann an Gàidhlig seach anns a' Bheurla. Tha an teagasg uile gu lèir anns a' Ghàidhlig.

Tha am foghlam a' toiseachadh ann an croileagan far am bi clann bheag eadar dà is trì bliadhna a dh'aois a' cluich ann an àrainneachd Ghàidhlig. An uairsin, thèid iad air adhart chun na sgoil-àraich eadar trì agus còig bliadhna. Tha am foghlam an-seo nas fhoirmeile agus ionnsaichidh a' chlann briathrachas bunaiteach mar ullachadh airson na bun-sgoile.

Anns na bun-sgoiltean tha clann gam bogadh anns a' chànan ann am clas a h-aon agus clas a dhà. Tha sin a' ciallachadh gu bheil gach cuspair sgoile ga libhrigeadh tro mheadhan na Gàidhlig, gun tèid Gàidhlig a cleachdadh airson ionnsachadh agus teagasg gu lèir.

Chan eil clann a' toiseachadh le leughadh is sgrìobhadh na Beurla ach bho clas a trì, tha Beurla ga teagasg mar dàrna chànain. Ionnsachaidh sgoilearan gach cuspair eile tron Ghàidhlig. Is toradh don mhodh ionnsachaidh seo, gu bheil na sgoilearan fileanta sa Ghàidhlig is sa Bheurla, nuair a dh'fhàgas iad a' bhun-sgoil.

Tha an àireamh de sgoilearan aig ìre bun-sgoil a' fàs gu mòr rè bliadhnaichean a chaidh. Ann an 1985 cha robh ach 24 sgoilearan roinnte eadar dà sgoil fa leth, ach eadar 2006 is 2007 bha 2,000 clann a' toirt foghlam tro mheadhan na Gàidhlig ann an 62 sgoiltean.

Mar as trice bidh aonadan Gàidhlig anns na sgoiltean Beurla, ach 's e sgoil Ghàidhlig a tha ann am Bun-sgoil Shlèite le aonad beag sa Bheurla. Tha tè eile ann an Stafainn.

Ann an Foghlam Àrd-sgoil thèid a h-uile cuspair a theagasg tro mheadhan na Gàidhlig aig ìre àrd-sgoil. Tha sin ag amas cothrom a thoirt do sgoilearan a bhith nas fhileanta, agus tuigse fhaighinn air a' Ghàidhlig mar chànan beò. 'S e Sgoil Ghàidhlig Ghlaschu an sgoil as motha le foghlam Gàidhlig aig ìre àrd-sgoil agus dh'fhosgail e ann an 2006. Ann an 2014, chan eil fiu's aon ard-sgoil ann an sgìre Comhairle na Gaidhealtachd neo ann an Sgire comhairle nan Eilean Siar a' libhrigeadh foghlam tro mheadhan na Gàidhlig, ri sgoilearan a tha os cionn 13 bliadhnaichean dh'aois.

'S e gainnead de thidsearan aig ìre na h-àrd-sgoile am bacadh as motha air adhartas ann am Foghlam tro Mheadhan na Gàidhlig aig ìre àrd-sgoil.

Tha rannsachaidhean a' sealltainn gu bheil sgoilearan a tha air a dhol tron t-siostaim seo a' dèanamh ceart cho math ri sgoilearan ann am Foghlam Beurla agus gu math tric bidh iad a' dèanamh nas fheàrr.

Tha foghlam tro mheadhan na Gàidhlig a' fosgladh mòran dhorsan agus a' toirt mòran chothroman do chloinn.

Q16:

The overall purpose of the text was to:

a) criticise Gaelic medium education.
b) promote Gaelic medium education.
c) help pupils in Gaelic medium education.

....

Q17: The following are all points mentioned in the passage about Gaelic medium education. Sort them out into the order in which they appear in the text.

The lack of teachers at high school level is the biggest obstacle to advancing GME.
Research shows that GME pupils do just as well, if not better than their peers in English medium.
Children are immersed in Gaelic in P1 & P2.
There are no schools in the Western Isles Council who deliver GME to pupils older than 13.
GME starts in playgroup when the children are two to three years of age.
Every class is delivered through the medium of Gaelic.
The number of pupils has risen over the years.
Glasgow Gaelic School is the largest school for high school GME.

2.6 Leaving school for the world of work: A' fàgail na sgoile airson saoghal na h-obrach (UND1)

Listening comprehension: A' fàgail na sgoile airson saoghal na h-obrach Go online

You will need the following sound file to complete this exercise:
hg-cgae2-2-1listening.mp3 (1-7)

Part 1
hg-cgae2-2-1listening1.mp3

Q18: What job did Anndra's uncle have?

....

Q19: What does Anndra say about this work?

Part 2
hg-cgae2-2-1listening2.mp3

Q20: What does Anndra say he learned?

....

Q21: When did the van pick him up?

Part 3
hg-cgae2-2-1listening3.mp3

Q22: Did Anndra enjoy Gaelic at school?

a) Yes
b) No

Q23: What has happened to his Gaelic since?

a) It has got worse.
b) He has forgotten most of it.
c) It has stayed the same.
d) It is a little better.
e) It has definitely improved.

Part 4
hg-cgae2-2-1listening4.mp3

Q24: What kind of tasks did his uncle give him?

....

Q25: What would the tradesmen do for Anndra when he showed an interest in their work?

Part 5
hg-cgae2-2-1listening5.mp3

Q26: What was Anndra's schedule at college?

....

Q27: How was Anndra's Bed and Breakfast lodging?

Part 6
hg-cgae2-2-1listening6.mp3

Q28: What did he do in the mornings?

....

Q29: What surprised Anndra?

....

Q30: Why did he enjoy college more than being in school?

Part 7
hg-cgae2-2-1listening7.mp3

Q31: What happened to Anndra after his apprenticeship finished?

....

Q32: Who did Anndra find work with after this?

....

Q33: What does Anndra say in closing?

2.7 High school: Àrd sgoil (UND1)

Listening comprehension: Àrd sgoil Go online

Listen to entire passage first. You will need the following sound file to complete this exercise: *hg-cgae2-2-2listening.mp3*

Part 1
hg-cgae2-2-2listening1.mp3

Q34:

Anna takes the car to school.

a) True
b) False

....

Q35:

Lachlann has to get up before Anna.

a) True
b) False

....

Q36:

Lachlann does not like where he stays.

a) True
b) False

Part 2
hg-cgae2-2-2listening2.mp3

Q37:

Lachlann goes running to stay fit.

a) True
b) False

....

Q38:

Lachlann helps with the dogs in the summer.

a) True
b) False

....

Q39:

Anna is doing two sciences at Higher.

a) True
b) False

....

Q40:

Anna likes biology because her teacher is very able and interested in the subject.

a) True
b) False

....

Q41:

Lachlann's teacher is not very helpful.

a) True
b) False

....

Q42:

Lachlann believes it is important to keep Gaelic alive.

a) True
b) False

....

Q43:

Lachlann would like to work connected with Gaelic.

a) True
b) False

Part 3
hg-cgae2-2-2listening3.mp3

Q44:

Anna does revision every night.

a) True
b) False

....

Q45:

Anna finds it hard to remember information first time.

a) True
b) False

....

Q46:

Lachlann feels he is lucky.

a) True
b) False

....

Q47:

Lachlann is interested in biology.

a) True
b) False

Part 4
hg-cgae2-2-2listening4.mp3

Q48:

Anna is doing Advanced Higher next year.

a) True
b) False

....

Q49:
Anna will miss her school friends.

a) True
b) False

....

Q50:
Anna communicate's with her friends on the internet.

a) True
b) False

....

Q51:
Lachlann cannot wait to leave school.

a) True
b) False

....

Q52:
Lachlann wants to go to Gaelic college.

a) True
b) False

....

Q53:
Lachlann wants to study engineering at university.

a) True
b) False

....

Q54:
Anna says that she and Lachlann must meet up.

a) True
b) False

....

Q55:
Lachlann says that he is busy that night.

a) True
b) False

2.8 School in the old days: Sgoil anns na seann làithean (UND2)

Reading comprehension: Sgoil anns na seann làithean Go online

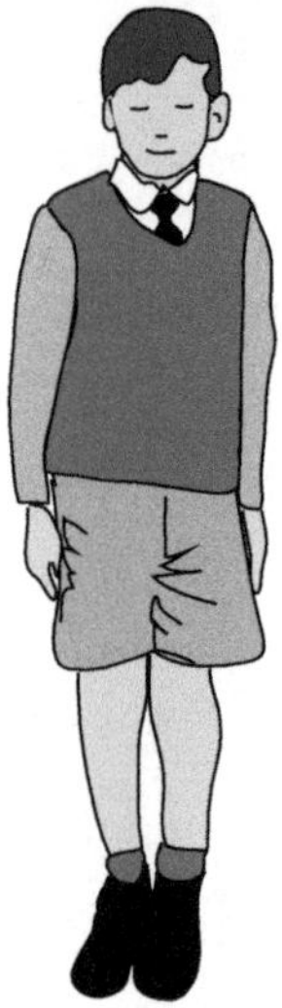

The great distances to be travelled in the Highlands and Islands have meant that many children have had to leave home to go to school. This still happens today in some areas. The education system was very different and its impact upon the children and their communities was often very drastic. Whilst investigating this family history, Donald discovered this essay about the schooldays in Skye after the Second World War by a namesake, Donald Nicolson, Dòmhnall MacNeacail.

Tha cuimhne agam nuair a bha mi òg a' dol dhan sgoil bheag againn anns an Eilean Sgitheanach. Bhithinn a' coiseachd dhan sgoil fad trì mìle gach latha còmhla ri mo dhà bhràthair, Alasdair agus Eachann. Dhèanamaid seo ann an gach sìde, uisge, sneachd, gaoth agus grian.

Q56: How did Donald go to school?

....

Q57: How far was it?

....

Q58: Who went with him?

....

Q59: What kind of weather did they experience?

Aig an àm sin, dh'fhaodadh tu an sgoil fhàgail aig ceithir bliadhna deug a dh'aois. 'S e sin a rinn mi. Dh'fhuirich mi anns an aon sgoil airson a' chiad is an darna bhliadhna de dh'àrd sgoil. Rinn mi rudan praitigeach ag ionnsachadh mu dheidhinn àiteachais agus croitearachd an uairsin dh'fhàg mi an sgoil agus dh'obraich mi còmhla ri m' athair air a' chroit gus an deach mi dhan Airm aig naoi deug.

Q60: At what age did he leave school?

....

Q61: What did he do after he left school?

....

Q62: What did he do when he was 19?

Ma bha thu ag iarraidh a dhol air adhart gu oilthigh, bhiodh tu a' suidhe deuchainn mhòr nuair a bha thu aon bhliadhna deug a dh'aois. Nan robh thu a' soirbheachadh leis an deuchainn, rachadh tu dhan Àrd Sgoil ann am Port Rìgh. 'S e sin a rinn mo bhràthair Alasdair.

Q63: How did you progress to the high school?

....

Q64: Where was the high school?

Aig an àm sin, bha sgoilearan a' tighinn à Uibhist a Tuath, Scalpaigh agus na Hearadh agus bhiodh iad a' fuireach ann an ostailean anns a' bhaile. Bha mòran chloinne Sgitheanaich a' fuireach anns na h-ostailean cuideachd ge-tà oir bha na rathaidean cho dona san Eilean aig an àm agus thug e ùine mhòr a dhol dhachaigh.

Q65: According to the passage, pupils came from neighbouring islands to the school. Which islands are named?

....

Q66: Where did these pupils stay?

....

Q67: Why did some pupils from Skye also have to stay in these places?

Nuair a chaidh mo bhràthair Alasdair dhan àrd-sgoil, cha robh feum aige fuireach anns an ostail tron t-seachdain. Bha piuthar mo mhàthar, Seasaidh, a' fuireach ann am Port Rìgh agus bhiodh Alasdair a' fuireach an-sin tron t-seachdain. Thill e dhachaigh Oidhche Haoine agus chaidh e air ais dhan sgoil madainn Diluain. Bha mi an-còmhnaidh a' faireachdainn duilich dha na h-eileanaich, cha robh iad a' faighinn dhachaigh ach air na làithean-saora. Bha cianalas mòr orra airson a' chiad dhà no trì bliadhna co-dhiù. Cha robh Alasdair toilichte aig taigh Seasaidh na bu mhotha! Thuirt esan gum b' fheàrr leis a bhith anns an ostail na bhith a' cur suas ri còcaireachd Seasaidh fad sìa bliadhnaichean!

Q68: Why did Alasdair not have to stay in the hostel?

....

Q69: Why did Donald often feel sorry for the island pupils?

....

Q70: What did many of the island pupils suffer from?

....

Q71: To what did Alasdair think staying in the hostel would have been preferable?

Tha foghlam gu math diofraichte bhon a bha mise anns an sgoil. Bha cead aig na tidsearan do bhualadh le crìos no slat nan robh thu mì-mhodhail. Mar sin, bha an t-eagal oirnn bruidhinn anns a' chlas. Bha cuid dhe na tidsearan gu math nimheil leis a' chrìos.Tha mi a' smaoineachadh nach eil e ceart a bhith a' bualadh chloinne fiù 's ma tha iad mì-mhodhail. 'S math nach eil an leithid ann a-nis.

Q72: Which two implements would teachers use to punish badly behaved pupils?

....

Q73:

The children were scared to speak in class.

a) True
b) False

....

Q74:

Donald agreed with punishing pupils physically.

a) True
b) False

Chan eil a h-uile atharrachadh cho math ri sin. Nuair a bha mise anns an sgoil, bha còrr is ochdad duine chloinne anns an sgoil againn, ach dhùin an comhairle a' bhun-sgoil bho chionn deich bliadhna nuair nach robh ach triùir anns an sgoil gu lèir. 'S e latha brònach a bha seo airson na coimhearsnachd. Tha an sgoil na thaigh-tasgaidh a-nis. Ged a tha an sgoil falamh, bidh mi a' cuimneachadh air na làithean geala sin cho fad 's gum bi mi beò.

Q75: How many children were in the school in Donald's day?

....

Q76: How many when it shut?

....

Q77: How does Donald describe this event?

....

Q78: What is the school now?

....

Q79: What does Donald say about his school days?

2.9 Glasgow University: Oilthigh ann an Glaschu (UND2)

Reading comprehension: Oilthigh ann an Glaschu Go online

http://commons.wikimedia.org/wiki/File:University_of_Glasgow_Gilbert_Scott_Building_-_Feb_2008-2.jpg by http://commons.wikimedia.org/wiki/User:Owly_K, licensed under http://creativecommons.org/licenses/by/3.0/deed.en

Ceit is talking to Martin White (Màrtainn MacIllebhain), a student at the University of Glasgow. Fiona has been involved in the University's Gaelic residency scheme "Taigh na Gàidhlig". Here is a transcript of their interview.

Carson a chaidh thu a Ghlaschu airson oilthigh, a Mhàrtainn?

Thig mòran oileanaich a Ghlaschu on Ghàidhealtachd agus na h-Eileanan. Mar sin, bha fios agam gum bithinn eòlach air mòran dhaoine. Cuideachd, bha mi ag iarraidh Gàidhlig a dhèanamh agus tha Roinn na Ceiltis aig Oilthigh Ghlaschu gu math ainmeil ann an saoghal na Gàidhlig. Bidh Roinn na Ceiltis a' foillseachadh leabhraichean Gàidhlig agus a' cumail chlasaichean Gàidhlig. O chionn ghoirid, chuir an t-oilthigh air dòigh plana Gàidhlig agus thòisich iad sgeama "Taigh na Gàidhlig" airson oileanaich le Gàidhlig.

Q80: What advantage did the large number of students from the Highlands and Islands have for Martin?

....

Q81: According to Martin, what does the Celtic Department do?

Dè tha sin? Ciamar an dh' fhuair thu àite air an sgeama?

'S e flat airson oileanaich le Gàidhlig a tha ann. Ciamar a fhuair dhomh tagradh a chur a-steach agus agallamh a dhèanamh còmhla ri oifigear na Gàidhlig. Bidh sinn a' bruidhinn Gàidhlig anns an fhlat agus bidh sinn a' cuideachadh le tachartasan Gàidhlig aig an oilthigh.

Q82: What steps did Martin have to take to get into Taigh na Gàidhlig?

....

A bheil clubaichean ann airson oileanaich le Gàidhlig?

'S e buidheann chudromach a tha anns a' Chomann Oiseanach. 'S e an Comann Oiseanach an dara chlub oileanaich as sìne aig an Oilthigh. Bidh iad a' brosnachadh cleachdadh na Gàidhlig a-measg nan oileanach, a' cumail chèilidhean is dhannsaichean agus chlasaichean Gàidhlig. Tha mise nam runaire soisealta, tha mi math air sin! Bidh mi a' cluich airson sgioba iomain an Oilthigh cuideachd agus tha balach no dhà eile ann le Gàidhlig às an Eilean Sgitheanach.

Q83: What status does the Ossianic Society have at the university?

....

Q84: What other group is Martin involved in?

....

Q85: How does this help his Gaelic?

Bidh thu math air sin. A bheil ùine agad airson rannsachadh ge-tà?

Tha gu dearbh, ged nach robh mi riamh cho modhail! Anns a' chiad bhliadhna, rinn mi cus ho-ro-gheallaidh còmhla ri mo charaidean. Dh'fhailnich mi aon deuchainn agus b' fheudar dhomh a suidhe a-rithist as t-Samhradh. Rinn mi an gnothach oirre an uair sin agus rinn mi gealladh nach dèanainn an leithid a-rithist

Q86: What challenges did Martin confront in first year?

....

An e Gàidhlig a-mhàin a tha thu a' dèanamh air an oilthigh?

Chan e. Tha mise a' dèanamh ceum ann an Gàidhlig agus Poileataigs cuideachd. Ann an Gàidhlig, bidh sinn a' rannsachadh bàrdachd, eachdraidh agus cànan. Tha na clasaichean poileataigs agam nas motha na na clasaichean Gàidhlig. Tha ùidh mhòr agam ann am poileataigs. Bidh sinn a' sgrùdadh riaghaltasan air feadh an t-saoghail, mar a bhios daoine a' bhòtadh agus a' leughadh leabhraichean mòra trom mu luchd-poileataigs ainmeil.

Q87: What subjects does Martin look at within his Gaelic course?

....

Q88: What difference is there between Gaelic and his other course?

....

Q89: What type of books does he read for this course?

A bheil sin inntinneach?

Bu toigh leam obair mar thidsear Nuadh-eòlas aig a' cheann thall ach tha mi airson rud beag siubhal a dhèanamh nuair a dh'fhàgas mi an t-Oilthigh. Tha mi fhèin agus mo bhana-charaid, Elaine, airson a dhol a dh'Ameirigea a Deas. Rinn mi cursa mu dheidhinn poileataigs ann an Ameirigea a Deas, bha e fior inntinneach.

Q90: What job does Martin want?

....

Q91: Where does Martin want to go after university?

....

Q92: Why does he say he wants to go here?

A bheil thu toilichte gun deach thu a Ghlaschu?

Tha mi toilichte gun deach mi a Ghlaschu ach mholainn do dhuine sam bith a bhith a' dèanamh an-àird na h-inntinn aca fhèin. Tha mo charaid, Fionnlagh aig a' Cholaiste Ghàidhlig agus tha e a' còrdadh ris gu mòr.

Q93: What advice does Martin have about choosing a university?

2.10 Fèis: Musicians (UND1)

https://commons.wikimedia.org/wiki/File:Alasdair_Fraser.jpg by Irene Young

Listening comprehension: Fèis Go online

You will need the following sound file to complete this exercise:
hg-cgae2-2-3listening.mp3

Q94:

Choose the descriptions that match Peggy and John from the list. Not all the answers are used!

Peggy	John

- Surname is Maclennan
- Surname is Murray
- Surname is Munro
- Surname is Maclean
- Plays the clarsach
- Also plays the guitar
- Also sings
- Feeling tired
- Feeling very good
- Feels sick
- Has not played fiddle before
- Has played the fiddle for ten years
- Has been played fiddle for five years
- Has played fiddle since the age of seven
- Cannot play the pipes
- Never played football before
- Good at football
- Looking forward to shinty
- Has played shinty before
- Wants to be a clarsach player
- Not good at singing
- Drama as third subject

- Would like to be an actress
- Going to the Mod
- Lost a competition
- Going to a competition
- Hates the Mod

2.11 The perfect tense

In English the "perfect" tense is the one used to describe things that "have" been done or "have" happened.

You have been very ill.
I have bought the car.
He has missed you.
She has left.

Compare this to the Gaelic:

Tha Iain a' tighinn - John is coming.
Tha Iain air tighinn - John has come.

Tha Barabal a' falbh - Barbara is going away.
Tha Barabal air falbh - Barabara has gone away.

Chan eil Ealasaid ag obair - Elizabeth is not working.
Chan eil Ealasaid air obair - Elizabeth has not worked.

A bheil a' chlann a' cluich? - Are the children playing?
A bheil a' chlann air cluich? - Have the children played?

How to create the perfect tense

The perfect in Gaelic is formed with:
"*tha*" + the subject + "*air*" + the infinitive.

In the last unit it was shown how the infinitive is derived from the verbal noun:

a' fàs – growing
air fàs– grown ⇒

Tha an oidhche air fàs fuar. – The night has grown cold.

a' falbh – leaving
air falbh – left, gone ⇒
A bheil i air falbh fhathast? – Has she left yet?

a' tilleadh – returning
air tilleadh – returned ⇒
Chan eil iad air tilleadh. – They have not returned.

Q95:

Translate the following sentences as they appear into Gaelic. Spelling is important.

I have not eaten	
I have gone	
We have run	
Has Calum tidied?	
Donald has not researched	
Kate has swum	
You (plu.) have finished	
Have they drunk?	

....

gone - a dhol

Whilst in this situation most nouns take the unlenited infinitive - the verb *rach* 'go' takes the form *a dhol.*

See the following examples:

Tha mi air a dhol - I have gone.
Tha e air a dhol dhan sgoil - he has gone to school.
Tha i air a dhol dhan oilthigh - She has gone to University.
Chan eil sinn air a dhol a dh'Èirinn - We have not gone to Ireland.
Tha Màiri air a dhol ro fhada - Mary has gone too far.
Chan eil mo sheanair air a dhol dhan ospadal - My grandfather has not gone to hospital.
A bheil an ceannard air a dhol dhan oifis? - Has the headteacher gone to the office?

Q96:

Translate the following sentences as they appear into Gaelic . Spelling is important

I have gone home	
You have gone too far	
Paul has gone to France	
Have you gone to the cinema?	
We have not gone to the museum yet	
I think Iain has gone home	

2.12 The pluperfect

The "pluperfect" is used for things that "had" been done or "had" happened.

I had broken my leg.
He had not found out.
They had gone and had not returned.
She had been happy.

Events in the pluperfect are more remote in time than those in the perfect.

How to form the Pluperfect in Gaelic

The pluperfect is formed in exactly the same way as the perfect, except that "*bha*" is used instead of "*tha*", "*an robh*" instead of "*a bheil*" etc.

Bha Iain a' tighinn - John was coming.
Bha Iain air tighinn - John had come.
Bha Barabal a' falbh - Barbara was going away.
Bha Barabal air falbh - Barbara had gone away.
Cha robh Ealasaid ag obair - Elizabeth was not working.
Cha robh Ealasaid air obair - Elizabeth had not worked.
An robh a' chlann a' cluich? - Were the children playing?
An robh a' chlann air cluich? - Had the children played?

Further examples:

Bha Màiri air tilleadh – Mairi had returned.
Bha sinn air falbh cheana – We had gone already.
Cha robh iad air tilleadh - They had not returned.
An robh Pòl air ithe? - Had Paul eaten?
Tha mi a' smaoineachadh gun robh mi air fhaicinn - I thought I had seen it.

Q97:

Translate the following sentences as they appear into Gaelic. Spelling is important.

I had not eaten	
I had gone	
We had run	
Calum had tidied	
Donald had not researched	
Kate had swum	
You (plu.) had finished	
Had they drunk?	

....

gone - a dhol with the pluperfect

The verb *rach* 'go' also takes the form *a dhol* with the pluperfect.

See the following examples:

Bha mi air a dhol - I had gone.
Bha e air a dhol dhan sgoil - he had gone to school.
Bha i air a dhol dhan oilthigh - She had gone to university.
Chan robh sinn air a dhol a dh'Èirinn - We had not gone to Ireland.
Bha Màiri air a dhol ro fhada - Mary had gone too far.
Cha robh mo sheanair air a dhol dhan ospadal - My grandfather had not gone to hospital.
An robh an ceannard air a dhol dhan oifis? - Had the headteacher gone to the office?

Q98:

Translate the following sentences as they appear into Gaelic . Spelling is important!

I had gone home	
You had gone too far	
Paul had gone to France	
Had you gone to the cinema?	
We had not gone to the museum yet	
I think Iain had gone home	

....

Dìreach

Something that has (or had) *just* happened can be expressed using the perfect (or pluperfect) and the word "*dìreach*" (just):

Bha Cailean dìreach air tighinn. - Colin had just arrived.
Tha mi dìreach air sin a dhèanamh. - I have just done that.

You will also here Dìreaach used as an exclamation in the same way Exactly! is in English.

I have and I have been

The verb *bi*, which gives us *Tha*, *Bha*, *Bidh*, etc also has its own infinitive - *a bhith*.

You can not go far in Gaelic without encountering *a bhith* but it is very often used with the perfect and pluperfect to give the same sense as "has been" or "had been" in English.

Tha mi air a bhith. . .
Bha mi air a bhith. . .

This is used when you need to use an adjective with the perfect tense but can also be used with verbal nouns. This has the effect of almost resetting the sentence after *a bhtih*, so that it operates as if *Tha*, *Bha* or *Bhiodh* has been used.

In the perfect:

Tha mi air a bhith sgìth fad na seachdain - I have been tired all week.
Tha Dòmhnall air a bhith feargach leis - Donald has been angry with him.
Tha Deirdre air a bhith ag obair thall thairis - Deirdre has been working abroad.

In the pluperfect:

Bha e air a bhith tinn o chionn fhada - I had been ill for a long time.
Bha i air a bhith feargach leis - She had been angry with him.
Bha Calum air a bhith ag obair thall thairis - Calum had been working abroad.

The perfect & pluperfect with pronouns

As we have already seen, Gaelic is not very happy with pronouns floating about after verbal nouns. "*Tha mi air faicinn thu*" for example, would be wrong.

With the perfect and pluperfect it is very simple, instead of using the pronoun, the possessive is used instead.

mo, m' *	ar‡
do, d' *	ur‡
a*	an / am~
a†	

*Causes lenition where possible
†places an h- before vowels
‡places an n- before vowels
~ am before words beginning b, p, f, m

Calum has helped me - *Tha Calum air mo chuideachadh.*
Has Calum helped you - *A bheil Calum air do chuideachadh.*
Ewan has not helped him - *Chan eil Eòghann air a chuideachadh.*
Ewan has helped her - *Tha Eòghann air a cuideachadh.*
Have you seen me? - *A bheil thu air m' fhaicinn?*
I have seen you - *Tha mi air d' fhaicinn.*

This is a very important language point as due to the fact Gaelic has two genders for nouns, the structure depends upon the gender of the noun to ensure it is accurate.

Tha mi air a chuideachadh - I have helped him.
Tha mi air a cuideachadh - I have helped her.
Tha mi air a cheannach - I have bought it (masculine object).
Tha mi air a ceannach - I have bought it (feminine object).
Tha mi air ullachadh - I have prepared it (masculine object).
Tha mi air a h-ullachadh - I have prepared it (feminine object).

However, the fact that the possessive comes before the verb prepares us for the final part of grammar in this unit - inversion.

Cas mu sheach - Inversion

Inversion is one of the more troublesome aspects of Gaelic Grammar for a native speaker of English.

It is sometimes called *cas mu sheach* in Gaelic, which means jumbled or scattered. That is what happens in inversion, the words get jumbled up.

Inversion is when the word order changes after certain constructions in Gaelic. The perfect and pluperfect are such constructions. We call this an inverted nominal - what this means is that the verb and the direct object switch positions from that which you would expect in English.

What happens is that the infinitive will be pushed to the end of the sentence of the phrase. e.g.

Tha Calum a' ceannach leabhar - Calum is buying a book.
Tha Calum air leabhar a cheannach. - Calum has bought a book.
Tha sibh ag ionnsachadh Gàidhlig - You are learning Gaelic.
Tha sibh air Gàidhlig a ionnsachadh. - You have learned Gaelic.

To use the perfect in Gaelic with a direct object you form it so: "*tha*" + the subject + "*air*" + the direct object + a + the lenited infinitive. Literally, instead of saying I have bought a car, you are saying I have a car bought. This will sound strange in English but it is a very common construction in Gaelic.

You will also note that the definite article does not change after the preposition *air* in this case.

Q99:

Translate the following sentences as they appear into Gaelic . Spelling is important!

I have eaten the food	
I have left the house	
We have run the race	
Calum has tidied the room	
Donald has not researched the subject	
Kate has swum the loch	
You (plu.) have finished the course	
Have they drunk the whisky?	

Perfect and pluperfect practice

The items in bold can be swapped, as can those in italics, to create your own simple sentences in the perfect and pluperfect tense using direct objects. Some examples are given for you.

Tha mi air **am biadh** *a nighe*
I have *washed* **the food**
Chan eil thu air **an t-iasg** *fhaighinn*
You have not *got* **the fish**
Bha e air **an lèine** *a cheannach*
He had *bought* **the shirt**
Cha robh i air **an càr** *ullachadh*
She had not *prepared* **the car**

Structures which cause inversion

There are many other common structures which can cause inversion. You will be familiar with many already; *feumaidh, faodaidh, is urrainn, bu toigh, bu chòir.*

Note the use of brackets, you should use the option which make the most sense in context in idiomatic English

Inversion practice

In the left hand column are a dozen of the most common phrases which will cause inversion.

All the phrases in the left hand column can be joined to any of the phrase on the right hand side.

Try making some sentences of your own and practise saying them out loud.

Feumaidh tu	You must		*bainne òl*	(to) drink(ing) milk
Tha mi ag iarraidh	I want		*ithe*	(to) eat(ing) (it)
Bu toigh leam	I would like		*tilleadh*	(to) return(ing)
Is urrainn dhomh	I am able		*an doras fhosgladh*	(to) open(ing) the door
Bu chòir dhut	You should			
Dh'fhaodadh tu	You could		*a pòsadh*	(to) marry(ing) her
Tha cuimhne agam	I remember		*a bhith ann*	(to) be(ing) there
Tha dùil aice	She expects		*a dhèanamh*	(to) do(ing) it
'S fheàrr dhomh	I had better		*falbh*	(to) go(ing) away
Bha eagal air Calum	Malcolm is afraid		*Gàidhlig a bhruidhinn*	(to) speak(ing) Gaelic
Tha e a' diùltadh	He is refusing		*an cuideachadh*	(to) help(ing) them
Tha cho math dhut	You might as well		*èisteachd ri Mairead*	(to) listen(ing) to Margaret

Revision - The infinitive

Mix and match the phrases in the left and right hand columns to make your own sentences.

Practise saying them out loud.

Tha thu a' dol	You are going		*a dh'òl a' bhainne*	to drink the milk
Thàinig mi	I came		*a choinneachadh ri Dòmhnall*	to meet Donald
Dh'fhalbh i	She went off		*gam faicinn*	to see them
Tha e a' tilleadh	He is returning		*ga dhèanamh*	to do it
Chaidh e	He went		*gam chuideachadh*	to help me

Revision - The participle

Mix and match the phrases in the left and right hand columns to make your own sentences.

Practise saying them out loud.

Tha mi	I am		*ag òl uisge*	drinking water
Thòisich Màiri	Mary started		*a' bruidhinn Gàidhlig*	speaking Gaelic
Chunnaic mi sibh	I saw you		*ga choimhead*	watching it
Bha sinn nar suidhe	We were sitting		*ag ionnsachadh Gàidhlig*	learning Gaelic
Bidh thu	You will be		*gan ithe*	eating them

2.13 Vocabulary exercises

What follows is a whole range of various vocabulary games and tasks

The following vocabulary is used in the exercise

To listen to these, you will need the following sound files

hg-cgae2-2-4vocab.mp3 (1-37)

accountancy	cunntasachd
administration	rianachd
arithmetic	àireamhachd
art	ealain
biology	bith-eòlas
business administration	rianachd gnìomhachais
business management	stiùireadh gnìomhachais
chemistry	ceimigeachd
child-care	cùram-chloinne
Chinese	Sìnis
computing	coimpiutaireachd
English	Beurla
French	Frangais
Gaelic	Gàidhlig
geography	cruinn-eòlas
geology	tìr-eòlas
German	Gearmailtis
graphic communication	conaltradh grafaigeach
history	eachdraidh
home economics	eaconomas-dachaigh
hospitality	aoigheachd
information technology (IT)	teicneolas fiosrachaidh
Italian	Eadailtis
Latin	Laideann
mathematics	matamataig
media studies	eòlas mheadhanan
modern studies	nuadh-eòlas
music	ceòl
philosophy	feallsanachd
physical education (PE)	foghlam spòrs
physics	fiosaig
politics	poileataigs
practical cookery	còcaireachd dhèanadach
religious studies (RE)	eòlas creideimh
Russian	Ruisis
Spanish	Spàinntis
technological studies	teicneòlas

Vocabulary: Education Go online

Q100: Translate the English into Gaelic.

accountancy	
administration	
arithmetic	
art	
biology	
business administration	
business management	
chemistry	
child-care	
Chinese	
computing	
English	

....

Q101: Translate the English into Gaelic.

French	
Gaelic	
geography	
geology	
German	
graphic communication	
history	

....

Q102: Translate the English into Gaelic.

Home economics	
Hospitality	
Information technology (IT)	
Italian	
Latin	
Mathematics	
Media studies	

....

Q103: Translate the English into Gaelic.

Modern studies	
Music	
Philosophy	
Physical education (PE)	
Physics	
Politics	
Practical cookery	
Religious studies (RE)	
Russian	
Spanish	
Technological studies	

Vocabulary: Qualifications Go online

The following are grades of qualifications.

Q104: Translate the English into Gaelic.

ìre nàiseanta a ceithir	
ìre nàiseanta a còig	
ceum	
teisteanas	
àrd-ìre	
sàr-àrd-ìre	
duais	
sgeama-obrach	

Vocabulary: Educational establishments Go online

The following are educational establishments.

Q105:
Place them in order in which you would attend them (the English is shown), with the earliest first.

acadamaidh, sgoil-àraich, àrd-sgoil, colaiste, croileagan, bun-sgoil

	playgroup
	nursery school
	primary school
	high school
	academy
	college

Vocabulary: Educational root verbs Go online

Now try some root verbs connected with education

Q106: Translate the Gaelic into English.

meas	
rannsaich	
thoir sùil air	
ath	
sgrùd	
còmharraich	
ceartaich	
failnich	
soirbhich	
beachdaich	
ath	
leasaich	
thoir air adhart	
ceumnaich	

Vocabulary: Educational verbal nouns

Go online

The following are verbal nouns connected with education.

Q107: Translate the Gaelic into English.

measadh	
rannsachadh	
sgrùdadh	
còmharrachadh	
ceartachadh	
failneachadh	
soirbheachadh	
ath-sgrìobhadh	
ath-sgrùdadh	
beachdachadh	
toirt sùil air	
toirt air adhart	
leasachadh	
ceumnachadh	

Vocabulary: Education

Go online

The following are all words connected with education.

Q108: Translate the Gaelic into English.

measadh	
deuchainn	
duilleag	
anailis	
lèirmheas	
soirbheachas	
dreach	
teisteanas	
ìre	
barantas	
adhartas	

Vocabulary: Higher and further education

Go online

Q109: Translate the Gaelic into English.

measadh	
deuchainn	
duilleag	
anailis	
leirmheas	
soirbheachas	
dreach	
teisteanas	
ìre	
barantas	
adhartas	

Vocabulary: Jobs in education

Go online

Q110: Translate the Gaelic into English.

eòlaiche	
luchd-teagaisg	
oide	
ollamh	
foghlamaiche	
rannsaiche	
luchd-sgrùdaidh	
neach-sgrùdaidh	
ceannard	
iar	
dorsair	
for-cheumnaiche	
ceumnaiche	

2.14 Learning points

Learning objective

You should now know (and be able to use):

- how the perfect tense works;
- how inversion works;
- vocabulary connected to education and learning.

Context 3: Employability

Context 3 Topic 1

Jobs

Contents

Learning objective

By the end of the topic you should be able to demonstrate that you can:

- understand spoken Gaelic of some complexity;
- understand written Gaelic of some complexity;
- produce written Gaelic of some complexity;
- participate in spoken Gaelic communication of some complexity.

You will also have covered the following grammar points:

- the conditional mood of irregular verbs.

The following topics will be dealt with:

- leaving school;
- job opportunities in the Gaelic world;
- media and communications.

1.1 Introduction

Hai. Ceit an seo. Is toigh leam an sgoil. Gu dearbh, is toigh leam an sgoil cho mòr gu bheil mi ag iarraidh tilleadh nam thidsear spòrs! Tha mòran chothroman ann an-diugh airson luchd-teagaisg aig a bheil Gàidhlig agus tha mi an dòchas gum bi mo Ghàidhlig math gu leòr aon latha airson a bhith ag obair ann am Foghlam na Gàidhlig. Tha tòrr obraichean eile ann an Gàidhlig cuideachd; anns an Riaghaltas, ann an leasachadh cànain, cultar is eachdraidh agus ann an obair òigridh. Woah, tha mòran obair anns a' Chùis seo co-dhiù! Uill, mar a chanas iad "'S e obair latha toiseachadh ach 's e obair beatha criochnachadh!"

English translation of the introduction

Hi, Ceit here. I like school. Indeed, I like the school so much that I want to return as a P.E. teacher! There are lots of opportunities these days for teachers who have Gaelic and I hope to have enough Gaelic one day to work in Gaelic Education. There are lots of other jobs in Gaelic as well; in the Government, in language development, in culture and history and in youth work. Woah, there is a lot of work in this Context! Well as they say, "'S e obair latha toiseachadh ach 'se obair beatha criochnachadh!"

'S e obair latha toiseachadh ach 's e obair beatha criochnachadh!" - "Beginning is a day's work but finishing is a lifetime's."

1.2 Job opportunities in the Gaelic world: Education

Gaelic education provision is available from nursery through to secondary school and beyond. This means that there is an opportunity for individuals to teach at all of these levels. As local authorities increase their Gaelic provision so job opportunities increase.

At the time of writing 21 out of 32 local authorities provide varying levels of Gaelic medium education provision. They are:

Aberdeen City	East Lothian	North Ayrshire
Angus	East Renfrewshire	North Lanarkshire
Argyll and Bute	Edinburgh City	Perth & Kinross
Clackmannanshire	Falkirk	Renfrewshire
Comhairle nan Eilean Siar	Glasgow City	Scottish Borders
East Ayrshire	Highland	South Lanarkshire
East Dunbartonshire	Inverclyde	Stirling

Here are some interesting facts from *Bòrd na Gàidhlig*:

Did you know that at the time of writing:
There are **701** pre-school children registered in **60** Gaelic medium pre-school units across Scotland
There are **2,092** primary school pupils receiving their primary education through the medium of Gaelic in **63** primary schools across Scotland
There are **169** Gaelic primary teachers currently teaching in Gaelic medium classes throughout Scotland
There are approximately **5,500** primary school pupils learning Gaelic in their respective primary schools across Scotland through the Gaelic Learners in the Primary School (GLPS) Programme.
There are **945** secondary school pupils being taught *Gàidhlig* (fluent speakers) in **37** secondary schools in Scotland
293 of these **945** pupils are also being taught other secondary subjects through the medium of Gaelic including History, Geography, Modern Studies, Science and Mathematics
90 primary teachers with no prior knowledge of Gaelic have been trained to deliver GLPS to pupils in their respective primary establishments through the GLPS initiative
There are **2,696** secondary school pupils being taught Gaelic (learners) in secondary education
There are **62** teachers teaching Gaelic as a subject at secondary level, with **37** secondary teachers teaching other subjects through the medium of Gaelic
Recent figures on SQA Attainment and School Leaver Qualifications show that S4 pupils in Gaelic medium education attained a higher average score than those not in Gaelic medium

Vocabulary: Education Go online

Ceit has been thinking about career possibilities in Gaelic education and studying some terminology.

Q1:

Match the pairs of Gaelic and English terms.

Muddled terms

foghlam Gàidhlig ro-sgoile	student
sgoil-àraich Ghàidhlig	primary school
bun-sgoil	secondary school
tidsear bun-sgoile Gàidhlig	Gaelic as a subject
clasaichean tro Ghàidhlig	Gaelic primary school teacher
Sgeama Luchd-ionnsachaidh Gàidhlig sa Bhun-sgoil	Gaelic medium classes
àrd-sgoil	Gaelic medium pre-school
Gàidhlig mar chuspair	Gaelic medium pre-school/nursery
oileanach	Gaelic Learners in the Primary School Programme (GLPS)

1.3 Irregular verbs

There are ten irregular verbs in Gaelic and as their name suggests they do not form their tenses in the regular way. It is important to learn their tenses because many of them are in everyday usage.

We looked at this table when dealing with the conditional tense in the previous level *Leaving School*.

Root	**Verbal noun**	**Infinitive**	**Past tense**	**Future tense**	**Conditional tense**
abair	ag ràdh	a ràdh	thuirt	their	theireadh
say	*saying*	*to say*	*said*	*will say*	*would say*
beir	a' breith	a bhreith	rug	beiridh	bheireadh
catch	*catching*	*to catch*	*caught*	*will catch*	*would catch*
cluinn	a' cluinntinn	a chluinntinn	chuala	cluinnidh	chluinneadh
hear	*hearing*	*to hear*	*heard*	*will hear*	*would hear*
dèan	a' dèanamh	a dhèanamh	rinn	nì	dhèanadh
do	*doing*	*to do*	*did*	*will do*	*would do*
faic	a' faicinn	a dh'fhaicinn	chunnaic	chì	chitheadh
see	*seeing*	*to see*	*saw*	*will see*	*would see*
faigh	a' faighinn	a dh'fhaighinn	fhuair	gheibh	gheibheadh
get	*getting*	*to get*	*got*	*will get*	*would get*
rach	a' dol	a dhol	chaidh	thèid	rachadh
go	*going*	*to go*	*went*	*will go*	*would go*
ruig	a' ruigsinn	a ruigsinn	ràinig	ruigidh	ruigeadh
arrive, reach	*arriving, reaching*	*to arrive, reach*	*arrived, reached*	*will arrive, reach*	*would reach*
thoir	a' toirt	a thoirt	thug	bheir	bheireadh
give	*giving*	*to give*	*gave*	*will give*	*would go*
thig	a' tighinn	a thighinn	thàinig	thig	thigeadh
come	*coming*	*to come*	*came*	*will come*	*would come*

The next activity has another couple of exercises for you to try.

Grammar: Irregular verbs Go online

Q2:

Complete the table below with the Gaelic words from the word bank.

	ag ràdh	a ràdh		their	theireadh
say	saying	to say	said	will say	would say
beir		a bhreith	rug		bheireadh
catch	catching	to catch	caught	will catch	would catch
	a' cluinntinn		chuala	cluinnidh	
hear	hearing	to hear	heard	will hear	would hear
dèan	a' dèanamh	a dhèanamh	rinn		dhèanadh
do	doing	to do	did	will do	would do
	a' faicinn			chì	
see	seeing	to see	saw	will see	would see

Word bank

abair	chitheadh	nì	beiridh	cluinn	thuirt
a chluinntinn	a dh'fhaicinn	faic	chunnaic	chluinneadh	a' breith

....

Q3:

Complete the table below with the Gaelic words from the word bank.

	a' faighinn	a dh'fhaighinn	fhuair		
get	getting	to get	got	will get	would get
rach	a' dol	a dhol			rachadh
go	going	to go	went	will go	would go
ruig		a ruigsinn	ràinig		ruigeadh
arrive, reach	arriving, reaching	to arrive, reach	arrived, reached	will arrive, reach	would reach
	a' toirt	a thoirt		bheir	
give	giving	to give	gave	will give	would go
thig	a' tighinn			thig	thigeadh
come	coming	to come	came	will come	would come

Word bank

a' ruigsinn	ruigidh	gheibheadh	thàinig	gheibh	chaidh
thug	faigh	thoir	thèid	a thighinn	bheireadh

Grammar: Ceit's diary Go online

Kate is writing up her diary and reflecting on the different opportunities in Gaelic medium education. Identify the irregular verbs in her writing. You will find ten examples in the past, present, future and conditional tenses.

Q4:

Cothroman Obrach

Fhuair mi a-mach an-diugh bho Bhòrd na Gàidhlig gu bheil mòran chothroman obrach ann an saoghal na Gàidhlig. Thuirt iad gu bheil barrachd air 2,000 sgoilear ann am foghlam Gàidhlig ann an 63 bun-sgoil ann an Alba. Tha fios gum bi cothroman ann dhomh mar thidsear spòrs.

Chunnaic mi cuideachd anns a' bhileig aca gu bheil foghlam tro mheadhan na Gàidhlig ann am faisg air ceathrad àrd-sgoil. Chì mi dè their an Tidsear Stiùiridh agam anns an sgoil mun seo. Beiridh mi air nuair a thilleas mi a dh'Inbhir Nis. Chan eil mi buileach cinnteach dè gheibh mi anns na deuchainnean aig SQA, agus chan eil fhios agam dè tha oilthighean agus colaistean ag iarraidh airson fhaighinn a-steach gu cùrsaichean.

Chan eil fhios agam dè nì mi - bun-sgoil no àrd-sgoil? Is dòcha gum biodh barrachd chothroman anns a' bhun-sgoil. Air an làimh eile, thig barrachd àrd-sgoiltean Gàidhlig ùra tha mi cinnteach.

Past, future and conditional question forms of irregular verbs

There are variations in the question forms according to the tense of the verb.

Here is a table showing some of the variations.

Root	**Past tense question**	**Future tense question**	**Conditional tense question**
abair	an tuirt thu dad?	*an abair thu sin?	*an abradh tu sin?
say	did you say anything?	do you say that?/will you say that?	would you say that?
beir	an do rug thu air?	am beir thu air?	am beireadh tu air?
catch, give birth	did you catch him?	will you catch, him?	would you catch that?
cluinn	an cuala tu sin?	an cluinn thu mi?	an cluinneadh tu am fuaim?
hear	did you hear that?	do (can) you hear me?/will you hear me?	would you hear the noise?
dèan	an do rinn thu sin?	an dèan thu sin?	an dèanadh tu sin?
do	did you do that?	will you do that?	would you do that?
faic	am faca tu e?	am faic thu i?	am faiceadh tu i tric?
see	did you see him?	will you see her?	would you see her often?
faigh	an d' fhuair thu sin?	am faigh thu sin?	am faigh thu sin?
get	did you get that?	will you get that?	would you get that?
rach	an deach thu ann?	an tèid thu ann?	an rachadh tu ann?
go	did you go there?	will you go there?	would you go there?
ruig	an do ràinig i?	an ruig i a-nochd?	an ruigeadh i a-nochd?

Root	Past tense question	Future tense question	Conditional tense question
arrive, reach	did she arrive?	will she arrive tonight	would she arrive tonight?
thoir	an tug thu sin dha?	an toir thu sin dha?	an toireadh tu sin dha?
give	did you give him that?	will you give him that?	would you give him that?
thig	an tàinig i dhachaigh?	an tig i a-nochd?	an tigeadh i dhachaigh?
come	did she come home?	will she come tonight?	would she come home?

*Note: Many Gaelic speakers do not use the verb *abair* except in the past tense (*thuirt*) or as a verbal noun (*ag ràdh*). They prefer to use the verb can. For the future and conditional they would say: *An can thu sin?* (Do ('Will' literally) you say that), *An canadh tu sin?* (Would you say that?).

1.4 Responding to questions

In the next few exercises we are going to look at how to respond affirmatively (yes) and negatively (no) to questions using the past, future, and conditional forms of the irregular verbs.

Negative answers always begin with **cha** or **chan**.

Let's try the past tense first.

Grammar: Responding in the past tense Go online

Q5: Complete the *past tense answer* of this table.

Root	Past tense question	Past tense answer
abair	an tuirt thu dad?	
say	did you say anything?	I did not.
beir	an do rug thu air?	
catch, give birth	did you catch him?	I did.
cluinn	an cuala tu sin?	
hear	did you hear that?	I did not
dèan	an do rinn thu sin?	
do	did you do that?	I did not.
faic	am faca tu e?	
see	did you see him?	I did not.
faigh	an d' fhuair thu sin?	
get	did you get that?	I did.
rach	an deach thu ann?	
go	did you go there?	I did.
ruig	an do ràinig i?	
arrive, reach	did she arrive?	She did not.
thoir	an tug thu sin dha?	
give	did you give him that?	I did not.
thig	an tàinig i?	
come	did she come, arrive?	She did not.

Now let's try the future tense.

Grammar: Responding in the future tense Go online

Q6: Complete the *future tense answer* of this table.

Root	**Future tense question**	**Future tense answer**
abair	an abair thu sin?	
say	do you say that?/will you say that?	I will.
beir	am beir thu air?	
catch, give birth	will you catch, him?	I will not
cluinn	an cluinn thu mi?	
hear	do (can) you hear me?/will you hear me?	I will not
dèan	an dèan thu sin?	
do	will you do that?	I will.
faic	am faic thu i?	
see	will you see her?	I will.
faigh	am faigh thu sin?	
11get	will you get that?	I will.
rach	an tèid thu ann?	
go	will you go there?	I will not
ruig	an ruig i a-nochd?	
arrive, reach	will she arrive tonight	she will not
thoir	an toir thu sin dha?	
give	will you give him that?	I will.
thig	an tig i a-nochd?	
come	will she come tonight?	she will not

Grammar: Responding in the conditional tense Go online

Q7: Complete the *'Conditional tense answer'* columns of this table.

Root	Conditional tense question	Conditional tense answer
abair	an abradh tu sin?	
say	would you say that?	I would.
beir	am beireadh e air?	
catch, give birth	would he catch, him?	he would not
cluinn	an cluinneadh tu iad?	
hear	would you hear them?	I would.
dèan	an dèanadh ise sin?	
do	would she do that?	she would not
faic	am faiceadh tu i?	
see	would you see her?	I would.
faigh	am faigheadh tu sin?	
get	would you get that?	I would.
rach	an rachadh tu ann?	
go	would you go there?	I would not
ruig	an ruigeadh i a-nochd?	
arrive, reach	would she arrive tonight	she would not
thoir	an toireadh tu sin dha?	
give	would you give him that?	I would.
thig	an tigeadh i a-nochd?	
come	would she come tonight?	she would not

Grammar: Find the irregular verbs Go online

As you will have seen, the only way to learn the different forms of the irregular verbs in their various tenses is to use them. They are very irregular.

Here is an exercise for you to identify some of these verbs in various forms.

There are eighteen irregular verbs in the passage in the next activity. Can you identify them?

Translation

After you have identified the irregular verbs, translate the passage into English.

1.5 Ceit (UND2)

Kate is reading information about possible future careers. Read the article and answer the questions.

Reading comprehension: Ceit Go online

Gabh an Cothrom!

Carson nach gabh thu an cothrom a thighinn a theagasg? Tha feum aig **linn ùr** na Gàidhlig ort. Tha foghlam Gàidhlig a' leudachadh agus tha feum air mòran thidsearan le Gàidhlig ann an sgoiltean air feadh Alba.

Dh'fhaodadh tu a bhith ag obair ann an aon de na raointean seo:

1. sgoiltean àraich
2. bun-sgoiltean
3. àrd-sgoiltean

Faodaidh tu a' Ghàidhlig a theagasg do dh'fhileantaich no do luchd-ionnsachaidh.

Sgoil àraich

Thuirt Màiri Nic a' Ghobhainn a tha ag obair ann an sgoil àraich anns an Òban:

"Tha e a' cordadh rium gu mòr a bhith a' teagasg Gàidhlig don fheadhainn bheaga. Tha e mìorbhaileach **mar a thig na sgilean cànain aca air adhart**."

Feumaidh luchd-teagaisg ann an sgoiltean-àraich
ceumnachadh le BEd no le cùrsa iar-cheumnach.

Bun-sgoil

Tha diofar dòighean trèanaidh ann an-dràsta airson teagasg anns a' bhun-sgoil:

1. Cùrsa BEd a mhaireas ceithir bliadhna ann an ionad trèanaidh luchd-teagaisg.
2. Cùrsa Iar-Cheumnach a mhaireas aon bhliadhna làn-ùine ann an ionad-trèanaidh, an dèidh ceumnachadh bhon oilthigh.
3. Cùrsa Iar-Cheumnach a mhaireas dà bhliadhna pàirt-ùine.

Àrd-sgoil

Faodaidh tu na cothroman agad a leudachadh le a bhith a' taghadh **cuspair sònraichte eile** a theagasg tro mheadhan na Gàidhlig **cho math ri** Gaidhlig fhèin. Tha Ùghdarrasan Ionadail a' sireadh thidsearan a tha comasach air Gàidhlig mar chuspair a theagasg agus cuspair eile a theagasg tro mheadhan na Gàidhlig.

Q8: What opportunity should be taken? To:

a) go to university.
b) teach Gaelic.
c) grasp the first one that comes your way.

....

Q9: What is happening to Gaelic education according to the passage? It is:

a) declining.
b) expanding.
c) leading the way.

....

Q10: Which areas of opportunity are there?

a) Nursery, primary and secondary
b) Primary and secondary
c) Nursery, primary and further education

....

Q11: Teachers for fluent speakers and learners of the language are needed.

a) True
b) False

....

Q12: Where does Mary Smith work? In a:

a) primary school in Aberdeen.
b) nursery school in Oban.
c) high school in Ullapool.

....

Q13: What does she enjoy about her work?

a) Teaching Gaelic to little ones
b) Working with children
c) Speaking Gaelic in her work

....

Q14: What does she think is marvellous? How:

a) enthusiastic the children are.
b) quickly the children's language skills progress.
c) the children love to learn.

....

Q15: Does a teacher need a degree to teach in Mary's school?

a) Yes
b) No

....

Q16: Which is the longest course for Primary school teachers?

a) B. Ed.
b) Part-time Postgraduate
c) Postgraduate

....

Q17: The phrase *Cùrsa Iar-cheumnach* means Undergraduate Course.

a) True
b) False

....

Q18: How can you widen your opportunities?

a) By choosing to teach a subject through the medium of Gaelic.
b) By working in the Gaelic media whilst teaching.
c) By choosing to work in the Highlands as a teacher.

....

Q19: Who is looking for Gaelic-speaking teachers?

a) Headteachers
b) Secondary schools
c) Local authorities

1.6 Mr Macdonald (UND1)

Ceit is speaking to Mr Macdonald, her guidance teacher.

Listening comprehension: Mr Macdonald Go online

To complete this exercise, you will need the following sound file:
hg-cgae3-1-1listening.mp3

Q20: What does Mr Macdonald first ask Kate to do?

a) To listen carefully.
b) To speak openly.
c) To sit down.

....

Q21: What is Mr Macdonald's question?

a) How can I help you?
b) Why have you come to speak to me today?
c) Do you want to discuss something with me?

....

Q22: What is Ceit's reply?

a) I have a problem.
b) I want to leave school.
c) I need to speak about a course.

....

Q23: What caused Mr Macdonald to be happy?

a) Ceit's problem was resolved.
b) She had come to speak to him.
c) Ceit was thinking of becoming a teacher.

....

Q24: What does Mr Macdonald say about teaching?

a) Not easy
b) Very rewarding
c) Good holidays

....

Q25: Which **two** subjects does Cait like best?

a) PE and Gaelic
b) German and science
c) History and geography

....

Q26: What is Ceit's concern about the two subjects she mentions?

a) How she can get work in these two subjects.
b) She wonders whether she should drop them.
c) She does not like the teachers.
d) Too much homework to do.

....

Q27: How many options does Mr Macdonald initially suggest to address her problem?

a) One
b) Two
c) Four

....

Q28: Ceit thinks she would like to work in a secondary school.

a) True
b) False

....

Q29: Mr Macdonald suggests another option. What is Ceit's reply?

a) She had not thought of it.
b) She had already thought of it and ruled it out.
c) She did not think it would be possible.

1.7 Careers (UND1)

In this listening passage Kate's guidance teacher, Mr Macdonald, is discussing career options with her.

Listening comprehension: Careers Go online

To complete this exercise, you will need the following sound file: *hg-cgae3-1-2listening.mp3*

Q30: What does Ceit think about working in a primary school?

a) Possibly more opportunities in a primary school.
b) She would enjoy working in a primary school.
c) Not as exciting as secondary school.

....

Q31: What does Ceit think will happen in the future?

a) More Gaelic secondary schools.
b) She will work on a school in Barra.
c) She is not sure what will happen.

....

Q32: Mr Macdonald asks Ceit another question. Which is it?

a) Can you go to an education college or a university?
b) Would you go to an education college or a university?
c) Will you go to an education college or a university?

....

Q33: Ceit thinks it would be wise to go to a place where:

a) there is a Gaelic environment.
b) Gaelic is taught.
c) there are Gaelic speakers.

....

Q34: Ceit plans to do:

a) a degree in Gaelic and then a teaching qualification.
b) a year at Gaelic colle then a sprots degree.
c) a primary teaching qualification.

....

Q35: When did Ceit do her work experience?

a) Last week
b) Last year
c) Third year
d) Fourth year

....

Q36: What question does Mr Macdonald ask Ceit about school?

a) Do you need any help with school work in PE?
b) Would you help with PE classes in the school?
c) Is PE a successful school subject?

....

Q37: Which sports would Ceit like to play thorugh the medium of Gaelic?

a) Shinty and football
b) Rugby and basketball
c) Netball and golf

....

Q38: Ceit has sufficient qualifications to get into a college or university place at the moment.

a) True
b) False

....

Q39: Ceit intends to work hard this year.

a) True
b) False

1.8 Learning points

You should now be able to demonstrate that you can:

- understand spoken Gaelic of some complexity;
- understand written Gaelic of some complexity;
- produce written Gaelic of some complexity;
- participate in spoken Gaelic communication of some complexity.

You will also have covered the following grammar points:

- the conditional mood of irregular verbs.

Context 3 Topic 2

Work and CVs

Contents

Learning objective

By the end of the topic you should be able to demonstrate that you can:

- understand spoken Gaelic of some complexity;
- understand written Gaelic of some complexity;
- produce written Gaelic of some complexity;
- participate in spoken Gaelic communication of some complexity.

2.1 Introduction

In this topic you will engage with vocabulary and structures relating to work and CVs. You will also learn about the conditional tense.

Hai Dòmhnall an seo, tha mi a' coimhead air adhart ri fàgail na sgoile ged tha e caran eagalach a' smaoineachadh air saoghal mòr na h-obrach. Bidh mi a' coimhead air na h-obraichean a tha ri fhaotainn ann an Saoghal na Gàidhlig. Tha mi airson a bhith nam neach naidheachd ag obair do BhBC Alba ach feumaidh mi obair air mo Ghàidhlig airson sin a dhèanamh. Tha mòran rudan gu math inntinneach a' tachairt anns na meadhanan a thaobh Gàidhlig an-dràsta le sianail digiteach Gàidhlig agus làraich-lìn a' nochdadh air an eadar-lìon am measg rudan eile. Tha mi a' smaoineachadh gum bi a' Chùis seo a' còrdadh rium!

English translation of the introduction

Hello Donald here, I am looking forward to leaving school although it is quite frightening thinking about the big world of work. I will be looking to get a job in the Gaelic world. I want to be a journalist working for BBC Alba but I must work on my Gaelic to do that. There are many interesting job opportunities in the Gaelic media, with radio, television and the internet all offering opportunities. I think I will enjoy this unit!

2.2 Leaving school: A' fàgail na sgoile

Leaving school is a time of great rejoicing for most young people and a time which also promises great opportunities. Opportunities often require you to tell about yourself to demonstrate your potential.

This can be done through a CV, an UCAS application, or a job interview. We shall look at vocabulary and language structures which can help you tell about yourself in Gaelic.

Cunntas-beatha or Curriculum Vitae (CV) - A CV provides an overview of a person's life experiences and qualifications. It is often the first thing an employer will use to find out about you. It shows a potential employer that you have the skills and potential for the job advertised.

If you are serious about a job, then you shall want to make sure your CV proves that you have the skills and potential for the job.

Translation: CV Go online

Below is a CV Dòmhnall is filling in for the career pathway he would like to follow - a Gaelic broadcaster. Read the CV and try to translate it.

DÒMHNALL MAC A' BHATAIR

2 Pàirc nan Gobhar | Baile a' Chàirn, IV2 8YT | 01463 887 0101 | dòmhnall@giggle.com

Bu toigh leam cùrsa a dhèanamh anns na meadhanan oir tha ùidh mhòr agam ann a bhith nam fhear-nàidheachd Gàidhlig.

Aois: 17

Foghlam: Àrdsgoil Baile a' Chàirn

Cuspair	**Ìre Nàiseanta 5**	**Àrd-ìre**
Beurla	B	A
Ceimigeachd	A	A
Eachdraidh	C	A
Eòlas Mheadhanan	A	B
Gàidhlig	A	A
Matamataig	A	C

Spòrs is Cur-seachadan

Tha mi nam chaiptean air sgioba ball-coise na sgoile. Bidh mi cuideachd a'coiseachd nam beann agus is fìor thoigh leam a bhith anns a' Chuilthionn. Tha mi nam bhall den ionad-spòrs ann am Baile a' Chàirn agus bidh mi a' dol ann gu cunbhalach.

Bidh mi a'dol do Chlub Òigridh Baile a' Chàirn gach Dihaoine agus bidh sinn a' cuideachadh anns a' choimhearsnachd le bhith a' tadhal air seann daoine agus a' sgioblachadh a' bhaile bho àm gu àm.

Bidh mi a' sgrìobhadh ann an Iris na Sgoile agus tha prògram agam air Rèidio Coimhearsnachd Inbhir Nis. Bidh mi a' cluich ceòl bho 8.00-9.00 gach feasgar Diciadain. Tha sin a' còrdadh rium gu mòr.

Adhbhar a tha mi ag iarraidh an cùrsa seo a dhèanamh.
Riamh on a bha mi beag bha mi dèidheil air sgrìobhadh. Nuair a bha cothrom againn anns an sgoil greis-gnìomhachais a thaghadh, thagh mise greis còmhla ri Rèidio nan Gàidheal. Ann an sin dh'ionnsaich mi sgilean deasachaidh. Cuideachd, chuir mi criomag ri chèile airson prògram cloinne agus bha mi a' dèanamh beagan rannsachaidh airson prògram no dhà eile. Chòrd an greis seo rium agus dhaighnich e mi nam rùn a bhith nam neach-craolaidh.

Obair
Bidh mi ag obair ann an Tesco feasgar Diluain gach seachdain agus barrachd anns na làithean saora. Tha e a' còrdadh rium a bhith a' coinneachadh ri daoine agus ag obair còmhla ri daoine eile.

Vocabulary: Expressions Go online

Q1: Here are some expressions from Donald's CV. Complete the paragraph using the phrases provided.

Spòrs is Cur-seachadan

Tha mi nam chaiptean air .... Bidh mi cuideachd .... agus is fìor thoigh leam a bhith anns a' Chuilthionn. Tha mi nam bhall den ionad-spòrs ann an Baile a' Chàirn agus bidh mi a' dol ann ....

Bidh mi a'dol do Chlub Òigridh Baile a' Chàirn gach Dihaoine agus bidh sinn a' cuideachadh .... le bhith a' tadhal air seann daoine agus .... bho àm gu àm.

Bidh mi a' sgrìobhadh ann an .... agus tha prògram agam air Rèidio Coimhearsnachd Baile a' Chàirn. Bidh mi a' cluich ceòl bho 8.00-9.00 gach feasgar Diciadain. Tha sin a .... gu mòr.

Adhbhar a tha mi ag iarraidh an cùrsa seo a dhèanamh.

Riamh on a bha mi beag bha mi .... Nuair a bha cothrom againn anns an sgoil .... a thaghadh, thagh mise greis còmhla ri Rèidio nan Gàidheal. Ann an sin dh'ionnsaich mi .... Cuideachd, ... airson prògram cloinne agus bha mi a' dèanamh beagan rannsachaidh airson prògram no dhà eile. Chòrd an greis seo rium agus .... a bhith nam neach-craolaidh.

Obair

Bidh mi ag obair ann an Tesco feasgar Diluain gach seachdain agus barrachd anns na làithean saora. Tha e a' còrdadh rium a bhith a' coinneachadh ri daoine agus ....

a' sgioblachadh a' bhaile	bliadhnaichean	gach duine	càraichean mòra	greis-gnìomhachais	anns a' choimhearsnachd
ag obair còmhla ri daoine eile	Iris na Sgoile	sgilean deasachaidh	sgioba ball-coise na sgoile	chuir mi criomag ri chèile	dhaighnich e mi nam rùn
a' còrdadh rium	gu cunbhalach	cùl an dorais	dèidheil air sgrìobhadh	ann an sgoil	a'coiseachd nam beann

2.3 The conditional tense

The tense of a verb is the form of the verb which tells us at what time an action occurs:

	Present tense	Past tense	Future tense
English	He is walking	He walked *or* He was walking	He will walk
Gaelic	Tha e a' coiseachd	Choisich e no Bha e a' coiseachd	Coisichidh e

The tense of a verb can also indicate the time during which a state is experienced:

	Present tense	Past tense	Future tense
English	She is happy	She was happy	She will be happy
Gaelic	Tha i toilichte	Bha i toilichte	Bidh i toilichte

In this section we shall examine the **conditional tense**. (This tense has also been called the 'subjunctive' tense.) Its main meanings are **would** and **used to**. In some situations it can translate the English past tense and we shall look at this aspect shortly.

The conditional tense says that an action is reliant on something else:
I **would go** *if the weather improved.*

2.3.1 How do you form the conditional tense in Gaelic?

On the whole, Gaelic grammar is much more regular than English grammar. Forming the conditional tense from the root of the verb in Gaelic is straightforward. Let's look at some examples.

Root	Meaning	Past	Future	Conditional
bris	break	b**h**ris	bris**idh**	b**h**ris**eadh**
cuir	put	c**h**uir	cuir**idh**	c**h**uir**eadh**
dùin	close	d**h**ùin	dùin**idh**	d**h**ùin**eadh**
gabh	take	g**h**abh	gabh**aidh**	g**h**abh**adh**
mill	spoil	m**h**ill	mill**idh**	m**h**ill**eadh**

You will know that the root of the verb in Gaelic helps us form the other tenses. The past tense of the root ***bris*** (break) is formed by inserting an **h** after the first letter of the verb (b**h**ris). The future tense is formed by adding **-idh** to the root (bris**idh**).

The conditional tense is formed by inserting an **h** after the first letter of the root and by adding either **adh** or **eadh** to the end. Whether you add **-adh** or **-eadh** depends on the last vowel of the root. If the last vowel is narrow (i or e), add **-eadh**. If the last vowel is broad (a, o, or u), add **-adh**.

There are some variations in the way verbs form the conditional tense.

1. To form the conditional tense of verbs **beginning with a consonant** insert an **h** after the first letter of the root and add either **-adh** or **-eadh** to the end. Whether you add **-adh** or **-eadh** depends on the last vowel of the root. If the last vowel is slender (i,e), add -**eadh**. If the last vowel is broad (a,o,u) add **-adh**.
   Note that verbs beginning with the letters l, n, or r do not require an h, e.g. *laigheadh* (would lie down).
2. All verbs **beginning with a vowel** put **dh'** before the initial vowel to form the conditional tense, e.g. *dh'òladh* (would drink)
3. Verbs which **begin with f+vowel** have **dh'** inserted before the f and have an h inserted after the f when forming the conditional tense, e.g. *dh'fhuiricheadh*.
   Note there is no space between the dh' and f.

Grammar: Forming the conditional tense Go online

Q2: Select the correct conditional form for the roots in the first column.

Lenited roots **beginning with a consonant**

Lenited roots beginning with a consonant	Conditional Form		Meaning
bhris	[-adh]	[-eadh]	would break
chuir	[-adh]	[-eadh]	would put
dhùin	[-adh]	[-eadh]	would close
ghabh	[-adh]	[-eadh]	would take
mhill	[-adh]	[-eadh]	would spoil
phòs	[-adh]	[-eadh]	would marry
shuidh	[-adh]	[-eadh]	would sit
thog	[-adh]	[-eadh]	would lift
las	[-adh]	[-eadh]	would light
nigh	[-adh]	[-eadh]	would wash
ruith	[-adh]	[-eadh]	would run

Q3: Select the correct conditional form for the roots in the first column.

Lenited roots **beginning with a vowel**

Lenited roots beginning with a vowel	Conditional Form		Meaning
dh'aithnich	[-adh]	[-eadh]	would know
dh'èirich	[-adh]	[-eadh]	would get up
dh'ith	[-adh]	[-eadh]	would eat
dh'òl	[-adh]	[-eadh]	would drink
dh'ullaich	[-adh]	[-eadh]	would prepare
dh'ùng	[-adh]	[-eadh]	would anoint

....

Q4: Select the correct conditional form for the roots in the first column.

Lenited roots **beginning with f + vowel**

Lenited roots beginning with a f + vowel	Conditional Form		Meaning
dh'fhuirich	[-adh]	[-eadh]	would stay
dh'fhalaich	[-adh]	[-eadh]	would hide
dh'fhaighnich	[-adh]	[-eadh]	would ask
dh'fhosgail	[-adh]	[-eadh]	would open

Grammar: Find the conditional tense Go online

Q5: In the following text identify the fourteen verbs which are in the conditional tense.

Bha fios agam dè bhithinn a' dèanamh an dèidh dhomh an sgoil fhàgail on a bha mi beag. Nan robh mi a' dol a bhith nam chraoladair Gàidhlig, dh'fheumainn ùidh a shealltainn anns an obair ro làimh le greis-gnìomhachais a dhèanamh anns an sgoil. Shaoilinn gun sealladh sin gu colaiste no oilthigh gun robh spèis agam anns an dreuchd seo co-dhiù.

An uair sin, bhiodh agam ri dhol gu Sabhal Mòr Ostaig airson cùrsa anns na meadhanan Gàidhlig a dhèanamh. Thuigeadh iad an sin gun robh mi airson obair fhaighinn ann an saoghal nam meadhanan agus bhiodh cothroman agam coinneachadh ri daoine a bha anns a' ghnìomhachas mu thràth. Cuideachd, choinnichinn ri oileanaich a bhiodh airson an aon obair a dhèanamh agus dh'ionnsaicheadh sinn bho chàch a chèile.

Thogainn sgilean a chleachdainn anns a' ghnìomhachas agus nuair a bhithinn deiseil den chùrsa bhithinn an dòchas obair fhaighinn còmhla ri companaidh craolaidh neo-eisimileach agus bhiomaid a' dèanamh phrògraman airson MG Alba.

2.3.2 Conditional tense of irregular verbs

Let's have a look now at the ten irregular verbs in Gaelic and see how they form their conditional tenses. Because they are irregular they bear little resemblance to their root in some cases.

Below is a table outlining the root, verbal noun, infinitive, past tense, future tense and conditional of all ten irregular verbs (and their English translations). Once you have read the table, try the exercise on the conditional tense of irregular verbs.

Root	Verbal noun	Infinitive	Past tense	Future tense	Conditional tense
abair*	ag ràdh	a ràdh	thuirt	their	theireadh
say	*saying*	*to say*	*said*	*will say*	*would say*
beir	a' breith	a bhreith	rug	beiridh	bheireadh
catch	*catching*	*to catch*	*caught*	*will catch*	*would catch*
cluinn	a' cluinntinn	a chluinntinn	chuala	cluinnidh	chluinneadh
hear	*hearing*	*to hear*	*heard*	*will hear*	*would hear*
dèan	a' dèanamh	a dhèanamh	rinn	nì	dhèanadh
do	*doing*	*to do*	*did*	*will do*	*would do*
faic	a' faicinn	a dh'fhaicinn	chunnaic	chì	chitheadh
see	*seeing*	*to see*	*saw*	*will see*	*would see*
faigh	a' faighinn	a dh'fhaighinn	fhuair	gheibh	gheibheadh
get	*getting*	*to get*	*got*	*will get*	*would get*
rach	a' dol	a dhol	chaidh	thèid	rachadh
go	*going*	*to go*	*went*	*will go*	*would go*
ruig	a' ruigsinn	a ruigsinn	ràinig	ruigidh	ruigeadh
arrive, reach	*arriving, reaching*	*to arrive, reach*	*arrived, reached*	*will arrive, reach*	*would reach*
thoir	a' toirt	a thoirt	thug	bheir	bheireadh
give	*giving*	*to give*	*gave*	*will give*	*would go*
thig	a' tighinn	a thighinn	thàinig	thig	thigeadh
come	*coming*	*to come*	*came*	*will come*	*would come*

*Note: Many Gaelic speakers do not use the verb *abair* except in the past tense (*thuirt*) or as a verbal noun (*ag ràdh*). They prefer to use the verb *can*, e.g. *can seo* (say this), *canaidh mi seo* (I'll say this).

Grammar: Conditional tense of irregular verbs Go online

Q6:

Match the pairs.

Muddled pairs

1.	theirinn	I would bear/give birth
2.	bheirinn	I would come
3.	chluinninn	I would do
4.	dhèanainn	I would get
5.	chithinn	I would give
6.	gheibhinn	I would go
7.	rachainn	I would hear
8.	ruiginn	I would reach
9.	bheirinn	I would say
10.	thiginn	I would see

....

Q7:

Place the items next to their correct translation.

Muddled translations

1.	Theireadh feadhainn nach b' urrainn dhut.	Everyone would get his portion.
2.	Bheireadh an cù cuilean dubh.	John would make a good doctor.
3.	Chluinneadh tu i a' gaireachdainn mìle air falbh.	It would make a stirk (a calf between 1-2 years old) laugh. (Idiom)
4.	Dhèanadh Iain deagh dhotair.	On a good day you would see the Outer Isles from the Cuillins.
5.	Air latha math chitheadh tu Na h-Eileanan a-Muigh bhon Chuilthionn	The dog would give birth to a black puppy.
6.	Gheibheadh a h-uile duine a chuid.	She would reach the youth hostel at nine o' clock.
7.	Rachadh tu às do chiall leis na meanbh-chuileagan.	Some would say that you could not.
8.	Ruigeadh i an ostal òigridh aig naoi uairean.	They would come if they could.
9.	Bheireadh e gaire air gamhainn.	You would go out of your mind with the midges.
10.	Thigeadh iad nam b' urrainn dhaibh.	You would hear her laughing a mile away.

2.3.3 Repeated or habitual action in the past

It was mentioned earlier that the conditional tense in Gaelic can be used to describe **repeated or habitual action in the past**. For example, if it was your habit in the past to go into town every Saturday morning you could use the conditional tense to express this: '*Bhithinn a' dol a-steach dhan bhaile a h-uile madainn Disathairne.*' (I went (would go) into town every Saturday morning.)

This use of the conditional tense can be put like this:

If a thing happened **once** in the past, use the **past tense**.
If it happened **more than once** in the past, use the **conditional**.

Grammar: Conditional tense for repeated use Go online

Q8:

In each of the following sentences the conditional tense is used to describe habitual action in the past. Write the correct Gaelic answer.

1.	My grandmother would sit in the garden on sunny days.	
2.	She would drink coffee in the morning and tea in the afternoon.	
3.	I would buy a new car every three years.	
4.	The school bus would go by at eight o'clock each morning.	
5.	I used to get up at six o'clock each morning.	
6.	She would walk to the shops each day.	
7.	I would walk to work each Monday.	

2.3.4 The conditional tense with the word 'if'

Frequently the conditional tense is used along with the word 'if'.

For example: **If I won** one million pounds **I would give** £50,000 to *Children in Need.*

This would be translated as:

Nam **buannaichinn** millean not, **bheirinn** £50,000 do Chlann ann an Èis.

Some information about using the word **if** in Gaelic.

- In a conditional sentence in Gaelic the word for **if** is always **nan** or **nam**.
- *Nan robh* can also be used instead of *nam biodh* in a conditional sentence in Gaelic, e.g. Nan robh thusa nam àite, cha dèanadh tu e. An dèanadh?
  If you were in my place, you wouldn't do it. Would you?
- Remember **nam** is used before words beginning with b,f,m,p, e.g. *Nam faiceadh tu iad, cha bhiodh dragh ort.* If you saw them, you would not be worried.

Grammar: Conditional tense with *if* Go online

Q9:

Which form of if would you use in these sentences? Remember **nam** is used before words beginning with b,f,m,p.

1.	______ faiceadh tu an sealladh brèagha às an seo, bhiodh tu toilichte.	nan/nam
2.	______ togadh tu dealbh den t-sealladh seo, dh'fhaodadh tu a reic.	nan/nam
3.	______ bruidhneadh ti ris, sguireadh e tha mi cinnteach.	nan/nam
4.	______ parcadh tu an car an sin, bhiodh e sàbhailte.	nan/nam
5.	______ itheadh tu do bhiadh, bhiodh tu sàsaichte.	nan/nam

2.4 Talking, listening and reading exercises (USE2, UND1, UND2)

Introduction

Here is an opportunity for you to practise some speaking for a job interview.

Donald has been selected by a large supermarket for interview. You can share in Donald's preparation for the interview.

Question	Translation	Possible Answer	Translation
Question 1: Carson a tha thu ag iarraidh na h-obrach seo?	Why do you want this work?	Tha mi ag iarraidh airgead a shàbhaladh airson an oilthigh agus bheireadh an obair seo an cothrom sin dhomh.	I want to save money for university and this work would give me that opportunity.
Question 2: A bheil thu smaoineachadh gun còrdadh an obair seo riut?	Do you think you would like this job?	Chòrdadh e rium gu mòr. Is toigh leam a bhith ag obair còmhla ri daoine eile agus 's e rudeigin eadar-dhealaichte ri dhèanamh air an oidhche a bhiodh ann.	I would enjoy it very much I like working with other people and it would be something different to do at night.
Question 3: A bheil thu air obair mar seo a dhèanamh mu thràth?	Have you done this kind of work before?	Bha mi ag obair ann am bùth bheag anns a' bhaile agam, ach dhùin a' bhùth sin sìos seachdain air ais.	I was working in a small shop in my village, but that shop closed down a week ago.
Question 4: Nam faigheadh tu an obair cuin a b' urrainn dhut tòiseachadh?	If you got the job, when could you start?	Dh'fhaodainn tòiseachadh uair sam bith.	I could start at any time.
Question 5: A-nis, a bheil ceist sam bith agad fhèin?	Now, do you have any questions?	Bu toigh leam faighneachd, dè pàigheadh anns an uair a gheibhinn?	I would like to ask, what the hourly pay rate would be?
Response: Bhiodh tu a' faighinn £3.50 san uair.	You would receive £3.50 per hour.	Bhiodh sin math. Cha robh mi a' faighinn ach £2.50 anns an obair eile.	That would be good. I only received £2.50 in the other work.

Reading comprehension: The media Go online

Bha ùidh agam riamh ann a bhith a' sgrìobhadh agus a bhith a' leughadh nam pàipearan naidheachd. Chòrd e rium cuideachd a bhith a' coinneachadh ri daoine agus a' bruidhinn riutha agus **faighinn a-mach mun deidhinn**.

Thàinig oifigear-dhreuchdan dhan sgoil a' toirt comhairle seachad mu dhreuchdan a dh'fhaodadh sgoilearan a leantainn an dèidh an sgoil fhàgail. Thuig mi bho na thuirt i gur e obair craolaidh a b' **fheàrr a fhreagradh ormsa**. Le sin thagh mi cùrsaichean a bha co-cheangailte ri obair nan naidheachdan agus craoladh **airson an tagradh agam** gu UCAS.

A chionns gun robh mi airson Gàidhlig agus Na Meadhan a dhèanamh, cha robh ach aon àite ann dhomhsa. B' e sin Sabhal Mòr Ostaig anns an Eilean Sgitheanach. **Chuir mi seachad** trì bliadhna an sin agus an dèidh sin fhuair mi obair aig a' BhBC mar neach-trèanaidh craoladh naidheachdan.

Q10: What always interested the author?

a) Websites
b) Writing and reading newspapers
c) Publishing books
d) Reading the Bible

....

Q11: What did the writer enjoy?

a) Meeting people, speaking to them, and writing about them
b) Meeting people and finding out where they stayed
c) Meeting people, speaking to them, and finding out about them

....

Q12: What advice did the careers officer give to pupils?

a) Careers they could follow after leaving school.
b) Jobs they could do at night after school.
c) opportunities available in the community.

....

Q13: What career did the writer think best suited him?

a) Script writer
b) Broadcaster
c) Actor

....

Q14: What courses does the writer choose as a result?

a) Drama
b) English
c) Media

....

Q15: How many institutions of higher learning did the writer feel he could choose from?

a) One
b) Two
c) Four

....

Q16: What happened at the end of three years in Higher Education?

a) He went on to do another degree.
b) He obtained employment.
c) He travelled the world.

....

Q17: On receiving a job, what was his job title?

a) Cameraman
b) Trainee journalist
c) Production assistant

Listening comprehension: Ceit and Donald Go online

Listen to the conversation being read to you then answer the questions. To complete this exercise, you will need the following sound file:
hg-cgae3-2-7listening.mp3

Q18: Ceit asks Donald if he is busy doing what?

a) Eating his dinner
b) Getting ready for the exams
c) Preparing for the holidays

....

Q19: Donald replies that he is not particularly busy.

a) True
b) False

....

Q20: Donald also tells which subjects he has on Monday and Tuesday. Which one does he have on **Monday**?

a) Gaelic
b) History
c) Geography
d) Modern Studies
e) Chemistry

....

Q21: Donald also tells which subjects he has on Monday and Tuesday. Which one does he have on **Tuesday**?

a) Gaelic
b) History
c) Geography
d) Modern Studies
e) Chemistry

....

Q22: Ceit will sit her Chemistry exam on Friday.

a) True
b) False

....

Q23: How does Ceit feel about the exams in general?

a) It will be good when they are over.
b) She is very nervous about all seven of her exams.
c) Very confident, no worries.

....

Q24: How long does Ceit plan to go to Ireland for?

a) A week or two
b) A month
c) Two days
d) A long weekend

....

Q25: What in particular is Ceit looking forward to about visiting Ireland?

a) Playing Irish music
b) Looking at the scenery
c) Hearing Irish Gaelic spoken
d) Learning the country's history

....

Q26: What does Donald say about visiting this country?

a) He went over once and hated it.
b) He would like to visit sometime.
c) He does not think he would like it.
d) He is going in the summer as well.

Reading comprehension: The interview Go online

Mu tha thu a' dol a dhèanamh math ann an agallamh, feumaidh tu sealltainn dhan **luchd-fastaidh** gu bheil thusa nas fheàrr na an fheadhainn eile a tha **a' cur a-steach airson na h-obrach**. Mar as trice 's e an t-agallamh **a sheallas** cò gheibh an obair, oir **anns a' chumantas** bidh na luchd-fastaidh **a' tairgsinn obair** do neach air sgàth 's mar a rinn iad san agallamh.

Tha suidheachadh mar agallamh a' cur cudthrom air neach. Nan dèanadh daoine **deagh ullachadh** cha bhiodh **uiread de dhragh** orra. Le sin bhiodh e glic deagh ullachadh a dhèanamh ro làimh.

Dè an ullachadh as urrainn dhut a dhèanamh airson agallamh? Faodaidh tu fhaighinn a-mach mun chompanaidh a tha a' tairgsinn agallamh. Ma chì luchd-fastaidh gu bheil thu fiosraichte mun chompanaidh aca, **smaoinichidh iad barrachd dhiot**.

Cuideachd, feumaidh fios a bhith agad dè na sgilean a tha agad fhèin a bhiodh feumail airson na h-obrach. Feumaidh tu sealltainn cuideachd gu bheil na sgilean pearsanta agad airson a bhith ag obair còmhla ri daoine eile agus gu bheil thu deònach a bhith ag obair **gu dìcheallach**.

Cuimhnich gu bheil na ceistean a tha luchd-fastaidh a' cur ort **a' toirt cothrom dhut** sealltainn dè cho math 's a tha thu. Ged a bhios na ceistean sin doirbh uaireannan, chan ann **airson do ghlacadh** a tha iad.

Q27: According to paragraph one, what do you have to demonstrate if you are to do well in an interview?

a) You are a smart dresser
b) You are not nervous
c) You are better than the other applicants

....

Q28: The interview decides who is going to get the job in most cases.

a) True
b) False

....

Q29: How can people take pressure off themselves in a job interview?

a) By taking sedatives beforehand
b) By talking a lot
c) By preparing thoroughly for it

....

Q30: What usually impresses employers according to paragraph three?

a) If you are informed about their company
b) If you are not late for the interview
c) If you can communicate well

....

Q31: According to paragraph four, which personal skills are useful?

a) Working with people and being willing to work hard
b) Work experience and fluency in Gaelic
c) Being clean and tidy and well-spoken

....

Q32: What do employers' questions do according to the last paragraph?

a) Allow you to demonstrate your ability to do the job.
b) Show up your weaknesses.
c) Show whether you can deal with awkward questions.

Listening comprehension: Going back Go online

Listen to the text being read to you then answer the questions.

To complete this exercise, you will need the following sound file:
hg-cgae3-2-8listening.mp3

Q33: Where did the speaker go last week?

a) To his old university
b) To a house he used to own
c) To the local college

....

Q34: He had not been there for fifty years.

a) True
b) False

....

Q35: Nothing had changed.

a) True
b) False

....

Q36: The population was 5,000 when he was last there. Now it is:

a) 15,000
b) 15 million
c) 500

....

Q37: What difference does this population change make?

a) You can talk to many more people
b) You are likely to collide with people
c) You feel that the place is deserted

....

Q38: Patience is required if you go for a cup of coffee.

a) True
b) False

....

Q39: Apart from punks and hippies, which group would you have seen in the writer's day?

a) The poor
b) Drug addicts
c) The well-dressed
d) Refugees
e) Goths

....

Q40: What differences does the speaker notice in the clothes people wear now compared to his day? Choose **three**.

A) All the women are well-dressed
B) The men are untidy but smart
C) Everyone is in uniform
D) People wear clothing with the place's logo
E) The place's logo is nowhere to be seen
F) The kilt is very common
G) Women wear trousers now
H) The men are very flamboyant

....

Q41: What situation will many of the people in this place find themselves in when they leave?

a) A good job
b) Lots of debts
c) Unemployed
d) Back in school
e) Working in Tesco
f) Rich

2.5 Careers: Dreuchdan (USE2)

Writing: Dreuchdan

Dè an dreuchd am bu toigh leat nuair a dh'fhàgas tu an sgoil?
What career would you like when you leave school?

The following examples combine related nouns and verbs which may be useful for talking about work in a particular employment sector. Use this vocabulary in tandem with other Gaelic vocabulary you have acquired connected to work to create a profile of a typical worker. Translate these examples.

Q42: Dè na sgilean a tha a dhìth ort airson an obair seo a dhèanamh?

....

Q43: Dè an treànadh a tha a dhìth ort?

....

Q44: Dè uidheamachd bhios tu a' cleachdadh anns an obair?

....

Q45: Cò ris a tha an obair coltach?

....

Q46: Cò bhios ag obair còmhla riut?

....

Q47: Càite am bi thu ag obair?

....

Q48: Dè cho math 's a tha am pàigheadh?

....

Q49: Carson a tha ùidh agad anns an obair seo?

2.6 Vocabulary associated with work

Fashion and clothes: Fasan is aodach Go online

To listen to these, you will need the following sound files:
hg-cgae3-2-1vocab.mp3 (1-21)

dealbhadh	design, designing
ealain	art
fuaigheall	sewing
fighe	knitting
anart	linen
clò	cloth
An Clò Mòr	Harris Tweed
clòimh	wool
breabadair	weaver
breabadaireachd	weaving
beairt	loom
snathaid	needle
spaideil	smart
snàsail	snazzy
brèagha	beautiful
sgeadaich, sgeadachadh	decorate
sìoda	silk
leathair	leather
còtain	cotton
fèileadh	kilt
inneal-fuaigheall	sewing machine

Fishing and working at sea: Iasgac h agus obair aig muir Go online

To listen to these, you will need the following sound files:
hg-cgae3-2-2vocab.mp3 (1-29)

iasgair	fisherman
maraiche	mariner
seòladair	sailor
innealadair	engineer
einnseanair	engineer
sgiobair	captain
sgioba	crew
cliabh	creel
lìon	net
slat-iasgaich	fishing road
a' glacadh	catching
sròn a' bhàta	prow of the boat
seòl	sail
bàta-siùil	sailboat
bàta-smuid	steam boat
bàt'-aiseig	ferry boat
soitheach	vessel (large boat, ship)
long	ship
eathar	dinghy
ràmh	oar
crann	mast
tonn	wave
tuinn	waves
làn	tide
seòladh	sailing
acair	anchor
slabhraidh	chain
oilsgin	oilskin
crann-ola	oilrig

Trade work: Obair-ciùird Go online

To listen to these, you will need the following sound files:
hg-cgae3-2-3vocab.mp3 (1-28)

saor	joiner
plumair	plumber
clachair	builder, mason
peantair	painter
gobha	smith
uildear	welder
àradh	ladder
uidheamachd	tools, equipment
obair-làimhe	handiwork
cruthachail	creative
sgriùbhaire	screwdriver
tarrag	nail
òrd	hammer
spanair	spanner
sàbh	saw
locair	plane
locradh	planing
mìn-sàibh	sawdust
fiodh	wood
meatailt	metal
iarainn	iron
sgudal	rubbish
ag obair le làmhan	working with hands
bùth-obrach	workshop
gàrradh	yard, garden
ag obair a-muigh	working outside
càradh	repairing
obair-càraidh	repairwork

Teaching and education: Teagasg is foghlam Go online

To listen to these, you will need the following sound files:
hg-cgae3-2-4vocab.mp3 (1-24)

labhairt	talk, speak
libhrig, libhrigeadh	delivering
meas, measadh	assessment, assessing
còmharraich, còmharrachadh	marking
ceartaich, ceartachadh	correcting
ionnsaich, ionnsachadh	learning
cuidich, cuideachadh	helping
oide	tutor
sgrùd, sgrùdadh	analysiing
goireasan	resources
cabadaich, cabadaich	chatting
trod	argue, arguing, giving a row
còmhla ri cloinn	with children
foighdineach	patient
mì-fhoighdineach	impatient
taiceil	supportive
ceannard	headteacher, rector
iar-cheannard	depute head teacher, depute rector
prìomh-thidsear	principal teacher
tidsear-stiùiridh	guidance teacher
neach-teagaisg	teacher (alternative)
luchd-teagaisg	teachers (alternative)
seòmar na luchd-obrach	staff room
seòmar-teagaisg	classroom

Administration and officework: Rrianachd is obair-oifis Go online

To listen to these, you will need the following sound files:
hg-cgae3-2-5vocab.mp3 (1-16)

a' stiùireadh	directing
deilig ri, deiligeadh ri	deal with, dealing with
a' cur fàilte air	welcoming
neach-fàilteachaidh	receptionist
runaire	secretary
cleiriche	clerk
oifis	office
a' cur post-dealain	sending e-mail
leth-bhreac	copy
dorsair	janitor
neach-glanaidh	cleaner
coinneamh	meeting
a' coinneachadh	meeting
co-labhairt	conference
a' freagairt an fhòn	answering the phone
co-obraichean	colleagues

Gamekeeping and forestry: Eunaidearachd agus coilltireachd Go online

To listen to these, you will need the following sound files:
hg-cgae3-2-6vocab.mp3 (1-14)

tuagh	axe
gunna	gun
coin	dogs
oighreachd	estate
losgadh	firing
craobhan	trees
fraoch	heather
cearc-fhraoich	grouse hen
geamair	gamekeeper
a' leagail chraobhan	chopping down tree
falaisgearachd	heather burning
sealgaireachd	hunting
uachdaran	landlord
Coimisean na Coilltireachd	Forestry Commission

2.7 Applying for a job (USE2)

Writing an application letter or e-mail for a job is a tricky business. You must be formal whilst also selling yourself as a potential employee. In Gaelic, as in English, there are several protocols which you must follow to ensure your letter is correct.

Greetings

The standard formal greeting is:
A Charaid/Bhanacharaid choir - Dear Sir/Madam

If you are writing to a friend, you would use the vocative case of their name.
A Sheumais Chòir - Dear James
A Mhàiri Chòir - Dear Mary

or you can make the word "caraid" vocative. This is less formal.
Seumas a charaid,
Màiri a charaid,

Starting your letter

Tha mi a' sgrìobhadh thugaibh - I am writing to you
mu dheidhinn - about
sanas a chunnaic mi - an advert I saw

Skills

You should talk about your work experiences, you can structure your responses using all the vocabulary you have learned through this topic.

Tha mi air a bhith ag obair - I have been working
Is urrainn dhomh - I can

Signing off

Make sure you sign off in a polite and respectful manner. And do not forget "Tapadh Leibh"!

Is urrainn dhomh tighinn airson agallamh uair sam bith - I can come for an interview anytime
Tha mi an dòchas gun cluinn mi bhuaibh a dh'aithghearr - I hope I hear from you soon

The following are methods with which to sign off your letter, from the very formal to the informal:

Mise, le meas - Yours faithfully
Le spèis - With respect
Le dùrachd - with regards
Leis gach deagh dhùrachd - yours sincerely
Le gaol - with love!

Assignment: Writing: The letter

Read the following letter. Then write your own. Submit it to your tutor. You may need to redraft it.

2 Corran Mhic a' Phearsain
Baile a' Chàirn
BC51 9XX

20mh là den t-Sultain

A Charaid/Bhanacharaid chòir,

Dreuchd mar oifigear Gàidhlig ann am Baile a' Chàirn

Tha mi a' sgrìobhadh thugaibh air sgàth sanais a chunnaic mi ann am Pàipear a' Bhaile air an 18mh là den t-Sultain airson oifigear leasachaidh Gàidhlig aig Comann na Gàidhlig ann am Baile a' Chàirn.

Tha ùidh mhòr agam anns an obair seo, tha mi fileanta anns a' Ghàidhlig agus tha mi uabhasach fhèin lasanta mu dheidhinn cor na Gàidhlig ann an Alba.

Tha mi air a bhith ag obair aig Sradagan ann am Baile a' Chàirn, ag obair còmhla ri cloinn bho aois a còig gu ruige a dhà dheug. Tha mi cuideachd ag obair ann an Oifis a' Phuist far a bheil agam ri innse do luchd-ceannachd anns a' Ghàidhlig.

Is urrainn dhomh bruidhinn ri daoine gu furasta agus tha mi glè chomasach air coimpiutairean. Chuir mi air dòigh làrach-lìn airson muinntir na Gàidhlig ann am Baile a' Chàirn cuideachd agus tha mòran dhaoine air a bhith ga chleachdadh airson Gàidhlig ionnsachadh.

Tha mòran eòlais agam air Saoghal na Gàidhlig agus tha mi ag iarraidh a bhith nam oifigear èifeachdach do Chomann na Gàidhlig, ag obair leis an sgioba agaibh, a' conaltradh le buidhnean Gàidhlig eile agus buidhnean eile taobh a-muigh na Gàidhlig.

Is urrainn dhomh tighinn airson agallamh uair sam bith a thogras sibh agus tha mi an dòchas gun cluinn mi bhuaibh a dh'aithghearr. Tapadh leibh.

Leis gach deagh dhùrachd

Annag NicRàth

Follow the following pattern to produce an effective letter. The letter should be around 250 words in length.

-	Address & date in Gaelic
-	Greet the person to whom you are writing
-	Job title in bold
-	Where you saw the advert.
-	Why you are interested in the job
-	Work experience
-	Abilities
-	Why you think you would be a good employee
-	Say you are looking forward to hearing from them
-	Sign off with an appropriate saying and your name

2.8 CV: Cunntas beatha (USE2)

Writing: Make your Gaelic CV

/vle/asset/Downloads/H-CGAE/Sound%20Files/36F1CB84-C5E1-3089-09A9-20CBE5EF84DE/CV.pdf. You can use your imagination if you want. Show it to your tutor when you are finished.

2.9 Learning points

Summary

You should now be able to demonstrate that, within the theme of work and CVs, you can:

- understand spoken Gaelic of some complexity;
- understand written Gaelic of some complexity;
- produce written Gaelic of some complexity;
- participate in spoken Gaelic communication of some complexity.

Context 4: Culture

Context 4 Topic 1

Planning a trip - Adventure holiday in the Western Isles

Contents

Learning objective

In this topic you will learn vocabulary and structures which relate to planning a trip. You will also learn about prepositional pronouns and how to use adjectives which go before a noun.

By the end of the topic you should be able to demonstrate that you can:

- understand and use detailed and complex spoken Gaelic within the theme of planning a trip;
- understand and use detailed and complex written Gaelic within the theme of planning a trip;
- produce detailed and complex written Gaelic within the theme of planning a trip;
- participate in detailed and complex spoken Gaelic communication within the theme planning a trip.

Tha na h-Eileanan Siar (no Innse Gall) ceart cho math ri àite sam bith anns an t-Saoghal airson saor-làithean. Tha na miltean de dhaoine a' tighinn ann gach bliadhna airson seallaidhean àlainn, tràighean, beanntan, is lochan fhaicinn. A dh'aindeoin cho iomallach is cho falamh 's tha a' mhòr-chuid dhe na h-eileanan, tha feadhainn airson a dhol nas fhaide buileach gu eileanan fàsach, leithid de Hiort agus de Tharasaigh. 'S e sin a bhios Dòmhnall a' dèanamh anns an aonad seo.

The Western Isles (or Outer Hebrides) are as good as any where on Earth for a holiday. Thousands come to the islands every year to see beautiful views, beaches, mountains and lochs. Despite how remote and empty much of the islands are, there are some people who want to go even further out to desert islands, such as St Kilda and Taransay. That is what Donald will be doing in this unit.

1.1 Hebridean adventure holiday

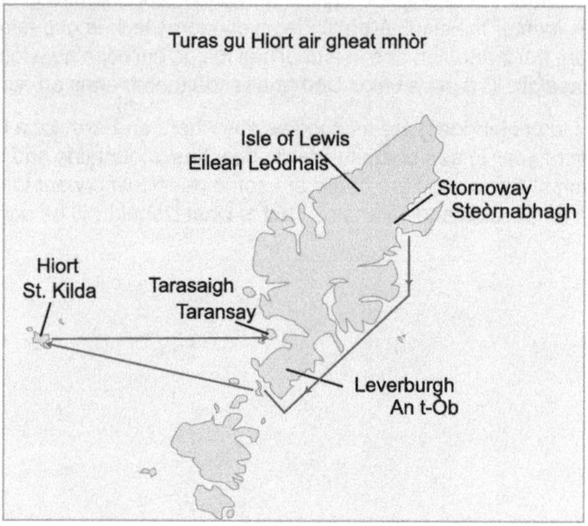

Map of Lewis and Harris

Hebridean Adventure Holiday
There are growing numbers of exciting holiday opportunities in the Highlands of Scotland. There are holidays which provide experiences in climbing, mountain biking, photography, sailing, sea kayaking, and walking.
Donald has wanted to visit St Kilda (*Hiort*) for a number of years and has decided to go there on a sailing holiday which leaves from Stornoway.
Now try a short exercise.

A' fàgail Steòrnabhagh *Leaving Stornoway*

Vocabulary: A sailing holiday Go online

Fàsach—Làithean saora eadar-dhealaichte | Seòladh gu Hiort air gheat mhòr

Hiort

Boreraigh

Feather store, St Kilda

Pier, St Kilda

Seòlaidhean	Cinn-latha	Seòrsa Seòlaidh	Cosgais
Innse Gall & Hiort	24-29 Cèitean	Meadhanach	£650.00
An t-Eilean Sgitheanach	10-15 Ògmhios	Furasta	£450.00
Eige, Rùm & Canaigh	9-14 Iuchar	Furasta	£550.00

Geàrr-chunntas den turas gu Hìort

Latha 1	0930	A' fàgail Steòrnabhagh	A' seòladh gu deas dhan t-Òb	(50 mile)
Latha 2	0930	A' fàgail An t-Òib	A' seòladh gu Hìort	(40 mile)
Latha 3	0930	Hiort	Fad an latha air tìr	
Latha 4	0930	Stac Lì, Stac an Armainn, Tarasaigh	A' seòladh agus aig acair faisg air Tarasaigh	(30 mile)
Latha 5	0730	Steòrnabhagh	A' seòladh air ais gu Steòrnabhagh	(60 mile)

Sailing holiday

Q1:

Match the English statements to the equivalent Gaelic statement.

Muddled statements

Fàsach-Làithean Saora eadar-dhealaichte	May
Fàsach	June
Seòlaidhean	July
Cinn-latha	Price
Seòrsa Seòlaidh	Dates
Cosgais	Sailings
An Innse Ghall & Hiort	Type of sail
An t-Eilean Sgitheanach	All day ashore
Eige, Rùm & Canaigh	The Isle of Skye
Cèitean	Wilderness
Ògmhìos	Eigg, Rhum and Canna
luchar	Sailing back to Stornoway
A' seòladh gu deas dhan t-Òb	Sailing south to Leverburgh
A' seòladh gu Hìort	Wilderness-Different holidays
Fad an latha air tìr	The Outer Hebrides and St Kilda
A' seòladh agus aig acair faisg air Tarasaigh	Sailing to St Kilda on a large yacht
A' seòladh air ais gu Steòrnabhagh	Sailing and at anchor near Taransay

A' ruigheachd Hiort *Arriving at St Kilda*; Stuadhan, Hiort *Sea cliffs, St Kilda*

1.2 Pre-noun adjectives

Donald has been brushing up on special adjectives, ones which go in front of the noun and not after. The majority of adjectives in Gaelic go after the noun, e.g. latha *math*, iasg *mòr*, bàta *geal*, gaoth *fhiadhaich*. There are other adjectives which go before and they are called **pre-noun adjectives**.

Pre-noun adjectives

ath	corra	deagh	droch	prìomh	sàr	seann	a h-uile	gach	iomadach /iomadh
next	a few	a good	bad	first	excellent	old	every	each	many

Vocabulary: Special adjectives Go online

Q2: *Muddled pairs*

corra bhàta	a beautiful view
an ath eilean	a few boats
deagh shealladh	an excellent sailor
droch aimsir	an old house
am prìomh eilean	bad weather
sàr sheòladair	each low tide
seann taigh	every lighthouse
a h-uile taigh-solais	the main island
iomadach cunnart	the next island
gach muir-tràigh	many dangers

1.2.1 Lenition

Seven of the pre-noun adjectives in the previous section lenite the noun. Here are examples:

1.	an ath dhuine	the next man
2.	corra thaigh	a few houses
3.	deagh chothrom	a good opportunity
4.	droch thubaist	a bad accident
5.	am prìomh phort	the main port
6.	sàr chluicheadair	an excellent player
7.	seann charaid	an old friend

Three of the pre-noun adjectives do **not** lenite the noun:

1.	a h-uile bàta	every boat
2.	gach muir-làn	each high tide
3.	iomadh turas	many times (also many trips)

After the pre-noun adjective **seann**, nouns beginning with **d**, **t**, and **s** do not lenite.

seann duine seann taigh seann seòladair

Let's try an exercise.

Vocabulary: Pre-noun adjectives Go online

Vocabulary help

place	fiddler	trip	wave
àite	fidhlear	turas	tonn

Q3: Complete the table with the Gaelic words.

the main town	
the excellent fiddler	
the good trip	
every sailor	
many (*iomadh*) places	
an old boat	
an old house	
a bad morning	
every wave	
the next ferry	
an old sailor	
many (*iomadach*) women	

Air a' gheat *On the Yacht*

1.3 Prepositional pronouns

Prepositional pronouns

Revision

As we have seen at points in the course previously, a**prepositional pronoun** is a special form of a personal pronoun.

In Gaelic, a **prepositional pronoun** is formed by combining a preposition and a personal pronoun. Below is a list of common prepositions. The fourth column shows how they look when combined with a personal pronoun (mi, thu, e, i, sinn, sibh, iad) to form a prepositional pronoun.

Only the first person singular is listed in this table.

Preposition	+ Pronoun		Prepositional Pronoun	Literal meaning
à	à + mi	=	asam	out of me
aig	aig + mi	=	agam	at me
air	air + mi	=	orm	on me
ann	ann + mi	=	annam	in me
bho	bho + mi	=	bhuam	(away) from me
de	de + mi	=	dhìom	off me
fo	fo + mi	=	fodham	under me
gu	gu + mi	=	thugam	towards me
le	le + mi	=	leam	with me
mu	mu + mi	=	umam	about me
ri	ri + mi	=	rium	to me
ro	ro + mi	=	romham	in front of me
tro	tro + mi	=	trotham	through me

Grammar: Agam Go online

Try this exercise which uses the prepositional pronoun 'agam' in all of its forms, singular and plural.

Q4: Write the correct form from *agam, agad, aige, aice,againn, agaibh* or *aca* to complete the sentences.

1. I have a sleeping bag. Tha poca cadail . . .
2. You (s) have a car. Tha càr . . .
3. We have a ticket. Tha tiogaid . . .
4. She has a new book. Tha leabhar ùr . . .
5. They have a day off. Tha latha dheth . . .
6. He has my DVD. Tha an DVD . . .

7. Class, you (pl) have a new teacher. A chlas, tha tidsear ùr . . .

Grammar: Identifying prepositional pronouns (1) Go online

Q5: *Shuffled pronouns*

asad	at us
againn	around them
oirbh	before you (pl)
annaibh	from you (s)
bhuat	in you
dhibh	of you (pl)
foidhpe	on you
thugainn	out of you (s)
leam	through me
umpa	to him
ris	towards us
romhaibh	under her
tromham	with me

Grammar: Identifying prepositional pronouns (2) Go online

Q6: Tha àite agam air gheat a tha a' seòladh à Steòrnabhagh gu Hiort. Tha mi a' smaoineachadh gur e deagh sheòladair a tha annam oir is toigh leam a bhith aig muir. Chuir an companaidh seòlaidh litir thugam ag innse dhomh dè seòrsa aodach a bu choir a bhith orm aig muir.

Sgrìobhaidh mi air ais thuca a-màireach agus canaidh mi riutha gu bheil aodach agam agus gu bheil mi a' coimhead air adhart ris an turas anns a' Chèitean. Tha mi cinnteach gun cluinn mi bhuapa nas fhaisge air an àm.

Is toigh leam a bhith ann an gheat le daoine eile 's uisge fodhainn agus port romhainn, a' ghaoth leinn agus aodach blàth umainn.

. . . .

Q7: Now translate the passage.

1.4 St Kilda (USE1)

Talking: St Kilda

Here is an opportunity for you to practise some speaking. You can do a role play with Donald and imagine you are asking him about his trip to St Kilda.

Q8: See answer section for a sample answer.

Perhaps you might like to visit this site which gives written and visual information on St Kilda.

http://www.kilda.org.uk/

You could also try the quiz about St Kilda.

1.5 Donald's trip (UND2)

Donald is reading some information about the itinerary from Stornoway to St Kilda. Answer the questions based on this information.

Reading comprehension: Donald's trip Go online

A' Chiad Latha-Turas dhan t-Òb

A' dol air bòrd an gheat Zsa-Zsa agus a' seòladh deas dhan t-Òb. Bidh sinn a' coinneachadh mu 0930 **ann an cala Steòrnabhaigh**. Gheibh thu fàilte mhòr bho Alasdair agus Seumas. Bidh iadsan **gar cumail sàbhailte fad an turais**. Tha Gàidhlig aig Alasdair, **an sgiobair agus Seumas, am meat**.

Gheibh sibh fiosrachadh agus riaghailtean mu shàbhailteachd aig muir agus an uair **sin cuiridh sinn mu sgaoil** airson an t-Òib a tha 50 mìle gu deas. Air an t-slighe gu deas chì sibh **oirthir Leòdhais agus Na Hearadh**. Faodaidh sibh cuideachadh leis na siùil **ma thogras sibh** no faodaidh sibh suidhe agus dealbhan a thogail **den Chuan Sgìth** agus na tha ann.

An Dàrna Latha-Turas gu Hiort

Ma tha aimsir fhreagarrach ann agus ma tha **aithris mhath** ann airson latha no dhà, faodaidh sinn seòladh a Hiort a tha 50 mìle air falbh. 'S e turas **air a' chuan mhòr** a tha seo, agus aig amannan, **faodaidh droch mhuir a bhith ann**.

Nuair a laigheas sinn aig acair ann am Bàgh A' Bhaile, faodaidh sibh biadh ithe mus teid sibh air tìr gus na seann taighean agus **an eunlaith** fhaicinn. Tha **Urras Nàiseanta Na h-Alba** air tòrr obrach a dhèanamh air an eilean.

Q9: According to the first sentence what is happening on the first day of Donald's trip? He is:

a) going through a gate and getting ready to sail.
b) boarding a yacht and sailing south.
c) boarding a yacht and getting ready to sail.

....

Q10: Where are they meeting at 0930?

a) Stornoway harbour
b) A café in Stornoway
c) A cave in Stornoway

....

Q11: What is Alasdair and James's role throughout the trip?

a) To keep everyone happy
b) To welcome them on board
c) To ensure their safety

....

Q12: What is the first thing which is going to happen according to sentence one?

a) They will be told what to do.
b) They will get information about their destinations.
c) They will get rules and information about safety at sea.

....

Q13: What choice is given to those on the trip? They can:

a) help with the sails or sit and take photographs.
b) help with the sails or make a cup of tea.
c) take photographs of the sails being hoisted.

....

Q14: What is necessary for the trip to St Kilda to go ahead?

a) Suitable weather and enough supplies for a day or two
b) Sunny weather and no wind for a day or two ahead
c) Suitable weather and a good (weather) report for a day or two

....

Q15: What warning does Alasdair give?

a) Those who suffer from sea sickness should stay below.
b) The sea state can be bad at times.
c) This journey is not for poor sailors.

....

Q16: What does Alasdair say they can do ashore?

a) Eat a meal and stretch their legs.
b) See the old houses and the bird life
c) Have a lie down and rest

....

Q17: What has the National Trust for Scotland done on the island?

a) A lot of work
b) Restored lots of things
c) Provided lots of jobs

....

Q18: What is the overall purpose of this text?

a) To provide details of what can be expected on the voyage to St Kilda.
b) To provide information about the history of St Kilda.
c) To tell the crew what wildlife they will see on the voyage to the island.

1.6 St Kilda audio tour (UND1)

Donald is listening to an extract from an audio tour of St Kilda on his mp3 player.

Listening comprehension: St Kilda audio tour Go online

An t-Sràid, Hiort *The Street, St Kilda.*

You might want to look at this site: http://whc.unesco.org/en/list

To complete this exercise, you will need the following sound file:
hg-cgae4-1-1listening.mp3

Q19: At which location does the audio guide begin?

a) The Street
b) The school-house
c) The St Kilda Parliament

....

Q20: What is of interest on the left hand?

a) The Street
b) The wildlife
c) The people

....

Q21: Why is the location in the previous question of interest?

a) The puffins have made their nests there.
b) There are no people left there now.
c) The people lived there and the St Kilda Parliament met there.

....

Q22: What is St Kilda's special status?

a) It is so isolated.
b) One of the most interesting places in the world.
c) A World Heritage Site.

....

Q23: How many islands comprise the St Kilda group?

a) Four
b) Three
c) One

....

Q24: What was stored in the big house to the right? Choose **two**.

....

Q25: Why were the items stored in the big house?

a) To protect them from the elements.
b) To see how much they had collected.
c) They were to pay the rent of the islanders.

....

Q26: When did a German submarine come into Village Bay and fire on the big house?

a) 1916
b) 1918
c) 1939

....

Q27: There was no damage to the house.

a) True
b) False

....

Q28: The St Kildans managed to fire their own black gun and chase the German boat away.

a) True
b) False

1.7 Sailing trip (UND2)

Donald decides to refresh his memory about his sailing trip. Read the information below and answer the questions which follow.

Reading comprehension: Sailing trip Go online

An Treasamh Latha-Tìde air tìr a' rannsachadh Hiort

Faodaidh tu ùine a chur seachad **a' rannsachadh Hiort**. Tha **tursan iongantach** ann **timcheall na h-oirthir air taobh siar an eilein suas dhan mhullach as àirde** air an eilean, Conachair (430m).

Aon rud nach seachain thu a' coiseachd ri **oir na mara**, is e sin **sgreuch** nan eun, fàileadh na feamad agus fuaim nan **suallaichean** a' briseadh air na sgeirean gu h-ìosal.

Mur còrd turas mar sin riut, tha gu leòr ri fhaicinn anns a' Bhaile fhèin. Tha **Urras Nàiseanta na h-Alba** a' cur chuairtean air dòigh agus tha museum beag ri fhaicinn ann cuideachd.

An Ceathramh Latha-Stuadhan Hiort agus Eilean Tharasaigh

Ma bhios **deagh aimsir** ann, faodaidh sinn seòladh seachad air Eilean Bhoraraigh, Stac Lì agus Stac an Armainn.

Is iad seo na **stuadhan mara** as àirde ann am Breatainn. Chì thu an seo an cruinneachadh as motha de shùlairean air an t-saoghal. Gheibh thu tòrr chothroman dealbhan iongantach a thogail.

An dèidh seo seòlaidh sinn a Tharasaigh, eilean a bha ainmeil o chionn bhliadhnaichean anns a' phrògram telebhisein 'Castaway 2000'. Ach, tha eachdraidh nas fhaide agus nas inntinniche na prògram telebhisein aig Tarasaigh.

Eilean Bhoraraigh, Stac Lì agus Stac an Armainn

Q29: According to the title for the third day's activity, what is proposed?

a) Anchoring off St Kilda
b) Walking on St Kilda
c) Time ashore exploring St Kilda

....

Q30: Where would the wonderful walks take you?

a) Down amongst the crashing rollers
b) Around the coastline and up to the highest point on the island
c) To the main village

....

Q31: Which one of the following is not mentioned in paragraph two?

a) The screeching of the birds
b) The colour of the seaweed
c) The noise of the breakers on the rocks

....

Q32: According to paragraph three there is only one tourist trail on St Kilda.

a) True
b) False

....

Q33: When can the group sail past Boreray, Stac Lì and Stac an Armainn?

a) If there is good weather
b) After breakfast on the fourth day
c) If the wind is to the south-west

....

Q34: What claim to fame have the sea stacks mentioned?

a) They have hides for bird-watchers built on them
b) They are the highest sea cliffs in Britain
c) They are the highest sea cliffs in the world

....

Q35: What other record does St Kilda hold according to paragraph two?

a) The biggest gannet colony in Britain
b) The biggest variety of sea birds in the world
c) The biggest gannet colony in the world

....

Q36: What opportunities are promised in paragraph two?

a) To go ashore on Boreray and Stac an Armainn
b) To take amazing photographs
c) To see some amazing sights

....

Q37: What is the connection between Taransay and the television programme 'Castaway'?

a) The programme was filmed on the island.
b) The owner of the island appeared on the programme.
c) The plot was based on stories from the island.

....

Q38: What is the writer's final comment?

a) Taransay has no other claim to fame apart from the television programme.
b) Taransay has a long and interesting history.
c) Taransay is well worth visiting.

....

Q39: What is the the overall purpose of this text?

a) Information about St Kilda and Taransay.
b) A history of the Western Isles in general.
c) Television programmes filmed in the Hebrides.

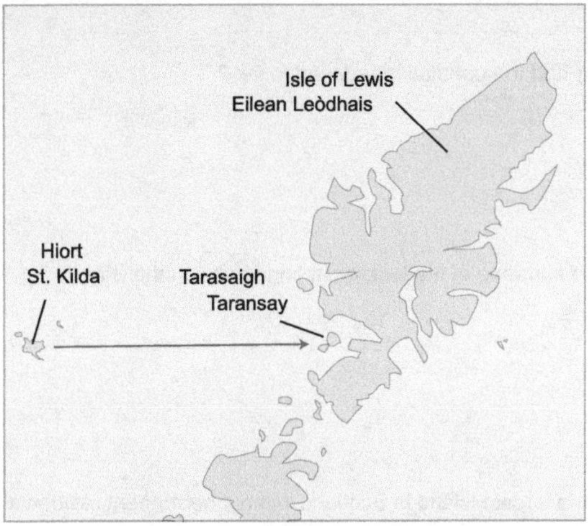

Map illustrating location of Taransay

1.8 Taransay - Tarasaigh (UND1)

In this listening passage Alasdair, the skipper of the yacht, provides the group with information about Taransay.

Listening exercise: Taransay Go online

To complete this exercise, you will need the following sound file: *hg-cgae4-1-2listening.mp3*

Q40: Why is the date 1974 mentioned at the beginning of the piece?

a) No one has gone to school on the island since that date
b) No one has constructed a building on it since that date
c) No one has permanently lived on the island since that date

....

Q41: How many people lived on the island at the beginning of the 20th century?

a) Seven
b) Seventy
c) Twenty-seven

....

Q42: In which year had the population reduced to five?

a) 1916
b) 1961
c) 1966

....

Q43: What was the surname of the last remaining family on the island?

a) MacRae
b) MacRitchie
c) Maclennan
d) Martin

....

Q44: Taransay is the largest island in Scotland without permanent residents.

a) True
b) False

....

Q45: The island's dimensions are:

a) 6.4 km long and 4.8 km wide
b) 5.4 km long and 16 km wide
c) 6 km long and 4.4 km wide

....

Q46: Taransay is famous for the wide variety of flowers it has.

a) True
b) False

....

Q47: What did the BBC use the island for in 2000?

a) A social experiment
b) A national exam
c) To test living conditions there

....

Q48: Out of the 36 who took part, how many remained the full term?

a) 9
b) 19
c) 29

1.9 Planning a trip (USE2)

Assignment: Writing: Planning a trip Go online

Success criteria for writing

To have a successful Higher level essay you may want to include the following language points.

Use a range of complex structures:

- Bu toigh leam a bhith...
- Tha mi airson na beanntan fhaicinn
- Tha mi a' smaoineachadh gun tèid mi dhan tràigh

Use the conditional tense or relative future if possible:

- Bhithinn a' seòladh
- Nuair a bhios mi a' coiseachd

Use a range of tenses e.g. talk about both the past and the future:

- Chaidh mi dhan Spàinn an-uiridh ach thèid mi dhan Fhraing an ath bhliadhna

Use a good range of vocabulary related to the subject:

- E.g. climbing: sreap, a' direadh, bòtannan làidir, sàbhailteachd, sgioba teasairginn, uidheamachd cheart, fiosrachadh, air chall, aodach dionach

Use comparatives and superlatives:

- nas teotha, nas fhuaire, as fheàrr, as miosa

You are going to plan a trip in the Highlands of Scotland over a long weekend. You will leave on the Friday and come back on the Monday.

You will use resources from throughout this course to help you plan your trip. Choose any place or cultural event that you would like to visit.

You may wish to use the following bullet points in creating your plan.

- Where you will go and why.
- Where you will leave from.
- How you will travel.
- What you will do the first day (what you will see, hear, listen to, eat etc.)
- What you will do on the second day.

- What you will do on the third day.
- Where will you stay? What will you do at night time?
- Who is going with you?
- How will you feel at the end of the trip?
- Where you will use Gaelic.
- Any other information.

Extension - you may wish to rewrite this text in order to place it into the past or conditional tense. This should be around 250 words in length. This may also be of use in preparing for the Writing in the Course Asssessment (1880 words) where you will have six bullet points to address.

1.10 Prepositional pronouns

The following is a list of the simple prepositional pronouns in Gaelic. As throughout the course, they are presented in the following format, equivalent to the following pronouns.

aig - at	
1st person singular = mi	1st person plural = sinn
2nd person singular = thu	2nd person plural = sibh
3rd person singular masculine = e	3rd person plural = iad
3rd person singular feminine = i	

Read the slides, learn them and then shuffle them. Observe the patterns and try and place them back into the correct order.

Grammar: Prepositional pronouns Go online

aig - at

agam	againn
agad	agaibh
aige	aca
aice	

air - on

orm	oirnn
ort	oirbh
air	orra
oirre	

ann - in

annam	annain
annad	annaibh
ann	annta
innte	

aig - at

agam	againn
agad	agaibh
aige	aca
aice	

à - out of, from

asam	asainn
asad	asaibh
às	asta
aiste	

bho, o - from

bhuam	buainn
bhuat	bhuaibh
bhuaithe	bhuapa
bhuaipe	

de - of, off

dhìom	dhìnn
dhìot	dhìbh
dheth	dhiubh
dhith	

do - to, for

dhomh	dhuinn
dhut	dhuibh
dha	dhaibh
dhi	

fo - under

fodham	fodhainn
fodhad	fodhaibh
fodha	fòdhpa
fòidhpe	

gu/chun - to

thugam	thugainn
thugad	thugaibh
thuige	thuca
thuice	

le - with

leam	leinn
leat	leibh
leis	leotha
leatha	

mu - about

umam	umainn
umad	umaibh
uime	umoa
uimpe	

ri - to, with

rium	rinn
riut	ribh
ris	riutha
rithe	

ro/roimh - before

romham	romhainn
romhad	romhaibh
roimhe	romhpa
roimhpe	

tro/troimh - through

tromham	tromhainn
traobhad	tromhaibh
tromhe	tromhpa
troimhpe	

thar - over

tharam, thairis orm	tharainn, thairis oirnn
tharad, thairis ort	tharaibh, thairis oirbh
thairis (air)	tharta, thairis orra
thairte, thairis orm	

Q49: Put the forms of *aig* in the right place in the table.

aca	aige
aice	agaibh
agad	againn
agam	

....

Q50: Put the forms of *air* in the right place in the table.

orra	oirre
oirnn	ort
air	oirbh
orm	

....

Q51: Put the forms of *ann* in the right place in the table.

annainn	annta
innte	annaibh
ann	annad
annam	

....

Q52: Put the forms of *às* in the right place in the table.

às	asta
asam	asad
aiste	asainn
asaibh	

....

Q53: Put the forms of *bho, o* in the right place in the table.

bhuaipe	bhuam
bhuat	bhuaithe
bhuaibh	bhuapa
buainn	

....

Q54: Put the forms of *de* in the right place in the table.

dhìbh	dhìot
dheth	dhìnn
dhiubh	dhìom
dhith	

....

Q55: Put the forms of *do* in the right place in the table.

dhaibh	dhuinn
dhuibh	dhi
dhomh	dhut
dha	

....

Q56: Put the forms of *fo* in the right place in the table.

fodhainn	fòidhpe
fodhaibh	fodham
fodha	fòdhpa
fodhad	

....

Q57: Put the forms of *Gu/chun* in the right place in the table.

thugam	thugainn
thugad	thugaibh
thuige	thuca
thuice	

....

Q58: Put the forms of *le* in the right place in the table.

leat	leatha
leinn	leis
leam	leotha
leibh	

....

Q59: Put the forms of *mu* in the right place in the table.

umaibh	umad
uime	uimpe
umpa	umam
umainn	

....

Q60: Put the forms of *ri* in the right place in the table.

ris	rithe
riut	riutha
ribh	rium
rinn	

....

Q61: Put the forms of *ro/roimh* in the right place in the table.

roimhpe	romhad
romhaibh	romham
romhpa	romhainn
roimhe	

....

Q62: Put the forms of *tro/troimh* in the right place in the table.

tromhaibh	traobhad
tromham	tromhainn
troimhpe	tromhe
tromhpa	

....

Q63: Put the forms of *thar* in the right place in the table.

tharaibh, thairis oirbh	thairte, thairis orm
tharad, thairis ort	tharta, thairis orra
tharainn, thairis oirnn	thairis (air)
tharam, thairis orm	

1.11 Learning points

Summary

You should now be able to:

- understand and use detailed and complex spoken Gaelic within the theme of planning a trip;
- understand and use detailed and complex written Gaelic within the theme of planning a trip;
- produce detailed and complex written Gaelic within the theme of planning a trip;
- participate in detailed and complex spoken Gaelic communication within the theme planning a trip.

Context 4 Topic 2

Other countries

Contents

Learning objective

In this topic you will learn vocabulary and structures which relate to holidays and pastimes. You will also learn about the use of the superlative with the assertive verb, the use of irregular comparatives, and the use of prepositions with possessives.

At the end of this topic, you should be able to:

- understand and use detailed and complex spoken Gaelic;
- understand and use detailed and complex written Gaelic;
- produce detailed and complex written Gaelic;
- participate in detailed and complex spoken Gaelic communication.

2.1 Introduction

Anns an aonad mu dheireadh, dh'ionnsaich sinn mun turas aig Dòmhnall dha na h-eileanan fàsach anns na h-Eileanan Siar. Mar a chunnaic thu, cha robh na h-eileanan sin an-còmhnaidh falamh. Mar iomadh àite eile air a' Ghàidhealtachd chaidh am fuadachadh leis na h-uachdaran no am fàgail gun ghoireasan ceart leis an riaghaltas agus b' fheudar dha na daoine imrich airson beathannan ùra. Chaidh na daoine bho na h-àiteachan seo air feadh an t-Saoghail, a Ghlaschu, a Lunnainn, a dh'Ameiriga, a dh'Astràlia, dhan t-Sealainn Nuadh agus àiteachan eile. Thug iad Gàidhlig leotha ach 's e an t-aon àite far an do dh'fhurich an cànan beò mar chànan coimhearsnachd, Alba Nuadh ann an Canada. Latha an-diugh, tha fhathast coimhearsnachd bheò de luchd-labhairt na Gàidhlig ann an Eilean Ceap Breatainn air Taobh Sear Chanada. Tha Ceit a' dol air turas a dh'Alba Nuadh airson coinneachadh ri Gàidheil ann an sin.

English translation

In the last unit, we learned about Donald's trip to the abandoned islands in the Western Isles. As you saw, those islands were not always empty. Like many places in the Highlands, they were cleared by the landlords no left without proper facilities by the government and the people were forced to move for a new life. These people went throughout the world, to Glasgow, to London, to America, to Australia, to New Zealand agus other places. They took Gaelic with them but the one place where the language stayed alive as a community language was in Nova Scotia in Canada. Today, there is still as mall living community of Gaelic speakers in Cape Breton Island on the East Coast of Canada. Ceit is going on a trip to Nova Scotia to meet Gaels there.

2.2 The Scots and Canada

Flag of Nova Scotia

National flag of Canada

"In the 2006 Canadian Census, an incredible 4.7 million Canadians said that they were of Scottish origin. At the time, the entire population of Scotland was just under 5.2 million."

The Gaelic-speaking population in Canada dropped from a peak of 200,000 in 1850, to 80,000 in 1900, to 30,000 in 1930 and 500-1,000 today.

SCOTTISH GAELIC IN CANADA

J. L. CAMPBELL
Barra, Outer Hebrides

ALTHOUGH Scottish Gaelic must have been spoken in America by separate families and individuals since the beginning of the eighteenth century, there is no record of its having become established as the speech of a community until nearly a hundred years later, when the first large scale emigration to Canada from the Highlands of Scotland took place. This emigration was partly voluntary, due to the pressure of overpopulation and poverty and the desire common among a peasantry who were mostly tenants at will to establish themselves on a more secure basis, but it was in large part forced by the policy of eviction adopted by many Highland proprietors with the purpose of ridding themselves of the burden of an impoverished tenantry or of establishing sheep farms, which were very profitable at the time of the Napoleonic Wars. The circumstances of these evictions, which took place between 1784 and 1851, were often extremely discreditable and their memory is still vivid among Gaels both in Canada and in Scotland.

Excerpt Scottish Gaelic in Canada, by J. L. Campbell,1936

General Information about Gaelic in Canada

Canada rose as a nation out of British North America. The nation was born when four of the larger regions (Québec, Ontario, Nova Scotia and New Brunswick) joined together on 1 July 1867.

'Co-Chaidreachas' (confederation) is the Gàidhlig term used to describe when provinces join together to create a new country. Through time the other provinces joined them. Newfoundland was the last province to join Canada, in 1949.

With the outbreak of World War II the Canadian government attempted to prevent the use of Gaelic on public telecommunications systems. The government believed Gaelic was used by subversives affiliated with Ireland, a neutral country perceived by some to be tacit supporters of the Nazis.

In Prince Edward Island and Cape Breton where the Gaelic language was strongest, it was actively discouraged in schools with corporal punishment. Children were beaten with the *maide-crochaidh* (hanging stick) if caught speaking Gaelic.

Job opportunities for monolingual Gaels were few and restricted to the dwindling Gaelic-communities, compelling most into the mines or the fishery. Many saw English fluency as the key to success, and for the first time in Canadian history Gaelic-speaking parents were teaching their children to speak English en masse. The sudden stop of the Gaelic tradition-bearing *bho ghlùin gu glùin* ("from knee to knee"), caused by shame and prejudice, was the immediate cause of the drastic decline in Gaelic fluency in the Twentieth century.

Ultimately the [Gaelic-speaking] population dropped from a peak of 200,000 in 1850, to 80,000 in 1900, to 30,000 in 1930 and 500-1,000 today.

There are no longer entire communities of Canadian Gaelic-speakers, although traces of the language and pockets of speakers are relatively commonplace on Cape Breton, and especially in traditional strongholds like Christmas Island, The North Shore, and Baddeck.

At its peak in the mid-19th century, Gaelic, considered together with the closely related Irish language, was the third most spoken language in Canada after English and French. The language has sharply declined since that period, however, and is now nearly extinct. Recently, efforts have been made to revitalize the language.

According to John Lorne Campbell, the principal districts in Canada which were settled by Gaelic-speaking emigrants were:

Prince Edward Island, Nova Scotia	from 1769
Pictou County, Nova Scotia	from 1773
Cape Breton Island, the southeast coast from Pictou	between 1791-95
Cape Breton Island, Nova Scotia, the northwest and west coast from the Highlands	between 1802-1843, mostly in 1820
Glengarry County, Ontario	about 1800
Quebec, the eastern part	mid-1800s by emigrants from Lewis, Harris and North Uist

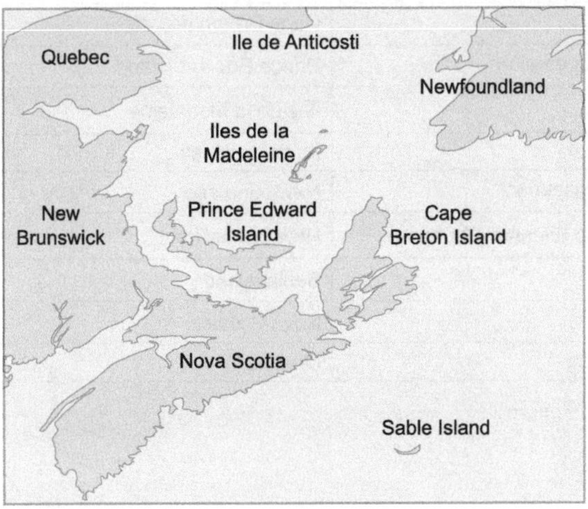

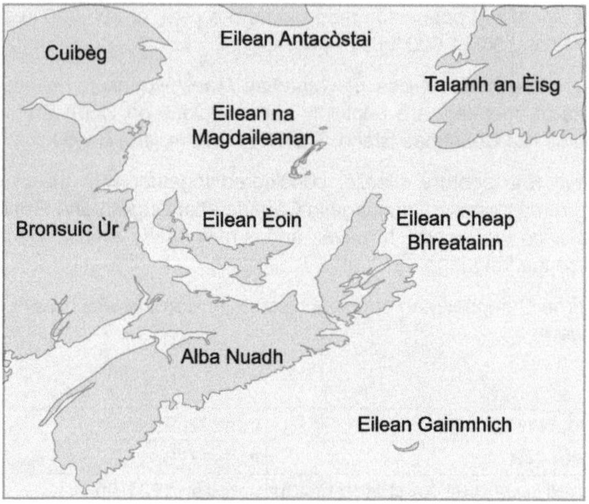

Map in English and Gaelic.

Locations in Canada Go online

Q1: *Muddled pairs*

Alba Nuadh	Cape Breton Island
Eilean Cheap Bhreatainn	Prince Edward Island
Talamh an Èisg	Iles de la Madeleine
Eilean Antacòstai	Ile de Anticosti
Eilean na Magdaileanan	Newfoundland
Eilean Èoin (also Eilean a' Phrionnsa)	New Brunswick
Bronsuic Ùr	Sable Island
Cuibèg	Nova Scotia
Eilean Gainmhich	Quebec

Scots Gaelic and Canada Go online

Answer true or false to the following statements.

Q2: In the 2006 Canadian Census, 4.7 million Canadians said that they were of Scottish origin.

a) True
b) False

....

Q3: There were 200,000 Gaelic speakers in Canada in 1850.

a) True
b) False

....

Q4: Today, there are more Gaelic speakers in Canada than in Scotland.

a) True
b) False

....

Q5: Today, the Gaelic-speaking population in Canada is between 500-1000.

a) True
b) False

....

Q6: The emigration of Gaels to Canada in the 18th and 19th centuries was sometimes voluntary and sometimes because of eviction by landlords.

a) True
b) False

....

Q7: The regions of Quebec, Ontario, New Brunswick, Nova Scotia and Newfoundland joined together on 1 July 1867 to form the nation of Canada.

a)
b) True
c) False

....

Q8: 'Co-Chaidreachas' (confederation) is the Gàidhlig term used when provinces join together to create a new country.

a) True
b) False

....

Q9: Newfoundland was the last province to join Canada in 1949.

a) True
b) False

....

Q10: During World War II, the Canadian Government tried to ban the use of Gaelic on the public telephone system.

a) True
b) False

....

Q11: If caught speaking Gaelic in schools in Prince Edward Island and Cape Breton, children had the maide-crochaidh (hanging stick) hung around their neck.

a) True
b) False

....

Q12: The sudden stop of Gaelic tradition-bearing in Canada (bho ghlùin gu glùin -"from knee to knee") was caused by shame and prejudice, and was the immediate cause of the drastic decline in Gaelic fluency in Canada in the Twentieth century.

a) True
b) False

....

Q13: In the mid-19th century Gaelic (Scots' and Irish) was the third most spoken language in Canada after English and French.

a) True
b) False

You can find out a lot more about Scots and Canada at the following website:
http://www.ltscotland.org.uk/scotsandcanada/index.asp

2.3 Assertive forms and superlatives

Ceit has arrived in Nova Scotia and is reading a bilingual holiday brochure. Here is an excerpt from it.

Nova Scotia is one of the friendliest places on earth. We invite you to discover the seven regions of Nova Scotia and all the experiences they have to offer. One of Nova Scotia's most historic and scenic towns is Lunenburg. Lunenburg has had a long history of building wooden ships. The most famous is the schooner Bluenose, which is an important attraction in her home port.	Is e Alba Nuadh aon de na h-àitean as cairdeile air an t-saoghal. Tha sinn a' toirt cuireadh dhut tadhal air na seachd mòr-roinnean ann an Alba Nuadh. Is e Lunenberg aon de na bailtean as eachdraidheile agus as brèagha ann an Alba Nuadh. Tha eachdraidh fhada aig Lunenburg ann a bhith a' togail bhàtaichean fiodha. Is e am bàta as ainmeile Bluenose, a tha na tharraing cudromach sa phort dhachaigheil aice fhèin.

Lunenburg, Nova Scotia. Used with kind permission from Helen Ashton.

You can find out more about Nova Scotia here:
http://www.novascotia.com/en/home/default.aspx

There are three statements we can look at in Ceit's brochure:

1. **Is e** Alba Nuadh aon de na h-àitean **as cairdeile** air an t-saoghal.
2. **Is e** Lunenberg aon de na bailtean **as eachdraidheile** agus **as brèagha** ann an Alba Nuadh.
3. **Is e** am bàta **as ainmeile** *Bluenose.*

(Note: ***Is e*** can also be written ***'S e***)

These statements contain the assertive form of the verb to be (*'s e*) along with a superlative (e.g. *as cairdeile*). Here is a way in which you can say in Gaelic that something is the most beautiful, a place is the most friendly, a boat is the most famous.

Remember

If you want to say something is the most beautiful, the biggest, the best etc., you can use this structure:

- *Is e* phrase
- + phrase with the superlative
- + the rest

For example, if I want to say that London is the biggest city in Britain, I would say:

- Is e
- + Lunnainn
- + am baile as motha
- + ann am Breatainn

Before you do an exercise using ***Is e*** in this way, look at these adjectives which form their comparatives and superlatives irregularly.

math	nas fheàrr	as fheàrr
good	better	best
dona	nas miosa	as miosa
bad	worse	worst
beag	nas lugha	as lugha
small	smaller	smallest
furasta	nas fhasa	as fhasa
easy	easier	easiest
teth	nas teotha	as teotha
hot	hotter	hottest
làidir	nas làidire or nas treasa	as làidire or as treasa
strong	stronger	strongest

Superlative exercise Go online

Q14: How would you say the following? *Muddled order*

The plane is the best way to travel.	Is e an rathad seo an rathad as miosa a choisich mi riamh.
This road is the worst road I have ever walked.	Is e am plèan an dòigh as fheàrr air siubhal.
This is the smallest insect in the world.	Is e an duine seo an duine as treasa anns a' Ruis.
This is the best way to make a cake.	Is e seo an t-àite as teotha ann am Breatainn.
This is the hottest place in Britain.	Is e seo an obair as duilghe.
This man is the strongest in Russia.	Is e seo a' bhiastag as lugha air an t-saoghal.
This is the most difficult work.	Is e seo an dòigh as fheàrr air cèic a dhèanamh.

2.4 Grammar

The possessive article after certain prepositions

In Gaelic some prepositions (e.g. *ann, bho, de, do, fo, gu, le, mu, ri, ro, tro*) can combine with a possessive pronoun (*mo, do, a, a, ar, (bh)ur, an*).

Below is a list of some prepositions which can combine with a possessive pronoun.

Preposition	Preposition + Possessive pronoun	=	Augmented preposition	Literal meaning	Gaelic Form
ann (in)	**ann + mo**	=	nam	in my house	nam thaigh
bho (from)	**bho + mo**	=	bhom	(away) from my house	bhom thaigh
de (of)	**de + mo**	=	dhem	off my house	dhem thaigh
fo (under)	**fo + mo**	=	fom	under my house	fom thaigh
gu (to)	**gu + mo**	=	gam	towards my house	gam thaigh
le (with)	**le + mo**	=	lem	with my house	lem thaigh
mu (about)	**mu + mo**	=	mum	about my house	mum thaigh
ri (to)	**ri + mo**	=	rim	to my house	rim thaigh
ro (before)	**ro + mo**	=	rom	in front of my house	rom thaigh
tro (through)	**tro + mo**	=	trom	through my house	trom thaigh

Note, that you do not have to use the combined form. You can keep the two separate as, for example, in the phrases:

in my house	= nam thaigh or na mo thaigh
in my opinion (note -sa is added for emphasis)	= nam bheachdsa or na mo bheachdsa
under my feet	= fom chasan or fo mo chasan
with my own hands	= lem làmhan fhìn or le mo làmhan fhìn

Some prepositions do not combine in this way: *à*, *aig*, and *air* do not.

Preposition	+ Possessive Pronoun		Uncombined form	Literal meaning	Gaelic form
à	**à + mo**	=	às mo	out of my house	às mo thaigh
aig	**aig + mo**	=	aig mo	at my house	aig mo thaigh
air	**air + mo**	=	air mo	on my house	air mo thaigh

Ann + mo Go online

Try this exercise which uses the preposition 'ann' and the possessive pronoun 'mo' in all of its forms, singular and plural. Note that the first three forms nam, nad, na (masculine) lenite the next word.

Q15: Write the correct form from *nam, nad, na (m, na (f), nar, nur,* or *nan/nam* to complete the sentences.

1. There is a spider in my sleeping bag. Tha damhan-allaidh ... phoca-cadail.
2. You (s) have a fly in your soup. Tha cuileag agad ... bhrot.
3. The tickets are in our pockets. Tha na tiogaidean ... pocaidean.
4. There is a camera in her bag. Tha camara ... baga.
5. There are stones in their shoes. Tha clachan ... brògan.
6. He has a new DVD in his pocket. Tha DVD ùr aige ... phòcaid.
7. I see you are sitting in your new car. Tha mi a' faicinn gu bheil sibh a' suidhe ... càr ùr.

Fo + mo Go online

Try this exercise which uses the preposition 'ann' and the possessive pronoun 'mo' in all of its forms, singular and plural. Note that the first three forms nam, nad, na (masculine) lenite the next word.

Q16: Write the correct form from *fom, fod, fo (m), fo (f), for, for,* or *fon/fom* to complete the sentences.

1. There is a shoe under my chair. Tha bròg ... chathair.
2. We have lifejackets under our seats. Tha criosan-sàbhalaidh ... suidheachanan.
3. There is snow under your feet. Tha sneachd ... chasan.
4. She has a parcel under her arm. Tha parsail aice ... h- achlais.
5. They have guns under their coats. Tha gunnaichean aca ... còtaichean.
6. There is a cat under his car. Tha cat ... chàr.
7. Do not put your hands under your desks, class. Na cuiribh ur làmhan ... deascaichean, a chlas.

Mu + mo Go online

Try this exercise which uses the preposition 'ann' and the possessive pronoun 'mo' in all of its forms, singular and plural. Note that the first three forms nam, nad, na (masculine) lenite the next word.

Q17: Write the correct form from *mum, mud, ma (m), ma (f), mar, mur,* or *mun/mum* to complete the sentences.

1. He is speaking about his new book. Tha e a' bruidhinn ... leabhar ùr.
2. They are thinking about their fishing trip. Tha iad a'smaoineachadh ... turas iasgaich.
3. I am writing a story about my new pet. Tha mi a' sgrìobhadh sgeulachd ... pheata ùr.
4. She knows about your accident. Tha fios aice ... thubaist.
5. Did you speak about our journey? An do bhruidhinn thu ... turas?
6. She did not say anything about her accident. Cha tuirt i dad ... tubaist.
7. I want to speak about your(pl) exam results. Tha mi airson bruidhinn ... comharran san deuchainn.

Identifying Augmented Prepositions (1) Go online

Match an augmented preposition with its English equivalent.

Q18: *Shuffled pronouns*

bhom	before us
den	from my
der	from, out of them
gad	from, out of our
gur	towards, to us
len	towards, to them
ler	through us
ler	through your (pl)
rir	through your (s)
rin	towards, up to your (s)
ror	towards, up to your (pl)
trod	with our
tror	with their
tror	with your (pl)

Identifying augmented prepositions (2) Go online

There are five prepositions combined with possessive pronouns in this passage. Identify them.

Go online

Q19: Làithean Saora ann an Alba Nuadh-Càite bheil Alba Nuadh?

Nam bheachdsa chan e Alba Nuadh a' chiad àite a thig gu inntinn dhaoine nuair a tha iad a' smaoineachadh mun làithean saora. Is dòcha gur e an t-adhbhar airson seo cho iomallach 's a tha e. Cia mheud againn a dh'fhaodadh ler corrag Alba Nuadh a chomharrachadh air mapa den t-saoghal? Glè bheag, tha mi cinnteach.

Tha Alba Nuadh air taobh an ear Chanada. Tha tòrr uisge ma thimcheall-An Cuan Siar, Bàgh Fundy, Caolas Northumberland, Camas St Lawrence, agus Camas Maine.

Tha e a' cur iongnadh air mòran gu bheil Alba Nuadh nas motha na Danmhairg, ach nas lugha na Alba on d' fhuair Alba Nuadh a h-ainm. Chan eil luchd-turais ann an Alba Nuadh fada on chladach, no calaichean sìtheil no tràighean mòra brèagha ri oir a' chuain mhòir. Seo na seallaidhean mum bi iad a' bruidhinn nuair a thilleas iad dhachaigh.

....

Q20: Now translate the passage:
Nam bheachdsa chan e Alba Nuadh a' chiad àite a thig gu inntinn dhaoine nuair a tha iad a' smaoineachadh mun làithean saora. Is dòcha gur e an t-adhbhar airson seo cho iomallach 's a tha e. Cia mheud againn a dh'fhaodadh ler corrag Alba Nuadh a chomharrachadh air mapa den t-saoghal? Glè bheag, tha mi cinnteach.

Tha Alba Nuadh air taobh an ear Chanada. Tha tòrr uisge ma thimcheall-An Cuan Siar, Bàgh Fundy, Caolas Northumberland, Camas St Lawrence, agus Camas Maine.

Tha e a'cur iongnadh air mòran gu bheil Alba Nuadh nas motha na Danmhairg, ach nas lugha na Alba on d' fhuair Alba Nuadh a h-ainm. Chan eil luchd-turais ann an Alba Nuadh fada on chladach, no calaichean sìtheil no tràighean mòra brèagha ri oir a' chuain mhòir. Seo na seallaidhean mum bi iad a' bruidhinn nuair a thilleas iad dhachaigh.

2.5 Talking: Nova Scotia (USE1)

Here is an opportunity for you to practise some speaking. You can do a role play with Kate and imagine you are asking her about his trip to Nova Scotia. Time how long your conversation is —you should be aiming to talk about this for 4-5 minutes before moving onto another context in the final talk.

Bluenose II, Deck. Used with kind permission from Helen Ashton.

Gaelic conversation: Holiday trip Go online

Q21: Translate the Gaelic. Use the sound files listed.

Character	Soundfile	Translation
You	*hg-cgae4-2-3listening1.mp3*	
Ceit	*hg-cgae4-2-3listening2.mp3*	
You	*hg-cgae4-2-3listening3.mp3*	
Ceit	*hg-cgae4-2-3listening4.mp3* *hg-cgae4-2-3listening5.mp3* *hg-cgae4-2-3listening6.mp3*	
You	*hg-cgae4-2-3listening7.mp3*	
Ceit	*hg-cgae4-2-3listening8.mp3* *hg-cgae4-2-3listening9.mp3* *hg-cgae4-2-3listening10.mp3*	

Perhaps you might like to visit the Fisheries Museum of the Atlantic website.

http://museum.gov.ns.ca/fma/en/home/visitus/default.aspx

Fisheries Museum of the Atlantic, Lunenburg. *Source: Danielle Langlois*

2.6 Reading: Gaelic College (UND2)

Ceit is reading some information about the Gaelic College in Cape Breton, Nova Scotia. Answer the questions based on this information.

Reading comprehension: Gaelic College Go online

A' Cholaiste Ghàidhlig, Eilean Cheap Bhreatainn.

B' e eilean a bha ann an Ceap Bhreatainn, ach a-nis le **cabhsair** ga cheangal gu tìr-mòr Alba Nuaidh, 's e **tairbeart** a tha ann.

Tha Ceap Bhreatainn ainmeil airson a bhith a' glèidheadh cultar na Gàidhlig tro cheòl, dannsadh, agus coimhearsnachd Ghàidhealach.

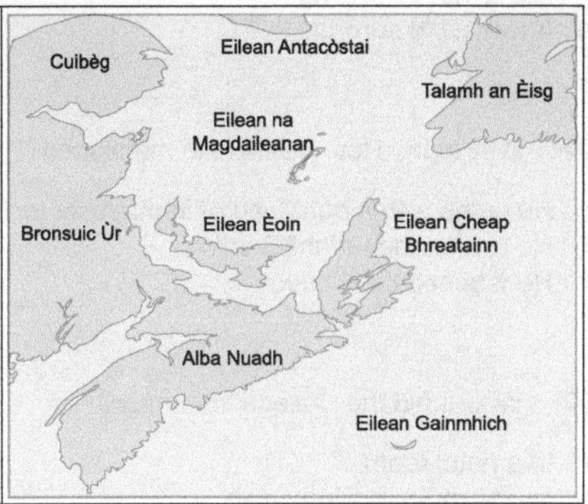

Is beag an t-iongnadh a-rèist gun deach Colaiste Ghàidhlig a stèidheachadh ann ann an 1938. B' e ministear, an t-Urramach A.W.R. MacCoinnich, a dh'fhosgail a' cholaiste ann an aon rùm ann am **bothan-chabar** ann an St Ann's, Ceap Bhreatainn.

Tha **teachdaireachd na Colaiste** ag ràdh gu bheil i ann airson:

> "a dh'àrdachadh, a ghlèidheadh, agus a chumail beò tro sgoilearachd anns gach **raon iomchaidh**: an cultar, an ceòl, an cànan, **na h-ealain, na ceàird, na cleachdaidhean** agus na dualchasan aig in-imrichean à Gàidhealtachd na h-Alba."

Answer the questions by selecting the correct option.

Q22: How is Cape Breton linked to the mainland of Nova Scotia?

a) by a regular ferry service
b) by a bridge
c) by a causeway

....

Q23: Cape Breton is famous for what, according to the passage?

a) Preserving its Gaelic culture.
b) Losing its Gaelic culture
c) Rediscovering its Gaelic culture

....

Q24: How has it done this?

....

Q25: "Is beag an t-iongnadh" this phrase is used to talk about the establishment of the Gaelic college in 1938. What does it tell us about the establishment?

a) It was a small surprise
b) It was not surprising
c) It was a big surprise

....

Q26: Why is the Rev. Mackenzie mentioned?

a) He came with a boat load of immigrants to Cape Breton
b) He spoke and taught Gaelic
c) He founded the College

....

Q27: Where did the College first meet?

a) In a hotel room
b) In one room in a log cabin
c) In the back room of a shop

....

Q28: What does the first part of the College mission statement say it will do with regard to Gaelic?

....

Q29: What does "na dualchasan aig in-imrichean à Gàidhealtachd na h-Alba" mean?

a) the countries from which the Gaelic exiles came
b) the traditions of the immigrants from the Highlands of Scotland
c) the traditional songs of the Gaels from Scotland

....

Q30: What is the overall purpose of this text?

a) To inform about the development of Gaelic in Cape Breton.
b) To inform about immigration from Scotland to Canada.
c) To inform about the courses on offer at the Gaelic college.

2.7 Gaelic College (UND1)

Ceit is listening to an extract from an audio file which gives an update in Gaelic of the College's present situation.

Listening comprehension: Gaelic College Go online

You might want to look at this site: http://www.gaeliccollege.edu/

You will need the following sound file to complete this exercise:
hg-cgae4-2-1listening.mp3

Q31: Who helped Reverend Mackenzie set up the Gaelic college?

a) His friends
b) The government
c) The community

....

Q32: What does the speaker say about the amount of work to be done?

a) There was a huge amount
b) There was a reasonable amount
c) There was less than expected

....

Q33: What was going to happen to traditional Highland culture?

a) Promote and preserve it
b) Teach and educate about it
c) Sell it abroad

....

Q34: What has happened to the mission statement of the College over the years?

a) It has kept pace with the times
b) It has not altered in any way
c) There has been a number of changes

....

Q35: Tuition is offered in which of the following? Choose at least 4.

....

Q36: Apart from the language itself, what other aspect of Gaelic does the college offer?

....

Q37: What does Cùrsa bogaidh mean?

a) Immersion course
b) Beginner's course
c) Easy course

2.8 Cape Breton (UND2)

Ceit reads an article on Gaelic in Cape Breton which outlines the future of the language in the area. Read the information below and answer the questions which follow.

Reading comprehension: Cape Breton Go online

Gàidhlig ann an Ceap Bhreatainn

Tha mi air a bhith a' bruidhinn ri **grunnan fhileantach** agus **grunnan luchd-ionnsachaidh** ann an Ceap Bhreatainn. Le fileantaich tha mi a' ciallachadh an fheadhainn a dh'ionnsaich Gàidhlig **on ghlùin** agus le luchd-ionnsachaidh tha mi a' ciallachadh an fheadhainn a dh'ionnsaich Gàidhlig **nas anmoiche nam beatha**.

Chan urrainn dhuinn **a ràdh le cinnt** cia mheud luchd-labhairt na Gàidhlig a tha ann an Ceap Bhreatainn. Tha feadhainn a' smaoineachadh gu bheil eadar 300-500 ann agus feadhainn eile den bheachd gu bheil suas ri 1,000 ann. Ach, tha dà rud ann is urrainn dhuinn a ràdh le cinnt: tha buidheann mhòr air an eilean a tha a' bruidhinn na Gàidhlig, agus tha **ùidh ann an Gàidhlig air ùrachadh** am measg luchd-ionnsachaidh.

Tha adhbharan eadar-dhealaichte ann airson an ùrachaidh seo am measg luchd-ionnsachaidh. Tha ùidh ann an ceòl ceilteach aon de na h-adhbharan. Tha luchd-ciùil mar An Teaghlach Rankin agus **Màiri Sìne Nic Laomainn** air ceòl na Gàidhlig a thoirt gu aire an t-saoghail. Tha **cuid de dhaoine** airson Gàidhlig ionnsachadh **nuair a chluinneas** iad na h-òrain bhrèagha Ghàidhlig air an seinn leis An Teaghlach Rankin agus Màiri Sìne Nic Laomainn. Cuideachd, tha tòrr airson fhaighinn a-mach cò às an tàinig na h-òrain agus tha iad airson barrachd a dh'ionnsachadh **mun dualchas Gàidhealach**.

Q38: How does the writer define a Gaelic fluent speaker?

a) someone who speaks Gaelic confidently
b) someone who learnt Gaelic when they were a child
c) someone who has been learning Gaelic for more than three years

....

Q39: How does the writer define a learner of Gaelic?

a) someone who is enthusiastic about Gaelic
b) someone whose parents do not speak Gaelic
c) someone who learnt Gaelic later in their life

....

Q40: What can not be said with certainty?

a) How many speakers of Gaelic there are in Cape Breton
b) How many people of Gaelic descent there are in Cape Breton
c) How many people live in Cape Breton

....

Q41: Who has displayed a renewed interest in Gaelic?

a) Gaelic learners
b) Gaelic speakers
c) French speakers

....

Q42: What have the Rankin Family and Mary Jane Lamont done for Gaelic music?

a) They have brought it to the attention of the world
b) improved it musically
c) strengthened it in Nova Scotia
d) encouraged young musicians to play it
e) made it too commercial

....

Q43: What two effects do the Rankin Family and Mary Jane Lamont have on some people?

....

Q44: What is the overall purpose of this text?

a) To inform about the history of Gaelic in Nova Scotia
b) To inform about immigration from Scotland to Canada
c) To inform about the courses on offer at the Gaelic college

2.9 Seumas (UND1)

In this listening passage Seumas, a native of Cape Breton, gives his thoughts on Gaelic in Cape Breton Island today.

Listening comprehension: Seumas Go online

To complete this exercise, you will need the following audio file:
hg-cgae4-2-2listening.mp3

Q45: Who must have the opportunity to learn the language to ensure the future of Gaelic in Cape Breton?

a) Politicians
b) Children
c) Everyone

....

Q46: Where does Seumas think this should take place?

a) Throughout the island
b) The schools in Gaelic-speaking communities
c) The Government offices

....

Q47: What is the second most important point according to Seumas?

a) The people must stop thinking the Government is the answer
b) The Government must give more money to Gaelic
c) Gaelic must stand on its own two feet

....

Q48: What benefits can tourism and education bring?

a) More accessibility to the language and more confidence in using the language
b) More money for Gaelic speakers and more people staying in the area
c) More confidence in further promoting the language

....

Q49: Why must initiatives begin without delay according to James?

a) Before there are no fluent speakers left
b) Enough time has been wasted
c) People are showing a strong interest in learning Gaelic

....

Q50: Why can Gaelic not die in the opinion of some?

a) Its literature has been preserved in libraries and universities
b) It is too deeply entrenched in Cape Breton life
c) It is a beautiful language and does not deserve to die

....

Q51: What does Seumas say in closing?

a) It is important children speak and understand the language of their ancestors.
b) Grandparents have a responsibility to encourage their grandchildren with Gaelic.
c) Understanding Gaelic is not enough, you must be able to speak it as well.

2.10 Planning a trip (USE2)

Assignment: Writing: Planning a trip

World's largest Fiddle by Mark Seymour (https://www.flickr.com/people/22879834@N00), licensed under CC BY 2.0

You have recently returned from a gap year in Nova Scotia.

You have been asked to write about your experience in Gaelic.

You must include the following information and you should try to add other relevant details:

- Why you chose to take a gap year **and** why you chose Nova Scotia;
- What activities are most popular in Nova Scotia;
- Whether you are happy or unhappy with your experiences in Nova Scotia;
- Whether you would, or would not go back again and why;
- What you saw on your trip to Nova Scotia;
- How did you travel in the Nova Scotia.

You should write approximately 180 words.

Once you have completed the exercise, show it to your tutor.

2.11 Learning points

Summary

You should now be able to:

- understand and use detailed and complex spoken Gaelic;
- understand and use detailed and complex written Gaelic;
- produce detailed and complex written Gaelic;
- participate in detailed and complex spoken Gaelic communication.

Context 4 Topic 3

Celebrating a special event

Contents

Learning objective

In this topic you will engage with vocabulary and structures relating to sport and events.

At the end of this topic, you should be able to:

- understand and use detailed and complex spoken Gaelic;
- understand and use detailed and complex written Gaelic;
- produce detailed and complex written Gaelic;
- participate in detailed and complex spoken Gaelic communication.

You will be able to deal with the genitive (or possessive) case, recognise it in everyday examples, use it correctly in speech and writing and use it to inform your further learning.

3.1 Introduction

Tha tachartasan spòrs a' toirt tlachd dhan a h-uile duine a tha an-sàs annta; luchd-amharc, cluicheadairean agus coidseachan. Tha Ceit a' falbh dhan gheam iomain chliùteach eadar Bail' Ùr an t-Slèibh agus Ceann a' Ghiùthsaich, tha Dòmhnall a' dol dhan ghoilf ann an Cill Rìmhinn, tha Calum a' falbh dhan rugbaidh agus tha Nina air tiogaidean fhaighinn dha na Geamannan Eadar-nàiseanta ann an Glaschu. Dèan cinnteach gum bi tu fhèin a' gabhail a' chothruim spòrs a dhèanamh - tha e math dhut is math tric!

English translation

Sporting events are a great time for all involved, for spectators, players and coaches. The gang are all heading to various events, solo and as a group. Ceit is off to the famous Newtonmore-Kingussie shinty match, Donald is going to the golf at St Andrews, Calum is going to the rugby and Nina has got everyone tickets for the International Games in Glasgow. Make sure you too make time for sport - it is good for you and good often!

3.2 Sport: Spòrs

Translation: Spòrs Go online

Q1:

Dòmhnall - Donald

Tha sinn uile gu math spòrsail ach ann an dòighean eadar-dhealaichte. 'S fhèarr le Ceit spòrsan sgioba a chluich ach 's fheàrr leamsa a bhith ag eacarsaich leam fhèin. Is fìor thoigh le Calum a bhith a' coimhead spòrs air an telebhisean agus a' faighinn a-mach mu eachdraidh spòrs. Chaidh mi dha na Hearadh agus do dh'Fhìobha mar phàirt den Chùis seo - dà àite àlainn, dà àite gu math eadar-dhealaichte!

Ceit - Kate

Anns a' Chùis seo, bidh sinn a' dol an sàs ann an spòrs - ' s e dùthaich gu math spòrsail a tha ann an Alba 's ged nach eil sinn cho soirbheachaile uaireannan, tha spòrs na phàirt mhòr den chultar againn - bho bhall-coise gu rugbaidh, bho iomain gu goilf is bho choiseachd nam beanntan gu lùth-chleasan. Chaidh mi do ghèam mòr iomain ann am Bàideanach agus tha Nina a' coimhead air adhart ris na lùth-chleasan ann an Glaschu.

Mgr Rothach - Mr Munro

Bu choir dhut a bhith a' fàs nas fheàrr air Gàidhlig a-nis agus bu choir dhut a bhith a' feuchainn ri Gàidhlig a bhruidhinn fad an t-siubhail. Bidh sibh ag ionnsachadh mun tuiseal ginideach còmhla ri roimhearan measgte a thaobh ghràmair agus ag ionnsachadh mòran fhaclan ùra cuideachd! Bidh na deuchainnean agad a' tighinn a dh'aithghearr.

Cuimhnich! Gus a bhith soirbheachail ann an Gàidhlig, 's e dìreach an aon rud a dh'fheumas a bhith agad airson bogsadh. Feumaidh mi Sùil an Tìgeir a bhith agad!

Sùil an Tìgeir - Eye of the Tiger!

3.3 Shinty in Badenoch (UND1)

There is no bigger game in shinty outside of the Camanachd Cup Final than the Badenoch Derby between Kingussie and Newtonmore. Ceit is lucky that she is able to attend one of these exciting and competitive fixtures between these fierce local rivals.

Listening comprehension: Èisteachd - Iomain ann am Bàideanach Go online

To complete this exercise, you will need the following sound file:
hg-cgae4-3-1listening.mp3

Q2: What did Kate do after she woke up?

....

Q3: How had the weather been all week?

....

Q4: What did she think of instantly?

a) She is looking forward to her shinty game today
b) Her shinty game will not be going ahead today
c) She will definitely playing forward today
d) She will not be playing forward today

....

Q5: How did she feel when she heard from her manager?

....

Q6: What does she say about league position of the team from Glasgow?

....

Q7: Where was her father reading the paper?

....

Q8: What part of the paper was he reading?

....

Q9: What had her father heard?

....

Q10: What did Kate think her father thought she looked like?

....

Q11: Why can Kate's father take her to the Kingussie - Newtonmore game?

....

Q12: How does Kate describe the shinty teams from Kingussie and Newtonmore?

....

Q13: How long were they in the car for?

....

Q14: What did they see when they arrived in Newtonmore?

....

Q15: What could be heard when there was a big challenge?

....

Q16: How is the relationship between the two sets of supporters defined?

....

Q17: What does Kate tell us to remember?

....

Q18: What does she say about the final score?

....

Q19: How does she describe the players?

....

Q20: What does she say about the match?

Vocabulary: Shinty Go online

Q21: *Muddled words/phrases*

briseadh dùil	goal
co-ionnan	local
teans	equal
ionadail	chance
dùsgadh	flood
tuil	fighting
gàrradh	tackle
tadhal	garden
dùbhlan	wake up
sabaid	wakening up
dùisg	disappointment

....

Q22: *Muddled words/phrases*

dùsgadh	equal
thoir sùil	puddle
cha b'urrainn dhomh a chreidsinn	take a look
lòn	in an instant
thàinig smuain thugam	wakening up
sa bhad	disappointment
teachdaireachd	I was not far wrong
gu sgiobalta	I could not believe it!
Cha robh mi fada ceàrr	a thought came to me
briseadh dùil	message, text message
co-ionnan	tidily, promptly, also *gu pongail*

....

Q23: *Muddled words/phrases*

earrann	Shinty. Where is its equal in Europe? An old Gaelic saying praising shinty as the finest game known to man.
mu dheireadh thall	You could not hold me back. literally "I was not running but jumping!"
dh'fheumadh gun robh mi nam shealladh thruagh	passive past tense of cluinn - hear
cha robh mi ruith ach leum!	I must have been a pitiful sight
chluinneadh	challenge, *sport* tackle
dùbhlan	eventually, at long last
sabaid	section
Camanachd. Càite a bheil an coimeas rithe ann an Roinn Eòrpa?	fighting

3.4 A visit to Fife (UND1)

Donald visits Fife- *Fìobha* and St Andrews - *Cill Rìmhinn* on a university open day trip, (although he has no intention of going there!) He visits the Golf Museum - Taigh - tasgaidh a' Ghoilf and finds out about a *duine cudromach*- an important man in the development of golf as a sport in Scotland, the world and, surprisingly, South Uist!

Listening comprehension: A visit to Fife Go online

To complete this exercise, you will need the following sound file:
hg-cgae4-3-2listening.mp3

Q24: What year was Tom Morris born in St Andrews?

....

Q25: What age did he start playing golf?

....

Q26: What status does Allan Robertson hold in the history of golf?

....

Q27: What happened when Robertson found him playing with a "guttie" ball?

....

Q28: What did Tom do at the first Open Championship?

....

Q29: What relation was "Young Tom Morris"?

....

Q30: How did "Young Tom" die?

....

Q31: What is not clear about the two players?

....

Q32: In his designing of new golf courses, what two features that are common on modern courses did Old Tom popularise?

....

Q33: How much did he earn a day for this job?

....

Q34: What is said about the golf links at Askernish, South Uist?

....

Q35: How long was the course Tom designed lost for?

....

Q36: How did Tom die?

....

Q37: Where was he buried? Give details.

....

Q38: What is said about Tom's legacy to modern golf?

Vocabulary: Golf Go online

Q39: *Muddled words/phrases*

ceangal	long in his debt
gu mì-fhortanach	modern golf
ath-nuadhachadh	connection
raon-goilf	improvement
machair-goilf	unfortunately
fada na chomann	golf course
piseach	links course
goilf là an-diugh	designing
dealbhadh	renewing

3.5 Rugby: Rugbaidh (UND2)

Calum - When I was watching TV the other night I switched between two sports channels and realised that there was rugby on both channels but that the two games being played were very different. I then tried to find out why there are two major "codes" of Rugby played in the World, Rugby Union and Rugby League. This article I read was very interesting.

Gaelic translation

Calum - Nuair a bha mi a' coimhead TBh an oidhche eile, dh'atharraich mi eadar dà shianal spòrs agus mhothaich mi gun robh rugbaidh air an dà shianal ach gun robh an dà gheam gan cluich gu math diofraichte. An uairsin, dh'fheuch mi faighinn a-mach carson a tha dà "chòd" de rugbaidh gan cluich san t-Saoghal, Rugbaidh Aonaichte agus Rugbaidh Lìog. Bha an t-artagail a leugh mi gu math inntinneach.

Reading comprehension: Rugbaidh Aonaichte agus Rugbaidh Liòg Go online

'S e cuideigin a bhios a' cluich spòrs gun phàigheadh a tha ann an **gràdh-saothraiche** no "amateur" mar a tha aca sa Bheurla. Mar a tha am facal Gàidhlig a' mìneachadh, bidh iad a' cluich airson **gràdh** a' gheama. B' àbhaist dha an inbhe seo a bhith gu math cudromach ann an iomadh spòrs; ball-coise, criogaid, lùth-chleasan. Ach b' e an spòrs a bu mhotha air a shon Rugbaidh no, gu ceart, Rugbaidh Aonaichte.

Carson Rugbaidh Aonaichte? Uill, anmoch san naoidheamh linn deug bha Rugbaidh air fàs gu mòr ann an Ceann a Tuath Shasainn a measg nam **mèinnearan** agus nam **breabadairean** a bha a' fuireach an-sin. Bha na daoine seo ag iarraidh pàigheadh airson cluiche o chionn 's gun robh iad a' call obair sna factaraidhean air a shon. Cha robh seo a' còrdadh ris na sgiobaidhean ann an Ceann a Deas Shasainn far an robh an gèam ga chluich le **daoine-uasal** a bha air a dhol do sgoiltean poblach. Shaoil iad nach robh e ceart a bhith a' cluich spòrs airson airgead.

Chruthaich muinntir a' Chinn a Tuath **còd** ùr de rugbaidh, is thug iad "Rugbaidh Liòg" dha mar ainm. Bha iad a' faighinn airgead airson cluich ann an sgiobaidhean de thrì deug, dithis nas lugha na sgiobaidhean Rugbaidh Aonaichte. Bha seo a' ciallachadh gur e "**proifeiseantaich**" a bha annta. Thachair an aon rud ann an **Astràilia** agus dh'fhàs Rugbaidh **Liog** gu math mòr san dà dhùthaich sin.

Lean cùisean air adhart mar seo fad bhliadhnaichean agus bha **sgaradh** mòr eadar an dà spòrs. Nan robh thu a' fàgail còd an Aonaidh airson còd na Liòg, cha b' urrainn dhut fiù 's a bhith nad bhall sòisealta de chlub Rugbaidh Aonaichte. Bhiodh cluicheadairean Aonaidh gan casg nam faigheadh a-mach gun do ghabh iad airgead sam bith bho **luchd-taice** no fiù ' s nan robh iad air cus **cosgaisean siubhail** fhaighinn. Rinn cluicheadairean Aonaidh ainmeil mar Ailean Tait à Alba agus Seonachan Edwards an iomlaid do Liòg sna 1980an is bha seo glè chonnspaideach.

Ach as dèidh **Cuach na Cruinne** airson Rugbaidh Aonaichte ann an **Afraga a Deas** ann an naoi ceud deug naochad sa còig, bha e follaiseach gun robh iarrtas ann airson Rugbaidh Aonaichte a dhol proifeiseanta cuideachd. Bha mòran airgid a' tighinn a-steach dhan ghèam agus bha cluicheadairean mar Jonah Lomu, duine mòr à **Sealainn Nuadh** ag iarraidh buannachd airgid fhaighinn bhon chliù agus na sgilean aca.

As dèidh **deasbad** mòr, thàinig atharrachadh air an spòrs agus bha **cead** aig sgiobaidhean Aonaidh na cluicheadairean aca a phàigheadh. Thoisich linn ùr **soirbheachail** leis an atharrachadh seo. Thill cluicheadairean mar Tait agus Edwards do Rugbaidh Aonaichte agus thoisich cluicheadairean Liòg a' gluasad don chòd eile ged nach tug e cus buaidh air Liòg. Tha Rugbaidh Liòg fhathast gu math mòr agus tha àite ann airson an dà chòd fhathast.

Tha feadhainn den bheachd gu bheil **proifeiseantachd** air Rugbaidh Aonaichte atharrachadh cus. Tha na cluicheadairean nas motha agus nas làidire agus tha seo a' ciallachadh gu bheil barrachd chluicheadairean gan droch leòn ann am beachd de chuid dhotairean. Tha am **beàrn** eadar na gràdh-shaothraichean agus na proifeiseantaich a' sìor-fhàs gach bliadhna ach aig an aon àm cha robh an gèam riamh cho mòr. Bidh co-fharpaisean mar na Sia Dùthchannan a' tarraing na mìltean de **luchd-amhairc** dha na lainn-chluiche agus a' tarraing nam milleanan a bharrachd de **luchd-coimhid** aig an taigh air an telebhisean. **Gun teagamh, tha aon rud cinnteach**. 'S e airgead an rud a bhuannaich **aig deireadh an latha**.

Q40: According to the passage, what does the Gaelic word for "amateur" tell us?

....

Q41: Apart from rugby, what other three sports are mentioned in the paragraph?

....

Q42: In which century did rugby become popular in the north of England?

....

Q43: What jobs did those who played it have?

....

Q44: Who played the game in the south of England?

....

Q45: What did these people think?

....

Q46: According to the passage, what is the difference between teams in Rugby League and Rugby Union?

....

Q47: Where else did the new code become very popular?

....

Q48: According to the passage, which three actions would result in a ban from Rugby Union?
Choose from:
Supporting a Rugby League team
Leaving a Rugby Union social club
Playing Rugby League
Taking money from sponsors
Receiving too much in travel costs
Wearing a sponsor's logo

....

Q49: What event made it apparent that Rugby Union should become professional?

....

Q50: Where and when did this event happen?

....

Q51: What did players like Jonah Lomu want?

....

Q52: What began with the change to professionalism?

....

Q53: What is said about the effect that this change had on Rugby League?

....

Q54: What opinion do some people have about professionalism?

....

Q55: How have the players changed in since the advent of professionalism?

....

Q56: What has this meant for many players in the opinion of doctors?

....

Q57: What do competitions such as the Six Nations attract?

....

Q58: According to the writer what won at the end of the day?

....

Q59: What is the overall purpose of this text?

a) An explanation of the different rules in Rugby League and Union.
b) A history of Rugby League in Scotland.
c) An opinion piece about the development of different codes of rugby.

***Rugby* vocabulary** Go online

Q60: *Muddled words/phrases*

mèinnear	amateur
sgoil phoblach	bad injury
luchd-leantainn	effect
thoir buaidh air	gentlemen
luchd-coimhid	miner
luchd-amhairc	one thing is certain
luchd-taice	there is a place
soirbheachail	professionalism
daoine-uasal	public school
gràdh-saothraiche	spectators
proifeiseantachd	sponsors
tha aon rud cinnteach	successful
tha àite ann	supporters
droch leòn	viewers

3.6 Geamannan eadar-nàiseanta (UND2)

Hi there, *Nina* here - We have got tickets for the international games in Glasgow, this is a big event with athletes from all across the world competing in different sports. I have never been to such a big sporting event and am looking forward to it.

Gaelic translation

Hai, *Nina* an-seo - Fhuair sinn tiogaidean airson na Geamannan Eadar-nàiseanta ann an Glaschu, 's e tachartas mòr a tha ann le lùth-chleasaichtean bho air feadh an t-Saoghail a' farpaiseach ann an diofar spòrs. Cha robh mi riamh aig tachartas mòr spòrs agus tha mi a' coimhead air adhart ris.

Reading comprehension: Geamannan eadar-nàiseanta Go online

Thèid mise agus mo charaidean, Dòmhnall, Ceit agus Calum dha na geamannan **eadar-nàiseanta** ann an Glaschu an deireadh-seachdain seo tighinn. Gheibh sinn an trèana do **Stèisean Sràid na Banrìghinn** agus an uair sin, gheibh sinn tagsaidh dhan **lann-cluiche**. **Thathar ag ràdh** gur e latha fliuch a bhios ann **ach a dh'aindeoin** sin thathar an dùil gum bi sluagh mòr **an làthair** aig a' cho-fharpais.

Tha mi an dùil gum faic sinn mòran dhaoine bhon bhaile againn aig na geamannan. Tha **comann lùth-chleasan** mòr anns a' bhaile agus bidh iad uile a' dol gus coimhead air boireannach bhon a' chomann, Catrìona Nic a' Ghobhainn, a bhios a' ruith anns an rèis ochd ceud meatairean. Rinn i uamhasach math an-uiridh aig na geamannan eadar-nàiseanta. Thàinig i san cheathramh àite air deireadh air ban-Ameirigeanach ainmeil agus dithis Shasannaich a tha air ruith aig **na h-Olympaigs**.

Tha Dòmhnall a' coimhead air adhart ris an reis ceud meatair gu mòr. 'S e reis **chonnspaideach** a tha seo air sgàth 's aon Ameirigeanach a bhios a' ruith. Cha bhi Dòmhnall toilichte ma bhuannaicheas e air sgath 's gu bheil e casg fhaighinn airson **drogaichean** a ghabhail." **Tha fiughair orm** ris an rèis ceud meatair cuideachd air sgàth 's gu bheil na ruitheadairean cho **luath** agus cho **làidir**. Ann am meadhan na pàirce bidh **leum** agus **tilgeil** a' dol air adhart cuideachd. Bidh feadhainn a' tilgeil òrd agus feumaidh tu a bhith gu math treun agus tapaidh airson sin a dhèanamh.

Chosg Comhairle Bhaile Ghlaschu agus Riaghaltas na h-Alba na milleanan air na **goireasan** airson nan geamannan agus tha mi a' cluinntinn gun d'fhuair iad **luach an airgid**. Tha mi an dòchas gum bi e comhfhurtail agus tioram, gu h-àraidh ma bhios an t-sìde cho dona 's a thathar an dùil. Cha robh mi riamh aig lann-cluiche mòr agus bidh e inntinneach faicinn **cho luath** 's a dh'fhalmhaicheas an lann-cluiche aig deireadh an latha. Tha mi air cluinntinn gur urrainn dhaibh fichead mille neach a leigeil **mu sgaoil** taobh a-staigh còig mionaidean.

Bidh mi fhèin a' ruith gach latha agus ged nach bi mi cho luath ris na daoine a bhios a' ruith ann an Glaschu tha e gam chumail fut agus fallainn. Bidh mi a' cur taic ris na h-Albannaich aig na geamannan agus tha mi an dòchas gum faigh sinn **bonn òr**.

Q61: When are the International Games taking place according to the passage?

....

Q62: Where will they arrive in Glasgow?

....

Q63: What kind of weather is expected?

....

Q64: What does Nina expect to see?

....

Q65: What is the name of the woman running the 800 metre race?

....

Q66: What place did she come at last year's international games?

....

Q67: What is said about those who beat her?

....

Q68: What race is Donald looking forward to?

....

Q69: Why will Donald not be happy if the American runner wins?

....

Q70: What will be happening in the middle of the arena?

....

Q71: What qualities are required for throwing the hammer according to Nina?

....

Q72: Which two groups spent millions of pounds on the facilities?

....

Q73: What does Nina hope about the facilities?

....

Q74: What does she think will be interesting to see?

....

Q75: What has she heard about this?

....

Q76: How often does Nina run?

....

Q77: What is her final hope for the Scottish team at the games?

....

Q78: What is the overall purpose of this text?

a) A information leaflet for visitors to the International Games
b) A preview of a trip to the International Games
c) A report on a visit to the International Games

3.7 Ordinal numbers

Ceit has been helping out at the local *Bun-sgoil Ghàidhlig* to help both her teaching skills and her Gaelic skills. She helped out at the *Latha Spòrs*. She tells you about the race but you have to work out who came in what order in the sack race - connect the competing child's name to the place they came in the race.

Vocabulary: Ordinal numbers Go online

Bha mi a' breithneachadh air reis a' phoca agus abair rèis, rinn a h-uile duine glè mhath. Bhuannaich Alasdair ach bha Màiri uamhasach faisg air. Thuit Anna aig an toiseach ach rinn ise glè mhath agus thàinig i sa chòigeamh àite. 'S e Teàrlach a fhuair am bonn umha pìos math an toiseach air Donna. Rinn Cairistiona a dhìcheall ach gu mì-fhortanach thàinig ise a-steach air deireadh air a h-uile duine. Thàinig Seònag a-staigh roimh Aonghas ach as dèidh Anna.

Q79: *The placings*

	a' chiad dhuais 1st
	an darna dhuais - 2nd
	an treas duais 3rd
	an ceathramh àite (4th)
	an còigeamh àite 5th
	an siathamh àite 6th
	an seachdamh àite 7th
	an t-ochdamh àite 8th

Names

Alasdair, Anna, Aonghas, Cairistiona, Donna, Màiri, Seònag, Teàrlach

3.8 Gaelic terms for sports

In this section you will learn about the Gaelic terms for many sports. Many are pronounced in a similar way to their English equivalents. However, many are not: be careful with shinty which has two different forms in Gaelic!

Vocabulary: Sports terms Go online

Q80: *Muddled games*

Geamannan Gàidhealach	athletics
Lùth-chleasan	basketball
iomain	football
camanachd	hockey
hocaidh	ice hockey
hocaidh-deighe	netball
ball-basgaid	shinty
ball-lìn	shinty
ball-coise	tennis
Rugbaidh Lìog	Highland Games
Rugbaidh Aonaichte	Rugby league
teanas	Rugby Union

rothaireachd	boxing
iomradh	canoeing
curachanachd	climbing
sreap	cricket
coiseachd	curling
goilf	cycling
bogsadh	golf
seòladh	rowing
croladh	sailing
sgitheadh	skateboarding
sgitheadh uisge	skiing
speileabòrdadh	swimming
criogaid	walking
snàmh	water skiing

3.9 Writing task (USE2)

Assignment: Writing: Sgrìobhadh

Write a report on a visit to a sporting event.

You should try and include the following:

- Where the event took place.
- When the event took place.
- What other events were happening at the event.
- Describe the weather and how this affected the day.
- Talk in detail about at least one event during the day.
- How was the event enjoyed by those in attendance.
- How did you feel at the end of the event.
- Anything else you feel is relevant to the event or day.

This should be around 250 words.

Read the example passage about Calum's trip to the Isle of Skye Highland Games to give you some ideas regarding your own passage. When you have completed you own passage show it to your tutor or teacher.

Chaidh mise do **Gheamannan Gàidhealach** an Eilein Sgitheanaich anns an t-samhradh a bhon-uiridh. Bidh na geamannan a' **tachairt** air a' chiad Diciadain san Lunasdal gach bliadhna.

Bidh na geamannan a' gabhail àite shuas air a' **Mheall** ann am Port Rìgh. 'S e seo **creag** mhòr os cionn na h-acairseid. Tha raon-spòrs cruinn aig mullach a' Mhill agus bidh co-fharpaisean dannsaidh, lùth-chleasan, **tarraing na ròpa** agus pìobaireachd a' tachairt ann.

Bha an t-uamhas dhaoine aig na geamannan an latha a chaidh mi ann. Bha mòran luchd-turais nam measg, le daoine à Iapan, às a' Ghearmailt agus às na Staitean Aonaichte. Bha an t-sìde uamhasach teth agus bha a h-uile duine nan suidhe no nan **laighe** air na bruthaichean timcheall na pàirce.

Bha còmhlan-pìob a' bhaile a' cluich eadar na co-fharpaisean. Smaoinich mi gum biodh iad a' **faireachdainn** uabhasach blàth anns na fèilidhean agus na seacaidean aca ach chum iad a' dol fad an fheasgair. Chòrd e rium a bhith a' cluinntinn puirt.

Ghabh mo bhràthair mòr pàirt ann an rèis a' chnuic. Bha aig na ruitheadairan ri dhol timcheall an raoin dà thuras agus an uairsin a dhol a-mach seachad air a' chladach dhan chnoc a tha air taobh thall a' bhàigh. Bidh iad a' ruith dhan mhullach agus air ais dhan Mheall. Bha e gu math fada agus gu math cruaidh ach thàinig mo bhràthair san deicheamh àite. Nach math a rinn e?

Tha na geamannan a' còrdadh ris a h-uile duine anns an Eilean Sgitheanach agus as dèidh dhan latha a dhol seachad, bidh a h-uile duine a' coinneachadh air an t-sràid àrd agus a' dèanamh hò-rò-gheallaidh agus a' dèanamh còmhradh mu dheidhinn na thachair tron latha. 'S e latha mòr a tha seo airson nam meanbh-chuileagan cuideachd ge-tà.

Gu mì-fhortanach, dh'fheumadh sinn a dhol dhachaigh agus chadail mo bhràthair mòr airson an turas air fad. Bha e cho sgìth ris a' chù!

3.10 That which happened, what happened: Na thachair

When you see *na* used in front of a verb it is very similar to the use of a in front of verbs in the same way.

However, instead of saying:

Am faca tu an rud a rinn e? (Did you see the thing that he did?)

you combine the thing that was done - *na rudan* - with the pronoun -which - *a* to become **na**.

Simply put, you use *na* as a shorthand form to allow you not to mention the thing you are referring to specifically, as below:

Am faca tu na rinn e? (Did you see what/that which he did?)

3.11 The Clisham: An Cliseam (UND2)

Reading comprehension: An Cliseam - sreap agus coiseachd Go online

The Clisham - climbing and walking

Bha mi a' dìreadh **chun a' mhullaich** nuair a chunnaic mi iolaire air sgeith **os cionn a' choire**. Bha i a' dol mun chuairt is mun chuairt a' cleachdadh blàths na h-àile airson fuireach an-àird. An uairsin, chrom i agus chaidh e am falach anns a' choire ach an uairsin gu h-obann nochd i a-rithist le coineanach na spuirean. Abair sealladh!

Chì mi seallaidhean iongantach mar seo a h-uile turas a thèid mi a choiseachd sna beanntan. Chì mi fèidh ag ionaltradh **ri taobh na h-aibhne**, na h-eòin bheaga a' cluich **am measg an fhraoich** agus nuair a bhios mi air a' mhullach a ruighinn, chì mi fad is farsaing **thar na dùthcha**.

A bhòn-uiridh chuir mi fhèin is mo charaidean romhainn gun sreapamaid a' bheinn as àirde anns na h-Eileanan an Iar. 'S e sin an Cliseam a tha eadar na Hearadh agus Leòdhas. Tha e ochd ceud ach aon mheatair an àird agus 's e an aon Chorbett (nas àirde na 2500 troighean an àird) sna h-Eileanan an Iar.

Thug sinn am bàt'-aiseig à Uig san Eilean Sgitheanach agus as dèidh cuairt thaitneach air MV Innse Gall, thàinig sinn gu tìr ann an Tairbeart.

Bha sinn a' fuireach ann an ostail-òigridh ann an Tairbeart agus bha e gu math reusanta, cha do chosg e ach deich not gach duine. Chaidh sinn gu taigh-osta faisg air a' chidhe air an oidhche airson greim bidhe. Thoisich sinn a' bruidhinn ris a' bhana-Hearach a bha a' frithealadh ar bùird agus dh'innis sinn dhi na bha an amharc dhuinn an ath latha.

Thuirt ise nach robh i riamh air an Cliseam a shreap agus cha robh i an dùil a dhèanamh air sgàth 's gum fàs i sgìth a' coimhead air!

An ath latha, thug sinn an càr agus dh'fhàg sinn e ri taobh seann togalach a bha ga chleachdadh airson mucan-mara a shealg san àm a dh'fhalbh. Lorg sinn an t-slighe agus thoisich sinn a' coiseachd dhan mhullach. Bha mi toilichte gun robh slighe ann oir tha an tìr anns na Hearadh coltach ri uachdar na Gealaich - tha e glas agus creagach. Bha luchd-coiseachd is streapadairean eile ann agus bha e follaiseach gun robh an t-sìde mhath air daoine a tharraing dhan Chliseam ach ged a bha e trang bha e fhathast gu math sìtheil agus socair.

Chaidh sinn na b' àirde is na b' àirde. Dh'fhàs e gu math fuar ach bha an latha air fàs gu math brèagha agus bha fallas mòr orm. Nuair a ràinig sinn am mullach thug sinn sùil timcheall oirnn. B' e an sealladh a bu bhòidhche a chunnaic mi rim bheò.

B' urrainn dhuinn machraichean Uibhist fhaicinn gu deas, Sgalpaigh fhaicinn gu sear agus mòinteach Leòdhais fhaicinn gu tuath. Chitheadh Hiort **air faire** gu siar. Bha seo inntinneach air sgàth 's gun do leugh mi sgeulachd anns an sgoil mu dheidhinn nan Hiortach a dh'fhalbh bhon eilean iomallach sin ann an 1930 ach cha robh mi air fhaicinn riamh.

Abair latha brèagha - 's cinnteach gum faic mi seallaidhean brèagha eile an ath thuras a thèid mi dha na beanntan.

Q81: When does he see wonderful views?

....

Q82: What two animals are mentioned?

....

Q83: What can he see from the top of the mountains?

....

Q84: Give the height of the Clisham in metres.

....

Q85: Where did they stay in Tarbert?

....

Q86: In detail, what does he say about the cost?

....

Q87: What did the woman say about the Clisham?

....

Q88: What was her reason for saying this?

....

Q89: Where did they leave the car beside?

a) an old building for pigs
b) an old building for hunting whales
c) an old persons home
d) an old hunting lodge
e) a building with a sea view

....

Q90: How does Donald describe the land in Harris?

....

Q91: What was obvious to Donald about the other walkers and climbers they saw?

....

Q92: What happened to Donald even though it was growing colder?

....

Q93: What could they see to the East?

....

Q94: What could they see on the Western horizon?

....

Q95: Why was this interesting for Donald?

....

Q96: What is Donald sure of?

3.12 Grammar focus on An Cliseam

You will have become aware of the genitive case - also known as the possessive case - i.e. when you have to indicate that something belongs to something else.

e.g. *am bòrd* - the table *casan a' bhùird* - the table's legs, literally the legs of the table

How the genitive case works is dependent on the gender of a noun, whether it is masculine or feminine, and on the initial letter.

However, it is not only used to indicate possession between two nouns, it is also used after compound prepositions. Here is a list of the most common ones.

Grammar: An Cliseam Go online

chun - to the - *chun a' chladaich*
os cionn - above *os cionn na mara*
i taobh - beside *ri taobh na h-aibhne*
am measg - amongst *am measg nan daoine*
thar - across *thar na drochaid*
mu dheidhinn - about *mu dheidhinn an leabhair*
mu choinneamh - opposite *mu choinneamh a' bhaile*
air beulaibh - in front of *air beulaibh na sgoile*
air cùlaibh - behind *air cùlaibh a' chnuic*
rè - through (passage of time) *rè na h-oidhche*
air feadh - throughout (space, area) *air feadh an t-Saoghail*

Masculine noun	Masculine genitive	Meaning in English	Feminine noun	Feminine genitive	Meaning in English
an cladach	a' chladaich	the shore	a' mhuir	na mara	the sea
an cnoc	a' chnuic	the hill	an sgoil	na sgoile	the school
an leabhar	an leabhair	the book	an drochaid	na drochaid	the bridge
an Saoghal	an t-Saoghail	the World	a' bheinn	na beinne	the mountain
am baile	a' bhaile	the town	an eaglais	na h-eaglais	the church
an doras	an dorais	the door	an t-soitheach	na soithiche	the vessel
an t-eilean	an eilein	the island	an fhèis	na fèise	the festival

Grammar: The genitive case Go online

In the following text identify all the uses of the genitive case.

Q97: Text

Bha mi a' dìreadh chun a' **mhullaich** nuair a chunnaic mi **iolaire** air sgeith os cionn a' **choire**. Bha i a' dol mun chuairt is mun chuairt a' cleachdadh blàths na h-àile airson fuireach an-àird. An uairsin, chrom i agus chaidh e am falach anns a' choire ach an uairsin gu h-obann nochd i a-rithist le coineanach na spuirean. Abair sealladh!

Chì mi seallaidhean iongantach mar seo a h-uile turas a thèid mi a choiseachd sna beanntan. Chì mi fèidh ag ionaltradh ri taobh na h-aibhne, na h-eòin bheaga a' cluich am measg an fhraoich agus nuair a bhios mi air a' mhullach a ruighinn, chì mi fad is farsaing thar na dùthcha.

Hebridean islands Go online

3.13 The genitive case

The following tables will show you how the noun changes according to its case - there are five major variations.

	Group 1 (B, P, M, C, G)			
masculine			feminine	
nominative	am balach		nominative	a' chaileag
dative	aig a' bhalach		dative	aig a' chaileig
genitive	ceann a' bhalaich		genitive	ceann na caileige

	Group 2 (vowels)			
masculine			feminine	
nominative	an t-each		nominative	an eaglais
dative	leis an each		dative	anns an eaglais
genitive	earball an eich		genitive	sràid na h-eaglaise

	Group 3 (F + vowel)		
masculine		feminine	
nominative	am feasgair	nominative	an fhaoileag
dative	anns an fheasgar	dative	fon an fhaoileig
genitive	fad an fheasgair	genitive	gob na faoileige

	Group 4 (D,T,L,N,R,SG,ST,SP, SM)		
masculine		feminine	
nominative	an doras	nominative	an làmh
dative	aig an doras	dative	air an làimh
genitive	deoch an dorais	genitive	bas na làimhe

	Group 5 (S+vowel, SL, SR, SN)		
masculine		feminine	
nominative	an solas	nominative	an t-sràid
dative	fon an t-solas	dative	air an t-sràid
genitive	cnoc an t-solais	genitive	ceann na sràide

3.14 Irregular genitives

Of course, there are several genitives which do not always follow the set patterns, especially feminine nouns.

Four that you should always watch out for are:

A' Ghrian - teas na Grèine (heat of the sun)

an traigh - Gainmheach na traghad (the sand of the beach)

an abhainn - taobh na h-aibhne (side of the river)

an dùthaich - air feadh na dùthcha (throughout the country)

an Loch can be masculine or feminine so you can see both *Ceann an Loch* and *Ceann na Locha*

Always check a dictionary to establish the gender of a noun if you are unsure. Over time this will become more natural and you will begin to recognise the gender whilst reading, listening and speaking.

3.15 Labhairt (USE1)

Talking: Labhairt Go online

You are going to create a conversation about a sports team which you support.

This can be a football team, rugby team, shinty team, in fact any team at home or abroad in which you have an interest.

Here are some questions and some basic responses. Remember that you should expand on these in order to gain full marks.

Cò an sgioba a bhios tu a' leantainn?
What team do you follow?
'S e Comann Camanachd Inbhir Aora an sgioba a bhios mi a' leantainn. - Inverary Shinty Club is the team I follow.

Dè spòrs a bhios an sgioba a' cluich?
What sport does the team play?
'S e sgioba ball-coise a tha annta. - They are a football team.
Bidh iad a' cluich iomain. Bidh iad a cluich anns an Lìog Nàiseanta. - They play shinty. They play in the National League.

Cuin a chaidh an sgioba a steidheachadh?
When was the team established?
Chaidh an sgioba a steidheachadh ann an naoi ceud deug sa naoi. - The team was established in 1909.

Dè na tachartasan as motha ann an eachdraidh na sgioba?
What are the biggest events in the team's history?
Bhuannaich iad Cupa na Camanachd ann an dà mhìle sa ceithir an aghaidh a' Ghearastain. Tha iad air a bhuannachadh ceithir tursan uile gu lèir. - They won the Camanachd Cup in 2004 against Fort William. They have won it four times in all.
Fhuair iad troimhe dhan iar-chuairt dheireannach de Chupa na h-Eòrpa ann an naoi ceud deug ochdad sa ceithir. - They reached the semi-finals of the European Cup in 1984.

Càite a bheil an sgioba a' cluich?
Where do the team play?
'S ann air Pàirc Winterton a tha iad a' cluich. - They play in The Winterton Park.

Cò na cluicheadairean as fhèarr leat?
Who are your favourite players?
'S e Cailean Mac a' Ghobhainn, Carlos Campese agus Tèarlach Millar na cluicheadairean as fheàrr leam.

Dè na dathan cluiche aig an sgioba?
What are the team's colours?
'Se na dathan againn buidhe agus dùbh. - Our colours are yellow and black.
Tha geansaidhean gorm, briogais ghoirid gheal agus stocainnean dearga oirnn. - We wear blue jumpers, white shorts and red socks.

Cò na sgiobaidhean a tha nan namhaidean don sgioba agad fhèin?
Who are the teams that are the rivals of your own team?
Is beag oirnn Caolas a' Bhòid. - We hate Kyles Athletic.
'S e Dùn Deagh ar nàmhaidean as motha. - Dundee is our biggest rival.

Am bu toigh leat a chluich don sgioba?
Would you like to play for the team?
Bu toigh leam gu mòr. - I would like to a lot!
Bu mhiann leam sin ach chan eil mi cho math! - I would love it but I am not so good.

Dè cho tric 's a bhios tu a' dol a choimhead air na geamannan aig an sgioba?
How often to you go and watch the team's games?
Thèid mi a h-uile seachdain nuair a bhios iad aig an taigh. - I go every week when they are at home.
Chan fhaigh mi ann tric gu leòr. - I do not get to go often enough.

Cuin a thòisich thu a' leantainn na sgioba?
When did you start following the team?
Thòisich mi nuair a bha mi nam bhalach beag. - I started when I was a wee boy.
Thoisich mi nuair a bha mi nam nighean bheag. - I started when I was a wee girl.

Carson an do thòisich thu a' leantainn na sgioba?
Why did you start following the team?
Air sgàth 's gur iad an sgioba as fheàrr! - Because they are the best team!
Air sgàth 's gun robh m' athair gan leantainn. - Because my father supported them.

3.16 Learning points

Summary

You should now be able to:

- understand and use detailed and complex spoken Gaelic;
- understand and use detailed and complex written Gaelic;
- produce detailed and complex written Gaelic;
- participate in detailed and complex spoken Gaelic communication.

You will be able to deal with the genitive (or possessive) case, recognise it in everyday examples, use it correctly in speech and writing and use it to inform your further learning.

Context 4 Topic 4

Scottish Gaelic literature

Contents

Learning objective

At the end of this topic, you should be able to:

- show you have understood what the theme of a text is;
- show you have understood a writer's purpose and viewpoint;
- evaluate the effectiveness of a text in achieving its purpose;
- express a personal appreciation of a text;
- use critical terminology appropriate to a text;
- understand how to create your own similes in Gaelic.

4.1 Introduction

Learning Gaelic gives you access to a whole new body of Scottish literature. Some of the greatest writers in Scottish literature have been Gaelic writers, many of whom have only been accessible through translation. To read them in their own language is an even more pleasurable experience.

Some such as Iain Crichton Smith (Iain Mac a' Ghobhainn), have operated in both English and Gaelic, writing poetry, prose and drama. You will encounter Iain Crichton Smith's short story, An Taghadh (The Choice) within this course. Others, such as Derick Thomson, (Ruairidh MacThòmais) operated entirely in Gaelic (with English translation). Both Smith and Thomson came from Paibil Uarach, (Upper Bayble), in Point, (An Rubha), on the Isle of Lewis. This is where Anne Frater (Anna Frater), whose poem Màiri Iain Mhurch' Chaluim you will study in the course, was also raised. She is an important, contemporary, feminine voice in Gaelic poetry. Màiri Iain Mhurch' Chaluim is an important poem in that it deals with the sinking of an MV Iolaire in the aftermath of the Great War. Both these events had a cataclysmic effect upon the Western Isles and the Gaelic language and culture.

Arguably, the most famous of all the Gaelic poets of the 20th Century was Sorley MacLean (Somhairle MacGill-Eain) from the Isle of Raasay. His poetry collection Dàin do Eimhir is considered to be one of the best pieces of European literature produced in the 20th Century. He also produced great war poetry such as Glac a' Bhàis (The Valley of Death), the epic poem An Cuilthionn (The Cuillin), as well as the vision poems, Hallaig and Coilltean Ratharsair (The Woods of Raasay). In this unit, we will look at the poem An t-Earrach 1937 (Spring 1937), which is one of the final poems he writes but touches upon war, youth and the Isle of Skye, where he made his home and raised his family.

The poets are examples of Nua-bhàrdachd which developed from the traditional forms used by 18th and 19th century poets. These poems could be more accurately be described as songs, using meter and rhyme to allow them to be more easily set to music. Many of these were composed by what we call "Bàird Bhaile", or township bards, who would write satires and humorous songs about events or individuals in the local community. However, many dealt with more serious issues, such as war, politics and love using the same style.

One of the finest examples of this is An Eala Bhàn (The Fair Swan) by Dòmhnall Ruadh Choruna (Donald MacDonald), written in the trenches of World War I but focusing on a soldier's love for his sweetheart at home. Generally considered to be one of the most emotive and beautiful songs in Gaelic, it was voted the greatest Gaelic song of all time in an BBC poll. It is worth exploring, but is not included in this course.

Until recently, the novel has not been a major form in Gaelic, and you may, at this point in your Gaelic language learning feel that you cannot cope with such a long text. The same may also apply to drama. Therefore, this unit will focus on poetry and prose in the form of short stories.

The short story in Gaelic deals with a great range of different subjects but both An Taghadh by Crichton Smith and An Saighdear (The Soldier) by Donald John MacIver (Dòmhnall Iain Mac Ìomhair) deal with war, as do the two poems dealt with in the unit.

Poetry and prose are excellent ways for you to increase your vocabulary. Try and use some of the vocabulary you learn in your own talking and writing. Why do you not try and write your own poetry? You never know where it might take you.

This section of the course will be of great use to those of you who in particular want to go and study Gaelic at Advanced Higher and College or University.

4.2 Studying literature

In this topic you will be studying two pieces of poetry and two pieces of literature. The first poem we shall look at is: 'Màiri Iain Mhurch' Chaluim' by Anne Frater.

Before we look closely at this piece, it would be wise to stop and think about why we study a piece of literature.

Dè do bheachd?

Which answer or answers do you think best describe(s) literature?

- crafted creative writing;
- skilful writing of some substance;
- writing which strikes at important issues in people's lives;
- writing which examines world events;
- writing which provides us with a better understanding of our own life and of human existence.

It is likely that we shall not agree with everything a writer may say. However, when we engage with a piece of literature by studying it, we form opinions and increase our understanding of the writer's topic. The study of literature can develop our skills and understanding.

4.3 *'Màiri Iain Mhurch' Chaluim'* by Anne Frater

It is a useful exercise to translate this poem into English. It will help you to understand and engage with the piece. After this you should do the exercise which is designed to help you write a critical evaluation of the poem.
You will find an English version of this poem at the end of this section.

Màiri Iain Mhurch' Chaluim

Mo sheanmhair, a chaill a h-athair air an 'Iolaire', oidhche na bliadhn' ùir, 1919

Tha mi nam shuidhe ag èisteachd ribh
agus tha mo chridh' a' tuigsinn
barrachd na mo chlaisneachd;
's mo shùilean a' toirt a-steach
barrachd na mo chluasan.

Ur guth sèimh, ur cainnt
ag èirigh 's a' tuiteam mar thonn
air aghaidh fhuar a' chuain
's an-dràst' 's a-rithist a' briseadh
air creag bhiorach cuimhne;
's an sàl a' tighinn gu bàrr
ann an glas-chuan ur sùilean.

"Bha e air an ròp
an uair a bhris e . . . "

Agus bhris ur cridhe cuideachd
le call an ròpa chalma
air an robh grèim gràidheil agaibh
fhad 's a bha sibh a' sreap suas
nur leanabh.

Agus, aig aois deich bliadhna
cha robh agaibh ach cuimhne air a' chreig
a bhiodh gur cumail còmhnard;
's gach dòchas a bha nur sùilean
air a bhàthadh tron oidhch' ud.
's tro gach bliadhn' ùr a lean.

Chàirich iad a' chreag
agus dh'fhàg sin toll.
Chruadhaich an sàl ur beatha
agus chùm e am pian ùr;
agus dh'fhuirich e nur sùilean
cho goirt 's a bha e riamh;
agus tha pian na caillich
cho geur ri pian na nighinn,
agus tha ur cridhe
a' briseadh às ùr
a' cuimhneachadh ur h-athar.

". . . oir bha athair agam . . . "

Le Anna Frater

4.3.1 Poetic analysis (USE3)

Title and verse 1

Màiri Iain Mhurch' Chaluim

Mo sheanmhair, a chaill a h-athair air an 'Iolaire', oidhche na bliadhn' ùir, 1919

Q1: What is the meaning of the title?

....

Q2: What note does the poet attach to the title of the poem?

Verse 1

Tha mi nam shuidhe ag èisteachd ribh
agus tha mo chridh' a' tuigsinn
barrachd na mo chlaisneachd;
's mo shùilean a' toirt a-steach
barrachd na mo chluasan.

Q3: What is the context of the line: *Tha mi nam shuidhe ag èisteachd ribh*?

....

Q4: Is there evidence that she was not listening attentively to the words of the other person?

....

Q5: How was the author listening?

Verses 2 and 3

Ur guth sèimh, ur cainnt
ag èirigh 's a' tuiteam mar thonn
air aghaidh fhuar a' chuain
's an-dràst' 's a-rithist a' briseadh
air creag bhiorach cuimhne;
's an sàl a' tighinn gu bàrr
ann an glas-chuan ur sùilean.

Q6: How is the grandmother's voice likened to the sea in this verse?

....

Q7: What **connotations** does the expression '*aghaidh fhuar a' chuain*' suggest?

....

Q8: How can a memory be likened to a sharp rock in the phrase '*air creag bhiorach cuimhne*'?

....

Q9: *"s an sàl a' tighinn gu bàrr ann an glas -chuan ur sùilean'* - explain the play on the word *'sàl.*

"Bha e air an ròp an uair a bhris e . . . "

Q10: Who is the *e* in the first line of this verse?

....

Verses 4 and 5

Agus bhris ur cridhe cuideachd
le call an ròpa chalma
air an robh grèim gràidheil agaibh
fhad 's a bha sibh a' sreap suas
nur leanabh.

Q11: What is the play on the word '*ròpa*' in this verse?

....

Q12: Explain the image of the grandmother holding on to a rope?

....

Q13: What is the play on the word *a' sreap*?

Agus, aig aois deich bliadhna
cha robh agaibh ach cuimhne air a' chreig
a bhiodh gur cumail còmhnard;
's gach dòchas a bha nur sùilean
air a bhàthadh tron oidhch' ud.
's tro gach bliadhn' ùr a lean.

Q14: What does the poet mean when she says that her grandmother, at age ten, had a memory only of *a' chreig a bhiodh gur cumail còmhnard*?

....

Q15: What *dòchas* (hopes) might the grandmother have entertained?

....

Q16: Explain your understanding of the last line.

Verses 6 and 7

Chàirich iad a' chreag
agus dh'fhàg sin toll.
Chruadhaich an sàl ur beatha
agus chùm e am pian ùr;
agus dh'fhuirich e nur sùilean
cho gort 's a bha e riamh;
agus tha pian na caillich
cho geur ri pian na nighinn,
agus tha ur cridhe
a' briseadh às ùr
a' cuimhneachadh ur h-athair

Q17: What is the paradox in the opening two lines of this verse?

. . . .

Q18: Salt water or brine normally softens things when they are soaked in it. How could the sàl harden her life? How could salt keep the pain fresh?

. . . .

Q19: What do you think her pain is?

"... oir bha athair agam ..."

Q20: Why do you think the writer included this statement by her grandmother?

4.3.2 Màiri Iain Mhurch' Chaluim - The English version

Mary the daughter of Ian, the son of Murdo, the son of Calum

My grandmother, who lost her father on the "Iolaire", New Year's Night, 1919

I sit listening to you
and my heart understands
more than my hearing;
and my eyes absorb
more than my ears.

Your soft voice, your speech
rising and falling like waves
on the cold surface of the sea,
and now and again breaking
on the sharp rock of memory;
and the brine rises up
in the grey seas of your eyes.

"He was on the rope
when it broke . . . "

And your heart also broke
with the loss of the sturdy rope
which you had clung to lovingly
while you were growing up
as a child.

And, at ten years of age,
you had only a memory of the rock
that used to keep you straight;
and every hope that was in your eyes
was drowned on that night,
and through each New Year that followed.

They buried the rock
and that left a hole.
The salt hardened your life
and kept the pain fresh;
and it stayed in your eyes
and stinging as it ever was;
and the old woman's pain
is as keen as the girl's,
and your heart breaks anew
remembering your father.

" . . . because I had a father . . . "

4.3.3 Questions on *Màiri Iain Mhurch' Chaluim* (UND2, USE3)

Reading comprehension: *Màiri Iain Mhurch' Chaluim* Go online

Q21: What is the piece about and why was it written?

Literary techniques used by the author

Imagery

Q22: Match the quotation to the image:
The grandmother's voice, speech rising and falling like a wave on the cold face of the sea.

a) *Ur guth sèimh, ur cainnt*
ag èirigh 's a' tuiteam mar thonn
air aghaidh fhuar a' chuain

b) *an sàl a' tighinn gu bàrr*
ann an glas-chuan ur sùilean

c) *'s gach dòchas a bha nur sùilean*
air a bhàthadh tron oidhch' ud.

....

Q23: Match the quotation to the image:
The word *creag* is being used by the writer to symbolise her grandfather. The hole that is left is not literal but metaphorical.

a) *'s gach dòchas a bha nur sùilean*
air a bhàthadh tron oidhch' ud.

b) *cha robh agaibh ach cuimhne air a' chreig*
a bhiodh gur cumail còmhnard;

c) *Chàirich iad a' chreag agus dh'fhàg sin toll.*

....

Q24: Match the quotation to the image:
Her grandmother's life has been hardened by the salty sea. Salt rubbed into wounds is sore.

a) *Ur guth sèimh, ur cainnt*
ag èirigh 's a' tuiteam mar thonn
air aghaidh fhuar a' chuain

b) *"Bha e air an ròp an uair a bhris e . . . "*
Agus bhris ur cridhe cuideachd le call an ròpa chalma air an robh grèim gràidheil agaibh fhad 's a bha sibh a' sreap suas nur leanabh.

c) *Chruadhaich an sàl ur beatha*
agus chùm e am pian ùr

....

Q25: Match the quotation to the image:
The play on the word *a' chreig* to describe the father suggests he was the rock on which the family was built.

a) *Agus, aig aois deich bliadhna cha robh agaibh ach cuimhne air a' chreig a bhiodh gur cumail còmhnard;*
b) *an sàl a' tighinn gu bàrr*
ann an glas-chuan ur sùilean
c) *'s gach dòchas a bha nur sùilean*
air a bhàthadh tron oidhch' ud.
d) *Chàirich iad a' chreag agus dh'fhàg sin toll.*

Literary Techniques - Figures of Speech

Q26: *Ur guth sèimh, ur cainnt*
ag èirigh 's a' tuiteam mar thonn
air aghaidh fhuar a' chuain
This is an example of the use of:

a) metaphor
b) alliteration
c) simile
d) assonance
e) personification

....

Q27: *Agus bhris ur cridhe cuideachd*
le call an ròpa chalma
air an robh grèim gràidheil agaibh
fhad 's a bha sibh a' sreap suas
nur leanabh.
This is an example of the use of:

a) metaphor
b) alliteration
c) simile
d) assonance
e) personification

....

Q28: *Agus, aig aois deich bliadhna*
cha robh agaibh ach cuimhne air a' chreig a
bhiodh gur cumail còmhnard;
This is an example of the use of:

a) metaphor
b) alliteration
c) simile
d) assonance
e) personification

....

Q29: *Ur guth sèimh, ur cainnt*
ag èirigh 's a' tuiteam mar thonn
This is an example of the use of:

a) metaphor
b) alliteration
c) simile
d) assonance
e) personification

....

Q30: *cha robh agaibh ach cuimhne air a' chreig*
a bhiodh gur cumail còmhnard;
This is an example of the use of:

a) metaphor
b) alliteration
c) simile
d) assonance
e) personification

....

Q31: What did I learn from it?

4.4 *An Saighdear* by DJ MacIver

You should now read the story '*An Saighdear*'.

The meanings of words in bold are in the Glossary. This should help you get an overview of the story.

An Saighdear
Dòmhnall Iain MacÌomhair

Nuair a chaidh Coinneach don arm le thoil fhèin, an dèidh dha an sgoil fhàgail, bha **mothachadh** aige mu na cunnartan a bha co-cheangailte ri a **roghainn**. Dh'fheuch athair agus a mhàthair ri a stiùireadh gu **dreuchd** eile, oir bha cuimhne aig athair air mar a chaill athair fhèin a bheatha ann an cogadh, eadhon ged nach do roghnaich e a bhith na shaighdear. Ach bha Coinneach **rag** agus chan èisteadh e ri a phàrantan.

Nuair a bha Coinneach na bhalach òg bha e rudeigin **ceannairceach**, agus bha e doirbh do a phàrantan **smachd** a chumail air. Bhiodh e a' briseadh uinneagan gun adhbhar sam bith agus bhiodh e a' milleadh rudan a bha am broinn an taighe. **B' ann a shaoileadh neach** gun robh **sgrios** san nàdar aige agus gun robh e a' faighinn toileachas bho **dhroch-ghiùlan**. Cha b' ann aon turas a chaidh **fhuadach** às an sgoil airson a bhith a' sabaid agus airson feadhainn eile a **bhrosnachadh** gu sabaid. **Bleigeard balaich**, mar a bhiodh na tidsearan (agus feadhainn eile) ag ràdh.

Bha deagh fhios aig muinntir Chreagaboist cò ris a bha e coltach agus bha **truas gu leòr** aca ri athair 's ri mhàthair.
Bha fios aig pàrantan Choinnich **nach tigeadh dreuchd sgoilearachd air am mac**, oir bha an sgoil cho dubh dha ri **cnap guail**. Air an làimh eile, smaoinich iad gur iomadh duine òg a fhuair air adhart san arm, agus mu dheireadh dh'fhalbh e lem beannachd gus beatha ùr a chruthachadh dha fhèin san rèiseamaid. **Is dòcha gun deigheadh ceàird ionnsachadh dha**, rudeigin a bhiodh feumail na

b' fhaide air adhart na bheatha.

Seachdain no dhà an dèidh dha **an taigh-feachd** a ruighinn, chuir e brath gu a phàrantan air fòn-làimhe, ach cha do leig e guth air mun **chianalas** a bha air tòiseachadh **a' suathadh ri inntinn**.

Dh'fheuch e **ri dreach an toileachais** a chur air a ghuth, a' leigeil air nach robh teagamh sam bith aige mun dreuchd a roghnaich e agus ag ràdh gun robh càirdeas air èirigh eadar e fhèin agus saighdearan òga eile san rèiseamaid. Bha e a' cumail a-mach riutha gun robh an trèanadh agus an obair inntinneach, agus gun deach gealltainn dhaibh uile gum faiceadh iad **deagh chuibhreann** den t-saoghal ann an ùine gun a bhith ro fhada.

B' ann sa phàipear-naidheachd a chunnaic pàrantan Choinnich gun robh an rèiseamaid gu bhith air a cur gu **Iorac** fad shia mìosan. Iorac! Cha tàinig guth mun naidheachd sin bho Choinneach agus nuair a dh'fheuchadh athair 's a mhàthair ri fònadh thuige, cha robh e a' freagairt. Bha **làmh an uachdair aig iomagain** air spiorad pàrantan Choinnich, agus mar a bha na seachdainean a' dol seachad b' ann bu mhotha a bha **ciùrradh** a' bualadh air an inntinnean.

Cha mhòr gun robh latha nach robh na meadhanan a' foillseachadh droch naidheachdan mun t-suidheachadh ann an Iorac - saighdearan òga gam **marbhadh** agus air an leòn. Agus cha bhiodh ainmean air an **sgaoileadh** gus an deigheadh innse don **luchd-dàimhe**. Bhiodh pàrantan Choinnich ag ràdh riutha fhèin gum bu mhath an naidheachd a bhith gun naidheachd idir, ach bha iad a' tuigsinn nach robh **saorsa inntinne** air a gealltainn na bu mhotha.

Chaidh seachdainean seachad agus cha robh guth air Coinneach, no bho Choinneach. Agus ged nach robh fios aig a phàrantan, chaidh Coinneach a **leòn** gu dona nuair a **spreadh** boma ri taobh an rathaid air an robh e fhèin agus saighdearan eile a' siubhal ann an tanca. Rinn am boma toll mòr san rathad agus chaidh an tanca a dhroch mhilleadh. Thachair an spreadhadh tuath air prìomh bhaile Bhaghdaid. Chaidh na saighdearan a thoirt gu **ospadal-raoin** sa bhaile. Bha feadhainn de chompanaich Choinnich air an leòn gu math na bu mhiosa na bha esan. Ach fhathast cha d' fhuair a phàrantan fiosrachadh sam bith.

Dh'fheuch na dotairean na b' urrainn dhaibh airson cofhurtachd a **bhuileachadh** air na **leòintich**, agus ged a chaill dithis dhiubh am beatha an ceann latha no dhà, thòisich **piseach** a' tighinn air càch.

B' e Coinneach fear den fheadhainn air an robh piseach a' tighinn, agus cha b' fhada gus an robh e comasach dha suidhe an-àirde san leabaidh. Dhà no thrì thurais gach là, bha dotair **Ioracach** air an robh Hashima a' tighinn a shealltainn air. An dèidh do Hashima lotan Choinnich a **fhrithealadh**, dh'fhuiricheadh i deagh ghreis a' bruidhinn ris bho thaobh na leapa. Mhothaich e nach robh i idir a' cur na h-ùine seachad còmhla ri na **h-euslaintich** eile a bha **sìnte** san t-seòmar. Mu dheireadh, leudaich **co-chomann** sònraichte eatorra. Bha Hashima na bu shine na Coinneach, ach bha i fhathast gu math òg airson a bhith na dotair. Bhiodh iad a' bruidhinn mu chogadh agus mu bhomaichean, oir bha deagh Bheurla aca le chèile.

"Carson a thàinig thu an seo airson mo dhaoine a sgrios?" dh'fhaighnich i.

"Is e an t-arm a chuir ann mi agus cha b' urrainn dhomh **diùltadh**," fhreagair Coinneach. "An t-arm agus an riaghaltas."

Cha robh freagairt eile aige. Gheall e dhi nach robh **fuath** air thalamh aige do shluagh cumanta **Iorac**, agus cuideachd, coltach ris a' bhàrd Èireann-ach, nach robh gràdh sam bith aige orrasan a bha e a' **riochdachadh** san dùthaich sin. Bha eagal air gun deigheadh an co-chomann a bha eatarra **ma sgaoil**, ach gach latha bha Hashima fhathast a' tighinn a chòmhradh ris.

Bhiodh Coinneach ag innse dhi mun dùthaich a dh'fhàg e, mu làithean òige air an eilean agus mun dachaigh san deach **àrach**. Agus bhiodh ise ag innse dhàsan mu a h-òige fhèin, mun bhochdainn san deach a togail ann am baile beag faisg air Basra.

Bha i a-riamh ag iarraidh a bhith na dotair agus rinn a h-athair gach nì a b' urrainn dha airson a **miann** a **choileanadh**. **Thug i an dotaireachd a-mach** ann am Breatainn. Ach chaidh a h-athair agus a màthair a mharbhadh le bomaichean Breatannach **nuair a bha an cogadh na àirde**. **Cha robh sgeul aice** air a' chòrr den teaghlach, air a peathraichean no air a bràithrean. Agus a-nis bha dachaigh bheag aice ann am Baghdad, faisg air an ospadal agus air a h-obair. Lìon a sùilean le deòir nuair dh'innis i **a' chuibhreann** seo de a h-eachdraidh do Choinneach. Agus dh'aidich Coinneach ris fhèin gun robh e doirbh dhàsan **smachd a chumail** air a **dheòir** fhèin. Bha e uaireannan a' dèanamh dragh dha gur dòcha gur esan a spreadh am boma a dh'fhalbh le athair agus le màthair Hashima, ach cha bhiodh fios aige air sin gu bràth.

Aon latha agus Hashima aig leabaidh Choinnich, thuirt i ris nach b' fhada tuilleadh gus am faodadh e a dhol dhachaigh, oir bha e a-nis air fàs gu math na b' fheàrr. Ach fhreagair Coinneach nach robh e idir ag iarraidh a dhol dhachaigh, gun robh e ag iarraidh fuireach ann an Iorac, ged nach b' ann airson tòiseachadh a' sabaid a-rithist. Thuig Hashima dè bha e a' ciallachadh, ach chuir i na chuimhne gum biodh e a' cumail leabaidh **bho chuideigin eile a dheigheadh a leòn**, oir bha fios gur **iomadh leòinteach eile a bhiodh a' cur feum air frithealadh**. Ach **càite an deigheadh e** nuair a bhiodh e deiseil airson an t-ospadal fhàgail? Chuir e a' cheist air fhèin mìle turas. Mu dheireadh, chuir e a' cheist air Hashima.

"Thig a dh'fhuireach còmhla riumsa," ars ise. "
Is fhada a tha mo dhachaigh bho bhith na lùchairt, ach tha àite innte dhutsa." Cha do **dhiùlt**. Coinneach an **cuireadh**.

Aig an taigh, san eilean, bha pàrantan Choinnich **daonnan** a' feitheamh ri fios.

"An cuala sibh càil an-diugh?" dh'fhaighnicheadh Tormod an ath-dhoras.

"Cha chuala smid," fhreagradh athair Choinnich. "Ged nach do dh'innis esan dhuinn, tha fios againn gu bheil e ann an Iorac, oir sin far a bheil an rèiseamaid aige. Agus tha fìor eagal oirnn nach eil cùisean idir **soirbheachail**. Cha chuala sinn guth bhuaidhe bho chaidh e ann, agus **tha eagal ar beatha oirnn mu dheidhinn**." "Ach," arsa Tormod, "nan robh a' chuid bu mhios air èirigh dha, **tha fios agus cinnt gun cuireadh an t-arm brath thugaibh**."

Bheireadh sin **beagan de dh'fhaochadh** do athair Choinnich, ach **cha b' fhada gus am biodh na smuaintean a b' uabhasaiche a' cur charan na inntinn** a-rithist. Cha robh cadal na h-oidhche ach **tearc** agus cha robh **tlachd** aig athair 's aig màthair Choinnich sa bhiadh. Gidheadh, bha e na sheòrsa de **fhurtachd** dhaibh gun dh'fheuch iad ri comhairle a thoirt air an t-arm a **sheachnadh**. Bhiodh iad a' smaoineachadh air mar a bha e na reubaltach nuair bha e na bhalach beag - agus b' e sin aon rud nach do dh'atharraich.

Nuair a bha e comasach do Choinneach an t-ospadal fhàgail, chaidh e a dh'fhuireach gu dachaigh Hashima. **Bu tric a dh'iarradh i air fios a leigeil gu athair 's gu a mhàthair** a dh'innse dhaibh càite an robh e, agus co-dhiù gun robh e fhathast beò. Ach bha Coinneach cho rag 's a bha e a-riamh.

Nuair a bhiodh Hashima a-muigh **a' coileanadh a dleastanais** a' frithealadh nan euslainteach, bhiodh Coinneach a' smaoineachadh mun dachaigh a dh'fhàg e. Na bheachd-san, bhiodh cùisean na b' fheàrr mura biodh fios aca càite an robh e. Ach bha fios aig comanndair na rèiseamaid càite an robh e. Bha e fhathast san arm, agus **bhiodh greis mhath ann mus biodh e slàn gu leòr airson aghaidh a' bhlàir a thoirt air**. A-rèir coltais, bha an comanndair **riaraichte** gu leòr gun robh Coinneach a' fuireach còmhla ri Hashima **gus am fàsadh e gu tur na b' fheàrr**, agus gheall e do

Choinneach nach cuireadh e guth chun na dachaigh air an eilean.

Bha athair agus a mhàthair cinnteach gun robh Coinneach marbh no air chall. Agus aon latha cheangail iad **rioban** buidhe ri post geata an taighe, oir cha robh craobhan aca air an cuireadh iad rioban. Ma bha a' choimhearsnachd a' cur feum air dearbhadh gun robh iad a' cuimhneachadh air am mac, bhiodh an rioban buidhe na dhearbhadh dhaibh. **Ged a bha iomagain orra**, bha fearg orra cuideachd. Carson nach robh e a' cur fios thuca, ma bha e beò? Carson nach robh an t-arm a' cur fios thuca, ma chaill e a bheatha? Bhiodh iad nan suidhe ùine mhòr aig an uinneig, a' sealltainn ris an rioban bhuidhe **a' siabadh anns a' ghaoith**. Agus **nam mac-meanmhainn** chitheadh iad Coinneach **a' coiseachd suas an staran** chun an dorais mhòir, a' tilleadh à Iorac **na ghaisgeach**.

"Feumaidh mi deise an t-saighdeir a nighe nuair a thilleas e," ars a mhàthair.

Cha tuirt athair facal, oir bha e cinnteach gur fhada **mus tachradh sin**, **nan tachradh idir**. Agus bhiodh e a' smaoineachadh mu **ghòraich a' chogaidh**, mu dhaoine òga a' call am beatha le bhith **a' toirt ionnsaigh** air coigrich ann an tìrean cèine. Carson nach do chuir na h-Ioracaich fhèin às do Saddam? Carson a dh'fheumadh Coinneach a dhol don dùthaich sin airson an cuideachadh? Smuaintean agus ceistean a' dol an lùib a chèile agus air chall ann an dorchadas na h-inntinne. Uill, dh'fhàs Coinneach gu math na b' fheàrr.

Agus dh'iarr e air an arm **a shaoradh le truacantas**. Thuig an t-arm nach biodh Coinneach gu mòran feum tuilleadh sa bhlàr, **a dh'aindeoin an adhartais a rinn e**. Agus dh'aontaich iad gu faodadh e an t-arm fhàgail. Bha Hashima toilichte nuair a dh'innis e dhi, ach dh'iarr i uair eile air **fios a leigeil gu a phàrantan**. Dhiùlt e sin a dhèanamh.

Aon fheasgar, an dèidh do Hashima tilleadh bhon ospadal, agus a dh'innis i dha gun robh tuilleadh Bhreatannaich air an togail leòinte bhon bhlàr, dh'iarr Coinneach oirre a phòsadh. **Cha robh e cinnteach ciamar a chaidh aige air briathran na ceiste a labhairt**. Agus **bha mòran cheistean rim fuasgladh fhathast**. Dè chanadh pàrantan Choinnich? Dè chanadh luchd-eòlais Hashima ann an Iorac, nan cluinneadh iad gun robh i a' dol a phòsadh fear a bha a' frasadh **a luchd-dùthcha le bomaichean**? Càite am pòsadh iad? Càite an dèanadh iad an dachaigh? Dà chultar agus dà chreideamh a bha tur eadar-dhealaichte, ged nach robh creideamh a' dèanamh mòran dragh do Choinneach. Ach thàinig an aon fhreagairt a bha e a' sireadh.

Chuairtich **ministear-airm** na rèiseamaid seirbheis a' phòsaidh an dèidh **cùis-thagraidh** bho Choinneach. Chuir e iongnadh air Coinneach gun dh'aontaich Hashima ri a leithid de sheirbheis, stèidhichte air creideamh a bha gu math eadar-dhealaichte bhon chreideamh aicese.

Mu thrì seachdainean an dèidh a' phòsaidh, bhuail dà bhoma an t-ospadal anns an robh Coinneach air a bhith na leòinteach agus anns an do thachair e ri Hashima. Chaill Hashima a beatha san spreadhadh, maille ri mòran eile. Bha Coinneach a-nis na bhanntraich, fada bho dhaoine a b' aithne dha, ann an dùthaich a bhatar a' sgrios le cogadh. **Cha robh air ach Iorac fhàgail**.

Nuair a ràinig e an t-eilean, bha **neòil** dhubha san adhar. **Ach shaoil e nach robh iad cho dubh ri duslach na h-aimhreit a dh'fhàg e.** Chuir e roimhe nach innseadh e do neach sam bith mar a thachair dha bho dh'fhalbh e don arm. Chan innseadh e mar a chaidh a leòn ann an Iorac, mu Hashima no mun phòsadh. Shaoil e gun robh gach nì a-nis cho fada bhuaidhe.

Mu dheireadh, ràinig e an staran. Chunnaic e an rioban buidhe air post a' gheata, agus an rioban **a' placadaich** anns a' ghaoith. A thuilleadh air an rioban, bha cùisean dìreach mar a bha iad. Chaidh e suas chun an dorais mhòir air a shocair agus e ag ràdh ris fhèin, "Chan innis mi, chan innis mi." Ghnog e an doras, ged nach robh e cinnteach carson. Cha tàinig duine a fhreagairt gnogadh Choinnich.

Chaidh e gu cùl an taighe agus bha athair 's a mhàthair an sin, **beagan na bu taine** na bha iad, shaoil e. Cha do mhothaich iad gun robh e air an cùlaibh gus an do rinn e **casad** beag. **Theab laigse a thighinn orra** nuair chunnaic iad e.

"Càite an robh thu?" ars iadsan. "Càite an robh thu?" ars iadsan a-rithist.

"Thall thairis," fhreagair Coinneach, "dìreach thall thairis."

4.4.1 Critical evaluation

Let us look at one way of providing a critical evaluation of this piece of literature.

As a general rule, if you know the following three things you should be able to answer any literature question for Higher.

1. **What is the piece about and why was it written?**
   Be able to show what the piece of writing is about (theme); that you have an insight into why the writer wrote the piece (purpose); and that you have worked out the writer's stance on the issue (viewpoint).
2. **What techniques did the author use?**
   Be able to explain techniques used by the author, such as similies, metaphors, imagery, alliteration.
3. **What did I learn from it?**
   Be able to say how your views have been **confirmed**, **challenged** or **changed** by reading this piece of literature.

4.4.2 What is the piece about and why was it written? (USE3)

Let's look now at the first part of a critical evaluation:

What is the piece about and why was it written?

- Give a summary of its content,
- Show an understanding of why the author wrote it.

The first thing we can do is look at the **title** of the short story: *An Saighdear*.

The next thing we can do is look at the **opening paragraph**. The opening paragraph (or sometimes paragraphs) of a short story should provide all the necessary details to understand the rest of the story. Because a short story is normally short, the author has not got the time or the space to take a few chapters to develop characters or setting. He has to let his reader into the story quickly.

The opening paragraph of 'An Saighdear'.

'Nuair a chaidh Coinneach don arm le thoil fhèin, an dèidh dha an sgoil fhàgail, bha mothachadh aige mu na cunnartan a bha co-cheangailte ri a roghainn. Dh'fheuch athair agus a mhàthair ri a stiùireadh gu dreuchd eile, oir bha cuimhne aig athair air mar a chaill athair fhèin a bheatha ann an cogadh, eadhon ged nach do roghnaich e a bhith na shaighdear. Ach bha Coinneach rag agus chan èisteadh e ri a phàrantan.'

Dè do bheachd?

After you have read paragraph one of the short story above, answer the questions below. Select the answer which you believe is correct.

Q32: The title '*An Saighdear*' suggests to us the subject matter of the short story may possibly be military.

a) True
b) False

....

Q33: The title 'An Saighdear' suggests that the story may be about one soldier in particular.

a) True
b) False

....

Q34: The title 'An Saighdear' suggests the story will be set during World War 2.

a) True
b) False

....

Q35: When Kenneth left school he went to college first.

a) True
b) False

....

Q36: The first sentence of the short story suggests that Kenneth was not aware of the dangers of his chosen profession.

a) True
b) False

....

Q37: Kenneth's parents encouraged him to join up as a soldier.

a) True
b) False

....

Q38: Kenneth's grandfather had been killed in a war.

a) True
b) False

....

Q39: Kenneth's grandfather had wanted to be a soldier.

a) True
b) False

....

Q40: Kenneth was stubborn.

a) True
b) False

....

Q41: Kenneth would not listen to his parents.

a) True
b) False

Now we have been introduced to the main character, let's see what the story is about.

Making a summary of the story

Paragraph 1 Nuair a chaidh Coinneach don arm le thoil fhèin, an dèidh dha an sgoil fhàgail, bha mothachadh aige mu na cunnartan a bha co-cheangailte ri a roghainn. Dh'fheuch athair agus a mhàthair ri a stiùireadh gu dreuchd eile, oir bha cuimhne aig athair air mar a chaill athair fhèin a bheatha ann an cogadh, eadhon ged nach do roghnaich e a bhith na shaighdear. Ach bha Coinneach rag agus chan èisteadh e ri a phàrantan.
Paragraph 1 Writer introduces reader to Kenneth and his parents.

Q42: *P2* Nuair a bha Coinneach na bhalach òg bha e rudeigin ceannairceach, agus bha e doirbh do a phàrantan smachd a chumail air. Bhiodh e a' briseadh uinneagan gun adhbhar sam bith agus bhiodh e a' milleadh rudan a bha am broinn an taighe. B' ann a shaoileadh neach gun robh sgrios san nàdar aige agus gun robh e a' faighinn toileachas bho dhroch-ghiùlan. Cha b' ann aon turas a chaidh fhuadach às an sgoil airson a bhith a' sabaid agus airson feadhainn eile a bhrosnachadh gu sabaid. Bleigeard balaich, mar a bhiodh na tidsearan (agus feadhainn eile) ag ràdh. Bha deagh fhios aig muinntir Chreagaboist co ris a bha e coltach agus bha truas gu leòr aca ri athair 's ri mhàthair.

P3 Bha fios aig pàrantan Choinnich nach tigeadh dreuchd sgoilearachd air am mac, oir bha an sgoil cho dubh dha ri cnap guail. Air an làimh eile, smaoinich iad gur iomadh duine òg a fhuair air adhart san arm, agus mu dheireadh dh'fhalbh e lem beannachd gus beatha ùr a chruthachadh e lem beannachd gus beatha ùr a chruthachadh dha fhèin san rèiseamaid. Is dòcha gun deigheadh ceàird ionnsachadh dha, rudeigin a bhiodh feumail na b' fhaide air adhart na bheatha.

....

Q43: *P4* Seachdain no dhà an dèidh dha an taigh-feachd a ruighinn, chuir e brath gu a phàrantan air fòn-làimhe, ach cha do leig e guth air mun chianalas a bha air tòiseachadh a' suathadh ri inntinn.

P5 Dh'fheuch e ri dreach an toileachais a chur air a ghuth, a' leigeil air nach robh teagamh sam bith aige mun dreuchd a roghnaich e agus ag ràdh gun robh càirdeas air èirigh eadar e fhèin agus saighdearan òga eile san rèiseamaid. Bha e a' cumail a-mach riutha gun robh an trèanadh agus an obair inntinneach, agus gun deach gealltainn dhaibh uile gum faiceadh iad deagh chuibhreann den t-saoghal ann an ùine gun a bhith ro fhada.

....

Q44: *P6* B' ann sa phàipear-naidheachd a chunnaic pàrantan Choinnich gun robh an rèiseamaid gu bhith air a cur gu Iorac fad shia mìosan. Iorac! Cha tàinig guth mun naidheachd sin bho Choinneach agus nuair a dh'fheuchadh athair 's a mhàthair ri fònadh thuige, cha robh e a' freagairt. Bha làmh an uachdair aig iomagain air spiorad pàrantan Choinnich, agus mar a bha na seachdainean a' dol seachad b' ann bu mhotha a bha ciùrradh a' bualadh air an inntinnean.

P7 Cha mhòr gun robh latha nach robh na meadhanan a' foillseachadh droch naidheachdan mun t-suidheachadh ann an Iorac - saighdearan òga gam marbhadh agus air an leòn. Agus cha bhiodh ainmean air an sgaoileadh gus an deigheadh innse don luchd-dàimhe. Bhiodh pàrantan Choinnich ag ràdh riutha fhèin gum bu mhath an naidheachd a bhith gun naidheachd idir, ach bha iad a' tuigsinn nach robh saorsa inntinne air a gealltainn na bu mhotha. Agus cha bhiodh ainmean air an sgaoileadh gus an deigheadh innse don luchd-dàimhe. Bhiodh pàrantan Choinnich ag ràdh riutha fhèin gum bu mhath an naidheachd a bhith gun naidheachd idir, ach bha iad a' tuigsinn nach robh saorsa inntinne air a gealltainn na bu mhotha.

P8 Chaidh seachdainean seachad agus cha robh guth air Coinneach, no bho Choinneach. Agus ged nach robh fios aig a phàrantan, chaidh Coinneach a leòn gu dona nuair a spreadh boma ri taobh an rathaid air an robh e fhèin agus saighdearan eile a' siubhal ann an tanca. Rinn am boma toll mòr san rathad agus chaidh an tanca a dhroch mhilleadh. Thachair an spreadhadh tuath air prìomh bhaile Bhaghdaid. Chaidh na saighdearan a thoirt gu ospadal-raoin sa bhaile. Bha feadhainn de chompanaich Choinnich air an leòn gu math na bu mhiosa na bha esan. Ach fhathast cha d' fhuair a phàrantan fiosrachadh sam bith.

....

Q45: *P9* Dh'fheuch na dotairean na b' urrainn dhaibh airson cofhurtachd a bhuileachadh air na leòintich, agus ged a chaill dithis dhiubh am beatha an ceann latha no dhà, thòisich piseach a' tighinn air càch.

P10 B' e Coinneach fear den fheadhainn air an robh piseach a' tighinn, agus cha b' fhada gus an robh e comasach dha suidhe an-àirde san leabaidh. Dhà no thrì thurais gach là, bha dotair Ioracach air an robh Hashima a' tighinn a shealltainn air. An dèidh do Hashima lotan Choinnich a fhrithealadh, dh'fhuiricheadh i deagh ghreis a' bruidhinn ris bho thaobh na leapa. Mhothaich e nach robh i idir a' cur na h-ùine seachad còmhla ri na h-euslaintich eile a bha sìnte san t-seòmar. Mu dheireadh, leudaich co-chomann sònraichte eatorra. Bha Hashima na bu shine na Coinneach, ach bha i fhathast gu math òg airson a bhith na dotair. Bhiodh iad a' bruidhinn mu chogadh agus mu bhomaichean, oir bha deagh Bheurla aca le chèile.

P11 "Carson a thàinig thu an seo airson mo dhaoine a sgrios?" dh'fhaighnich i. "Is e an t-arm a chuir ann mi agus cha b' urrainn dhomh diùltadh," fhreagair Coinneach. "An t-arm agus an riaghaltas."

P12 Cha robh freagairt eile aige. Gheall e dhi nach robh fuath air thalamh aige do shluagh cumanta Iorac, agus cuideachd, coltach ris a' bhàrd Èireann- ach, nach robh gràdh sam bith aige orrasan a bha e a' riochdachadh san dùthaich sin. Bha eagal air gun deigheadh an co-chomann a bha eatarra ma sgaoil, ach gach latha bha Hashima fhathast a' tighinn a chòmhradh ris.

P13 Bhiodh Coinneach ag innse dhi mun dùthaich a dh'fhàg e, mu làithean òige air an eilean agus mun dachaigh san deach àrach. Agus bhiodh ise ag innse dhàsan mu a h-òige fhèin, mun bhochdainn san deach a togail ann am baile beag faisg air Basra.

....

Q46: *P14* Bha i a-riamh ag iarraidh a bhith na dotair agus rinn a h-athair gach nì a b' urrainn dha airson a miann a choileanadh. Thug i an dotaireachd a-mach ann am Breatainn. Ach chaidh a h-athair agus a màthair a mharbhadh le bomaichean Breatannach nuair a bha an cogadh na àirde. Cha robh sgeul aice air a' chòrr den teaghlach, air a peathraichean no air a bràithrean. Agus a-nis bha dachaigh bheag aice ann am Baghdad, faisg air an ospadal agus air a h-obair. Lìon a sùilean le deòir nuair dh'innis i a' chuibhreann seo de a h-eachdraidh do Choinneach. Agus dh'aidich Coinneach ris fhèin gun robh e doirbh dhàsan smachd a chumail air a dheòir fhèin. Bha e uaireannan a' dèanamh dragh dha gur dòcha gur esan a spreadh am boma a dh'fhalbh le athair agus le màthair Hashima, ach cha bhiodh fios aige air sin gu bràth.

P15 Aon latha agus Hashima aig leabaidh Choinnich, thuirt i ris nach b' fhada tuilleadh gus am faodadh e a dhol dhachaigh, oir bha e a-nis air fàs gu math na b' fheàrr. Ach fhreagair Coinneach nach robh e idir ag iarraidh a dhol dhachaigh, gun robh e ag iarraidh fuireach ann an Iorac, ged nach b' ann airson tòiseachadh a' sabaid a-rithist. Thuig Hashima dè bha e a' ciallachadh, ach chuir i na chuimhne gum biodh e a' cumail leabaidh bho chuideigin eile a dheigheadh a leòn, oir bha fios gur iomadh leòinteach eile a bhiodh a' cur feum air frithealadh. Ach càite an deigheadh e nuair a bhiodh e deiseil airson an t-ospadal fhàgail? Chuir e a' cheist air fhèin mìle turas. Mu dheireadh, chuir e a' cheist air Hashima.

P16 "Thig a dh'fhuireach còmhla riumsa," ars ise. "Is fhada a tha mo dhachaigh bho bhith na lùchairt, ach tha àite innte dhutsa." Cha do dhiùlt Coinneach an cuireadh.

....

Q47: *P17* Aig an taigh, san eilean, bha pàrantan Choinnich daonnan a' feitheamh ri fios.

P18 "An cuala sibh càil an-diugh?" dh'fhaighnicheadh Tormod an ath-dhoras.

P19 "Cha chuala smid," fhreagradh athair Choinnich. "Ged nach do dh'innis esan dhuinn, tha fios againn gu bheil e ann an Iorac, oir sin far a bheil an rèiseamaid aige. Agus tha fìor eagal oirnn nach eil cùisean idir soirbheachail. Cha chuala sinn guth bhuaithe bho chaidh e ann, agus tha eagal ar beatha oirnn mu dheidhinn." "Ach," arsa Tormod, "nan robh a' chuid bu mhios air èirigh dha, tha fios agus cinnt gun cuireadh an t-arm brath thugaibh."

P20 Bheireadh sin beagan de dh'fhaochadh do athair Choinnich, ach cha b' fhada gus am biodh na smuaintean a b' uabhasaiche a' cur charan na inntinn a-rithist. Cha robh cadal na h-oidhche ach tearc agus cha robh tlachd aig athair 's aig màthair Choinnich sa bhiadh. Gidheadh, bha e na sheòrsa de fhurtachd dhaibh gun dh'fheuch iad ri comhairle a thoirt air an t-arm a sheachnadh. Bhiodh iad a' smaoineachadh air mar a bha e na reubaltach nuair bha e na bhalach beag - agus b' e sin aon rud nach do dh'atharraich.

....

Q48: *P21* Nuair a bha e comasach do Choinneach an t-ospadal fhàgail, chaidh e a dh'fhuireach gu dachaigh Hashima. Bu tric a dh'iarradh i air fios a leigeil gu athair 's gu a mhàthair a dh'innse dhaibh càite an robh e, agus co-dhiù gun robh e fhathast beò. Ach bha Coinneach cho rag 's a bha e a-riamh.

P22 Nuair a bhiodh Hashima a-muigh a' coileanadh a dleastanais a' frithealadh nan euslainteach, bhiodh Coinneach a' smaoineachadh mun dachaigh a dh'fhàg e. Na bheachd-san, bhiodh cùisean na b' fheàrr mura biodh fios aca càite an robh e. Ach bha fios aig comanndair na rèiseamaid càite an robh e. Bha e fhathast san arm, agus bhiodh greis mhath ann mus biodh e slàn gu leòr airson aghaidh a' bhlàir a thoirt air. A-rèir coltais, bha an comanndair riaraichte gu leòr gun robh Coinneach a' fuireach còmhla ri Hashima gus am fàsadh e gu tur na b' fheàrr, agus gheall e do Choinneach nach cuireadh e guth chun na dachaigh air an eilean.

....

Q49: *P23* Bha athair agus a mhàthair cinnteach gun robh Coinneach marbh no air chall. Agus aon latha cheangail iad rioban buidhe ri post geata an taighe, oir cha robh craobhan aca air an cuireadh iad rioban. Ma bha a' choimhearsnachd a' cur feum air dearbhadh gun robh iad a' cuimhneachadh air am mac, bhiodh an rioban buidhe na dhearbhadh dhaibh. Ged a bha iomagain orra, bha fearg orra cuideachd. Carson nach robh e a' cur fios thuca, ma bha e beò? Carson nach robh an t-arm a' cur fios thuca, ma chaill e a bheatha? Bhiodh iad nan suidhe ùine mhòr aig an uinneig, a' sealltainn ris an rioban bhuidhe a' siabadh anns a' ghaoith. Agus nam mac-meanmhainn chitheadh iad Coinneach a' coiseachd suas an staran chun an dorais mhòir, a' tilleadh à Iorac na ghaisgeach.

P24 "Feumaidh mi deise an t-saighdeir a nighe nuair a thilleas e," ars a mhàthair.
Cha tuirt athair facal, oir bha e cinnteach gur fhada mus tachradh sin, nan tachradh idir. Agus bhiodh e a' smaoineachadh mu Agus bhiodh e a' smaoineachadh mu ghòraich a' chogaidh, mu dhaoine òga a' call am beatha le bhith a' toirt ionnsaigh air coigrich ann an tìrean cèine. Carson nach do chuir na h-Ioracaich fhèin às do Saddam? Carson a dh'fheumadh Coinneach a dhol don dùthaich sin airson an cuideachadh? Smuaintean agus ceistean a' dol an lùib a chèile agus air chall ann an dorchadas na h-inntinne. Uill, dh'fhàs Coinneach gu math na b' fheàrr.

....

Q50: *P25* Agus dh'iarr e air an arm a shaoradh le truacantas. Thuig an t-arm nach biodh Coinneach gu mòran feum tuilleadh sa bhlàr, a dh'aindeoin an adhartais a rinn e. Agus dh'aontaich iad gu faodadh e an t-arm fhàgail. Bha Hashima toilichte nuair a dh'innis e dhi, ach dh'iarr i uair eile air fios a leigeil gu a phàrantan. Dhiùlt e sin a dhèanamh.

P26 Aon fheasgar, an dèidh Aon fheasgar, an dèidh do Hashima tilleadh bhon ospadal, agus a dh'innis i dha gun robh tuilleadh Bhreatannaich air an togail leòinte bhon bhlàr, dh'iarr

Coinneach oirre a phòsadh. Cha robh e cinnteach ciamar a chaidh aige air briathran na ceiste a labhairt. Agus bha mòran cheistean rim fuasgladh fhathast. Dè chanadh pàrantan Choinnich? Dè chanadh luchd-eòlais Hashima ann an Iorac, nan cluinneadh iad gun robh i a' dol a phòsadh fear a bha a' frasadh a luchd-dùthcha le bomaichean? Càite am pòsadh iad? Càite an dèanadh iad an dachaigh? Dà chultar agus dà chreideamh a bha tur eadar-dhealaichte, ged nach robh creideamh a' dèanamh mòran dragh do Choinneach. Ach thàinig an aon fhreagairt a bha e a' sireadh.

P27 Chuairtich ministear-airm na rèiseamaid seirbheis a' phòsaidh an dèidh cùis-thagraidh bho Choinneach. Chuir e iongnadh air Coinneach gun dh'aontaich Hashima ri a leithid de sheirbheis, stèidhichte air creideamh a bha gu math eadar-dhealaichte bhon chreideamh aicese.

....

Q51: *P28* Mu thrì seachdainean an dèidh a' phòsaidh, bhuail dà bhoma an t-ospadal anns an robh Coinneach air a bhith na leòinteach agus anns an do thachair e ri Hashima. Chaill Hashima a beatha san spreadhadh, maille ri mòran eile. Bha Coinneach a-nis na bhanntraich, fada bho dhaoine a b' aithne dha, ann an dùthaich a bhatar a' sgrios le cogadh. Cha robh air ach Iorac fhàgail.

....

Q52: *P29* Nuair a ràinig e an t-eilean, bha neòil dhubha san adhar. Ach shaoil e nach robh iad cho dubh ri duslach na h-aimhreit a dh'fhàg e. Chuir e roimhe nach innseadh e do neach sam bith mar a thachair dha bho dh'fhalbh e don arm. Chan innseadh e mar a chaidh a leòn ann an Iorac, mu Hashima no mun phòsadh. Shaoil e gun robh gach nì a-nis cho fada bhuaithe.

P30 Mu dheireadh, ràinig e an staran. Chunnaic e an rioban buidhe air post a' gheata, agus an rioban buidhe air post a' gheata, agus an rioban a' placadaich anns a' ghaoith. A thuilleadh air an rioban, bha cùisean dìreach mar a bha iad. Chaidh e suas chun an dorais mhòir air a shocair agus e ag ràdh ris fhèin, "Chan innis mi, chan innis mi." Ghnog e an doras, ged nach robh e cinnteach carson. Cha tàinig duine a fhreagairt gnogadh Choinnich.

P31 Chaidh e gu cùl an taighe agus bha athair 's a mhàthair an sin, beagan na bu taine na bha iad, shaoil e. Cha do mhothaich iad gun robh e air an cùlaibh gus an do rinn e casad beag. Theab laigse a thighinn orra nuair chunnaic iad e.

P32 "Càite an robh thu?" ars iadsan. "Càite an robh thu?" ars iadsan a-rithist.

P33 "Thall thairis," fhreagair Coinneach, "dìreach thall thairis."

You now have a summary of the story. We can now move on to the next part of our critical evaluation - an understanding of the aim of the author or **why did the author write the short story?**

Comment

In this short story we have two main characters, Kenneth and Hashima. Kenneth's parents also feature. Tha author places a good deal of emphasis on Kenneth's stubborn character both with his parents and Hashima. DJ MacIver also mentions cultural issues when Kenneth and Hashima marry. The indiscriminate bombing of civilians is also mentioned. When Kenneth returns home, he does not mention anything about his experiences or of his marrying Hashima.

The author's viewpoint seen through the eyes of Kenneth appears to be anti-war. Kenneth feels sorry for the civilians who were bombed and hopes he was not responsible for Hashima's parents' deaths. However, Kenneth does try to say that he didn't want to come to Iraq but was compelled to: *"Is e an t-arm a chuir ann mi agus cha b' urrainn dhomh diùltadh," fhreagair Coinneach. "An t-arm agus an riaghaltas."*

An interesting point, considering he chose to join up, against his parents' advice. It is interesting to note that he also requests to leave the army:
"Agus dh'iarr e air an arm a shaoradh le truacantas."

Another interesting point is that Kenneth's father has negative views of war:
"Agus bhiodh e a' smaoineachadh mu ghòraich a' chogaidh, mu dhaoine òga a' call am beatha le bhith a' toirt ionnsaigh air coigrich ann an tìrean cèine."

The story seems to be about the inconsistencies in Kenneth's character. It is perhaps a general comment on us all and out attitude to war when we disown responsibility for any part we may play in it.

Hashima does have inconsistencies also. She is able to form a relationship with her people's enemy; marry someone from a different culture and religion; and have a marriage ceremony which is Christian. There is an irony as well in the fact that she trained for medicine in Britain to treat her own people who were injured by British bombs and also to treat British people who had been injured by her own nation.

Does the short story bring out the inconsistencies in war or even in life? This does seem reasonable. You may have a different understanding of the author's reason for writing the short story. This is perfectly acceptable if you back up your thoughts with evidence from the short story.

What techniques did the author use? Go online

In this part of our evaluation we shall look at figures of speech, the structure of the piece and any other techniques used by the author.

There are very few figures of speech in the story. The language on the whole is straightforward and plain. The overall feeling after reading the story is that it is a straightforward story, but with underlying issues.

Here are most of the figures of speech from the short story. Match them up with the type of figure of speech it is.

Q53:

bha fios aig pàrantan Choinnich **nach tigeadh dreuchd sgoilearachd air am mac**	
bha an sgoil cho dubh dha ri cnap guail	
bu mhath an naidheachd a bhith gun naidheachd idir	
cha robh iad [na neòil] cho dubh ri duslach na h-àimhreit a dh'fhàg e	

Types: simile; idiom; idiom + simile; proverb (*seanfhacal*)

The story structure is also straightforward and plain. It runs in chronological order.

We have **collocation** of scenes in this short story. Kenneth and his parents are set against each other, and Kenneth and Hashima are set against each other. Each scenario has a different tension. We can also see an escalation of conflict in the short story:

- Kenneth is involved in conflict in his school days and in his childood.
- Kenneth and his parents have a disagreement about his future career. This is family conflict.
- Kenneth and Hashima become friends and although Hashima's parent have been killed by British military action, she still agrees to marry Kenneth.
- Hashima is killed by a bomb at the close of the story. We are not told who dropped/placed the bombs. Kenneth's reaction is to come home to Scotland and return to the family home with his parents.

4.4.3 Personal enjoyment of the short story

Another point to look at in an evaluation of a short story is to say whether it was enjoyable or not. Did you like the way the author dealt with the topic matter? For this part of the evaluation you can look at this short story in three ways:

1. Did it **confirm** my views of war or of life? *(Yes, I believe what the author believes.)*
2. Did it **challenge** my views of war or of life? *(I hadn't thought of that viewpoint before, and I accept its validity, but it has not changed my viewpoint.)*
3. Did it **change** my views of war or of life? *(I didn't realise that this topic was so complex. Perhaps things aren't as straightforward as I thought them to be.)*

During this course you will be asked to express your own feelings or opinions about a piece of writing. You should think about your own response first, then you should look at possible responses in the materials. These are added in the hope that they may support and stimulate your own ideas; they are not a "correct" answer.

For example, in the next activity, Dòmhnall's and Ceit's accounts of their personal enjoyment are provided for comparison with your own.

How were you affected? Go online

I think this short story made me think a bit more about the absurdities of life and of war. Kenneth doesn't want to do anything he is told by his parents, yet he joins the army where the whole regime is to make people obey commands instantly, without question.

Hashima's life is full of contradictions. She was taught in a British medical school and ends up treating her own people in Iraq who have been injured by British bombs. She also falls in love with Kenneth who has a different religious background and agrees to a Christian marriage ceremony. I think this indicates that religion was not that important to her nor to Kenneth.

All these things appear absurd, but I agree with the picture the author paints that life is absurd at times.

I think this short story challenged my views of war. I hadn't really thought about individual soldiers in war very deeply before. However, this short story made me think about Kenneth's character and how someone who was not really a very sociable or pleasant person was trained and used by the army.

I also wonder what made Kenneth the kind of person he was. Why did he not get on well with his parents? He wasn't close to them and didn't relate well to them. Were his parents partly to blame also? He provided them with minimal information when he left home.

Another issue which was raised in the story was the collateral damage. In can see how Iraqis would be bitter and angry at the armed forces which had killed innocent victims. Kenneth tried to pass the blame saying that he didn't want to come to Iraq but was compelled to. This was not true. It suggests discomfort on Kenneth's part as well as a weak character.

4.4.4 Questions on *An Saighdear* (UND2, USE3)

Reading comprehension: *An Saighdear* Go online

Answer the following question from an SQA past paper on Gaelic literature using the short story 'An Saighdear' by DJ MacIver.

Title and author of short story. (Always provide this in your answer.)

Q54: What is the piece about and why was it written?

....

Q55: Identify the literary technique used:
bha fios aig pàrantan Choinnich nach tigeadh dreuchd sgoilearachd air am mac

a) idiom
b) simile
c) proverb

....

Q56: Identify the literary technique used:
bha an sgoil cho dubh dha ri cnap guail

a) idiom
b) simile
c) proverb

....

Q57: Identify the literary technique used:
bu mhath an naidheachd a bhith gun naidheachd idir

a) idiom
b) simile
c) proverb

....

Q58: Identify the literary technique used:
cha robh iad [na neòil] cho dubh ri duslach na h-àimhreit a dh'fhàg e

a) idiom
b) simile
c) proverb

....

Q59: What did I learn from reading this piece?

4.5 *An t-Earrach 1937* by Sorley MacLean

An t-Earrach - 1937

Air an raon fhada leathann
An ear-thuath air Port Rìgh
Shuas air cùl a' bhaile
Raon mòr **iomain** *na* **Bòrlainn**
Sgioba Sgoilearan Phort Rìgh

Gillean mu shia-deug 's mu sheachd-deug,
Iad uile dèante is sgairteil
Cruadalach *agus tapaidh*
Sgitheanaich, Ratharsaich, agus fear dhiubh
Leòdhasach mòr socair **làidir**.

Latha o chionn leth-cheud bliadhna,
Latha grianach ciùin,
Gun snàithnean ceotha air a' **Chuilthionn**
No air claigeann a' **Stòir**.

Ach an-diugh ceò eile
Air raon mòr na Bòrlainn,
Ceò na lathaichean a dh'fhalbh
Ciar thar na h-òigridh a chaill an òige
Is ochdnar den dhà-dheug marbh.

Chaill iad uile an òige
'S i 'n toiseach mar linn eile,
Ach an ceann dà bhliadhna
Borb *le cunnartan a' chogaidh,*
Le tinneas, leòintean agus bàs,
a shearg flùraichean na h-àbhaist
Ged a thàrr a' mhòr chuid às.

Am bliadhna tha buidheann eile
A cheart cho **gleusta** *'n Sgoil Phort Rìgh,*
A cheart cho **calma** *ris an sgioba*
*A bha san t-***strì** *air raon na Bòrlainn*
Mun do bharc an leth cheud bliadhna
Air an linn làidir ud de dh'òigridh.

Somhairle MacGill-Eain

4.5.1 *An t-Earrach 1937* English translation

Spring 1937

On the long wide field
North-east of Portree,
Up behind the village,
The big Home Farm shinty filed,
The Portree School team;

Boys about sixteen and seventeen,
All well made and full of vigour,
Hardy and courageous,
From Skye and Raasay, and one,
Big, strong and gentle from Lewis.

A day fifty years ago,
A calm sunny day,
Without a thread of mist on the Cuillins
Or on the skull of the Storr.

But today another mist
On the big Home Farm field,
Mist of the days that have gone,
Dim over the young who have lost their youth,
And eight of the twelve dead.

They all lost their youth,
Which was at first like another generation,
But before two years ended
Barbarous with the dangers of the war,
Sickness, wounds and death,
Which withered the flowers of the customary,
Though the majority survived.

This year there is another band
Quite as skilled in the School of Portree
Quite as robust as the team
That stood on the Home Farm field
Before the fifty years surged
On that strong generation of the young.

Sorley MacLean

Translation by the poet, with alterations according to GOC by E. Stewart

Line 18 reads in original translation 'Dim over the youth who have lost their youth'
Line 29 reads in original translation 'Quite as hardy as the team' This was altered to avoid confusion between Calma and Cruadalach

4.5.2 Exploring the poem

Title

An t-Earrach - 1937

The title involves a date which is a deliberate attempt to locate the poem in time, especially in a time only two years away from the beginning of World War Two in 1939. This is significant for the feelings which this poem will evoke.

First stanza - A' Chiad Rann (Lines 1-5)
Air an raon fhada leathann
An ear-thuath air Port Rìgh
Shuas air cùl a' bhaile
Raon mòr iomain na Bòrlainn
Sgioba Sgoilearan Phort Rìgh

The first stanza is a simple scene setter, taking us to the edge of the town of Portree (lines 2/3), which introduces the Home Farm playing field (line 4), a scene which we will return to throughout the poem and also the subject of the poem, the school shinty team. (line 5)

Second stanza - An Darna Rann (Lines 6-10)
Gillean mu shia-deug 's mu sheachd-deug,
Iad uile dèante is sgairteil
Cruadalach agus tapaidh
Sgitheanaich, Ratharsaich, agus fear dhiubh
Leòdhasach mòr socair làidir.

The second stanza gives us more information about the team, MacGill-Eain describing both the qualities of the shinty players (lines 7-8) as well as the places of origin of the players. (lines 9-10) This gives us a sense of identification with the players as well as an idea of their youth. (line 6)

Third stanza - An Treas Rann (Lines 11-14)
Latha o chionn leth-cheud bliadhna,
Latha grianach ciùin,
Gun snàithnean ceotha air a' Chuilthionn
No air claigeann a' Stòir.

The third stanza dates the poem as being written a long time after the occasion (line 11) and presents an image of a beautiful day, (line 12) mentioning two of the most important landmarks in the Isle of Skye,the Cuillin (line 13) and the Storr (line 14). We are given an almost romantic, nostalgic vision of a past Skye. This verse also introduces the imagery of '*ceotha*' or '*ceò*', mist. This is a reflection of the romantic name for the Isle of Skye, '*Eilean a' Cheò*'.

Fourth stanza - An Ceathramh Rann (Lines 15-19)
Ach an-diugh ceò eile
Air raon mòr na Bòrlainn,
Ceò na lathaichean a dh'fhalbh
Ciar thar na h-òigridh a chaill an òige
Is ochdnar den dhà-dheug marbh.

The fourth stanza provides a turning point in the poem, the mist is used as an image to show the passing of time and the way in which the past and youth are obscured by the passing of time. (lines 17-18) Only four of the team still survive. (line 19)

Fifth stanza - An Còigeamh Rann (Lines 20-26)
Chaill iad uile an òige
'S i 'n toiseach mar linn eile,
Ach an ceann dà bhliadhna
Borb le cunnartan a' chogaidh,
Le tinneas, leòintean agus bàs,
a shearg flùraichean na h-àbhaist
Ged a thàrr a' mhòr chuid às.

The fifth stanza MacGill-Eain reflects on the passage of this time and the loss of the young mens' youth, first of all through the normal aging that happens to everyone (lines 20-21)and then through the brutality of war only two years after the game, (lines 22-24) which, despite the fact that most survived the war, (line 26) left them unable to truly leave a normal life afterwards. (line 25)

Sixth stanza - An Rann Mu Dheireadh (Lines 27-32)
Am bliadhna tha buidheann eile
A cheart cho gleusta 'n Sgoil Phort Rìgh,
A cheart cho calma ris an sgioba
A bha san t-strì air raon na Bòrlainn
Mun do bharc an leth cheud bliadhna
Air an linn làidir ud de dh'òigridh.

In the final stanza, we end on a bittersweet note; there is a new group of young players in the school, who are just as strong and skilful as those 50 years before (lines 27-30). MacGill-Eain sums up the way in which the original team lost their youth as a 'surge', (line 31) suggesting the unstoppable flow of time, but also the exceptional circumstances with which the youth were forced to give up their youth totally. The poem leaves us with a sense that to be young is a thing to be celebrated for it is lost so quickly and easily.

4.5.3 Exercises: *An t-Earrach 1937* (USE3)

Gaelic and English meanings Go online

Q60: Match up the following Gaelic quotations with the connected imagery from '*An t-Earrach 1937*'.
Muddled imagery:

An ear-thuath air Port Rìgh/Shuas air cùl a' bhaile	although most survived they were changed forever
Iad uile dèante is sgairteil/Cruadalach agus tapaidh	describes the beautiful weather the day of the game
Chaill iad uile an òige/'S i'n toiseach mar linn eile	highlighting the brutality of their experience in the war
Borb le cunnartan a' chogaidh/le tinneas, leòintean agus bàs	describes the young men's qualities as shinty players
Ged a thàrr a' mhòr chuid às	highlights the way that all people eventually grow old
Latha grianach ciùin	sets the scene

Shinty players exercise Go online

Q61: The following words are all connected with the qualities that a shinty player requires in the poem. Match the Gaelic and English adjectives.
Muddled adjectives:

strì	courageous
gleusta	hardy
cruadalach	robust
calma	skilled
sgàirteil	strong
tapaidh	struggle
dèante	vigorous
làidir	well-made

Poetic terms 1 Go online

Q62: The following themes are connected with the poem '*An t-Earrach 1937*'. Match the English terms to the Gaelic terms.

cianalas	
cogadh	
seann aois	
òige	
mòladh	
dualchas	

Word bank: heritage; nostalgia; old age; praise; youth; war

Poetic terms 2 Go online

Q63: The following are terms which you will find useful when talking about poetry. Match the Gaelic terms to the English terms.

ìomhaigheachd	
comhardadh	
rannaigheachd	
samhlachas	
ruitheam	
meatafor	
rann	

Word bank: imagery; metaphor; rhyme; rhythm; stanza; symbolism; versification

4.5.4 Ceit's thoughts

You can read through what Ceit's thoughts on the poem are below. Take note of how she uses quotations from the poem to back up her points.

"I find this poem quite powerful. It is about a shinty team from Portree High School which won a competition called the Robertson Cup against mens' teams from other parts of the Isle of Skye. The poet himself played on the team as a young teacher.

The poem starts off with a group of boys from Portree School playing shinty on the edge of the village on a big pitch, '*Air an raon fhada leathann / An ear-thuath air Port Rìgh,*'

The poem gives a good description of what is required of a good shinty player '*Iad uile dèante is sgairteil,/Cruadalach agus tapaidh,*'. He also gives us an idea of the make-up of the team and gives an insight into the character of one of the players, '*Leòdhasach mòr socair làidir*'.

It must have been a beautiful day, because in the poem MacGill-Eain talks about the Cuillin and the Storr, the two large mountain landmarks in Skye as being free of cloud. '*Gun snàithnean ceotha air a Chuilthionn / No air claigeann a' Stòir.*' I know myself having gone with Donald to Skye that it's rare you get a day without cloud in Skye, there's definitely a reason for it being called *Eilean a' Cheò*.

MacGill-Eain uses '*ceò*' cleverly to talk about the mists of the past '*ceò na lathaichean a dh'fhalbh*', the mist perhaps making it difficult to see into the past. We encounter a change in the poem when he talks of '*Ciar thar na h-òigridh a chaill an òige / Is ochdnar dhen dhà dheug marbh*', this means that those who took part are all now old men if indeed they have not passed away already. I think this is effective in comparing the image of the boys playing at the start on a beautiful sunny day to the old and dead men who are surrounded by mist, trying to remember the past.

It is sad that the men have lost their youth, although MacGill-Eain points out that this is normal for everyone '*Chaill iad uile an òige / S i 'n toiseach mar linn eile,*'. However, what I find powerful about the poem is that which is hinted at in the date that is the title of the poem '*An t-Earrach 1937*', meaning that the Second World War was only two years away and that the members of the team would end up fighting and dying in the War.

'*Le tinneas, leointean agus bàs/ A shearg fluraichean na h-abhaist / Ged a tharr a' mhòr chuid às.* 'Although most of them survived, they have lost their youth and innocence totally. I think this is very sad. It make me feel that I am lucky to still be young and to be alive in a time when I don't have to go to war, although there are many young people who still go and fight.

However, the poem finishes on a positive note, returning to the image of young men playing shinty in Portree again, 50 years later, and they are just as good as the old team '... *tha buidheann eile/a Cheart cho gleusda ' n Sgoil Phort Rìgh,/ A cheart cho calma ris an sgioba/A bha san t-strì* ...'

I felt I took a lot from this poem because I play shinty myself and I am the same age as the boys in the poem and I cannot imagine having to go to war in a couple of years time. It made me think a lot about growing up and how it must feel to look back on the age I am now from old age."

4.5.5 Questions on *An t-Earrach 1937* (ND2, USE3)

Reading comprehension: *An t-Earrach 1937* Go online

Q64: What significance does the date in the title have?

....

Q65: Make a summary of the poem.

Q66: Give an example from the first stanza which tells us the exact location of the Home Farm shinty pitch.

Air an raon fhada leathann
An ear-thuath air Port Rìgh
Shuas air cùl a' bhaile
Raon mòr iomain na Bòrlainn
Sgioba Sgoilearan Phort Rìgh

....

Q67: In the second stanza, we are given a description of the players' shinty playing qualities - what is the correct quote?

Gillean mu shia-deug 's mu sheachd-deug,
Iad uile dèante is sgairteil
Cruadalach agus tapaidh
Sgitheanaich, Ratharsaich, agus fear dhiubh
Leòdhasach mòr socair làidir.

....

Q68: In the third stanza, what line tells us that this poem is written a long time after the events occurred? Identify the correct quote.

Latha o chionn leth-cheud bliadhna,
Latha grianach ciùin,
Gun snàithnean ceotha air a' Chuilthionn
No air claigeann a' Stòir.

....

Q69: What imagery does the poet use to link the third and fourth stanzas together? Identify the correct quote.

Latha o chionn leth-cheud bliadhna,
Latha grianach ciùin,
Gun snàithnean ceotha air a' Chuilthionn
No air claigeann a' Stòir.

Ach an-diugh ceò eile
Air raon mòr na Bòrlainn,
Ceò na lathaichean a dh'fhalbh
Ciar thar na h-òigridh a chaill an òige
Is ochdnar den dhà-dheug marbh.

....

Q70: In the fifth stanza, the poet talks about how the young men lost their youth, how did they lose their youth in a different way from other generations? Identify the correct quote.

Chaill iad uile an òige
'S i 'n toiseach mar linn eile,
Ach an ceann dà bhliadhna
Borb le cunnartan a' chogaidh,
Le tinneas, leòintean agus bàs,
a shearg flùraichean na h-àbhaist
Ged a thàrr a' mhòr chuid às.

....

Q71: In the sixth stanza, show how the new generation is seen by the poet. Identify the correct quote.

Am bliadhna tha buidheann eile
A cheart cho gleusta 'n Sgoil Phort Rìgh,
A cheart cho calma ris an sgioba
A bha san t-strì air raon na Bòrlainn
Mun do bharc an leth cheud bliadhna
Air an linn làidir ud de dh'òigridh.

4.6 *An Taghadh* by Iain Chrichton Smith

An Taghadh
le Iain Mac a' Ghobhainn

Bha seisear ac' ann nan còtaichean dearga 's an comanndair. Nuair a dh'fhosgail i 'n doras, bha iad mu coinneamh, le 'n claidhmhnean fada.

Thàinig iad a-steach, aon an dèidh aoin. Cha mhòr gun robh an seòmar mòr gu leòr air an son. Bha a triùir mhac nan suidhe aig a' bhòrd ag ithe buntàta is sgadan. Stad iad mar aon duine nuair a chunnaic iad na saighdearan - ach a-mhàin Ruaraidh, am fear a b' òige: bha a chùlaibh ris an doras 's chan fhac e iad an toiseach. Shuidh an comanndair air an aon chathair a bh' ann 's thuirt e ri na saighdearan a dhol a-mach is feitheamh. Bha còignear a-nis anns an rùm - i fhèin (Màiri), 's a triùir mhac, Tormod, Iain is Ruaraidh, is an comanndair.

"Ithibh," ars an comanndair.
Theab Ruaraidh bruidhinn ach stad e 's thòisich iad ag ithe.
"An gabh sibh fhèin blasad bìdh?" arsa Màiri.
Rinn an comanndair gàire, ach cha tuirt e smid.
Smaoinich e, a' sealltainn riutha, gur ann a bha iad mar na beathaichean ag ithe.

Sheall e **timcheall an t-seòmair** ach cha robh **biodag** no daga ri fhaicinn. Chuir e aon chas **tarsainn air** an tèile 's thug e sùil air Màiri. Bha i na seasamh aig a' bhòrd a' sealltainn ris. Bha aparan geal oirre. Cha robh duine a-nis ag ithe: bha iad ga choimhead.

"Tha e iongantach nach bi mi sgìth uair sam bith," bha e a' smaoineachadh. Bha e toilicht' gun robh iad a' feitheamh ris.

"Tha am blàr seachad," thòisich Màiri, "'s cinnteach nach ... " Bha e seachad ceart gu leòr - am blàr. Cùl Lodair. Bha am blàr seachad.

Dh'fheuch Tormod ri èirigh bhon bhòrd. 'S e fear goirid tapaidh a bh' ann.

"Fuirich far a bheil thu," thuirt an comanndair ri Tormod.

"Bha mi a' dol a nighe mo làmhan," thuirt Tormod. Rinn an comanndair gàire. Shuidh Tormod sìos a-rithist.

Thòisich an comanndair a' bruidhinn. "Chaidh mo bhràthair a mharbhadh aig Cùl Lodair," thuirt e. "Chunna mi an claidheamh a' dol tro aodann."

"Ò," arsa Màiri, "chaidh mo chèile a mharbhadh cuideachd."

Anns an t-sàmhachd, thuirt Iain, "Cha robh duin' againn aig Cùl Lodair." Bha e timcheall air ochd bliadhna deug. Tormod timcheall air fichead, is Ruaraidh timcheall air còig-deug. Chunnaic e tron uinneig sneachd air na beanntan.

"Tha thu na do shuidhe air cathair mo mhàthar," arsa Ruaraidh. Cha do fhreagair an comanndair e. Dh'èirich Ruaraidh 's thug e a chathair do a mhàthair, a' sealltainn ris a' chomanndair fad na tìde. Shuidh i sìos. **Theab Iain bruidhinn** ach cha tuirt e smid. Sheas Ruaraidh ris an teine a' sealltainn sìos ris a' chomanndair, a dhà chois sgèapte, a shùilean a' deàrrsadh. Bha brèid air a bhriogais ghuirm.

"Dè a tha thu dol a dhèanamh?" arsa Tormod mu dheireadh, a dhà làimh mhòr dhearg air a' bhòrd.

"Innsidh mi dhuibh," ars an comanndair mu dheireadh. "Bu chòir dhomh an triùir agaibh a mharbhadh, ach ... " (rinn e gàire) "chan eil mi a' dol a mharbhadh ach a h-aon."

Bha làmhan Màiri na h-uchd, 's i a' sealltainn ris.

"Chan eil fhios agam fhathast dè 'm fear agaibh a bhios ann." Stad e.

"Ach taghaidh ur màthair e."

Nuair a smaoinich e air an siud an toiseach, bha e toilicht'. Uimhir gam marbhadh leis a' bhiodaig is leis an daga. Ach am marbhadh leis an inntinn, bha sin eadar-dhealaichte.

Cha tuirt Màiri smid: bha i mar nach robh i air a chluinntinn.

Sheas Tormod. "Chan urrainn dhut sin a dhèanamh. Chan eil e ceart." Theab e fhèin èigheachd, "Carson nach urrainn? Mharbh sibh mo bhràthair. Chunna mi an claidheamh a' dol tro aodann."

Ach cha tuirt e càil.

"B' fheàrr dhut a h-uile duine againn a mharbhadh," dh'èigh Tormod.

"Ist," ars a mhàthair, 's i a' sealltainn ri Iain. Bha a làmhan geal air a' bhòrd.

"Ist, chan eil fhios agad dè tha thu ag ràdh."

Thionndaidh i ris a' chomanndair: "An e sin a tha thu dol a dhèanamh?" "'S e," ars esan."

"Marbh mise a-rèist," dh'èigh Ruaraidh. "Marbh mise. Chan eil dragh agam dhìot. Siuthad! Marbh mise."

Bha Màiri a' smaoineachadh.

Smaoinich i 'n toiseach air Tormod: "Tha e fichead bliadhna. 'S e am fear as treise aca. Chan fhaca mi e ag òl a-riamh. Bha e aig Cùl Lodair, 's mharbh e daoine. Tha cuimhn' agam an latha a dh'fhalbh e. Chuir e a chlaidheamh air, mar sgoilear a' cur peann na làimh. Chan eil mòran còmhraidh aige. An latha thill e à Cùl Lodair thug e dheth a chlaidheamh 's dh'fhalbh e mach 's thiodhlaic e e. Thug e an t-aodach airm leis 's thiodhlaic e sin cuideachd. Nuair thàinig e air ais shuidh e aig ceann a' bhùird."

Smaoinich i 'n uair sin air Iain: "Tha eagal air. Sin as coireach nach eil e a' bruidhinn. Tha farmad aige ri Tormod, 's bha riamh. Chan fhuiling e pian. Ach an latha thàinig Tormod air ais à Cùl Lodair ghlac mi e leis a' chlaidheamh na làimh. Thàinig deàrrsadh na aodann nuair a chunnaic e mi."

Smaoinich i mu dheireadh air Ruaraidh: "Chan eil eagal aige ro dhuine no ro ainmhidh. Tha cuimhn' agam an latha a dhìrich e a' chreag àrd, 's an oidhche a choisich e tron dealanaich 's an tàirneanaich. Cha robh e ach seachd bliadhna dh'aois."

"Chaidh **breug** innse dhut," arsa Tormod ris a' chomanndair. "Bha aon duine seo aig Cùl Lodair. Mise."

Sheall an comanndair ris.

"Thèid mi dh'iarraidh a' chlaidheimh ma tha thu ga iarrraidh. Thiodhlaic mi e."

"Bha mis' aig Cùl Lodair cuideachd," dh'èigh Ruaraidh.

"An e 'n fhìrinn a th' aca?" thuirt e ri Iain.

"'S e," ars Iain. "'S e 'n fhìrinn a th' aig Tormod."

"'Eil fhios agad càit a bheil an claidheamh?"

"Tha."

"Thalla ga iarraidh ma-tà."

Thug Iain sùil air, 's dh'èirich e, 's chaidh e a-mach air an doras. Chaidh a stad, 's chual' iad còmhradh. Mu dheireadh, thàinig fear de na saighdearan a-steach a bhruidhinn ris a' chomanndair. Ann an ùine ghoirid chaidh e a-mach a-rithist.

"Chan eil càil a dh'fhios nach e mise mharbh do bhràthair," arsa Tormod ris a' chomanndair.

"Chan eil."

Shaoileadh duine gun robh Màiri na cadal anns a' chathair.

"'S e a bh' ann ceart gu leòr," ars an comanndair ris fhèin.

"Tha mi smaoineachadh gur e mise . . . " thòisich Ruaraidh a-rithist.

"Ist," arsa Tormod ris, 's dh'ist e.

Bha Màiri a' smaoineachadh, "'S e Tormod as fheàrr aca. Nuair a bha mi tinn 's e dh'altramaich mi. Bha cus pèin air inntinn Iain, 's cha chaomh le Ruaraidh tinneas. Coinnichidh an saoghal ris fhathast."

Is stad i mar gum biodh i air i fhèin a **losgadh**.

"Bu chòir dhuinn trì sràbhan fhaighinn," arsa Tormod. "Chan eil e ceart an taghadh a dhèanamh air dòigh air bith eile."

Sheall i ris, is àrdan na guth. "Nì mise an taghadh," ars ise. Aig a' mhionaid sin thàinig Iain a-steach leis a' chlaidheamh mheirgeach. Chuir e sìos air an làr e mu choinneamh a' chomanndair.

"Dè feum a th' ann a-nis?" dh'èigh e. "Tha am blàr seachad." Anns an t-sàmhachd chaidh e air ais gu a chathair.

Bha Màiri a' smaoineachadh. "Dè thachras an dèidh dhomh an taghadh a dhèanamh - an dithis a bhios beò. Dè thachras?"

Sheall i. Bha Tormod a' bruidhinn gu cùramach is gu socair ri Iain, a làmh timcheall air.

Smaoinich i, "Nam beirinn air a' chlaidheamh, dh'fhaodainn mi fhìn a mharbhadh." Ach bha an claidheamh meirgeach. Chunnaic i sùilean Ruaraidh air a' chlaidheamh cuideachd 's thionndaidh i air falbh. Ach cuideachd chuir e **nàire** oirre gun do smaoinich i air i fhèin a mharbhadh.

Sheall i a-null ris a' Bhioball a bh' aig an uinneig 's rinn i gàire. Sheall i 'n uair sin ri Iain. Bha aodann cho geal. Cha dèanadh esan feum ann an cogadh. Chuir e truas oirre cho mòr 's gun do theab a broilleach bristeadh le gaol.

Sheas i.

"Tha mi air mo thaghadh a dhèanamh," ars ise. Bha i a' sealltainn dìreach ris a' chomanndair.

"A Mhàthair," dh'èigh Tormod.

Cha do thionndaidh i ris.

"Cò th' ann?" ars an comanndair.

Cha tuirt i smid ach sheall i Iain dha.

Bha i airson suidhe anns a' chathair ach cha do rinn i sin.

Nuair a thàinig Iain far an robh i 's e a' dol a-mach an doras thug i pòg dha. Nuair a dhùin an doras shuidh i anns a' chathair a-rithist.

4.6.1 Geàrr-chunntas: Summary in English

Read the following summary in English if you wish some clarification on the plot of the An Taghadh.

"In the months following Culloden, six British soldiers and their commander enter a small bleak house, its residents are a widowed mother, Màiri, and her three sons, in order of age, eldest first, Tormod, Iain and Ruaraidh.

Through the story, told predominantly from the mother's point of view, we see the troop's commander play a mind game with the mother and sons. Claiming his own brother was killed at Culloden by one of the sons, he says that although he should kill them all, he is only going to kill one and that it shall be the mother who chooses. The captain derives pleasure from the power of this situation.

Through the mother's thoughts about this awful situation, as well as the descriptions earlier on in the story we gain an idea of each of the sons' personalities, Tormod is a big, strong man who cares deeply for his mother, Iain is a meek individual, jealous of his older brother and a little selfish and Ruairidh is the youngest, an angry and free-spirited individual.

Tormod had been at Culloden but had buried his sword, Iain goes and recovers it, telling the commander that it has no use now. Tormod suggest that they draw straws but Màiri says she will make the decision. She looks at the Bible on a shelf and then she decides that Iain will be the one to die. She kisses him as he goes out the door then sits down in her chair."

4.6.2 Character Profiles

Mgr Rothach is telling Dòmhnall and Cèit some background to "An Taghadh". Here you will find out important information regarding the importance of characterisation in the short story.

Background

"An Taghadh reflects the situation after the Battle of Culloden in 1746 when the British Army under the orders of the Duke of Cumberland roamed the Highlands trying to capture and kill all those who had fought on the Jacobite side at Culloden. However, many of the patrols killed or displaced women and children as well attacking people who had fought for the Hanoverian Government side. Although such a situation as occurs in An Taghadh may not have happened, it does reflect the dynamic at the time of Government troops hunting down what they saw as rebels. The story is notable for its strong characterisation of the Commander, the Mother, Iain, Tormod and Ruaraidh."

Q72: When is the story set?

4.6.2.1 The Commander

The Commander is the only other character, apart from the mother, whose thoughts we get an insight into. He seems to enjoy his role and has a superior attitude to the Gaels. He has effectively dehumanised them in his eyes '. . . *bha iad mar na beathaichean ag ithe.*' they were like animals eating. This is a common trait for those who commit atrocities in war time, dehumanising their victims makes it much easier to kill them.

His enjoyment of the situation is obvious '*Bha e toilichte gun robh iad a' feitheamh ris.*' and the phrase '*Rinn [e] gaire.*' is a frequent feature.

Is the Captain lying to justify his crime? How could he possibly have identified someone in the heat of battle? Is he just trying to play mind games? It would seem that way, "*Nuair a smaoinich e air an siud an toiseach, bha e toilicht*'. *Uimhir gam marbhadh leis a' bhiodaig is leis an daga. Ach am marbhadh leis an inntinn, bha sin eadar-dhealaichte.*"

The Commander's methods seem to work as he leaves Màiri in turmoil and he does not need to speak or act until the very end of the story, his task complete as he takes Iain away to be killed.

Q73: Which one of these words from the quote shows that the Commander enjoyed the choice he had offered Màiri?

a) toilichte
b) toiseach
c) eadar-dhealaichte

4.6.2.2 Tormod

Tormod comes across as a strong character "'*S e fear goirid tapaidh a bh' ann.*" and he is obviously a hard worker judging by his hands "*a dhà làimh mhòr dhearg air a' bhòrd.*"

He sees himself as the leader of the family due to his father's death at Culloden, as he returned home and sat at the head of the table, "'*Nuair thàinig e air ais shuidh e aig ceann a' bhùird.*" He takes the lead in confronting the commander although he is obviously a bit impetuous still, saying that he should kill them all.

However, we know he is his mother's favourite, "'*S e Tormod as fheàrr aca. Nuair a bha mi tinn 's e dh'altramaich mi.*" He looked after her when she was ill. Another thing Màiri evaluates as being beneifical in his character is that he has never drinks alcohol "*Chan fhaca mi e ag òl a-riamh.*" Yet he went to Culloden and would have killed people. "*Bha e aig Cùl Lodair, 's mharbh e daoine.*"

Q74: What is the significance of the following quote for Tormod "Nuair thàinig e air ais shuidh e aig ceann a' bhùird."?

4.6.2.3 Iain

Iain comes across as a rather meek character, he is hesitant, "*Theab Iain bruidhinn ach cha tuirt e smid*", jealous of his older brother "*Tha farmad aige ri Tormod, 's bha riamh. Chan fhuiling e pian.*" and weak "*Bha aodann cho geal. Cha dèanadh esan feum ann an cogadh.*"

However, his mother does love him dearly "*Chuir e truas oirre cho mòr 's gun do theab a broilleach bristeadh le gaol.*" We can compare Tormod's big red hands "*dhà làimh mhòr dhearg*" with Iain and his white face, "*aodann cho geal*". Does the mother choose Iain because he is the least useful of her sons? Or does she choose him because he is the most innocent? We are left uncertain.

Q75: What does "*Tha farmad aige ri Tormod*" tell us about Iain's feelings towards Tormod?

4.6.2.4 Ruaraidh

Ruaraidh is only 15 or so and comes across as impetuous, hot-headed and unafraid. His mother thinks about all his reckless/brave deeds even at a young age. "*Chan eil eagal aige ro dhuine no ro ainmhidh. Tha cuimhn' agam an latha a dhìrich e a' chreag àrd, 's an oidhche a choisich e tron dealanaich 's an tàirneanaich. Cha robh e ach seachd bliadhna dh'aois.*"

He is indeed brave and verbally challenges the commander about his sitting in Màiri's seat. He then stares at the commander with a mad look in his eyes as he gives his own chair to his mother. "*Sheas Ruaraidh ris an teine a' sealltainn sìos ris a' chomanndair, a dhà chois sgèapte, a shùilean a' deàrrsadh.*"

Q76: "*Choisich e tron dealanaich 's an tàirneanaich.*" What does Ruaridh do when he is seven years old?

4.6.2.5 Màiri, the Mother

Màiri is our main point of view in the story. At the start of the story hshe seems almost innocent and oblivious to why the soldiers are there, she offers them food in traditional highland custom, "An gabh sibh fhèin blasad bìdh?". (This could be seen as a parallel with the way the MacDonalds of Glencoe provided food to their would be murderers amongst the government troops before the Massacre of Glencoe in 1692 after an earlier Jacobite rebellion.)

She even tries to empathise with the Commander when he tells her that his brother was killed in front of him at Culloden, as she herself lost her husband at the battle, "Ò," arsa Màiri, "chaidh mo chèile a mharbhadh cuideachd."

As the situation develops and Iain returns with the rusty sword, she contemplates killing herself so as not to have to make the decision, "Nam beirinn air a' chlaidheamh, dh'fhaodainn mi fhìn a mharbhadh." but she is ashamed by this thought, perhaps for religious reasons or because she knows that to keep the other two alive she must choose one to die.

The story ends with Màiri sitting back in her chair, the one the commander had sat in. "Nuair a dhùin an doras shuidh i anns a' chathair a-rithist."

Q77: What do you think of Màiri's choice?
You might like to discuss your feelings with your classmates or, alternatively, go to the message board and post your opinion and reasons for this.

4.6.2.6 Judas' Kiss?

'Sheall i a-null ris a' Bhioball a bh' aig an uinneig . . . '

Iain Mac a'Ghobhainn is known for his lack of religious belief, however, much of his work is infused by Christian imagery - in An Taghadh, for example there are parallels with the betrayal of Jesus by Judas in the garden of Gethsemane with a kiss. If we see Jesus as an innocent sacrifice in order to save those who have sinned, we can see the parallel of Iain, the meekest being sacrificed to save his brothers with his mother choosing him with a kiss.

However, it could also be interpreted as Iain being chosen because he is not a strong individual, unlike his older and younger brothers in their different ways and that his mother chooses him because she is the one that she can most afford to lose.

Q78: Why do you think she chose Iain? Discuss this with other members of your class.

4.6.3 Dòmhnall's comments

Here's what Dòmhnall thought of the story.

"Here is an impossible choice for anybody to make, but especially for a mother. However, if I had to pick one of them, I would not have picked Iain because he seems so quiet, scared and harmless. I can see why Màiri even looks at suicide as an option at one point as an escape route from having to choose which one of her sons must die.

I found Mr Munro's interpretation of how the mother makes the choice quite interesting. Religion is a strong force in Gaelic culture and I can see how it would influence writers in Gaelic, even if they are not religious themselves.

Even though the battle is over the "*Tha am blàr seachad*", it seems that the war does not stop, and whether or not the commander really did lose his brother at Culloden, there is no justification for what he does to the family. He is a very interesting character however.

Culloden was a major watershed in Gaelic history and its effects are still being felt today, many would say. I hope to find out more on my trip to Skye soon."

4.6.4 Interactivities

Gaelic and English meanings Go online

Q79: Which of the following themes are explored in "**An Taghadh**"?

- death;
- stress;
- love;

- relationships;
- war;
- nationalism;
- emigration;
- Gaelic history;
- nostalgia;
- health.

....

Q80: These words all appear in *An Taghadh*, place the Gaelic with the correct English meaning.
Muddled words:

buntata is sgadan	smile
beathaichean	tatties and herring
farmad	animals
gàire	surprising
iongantach	burning
meirgeach	pity
losgadh	quiet
sàmhachd	rusty
tàirneanaich is dealanaich	jealousy
truas	different

Three sons and the commander Go online

Anns an t-sàmhachd, thuirt Iain, "Cha robh duin' againn aig Cùl Lodair." Bha e timcheall air ochd bliadhna deug. Tormod timcheall air fichead, is Ruaraidh timcheall air còig-deug. Chunnaic e tron uinneig sneachd air na beanntan.

"Tha thu na do shuidhe air cathair mo mhàthar," arsa Ruaraidh. Cha do fhreagair an comanndair e. Dh'èirich Ruaraidh 's thug e a chathair do a mhàthair, a' sealltainn ris a' chomanndair fad na tìde. Shuidh i sìos. Theab Iain bruidhinn ach cha tuirt e smid. Sheas Ruaraidh ris an teine a' sealltainn sìos ris a' chomanndair, a dhà chois sgèapte, a shùilean a' deàrrsadh. Bha brèid air a bhriogais ghuirm. "Dè a tha thu dol a dhèanamh?" arsa Tormod mu dheireadh, a dhà làimh mhòr dhearg air a' bhòrd. "Innsidh mi dhuibh," ars an comanndair mu dheireadh. "Bu chòir dhomh an triùir agaibh a mharbhadh, ach . . . " (rinn e gàire) "chan eil mi a' dol a mharbhadh ach a h-aon."

Q81: Indicate the parts of the passage which give us some information about the character and appearance of the three sons.
The answers appear in bold in the Display answer.

....

Q82: Indicate the part of the passage which shows the commander is enjoying the situation.
The answer appears in bold in the Display answer.

4.6.5 Questions on *An Taghadh* (UND2, USE3)

Reading comprehension: *An Taghadh* Go online

Q83: How do you feel at the end of the story about Màiri's decision? Could such a choice ever be justified? Give your reasons.

....

Q84: Choose one of the sons and write a short profile based on your perceptions of them, using quotations to support your comments.

a) Iain
b) Tormod
c) Ruaraidh

....

Q85: Do you believe that the Commander's brother was killed at Culloden? Give a reason for your answer.

Q86: At what time of year does the story occur? Provide a quote which provides some evidence for this.

....

Q87: "*Nuair thàinig e air ais shuidh e aig ceann a' bhùird.*"
What does this line tell us about the role Tormod takes in the family?

....

Q88: Why does the mother want to grab the sword? Why does she put the thought from her mind?

....

Q89: What significance does Màiri's kiss have at the end of the story?

....

Q90: "Chuir e truas oirre cho mòr 's gun do theab a broilleach bristeadh le gaol." What might this quotation be telling us about Màiri's feelings towards Iain?

4.7 Summary: Answering literature questions (USE2, USE3))

As a general rule, if you know how to deal with the following things you should be able to answer any literature question for CfE Higher successfully.

Comhairle - Advice

Ensure you answer the question. Stick closely to the wording of the question.

If you have studied your pieces of literature well enough you should be able to deal with any question.

You will be required to look at technique and to use terminology to talk about this.

You will be assessed on how well you deal with the following:

Evaluation of the text - Luachadh

- theme - What is the overall subject dealt with in this piece of literature?
- purpose - What is the writer trying to say about the subject?
- stance - what view does the writer have on the subject? Is their stance clear?

Appreciation of the text - Measadh

- How did the text make you feel?
- How do you feel the writer dealt with the theme?
- Was their purpose and stance clear?

Do you present you thoughts on the text:

- clearly;
- logically;
- with perception;
- and ensure it is relevant?

This will become easier with practice. Develop a plan for how you will approach any essay.

Use of evidence from the text - Fianais

Ensure you have detailed evidence from the text. There a key quotes in all the texts which can be used to highlight the purpose and aim of all the texts.

- You will probably need 4 or 5 quotes to highlight your points.
- Ensure you link your quote to the point you are trying to make.

Use of critical terminology - Briathrachas

Use a range of critical terminology, and apply how they are used within the text by the writer. You should link these to the evidence you use from the text. You may know many of these terms from English already.

Here are a few in a wordbank for you:

Imagery, symbolism, characterisation, plot, irony, rhythm, rhyme, structure, first-person, narration, first-person, narration, personification, punctuation, line length, versification, repitition.

Relevance - Freagarrachd

How fully do you address the chosen question?

- Give your appreciation of a segmen;
- Use a quote from this segment of the tex;
- Refer to what techniques are shown with this segment;
- Relate it back to the question.

Types of question:

There will be two main kinds of question

- **'Identify'** - you should must present your points in a brief form. You may also be asked to 'list', 'state' or 'give'.
- **'Explain or In what way'** - Make sure you relate cause and effect and/or make relationships between things clear.

Understanding Language Context: Writing your literature essay

If you are studying for the Understanding Language Context, the following questions may be of use to you in preparing for overcoming Outcome 3.

Try the following questions. (about 750 words)

1. Choose a short story in which the writer deals with an important theme, despite the restriction in length. Briefly describe the scenario that the story occurs in, and how the writer uses characterisation and plot to explore the theme with the reader.

2. Choose a poem which has a strong central image. Identify how this imagery is used to explore the theme or subject of the poem and how the poet uses other literary techniques to have an impact on the reader.

Show this to your tutor or teacher.

Writing for yourself

You will not have to write poetry or prose as part of your final exam. However if you wish to explore writing yourself, you should follow this urge. Writing can help you learn any vocabulary you are not sure of and lead you further down your learning journey.

Try and write a poem in Gaelic about any one of the following subjects:

- A close friend;
- A place that you love to visit;
- An activity you enjoy;
- A subject you enjoy;
- Your home town.

You may wish to try the following techniques:

- Similes;
- Imagery;
- Versification;
- Rhyme;
- Rhythm.

4.8 Similes

Language - Similes - Samhlaidhean

Cho X ri Y

Samhlaidhean (similes) are a brilliant way to remember vocabulary and to make your writing and talking more interesting. It helps link two words in your mind and makes them easier to learn together.

Some of these are traditional Gaelic idioms, some are common with many Indo-European languages and some are Gaelic versions of modern English idioms.

The following structure is used to create the simile in Gaelic:
Cho X ri Y

X is an adjective
Y will be a noun

For example:

Cho mòr ri beinn = As big as a mountain.

The following games will give you plenty of practice to pick up some new vocabulary and explore this structure.

Similes Go online

Here are some terms for you to learn. Some nouns are written in the dative case already for you:

àrd	high
binn	melodic
blàth	warm
bog	soft
bodhar	deaf
buidhe	yellow
caol	thin
cruaidh	hard
dubh	black
faoin	daft
geal	white
làn	full
leisg	lazy
maol	bald
rag	stiff
reamhar	fat
sean	old
seòlta	sly

na nèimh	the heavens
smeòraich air gèig	a thrush on a branch
bainne	milk
ìm	butter
cloich	stone
sòbhrag	primrose
bior	pin
iarann	iron
cùl an teine	back of the fire
faoileag	seagull
gruth	crowdie
ugh	egg
seann chù	an old dog
ball-iomain	a shinty ball
bòrd	table
ròn	seal
ceò nam bean	the mist on the mountains
sionnach	fox

Q91: Fill in the translation

àrd	
binn	
blàth	
bog	
bodhar	
buidhe	
caol	
cruaidh	
dubh	
faoin	
geal	
làn	
leisg	
maol	
rag	
reamhar	
sean	
seòlta	

....

Q92: Fill in the translation

na nèimh	
smeòraich air gèig	
bainne	
ìm	
cloich	
sòbhrag	
bior	
iarann	
cùl an teine	
faoileag	
gruth	
ugh	
seann chù	
ball-iomain	
bòrd	
ròn	
ceò nam bean	
sionnach	

....

Q93: Now match the phrases to make the similes:

cho X	**ri Y**
àrd	bainne
binn	ìm
blàth	seann chù
bog	smeòraich air gèig
bodhar	na nèimh
buidhe	bior
caol	faoileag
cruaidh	cùl an teine
dubh	gruth
faoin	sionnach
geal	ugh
làn	cloich
leisg	iarann
maol	sòbhrag
rag	bòrd
reamhar	ròn
sean	ball-iomain
seòlta	ceò nam bean

Similes with the definite article Go online

Here are some terms for you to learn:

daor	expensive
binn	melodic
fallainn	healthy
fuar	cold
geal	white
làidir	strong
mì-mhodhail	badly behaved
salach	dirty
sona	happy
teth	hot
an uisge beatha	whisky
smeòraich air gèig	a thrush on a branch
na fèidh	the deer
a' phuinnsean	poison
an t-sneachda	the snow
an daraich	the oak tree
a' chù	the dog
a' pholl	the mud
an rìgh	the king
an Donas	the Devil

Q94: Fill in the translation

daor	
binn	
fallainn	
fuar	
geal	
làidir	
mì-mhodhail	
salach	
sona	
teth	
an uisge beatha	
smeòraich air gèig	
na fèidh	
a' phuinnsean	
an t-sneachda	
an daraich	
a' chù	
a' pholl	
an rìgh	
an Donas	

....

Q95: Now match the phrases to make the similes:

cho X	**ri Y**
daor	na fèidh
binn	an Donas
fallainn	an t-sneachda
fuar	an rìgh
geal	a' phuinnsean
làidir	a' pholl
mì-mhodhail	smeòraich air gèig
salach	an uisge beatha
sona	a' chù
teth	an daraich

4.9 Assignment Writing: Writing about Literature

You may wish to write about a text or a writer you studied in the Writing Assignment. You are not expected in anyway to go into the detail or the analysis that you would be able to in English! Keep to the recommended 250 words and see what you can say about the text or writer that you studied.

Some of the points that you may wish to talk about

- What the text was about.
- Who wrote it and when.
- A short summary of what happens in the story.
- A simple example of the imagery that is used.
- How it affected you and whether you enjoyed it.

4.9.1 Vocabulary for discussing literature

Here are some useful sentences you can adapt to discuss literature texts.

Mholainn an leabhar seo do chuideigin eile.	I would recommend this book to someone else.
Is e pìos cumachdail a th' ann.	it is a powerful piece.
Tha e mu dheidhinn cogadh agus mar a tha daoine a' fulang.	It is about war and about people suffering.
Tha mòran ìomhaigheachd làidir anns an dàn.	There is much strong imagery in the poem.
Thug e buaidh mhòr orm.	It affected me greatly.
Bha mi a' faireachdainn co-thruas dhan sgrìobhadair.	I felt sympathy with the writer.
Bu toigh leam tuilleadh sgeulachdan mar seo a leughadh.	I would like to read more like this.
Cha do chòrd e idir idir rium!	I did not enjoy it at all!
Tha mi a' smaoineachadh gun robh e cho gòrach!	I though it was so stupid!
Rugadh Somhairle MacGill-Eain ann an Ratharsair.	Sorley MacLean was born in Raasay.
Chaidh Iain Mac a' Ghobhainn dhan oilthigh ann an Obar Dheathain.	Iain Crichton Smith went to University in Aberdeen.
Tha an sgeulachd a' tachairt ann an...	The story happens in...
Is e sgìobhadair gu math sgileil a bh' ann am MacÌomhair.	MacIver was a very skilled writer.
Is pios bàrdachd drùidteach a th' ann mu dhol-fodha na h-Iolaire a th' ann.	It is an emotional piece about the sinking of the Iolaire.

4.10 Talk: Discussing Literature

Talk: Discussing Literature Go online

Discussing literature in talk as well as writing is an excellent way to use rich vocabulary and a variety of language structures. You could also use much of the vocabulary here to discuss what you have been studying in or learnign about in other subjects as well e.g. English.

Prepare for a 2-3 minute conversation about the text(s) you studied this year. This will become part of a longer conversation.

Dè na piosan litreachais a rinn thu am-bliadhna?	What literature pieces did you do this year?
Cò mu dheidhinn a bha an teacsa?	What were the texts about?
Dè do bheachd air an teacsa?	What was your opinion on the text?
Am moladh tu an teacsa seo do chuideigin eile?	Would you recommend this text to someone else?
An tug an teacsa buaidh ort?	Did the text affect you?
A bheil ìomhaighean sònraichte anns an teacsa?	Were there any special images in the text?

4.11 Learning points

Summary

You should now be able to:

- show you have understood what the theme of a text is;
- show you have understood a writer's purpose and viewpoint;
- evaluate the effectiveness of a text in achieving its purpose;
- express a personal appreciation of a text;
- use critical terminology appropriate to a text;
- understand how to create your own similes in Gaelic.

You will be able to deal with the genitive (or possessive) case, recognise it in everyday examples, use it correctly in speech and writing and use it to inform your further learning.

Context 4 Topic 5

Film and TV

Contents

Learning objective

At the end of this topic, you should know how to:

- form the various forms of the passive voice in Gaelic;
- use the various forms of the passive voice in practical situations;
- use watching TV and Film to improve your Gaelic;

You will also know vocabulary related to film and TV.

5.1 Introduction

Tha na meadhanan gu math cudromach ann an Gàidhlig, gu h-àraidh telebhisean. Bhon a thòisich BBC Alba ann an 2009, tha Gàidhlig ga taisbeanadh air feadh na dùthcha. Tha an t-sianail seo a' cruthachadh nan ceudan de dh'obraichean ann am preasantadh, sgrìobhadh, agus clàradh. Tha mòran phrograman Gàidhlig gu math ainmeil ann an saoghal na Beurla - programan leithid de Dè a-Nis?, Dotaman, Eòrpa agus An Là. Chan eil fiolmaichean cho pailt anns a' Ghàidhlig, cha do nochd ach "Seachd: The Inaccessible Pinnacle" air an sgàilean mhòr, ach tha gu leòr fhiolmaichean goirid ann agus tha MG Alba a' brosnachadh sgilean fiolm le co-fharpaisean leithid de FilmG.

English translation

The media is very important in Gaelic, especially television. Ever since BBC Alba started in 2009, Gaelic has been displayed throughout the country. This channel has created hundreds of jobs in presenting, writing and recording. Many Gaelic programmes are very famous amongst English speakers - programmes such as Dè a-Nis?, Dotman, Eòrpa and An Là. Films are not so common in Gaelic, only "Seachd: The Inaccessible Pinnacle" has appeared on the big screen, but there is a number of short films and MG Alba encourages film skills with competitions such as FilmG.

5.2 The passive voice: An guth fulangach

Before you progress with this part of the course, you will need to learn about the passive voice. The passive is that part of language where an action is spoken about but there is no reference to who or what did the action.

e.g. the door closed
Obviously a door is an inanimate object - it cannot close anything

There are many different ways to create the passive voice in Gaelic. Some are used more commonly than others, but you will notice that many of the structures are based on language points you have learned throughout the SCHOLAR course.

The passive voice is very common in the media - any article or report from BBC Radio nan Gàidheal will feature the passive voice and hopefully, by learning how to identify it, it will make it easier for you to understand these broadcasts too.

5.3 *Bi & air*

The form of the perfect tense can be used to create the passive tense.

Air means *after*, this is used commonly in Gaelic to create the passive tense.

Tha an litir air a cur - A letter has been sent (literally it is after its sending) Different tenses can be applied easily.

Bha litir air a cur - A letter has been sent
Bidh litir air a cur - A letter will be sent
Bha an litir air a cur - The letter has been sent
Bidh an litir air a cur - The letter will be sent

As this structure is very flexible, it can be used in every tense. It tends to predominate in the past tense.

You will notice after *air* that the possessive matches with the identity/gender of the subject. See how it responds to pronouns.

Tha mi air mo shàrachadh - I am harrassed
Bha thu air do mhealladh - you were deceived
Bidh e air a dhèanamh - It will be done
Chan eil i air a pàigheadh - She is not paid
Bha sinn air ar bogadh - We were soaked
Cha robh sibh air ur faicinn - You were not seen
Cha bhi iad air an lorg - They will not be found

The same applies with the gender of nouns.

Bha an uinneag air a dùnadh - Feminine
Bha an doras air a dhùnadh - Masculine noun
Bha na h-uinneagan air an dùnadh - Plural
Bha na dorsan air am fosgladh - Plural

NB Whilst doing this exercise you should double check the gender of the noun using a dictionary.

Grammar: Using *bi* & *air* Go online

Q1: Match the Gaelic translations to the English.

1. The door was shut	a. Bidh an leabhar air a leughadh
2. The window was opened	b. Bha Calum air a bhualadh
3. The table was cleaned	c. Tha mi air mo shàrachadh
4. The book will be read	d. Bha mo chas air a bhriseadh
5. The music would be heard	e. Bidh mi air m' fhaicinn
6. He was seen	f. Bha an uinneag air a fosgladh
7. She was heard	g. Bha i air a cluinntinn
8. Calum was hit	h. Bhiodh an ceòl air a chluinntinn
9. Màiri was lost	i. Bidh Mairead air a sàrachadh
10. They were opened	j. Bidh an càr air a charadh
11. They were killed	k. Bha an doras air a dhùnadh
12. I am annoyed	l. Bha e air fhaicinn
13. I am injured	m. Bha Màiri air a call
14. I will be seen	n. Bha iad air am fosgladh
15. Calum will be found	o. Tha mi air mo leòn
16. The car will be repaired	p. Bha am bòrd air a ghlanadh
17. Margaret will be annoyed	q. Bha iad air am murt / bha iad air am marbhadh
18. My leg was broken	r. Bidh Calum air a lorg

5.4 The possessive participle

The possessive participle, *Gam/Gad/Ga* can be used to create the passive. We encountered the possessive participle earlier in the course. It returns here for use in the passive voice.

Again the possessive participle should agree with the subject of the sentence, whether that is the pronoun, or the gender of the subject.

Bha mi gam bhualadh - I was hit
Bidh thu gad fhaicinn - You will be seen
Cha robh e ga chrìochnachadh - He was not finished
Tha i ga faicinn - She is seen
Tha an doras ga pheantadh - The door is painted
Tha an uinneag ga peantadh - The window is painted
Tha na h-ùinneagan gam peantadh - The windows are painted

Here you can see see the different ways in which gam/gad can be used to create the passive voice.

Tha mi gam bhualadh	Tha mi gam chuideachadh	Tha mi gam ullachadh
Tha thu gad bhualadh	Tha thu gad chuideachadh	Tha thu gad ullachadh
Tha e ga bhualadh	Tha e ga chuideachadh	Tha e ga ullachadh
Tha i ga bualadh	Tha i ga cuideachadh	Tha i ga h-ullachadh
Tha sinn gar bualadh	Tha sinn gar cuideachadh	Tha sinn gar n-ullachadh
Tha sibh gur bualadh	Tha sibh gur cuideachadh	Tha sibh gur n-ullachadh
Tha iad gam bualadh	Tha iad gan cuideachadh	Tha iad gan ullachadh
Hit	Helped	Prepared

Again this structure can be used with any tense, but it tends to predominate in the present tense.

NB Whilst doing the next exercise you should double check the gender of the noun using a dictionary.

Grammar: The possessive participle Go online

Q2: Match

1. I am hit	a. Chan eil e ga choimhead
2. She is prepared	b. Tha an ceòl ga chluich
3. It is eaten	c. Tha a' bhùth ga glanadh
4. It is not watched	d. Tha i ga h-ullachadh
5. They are not closed	e. Tha e ga ithe
6. The shop is cleaned	f. Chan eil iad gan dùnadh
7. The street is closed	g. Tha mi gam bhualadh/Tha mi ga mo bhualadh
8. The music is played	h. Tha an t-sràid ga dùnadh

....

Q3: Translate these into Gaelic.

1. The door was shut	
2. The window was opened	
3. The table was cleaned	
4. The book will be read	
5. He was seen	
6. She was heard	
7. Calum was hit	
8. Màiri was lost	
9. They were opened	
10. They were killed	
11. I will be seen	
12. Calum will be found	
13. The car will be repaired	
14. Margaret will be annoyed	
15. My leg was broken	

5.5 Rach

You can use the verb to go, to create a form of the passive. This form does not work in the present tense (as *a'dol* is totally active). Using these verbs in this way means they can be called auxiliary verbs - verbs which are used, not for their own meaning but to change the tense of other verbs.

Past - Chaidh / Cha deach / An deach?
Future - Thèid / Cha tèid / An tèid?
Conditional - Rachadh / Cha rachadh / An rachadh?

Grammar: *Rach* Go online

Q4: Match the Gaelic translations to the English.

1. The shop was closed	Chaidh am biadh ithe
2. The school was opened	Chaidh an sgoil fhosgladh
3.The food was eaten	Cha deach an càr a charadh
4. The children will be heard	Cha deach an iuchair a chall
5. The house will be built	Thèid an t-uisge-beatha òl
6. The whisky will be drunk	Cha tèid am program a shealltainn
7. The key was not lost	Thèid an taigh a thogail
8. The key will not be found	Thèid a' chlann a chluinntinn
9. The car was not repaired	Chaidh a' bhùth a dhùnadh
10. The programme will not be shown	Cha tèid an iuchair a lorg

....

Q5: Match the English translations with the Gaelic.

Past:

1. I was paid	a. Chaidh a phàigheadh
2. You were paid	b. Chaidh ar pàigheadh
3. He was paid	c. Chaidh mo phàigheadh
4. She was paid	d. Chaidh am pàigheadh
5. We were paid	e. Chaidh a pàigheadh
6. You were paid	f. Chaidh do phàigheadh
7. They were paid	g. Chaidh ur pàigheadh

....

Q6: Match the English translations with the Gaelic.

Future:

1. I will be paid	a. Thèid ar pàigheadh
2. You will be paid	b. Thèid am pàigheadh
3. He will be paid	c. Thèid a phàigheadh
4. She will be paid	d. Thèid a pàigheadh
5. We will be paid	e. Thèid mo phàigheadh
6. You will be paid	f. Thèid ur pàigheadh
7. They will be paid	g. Thèid do phàigheadh

Whilst it does not work in the present tense, as in the active voice, the future tense (*Thèid*) can be used to talk about the habitual present (things which happen regularly).

Thèid a' bhùth fhosgladh aig naoi uairean - The shop opens at 9 o' clock

5.6 The passive verb

This is the only construction that is truly passive.

If you have ever used the construction *Rugadh agus thogadh mi*, you will know this structure. It eliminates the subject from the sentence entirely. It adds a tail, or suffix to the end of the verb. The form of this suffix changes according to the tense.

With the verb to *bi*

Present - Thathar or thathas, chan eilear, gu bheilear
Past - Bhathar or bhathas, cha robhar
Future - Bithear, gum bithear
Conditional - Bhiththe, gum bithte

This is a common construction used to talk about matters such as "It is said that. . . ". You may hear in English people talk about "They say that. . . ", the question is who are they? It does not really matter, as this phrase usually refers to some common opinion or saying.

Thathar a' smaoineachadh - It is thought
Thathar ag ràdh - It is said
Bhathar ag ràdh - It was said

It can also be used to refer to things for which it is obvious who would do it. (Hence "*Rugadh mi*" meaning "I was born", there is simply no need to say that it was your mother who gave birth to you!)

Active - Tha tidsearan a' teagasg Gàidhlig san sgoil - Teachers teach Gaelic in the school
Passive - Thathar a' teagasg Gàidhlig san sgoil - Gaelic is taught in the school

Other verbs

The verbs otherwise follow the same grammar patterns as they do in their active forms in each tense, apart from the following alterations to the end of the verb.

In the past tense the verb will take on the tail *eadh/adh*

In the future it will take on the tail *(e)ar/(e)as.*

5.7 Passive tenses: Past

Root	Past	Future / habitual present
Dùin	Dhùineadh	Dùinear
Tog	Thogadh	Togar
Cuir	Chuireadh	Cuirear
Leugh	Leughadh	Leughar
Sgrìobh	Sgrìobhadh	Sgrìobhar
Fosgail	Dh'fhosgladh	Fosglar

The negative is created in the same way as normal - The past tense will take *cha* do and lenite where possible. The future tense will take *cha/chan* and lenite where possible.

Cha do dh'fhosgladh an doras - The door was not opened
Chan fhosglar an doras - The door will not open

5.8 Passive tenses: Future

The future passive, like the future active tense (the normal future tense), is used to describe habitual present action as well as things that have not happened yet. Its ending is "-ar" (or "-ear" if the last vowel is "i") added to the unlenited root.

Dùinear an doras - The door will be closed
An leughar an leabhar sin? - Will this book be read?

Cuirear na làithean-saora seachad air an Eilean Sgitheanach - Holidays are spent on the Isle of Skye
(làithean-saora, "holidays, vacation") (cuir seachad, "spend (time)")

Grammar: Active to passive Go online

Q7: Using the passive verb, convert these active sentences into passive sentences.

Active	Passive
Dhùin iad an doras	
Thog Calum an taigh	
Dh'fhosgail Seonaidh a' bhùth	
Chaill Màiri an leabhar	
Fhuair mi an spòran	
Cha do dhùin mi an doras	
Dh'ith mi na h-isbeanan	
Bhris e mo chas	

....

Q8: Using the passive verb, convert these active sentences into passive sentences.

Active	Passive
Dùinidh Ailig an uinneag	
Togaidh Calum an taigh	
Fosglaidh Seonaidh a' bhùth	
Dùisgidh mi Màrtainn	
Gheibh mi an càr	
Chì iad na solais	
Ithidh mi na h-isbeanan	
Brisidh e do chas	

5.9 The defective verbs: *Faod* & *feum*

Faod (may) and Feum (need, must) are known as defective verbs - this is because they only have a conditional tense and future tense.

They both possess a passive form based on the passive verb.

Àiteachan far am faodar a dhol - Places that may be visited
Chan fhaodar sin a dhèanamh - That may not be done
Feumar a dhèanamh an-dràsta - It must be done now
Chan fheumar dad a ràdh - Nothing needs to be said

5.10 Passive of irregular verbs

Here are passives of the irregular verbs. You will encounter these throughout the language. Use them for reference. Thankfully they are regular in how they change in the passive voice.

Beir			
Past	An do rugadh	Rugadh	Cha do rugadh
Future	Am beirear	Beirear	Cha bheirear

Dèan	?		
Past	An rinneadh	Rinneadh	Cha d' rinneadh
Future	An dèanar	Nithear	Cha dèanar

Cluinn	?		
Past	An cualadh	Chualadh	Cha chualadh
Future	An cluinnear	Cluinnear	Cha chluinnear

Faic	?		
Past	Am facas	Chunnacas	Chan fhacas
Future	Am faicear	Chìthear	Chan fhaicear

Thoir	?		
Past	An tugadh	Thugadh	Cha tugadh
Future	An toirear	Bheirear	Cha toirear

Faigh	?		
Past	Am fuaradh, am fuaras	Fhuaradh, fhuaras	Cha d' fhuaradh, cha d' fhuaras
Future	Am faighear	Gheibhear	Chan fhaighear

Abair	?		
Past	An d' thuirteadh	Thuirteadh	Cha d'thuirteadh
Future	An abrar	Theirear	Chan abrar

Ruig	?		
Past	An ràinigeadh	Ràinigeadh	Cha d' ràinigeadh
Future	An ruigear	Ruigear	Cha ruigear

Obviously, *thig* and *rach* do not have passive versions.

5.11 Other forms of the passive

The next two forms are only used in certain contexts:

Gabh

You can use *gabh* to create passive phrases. This is mostly used to express whether something is doable or undoable - such as "unbelievable".

Cha ghabh a chreidsinn or Cha ghabh a creidsinn - Unbelievable (lit. it does not take believing)
An gabh seo ithe? - Is this edible?
Dè ghabhas dèanamh? - What can be done?

The past participle

This is an obsolete function of the language, other than where it has become an adjective.

You will be familiar with the structure from the following words:

- toilichte - happy
- fosgailte - open
- dùinte - closed
- pòsta - married
- cleachdte - used
- co-cheangailte - connected
- dearbhte - confirmed
- dèante - made
- beannaichte - blessed
- mallaichte - cursed

5.12 Making the passive active

The passive is of course just a way to express that something has happened but without mentioning who did it, it does not mean that somebody or something did not cause it to happen.

Example: "We can often"

To simply say who did the activity, at the end of the clause you add *le X.*

Dhùin Calum an doras
Chaidh an doras a dhùnadh le Calum

Tha Anna gam shàrachadh
Tha mi air mo shàrachadh le Anna

Bha Gilleasbuig ga bhualadh
Bha e ga bhualadh le Gilleasbuig

Tha Gilleasbuig a' bualadh Iain
Tha Iain ga bhualadh le Gilleasbuig

Bhuail Calum Dòmhnall
Chaidh Dòmhnall a bhualadh le Calum

Buailidh mi e anns an t-sròn
Thèid a bhualadh leam anns an t-sròn

You will only master the passive through usage but you should try and identify it where you can. The following exercise will help you identify the different occurences of them.

Grammar: Identifying the passive Go online

Q9: Identify the uses of the passive voice in this article about SCHOLAR itself.

Thèid a' Ghàidhlig ionnsachadh air loidhne le cursa ùr bho Oilthigh Heriot-Watt faisg air Dùn Èideann.

Chaidh an cursa a dhèanamh leis an aonad SCHOLAR aig an oilthigh. Bha an cursa ga sgrìobhadh bho thùs ann an 2009 le dithis eòlaichean, ach leis a' Churaicealam airson Sàr-mhathais a' tighinn gu buil, chaidh an cursa ath-sgrìobhadh gus am biodh e freagarrach airson latha an-diugh.

Thathar an dòchas gum bi na ceudan de sgoilearan ag ionnsachadh na Gàidhlig air feadh na h-Alba a' cleachdadh an làraich-lìn.

Faodar an cursa a dhèanamh aig an taigh, anns an sgoil air neo àite sam bith anns an t-Saoghal far a bheil Coimpiutair ri fhaotainn.

Cleachdar dealbhan agus faidhlichean fuaim airson an cursa a libhrigeadh. Tha geamannan ann a bhios a' cur gu feum càirtean boillsgidh airson briathrachas a theagasg.

Thèid na ceithir cuspairean a chomhdachadh anns a' chùrsa; Cultar, Obair, Coimhearsnachd agus Ionnsachadh. Tha caochladh eacarsaichean ann a tha a' deiligeadh ris na ceithir sgilean a tha cudromach airson cànan sam bith ionnsachadh - labhairt, sgrìobhadh, leughadh agus èisteachd.

Tha dithis sgoilearan à Àrd Sgoil Bhaile a' Chàirn air a bhith a' cleachdadh an làraich-lìn fad na bliadhna agus chord e riutha glan.

Thogadh athair Dhòmhnaill Mhic a' Bhatair le Gàidhlig ach cha deach an cànan thoirt do Dhòmhnall. Ars Dòmhnall, "Chòrd SCHOLAR rium gu mòr, thug e dhomh cothrom math a bhith ag obair air na ceithir sgilean. Bha mi gu math lag a thaobh sgilean labhairt ach a-nis, tha mi comhfhurtail bruidhinn ri daoine. Tha mi cleachdte ri Gàidhlig a-nis agus tha mi nas eòlaiche air eachdraidh mo theaghlaich."

Chaidh an làrach a mholadh le Ceit Nic Shimidh cuideachd, "Rugadh mi air a' Ghàidhealtachd agus bha mi riamh duilich nach robh Gàidhlig agam. Tha mi air mo mhisneachadh gu mòr as dèidh dhomh SCHOLAR a chleachdadh. Dh'ionnsaich mi an t-uamhas mu dheidhinn a' chultair agus a' chànain. Tha mi ag iarraidh obair ann na Gàidhlig nuair a dh'fhàgas mi an t-oilthigh."

Gheibhear cead airson a dhol air an làrach-lìn SCHOLAR bho cheannard na sgoile, air neo cuideigin anns an sgoil le dleastanas airson SCHOLAR. Ma 's e sgoilear a tha annad, 's fhiach e bruidhinn riutha agus thèid ainm-cleachdaidh agus facal-faire a thoirt dhut.

Gheibhear tuilleadh fiosrachaidh air loidhne.

5.13 The film competition: Co-fharpais nam fiolmaichean (UND2)

Reading comprehension: Co-fharpais nam fiolmaichean Go online

Making short films in Gaelic is a great exercise to develop your language skills whilst learning other transferrable skills for life and work. Here Calum describes his efforts to enter a film into a competition.

Chaidh sanas airson Co-fharpais nam Fiolmaichean fhoillseachadh ann am Pàipear na Sgìre aig tòiseach na bliadhna agus 's ann ann an sin a chunnaic mi e. Bha an co-fharpais ann airson fiolmaichean goirid anns a' Ghàidhlig. Dh'fheumadh na fiolmaichean a bhith eadar trì agus còig mionaidean de dh'fhaid.

'S e an rud a thog m' aire dhan cho-fharpais ge-tà gun robh duais ann de chòig ceud not airson fiolm air a dhèanamh le sgoilearan àrd-sgoil. Is e cuibhreann math airgid a tha ann an còig ceud not agus chuir mi romham an duais a bhuannachadh. Chuir mi teachdaireachd dha mo charaidean anns a' bhad a' faighneach am biodh iad deònach pàirt a ghabhail anns an fhiolm agam.

Bha Dòmhnall agus Ceit tuilleadh is deònach mo chuideachadh. Tha Dòmhnall gu math comhfhurtail air beulaibh a' chamara oir tha e air eòlas obrach adhèanamh còmhla ris a' BhBC a cheana. Chan eil Ceit cho comhfhurtail air beulaibh a' chamara ach tha i math air cleasachd agus tha misneachd aice. Tha Ceit a dhol a bhith na tidsear àrd-sgoile. Feumaidh misneachd a bhith agad airson sin.

Bha e rud beag na bu dhorra Nina fhaighinn an-sàs ann ge-tà. Bha mi feumach air dithis nigheanan airson sgeulachd an fhiolm, 's mar sin bha e deatamach gum biodh i ga dhèanamh. B' fheudar dhuinn obair oirre airson latha no dhà ach as dèidh dhomh seoclaid a ghealltainn dhi, dh'aontaich i pàirt a ghabhail ann.

Fhuair mi iasad air camara bho bràthair m' athar. B' àbhaist dha a bhith ag obair don BhBC ach tha e a-nis ag obair air a cheann fhèin. 'S e uidheamachd air leth a bha ann, le fuaim de dhàrd ìre agus ìomhaigh shoilleir ri fhaotainn air. Chuir sinn air dòigh latha fiolmaidh agus chaidh sinn ann aon Disathairne.

Sgrìobh mi fhèin an ceòl airson an fhiolm, port a bha air a dèanamh nuair a chaidh mi gu fèis Ceòlas ann an Uibhist a Deas samhradh seo chaidh. Chaidh e gu math le plot an fhiolm, sgeulachd mu dheidhinn gaol eadar iasgair agus nighean agus mar a tha a phiuthar a' feuchainn ri stad a chur air. Chluich Dòmhnall an t-iasgair, 's e Ceit a bha anns an nighean agus bha Nina na piuthar don iasgair. Dhiùlt Ceit Dòmhnall a phògadh airson an fhiolm!

Chleachd sinn coimpiutair airson am fiolm a ghearradh. Feumaidh tu mòran rudan diofraichte a chlàradh airson fiolm a dhèanamh. Cha chleachd thu ach glè bheag dhiabh aig a' cheann thall. Bha Dòmhnall gu math feumail airson na gnothaichean seo agus mu dheireadh thall, bha sinn ullamh airson an clàradh a luchdachadh suas don eadar-lìn.

Bha mi air mo dhòigh ghlan nuair a fhuair sinn cuireadh gu cùirm nan duaisean ann an Glaschu. Chaidh e a chumail ann an taigh-òsta spaideil ann an teis-mheadhan a' bhaile. Fhuair sinn biadh math agus nach mi bha toilichte! Bha mi na bu thoilichte buileach nuair a fhuair sinn a-mach gun do bhuannaich sinn an duais airson fiolm as fheàrr le sgoilearan àrd-sgoile agus gun robh mi fhèin air duais a bhuannachadh airson ceòl as fheàrr. Choinnich mi ri mòran dhaoine inntinneach ùra aig a' chuirm agus thachair mi ri mo cho-ogha Màiri Sìne à Uibhist a Deas cuideachd.

Questions

Paragraph 1

Chaidh sanas airson Co-fharpais nam Fiolmaichean fhoillseachadh ann am Pàipear na Sgìre aig tòiseach na bliadhna agus 's ann ann an sin a chunnaic mi e. Bha an co-fharpais ann airson fiolmaichean goirid anns a' Ghàidhlig. Dh'fheumadh na fiolmaichean a bhith eadar trì agus còig mionaidean de dh'fhaid.

Q10: How did Calum find out about the film competition?

....

Q11: How long did the films need to be?

Paragraph 2/3

'S e an rud a thog m' aire dhan cho-fharpais ge-tà gun robh duais ann de chòig ceud not airson fiolm air a dhèanamh le sgoilearan àrd-sgoil. Is e cuibhreann math airgid a tha ann an còig ceud not agus chuir mi romham an duais a bhuannachadh. Chuir mi teachdaireachd dha mo charaidean anns a' bhad a' faighneach am biodh iad deònach pàirt a ghabhail anns an fhiolm agam.

Bha Dòmhnall agus Ceit tuilleadh is deònach mo chuideachadh. Tha Dòmhnall gu math comhfhurtail air beulaibh a' chamara oir tha e air eòlas obrach adhèanamh còmhla ris a' BhBC a cheana. Chan eil Ceit cho comhfhurtail air beulaibh a' chamara ach tha i math air cleasachd agus tha misneachd aice. Tha Ceit a dhol a bhith na tidsear àrd-sgoile. Feumaidh misneachd a bhith agad airson sin.

Q12: What comment does he make about the prize available?

....

Q13: What qualities did Donald and Kate have which made them suitable for the film?

Paragraph 4

Bha e rud beag na bu dhorra Nina fhaighinn an-sàs ann ge-tà. Bha mi feumach air dithis nigheanan airson sgeulachd an fhiolm, 's mar sin bha e deatamach gum biodh i ga dhèanamh. B' fheudar dhuinn obair oirre airson latha no dhà ach as dèidh dhomh seoclaid a ghealltainn dhi, dh'aontaich i pàirt a ghabhail ann.

Q14: How did he secure Nina for the film?

....

Paragraph 5

Fhuair mi iasad air camara bho bràthair m' athar. B' àbhaist dha a bhith ag obair don BhBC ach tha e a-nis ag obair air a cheann fhèin. 'S e uidheamachd air leth a bha ann, le fuaim soilleir agus ìomhaigh shoilleir ri fhaotainn air. Chuir sinn air dòigh latha fiolmaidh agus chaidh sinn ann aon Disathairne.

Q15: What is said about the equipment he secured from his uncle?

....

Paragraph 6

Sgrìobh mi fhèin an ceòl airson an fhiolm, port a bha air a dèanamh nuair a chaidh mi gu fèis Ceòlas ann an Uibhist a Deas samhradh seo chaidh. Chaidh e gu math le plot an fhiolm, sgeulachd mu dheidhinn gaol eadar iasgair agus nighean agus mar a tha a phiuthar a' feuchainn ri stad a chur air. Chluich Dòmhnall an t-iasgair, 's e Ceit a bha anns an nighean agus bha Nina na piuhtar don iasgair. Dhiùlt Ceit Dòmhnall a phògadh airson an fhiolm!

Q16: To which specific aspect of the film did Calum contribute?

....

Q17: What details are we given about the plot?

....

Q18: What did Kate refuse to do?

Paragraph 7

Chleachd sinn coimpiutair airson am fiolm a ghearradh. Feumaidh tu mòran rudan diofraichte a chlàradh airson fiolm a dhèanamh. Cha chleachd thu ach glè bheag dhiabh aig a' cheann thall. Bha Dòmhnall gu math feumail airson na gnothaichean seo agus mu dheireadh thall, bha sinn ullamh airson an clàradh a luchdachadh suas don eadar-lìn.

Q19: How did they submit their film?

Paragraph 8

Bha mi air mo dhòigh ghlan nuair a fhuair sinn cuireadh gu cùirm nan duaisean ann an Glaschu. Chaidh e a chumail ann an taigh-òsta spaideil ann an teis-mheadhan a' bhaile. Fhuair sinn biadh math agus nach mi bha toilichte! Bha mi na bu thoilichte buileach nuair a fhuair sinn a-mach gun do bhuannaich sinn an duais airson fiolm as fheàrr le sgoilearan àrd-sgoile agus gun robh mi fhèin air duais a bhuannachadh airson ceòl as fheàrr. Choinnich mi ri mòran dhaoine inntinneach ùra aig a' chuirm agus thachair mi ri mo cho-ogha Màiri Sìne à Uibhist a Deas cuideachd.

Q20: In detail, where was the awards ceremony held?

....

Q21: Which two awards did Calum's team win?

....

Q22: What is the overall purpose of this text?

a) Information on how to make a film
b) A personal recollection of making a film
c) A review of a film

Vocabulary: Co-fharpais nam fiolmaichean Go online

Q23: Match up the English translations with the Gaelic.

1. Dh'fheumadh	a. work on, hassle
2. pàipear na sgìre	b. working on his own
3. an rud an thog m' aire	c. at the end of the day
4. teachdaireachd	d. portion, amount
5. cuibhreann	e. I met
6. chuir mi romham	f. local paper
7. obair air	g. equipment
8. uidheamachd	h. message
9. ag obair air a cheann fhèin	i. the dead centre
10. chaidh e gu math le	j. the thing that caught my attention
11. aig a' cheann thall	k. it went well with
12. teis-mheadhan	l. needed
13. thachair mi ri	m. I decided

5.14 News article: Artagail naidheachd (UND2)

Reading comprehension: Artagail naidheachd Go online

Donald has written an article for the BBC Alba website as part of his work experience. The BBC website has lots of Gaelic articles on it which you should read to help improve your Gaelic.

Brosnachadh agus Bròn ann am Baile a' Chàirn le Dòmhnall Mac a' Bhatair

Chaidh ionad coimhearsnachd ùr fhosgladh ann an am Baile a' Chàirn a bhon raoir. Fad iomadh bliadhna, tha ìomairt air bhith ann gus goireas mar seo a bhith anns an sgìre, cha mhòr bhon a chaidh seann talla a' bhaile a dhùnadh tràth anns na naochadan ri linn staing ionmhais aig a' Chomhairle.

Q24: Why is the opening of the community centre in Baile a' Chàirn important news?

Q25: Why was the old town hall closed?

....

'S e Tinie NicFhionguin, cathraiche a' chomataidh a bhios a' ruith an ionaid ùir seo, air a bheil "Aitreabh a' Bhaile", agus tha i dòchasach gun dean e diofar mòr dhan sgìre.

"'S e buille mhòr dhan choimhearsnachd a bh' ann aig an àm, 's e àite cruinneachaidh cudromach a bh' anns an seann talla. Thug a' Chomhairle geallaidhean dhuinn gun cuireadh iad air dòigh goireas ùr nuair a chaidh an sgoil ùr fhosgladh ach bha iad iomadh bliadhna a' togail sin agus nuair a bha i criochnaichte cha robh e mòr gu leòr."

Q26: According to Tinie MacKinnon, what promise was made by the council?

....

"Ach a-nis, tha goireas air leth againn ann am meadhan a' bhaile agus tha rùmannan gu leòr againn airson ceithir no còig tachartasan a ruith aig an aon àm. Tha sinn an dùil gum bi còig obraichean làn-ùine stèidhichte an seo agus co-dhìu fichead dreuchdan eile pàirt-ùine."

Q27: What benefits does the new centre provide, according to Tinie?

....

Thàinig taic-airgid airson an togalaich sheasgair ùir bho Bhòrd Leasachaidh na Sgìre agus thuirt neach-labhairt a' bhùird, Reamonn Mac a' Ghobhainn gun robh fiughar air ris an Ionad a' cuideachadh gu mòr le leasachadh na sgìre.

Q28: What is Raymond Smith's role?

....

"Tha sinn a' faicinn an Ionaid Ùir aig teis-mheadhan ar roi-innleachd airson leasachadh eaconamaigeach, soisealta agus foghlaim anns an sgìre. Chìthear buannachdan mòra anns an àm ri teachd agus tha na h-oifigearean againn fhèin agus aig Comann na Gàidhlig gu bhith a' cleachdadh oifisean an seo."

Q29: In which three areas does the Development Committee hope to develop with the new centre?

....

Bha cuirm shònraichte air a cumail Oidhche Shathairne le clann sgoile agus luchd-ciùil le ceangal ris an sgìre an sàs ann agus òraidean bho dhaoine uasal sa choimhearsnachd. Air Là na Sàbaid, bha seirbhis eadar-eaglaiseach ga cumail anns an talla a' coisrigeadh a' charraigh chuimhne chogaidh a tha air a bhith ga gluasad am broinn an ionaid ùir.

Q30: Give details of the weekend's events.

A bharrachd air a' mhionaid thraidiseanta de dh'fhois airson nan saighdearan nach do thàrr às a' chogadh beò, bha mionaid de bhualadh-bhois airson Choinnich Dhòmhnallaich, fear a bha an-sàs gu mòr anns an ìomairt airson goireasan ùra a chur air chois anns an sgìre, ach gu mì-fhortanach, nach do mhair fada gu leòr airson am fosgladh fhaicinn.

Fhuair Coinneach Dòmhnallach, a bha 55, am bàs o aillse a' ghrùthain o chionn dà bhliadhna, seachdain as dèidh don Chomhairle aonta a ruighinn mu dheidhinn ionmhas airson an àite ùir. Bha a bhanntrach, Peigi, agus a dhithis chloinne, Aonghas agus Iseabail, an lathair airson an fhosglaidh.

Bhruidhinn Aonghas as leth an teaghlaich; "Tha sinn ag ionndrainn ar n-athair gu mòr air latha mar seo. Bha e a' strì fad cha mhòr fichead bliadhna gus cothroman a chrùthachadh anns an sgìre seo a ghleidheadh ar n-òigridh aig an taigh agus a bheireadh cobhair dhar seann-dhaoine nan aois."

Q31: Give some details on why the late Kenneth Macdonald was important for the community project.

....

Q32: What does his son Angus say about his dedication to the area?

Bidh Aitreabh a' Bhaile ann am Baile a' Chàirn fosgailte eadar 8 uairean sa mhàdainn agus 10 uairean feasgar o Dhiluain gu Disàthairne.

Q33: On weekdays, how many hours is the centre open?

....

Q34: What is the overall purpose of this text?

a) A news article about a local event.
b) A factual piece about a historical event.
c) An opinion piece about work experience.

Vocabulary: Artagail naidheachd Go online

Q35: Translate the Gaelic words into English.

ionad coimhearsnachd	
staing	
staing ionmhais	
buille mhòr	
geallaidhean	
goireas	
seasgair	
Bòrd Leasachaidh na Sgìre	
fiughar ri	
roi-innleachd	
cuirm	
a' coisrigeadh	
carragh cuimhne	
daoine uasal	
nach do thàrr às a' chogadh beò	
an-sàs gu mòr anns an ìomairt	
aillse	
an grùthan	
banntrach	
as dèidh do... aonta a ruighinn	
as leth an teaghlaich	
cobhair	

5.15 News diary: Leabhar-là nan Nàidheachdan (USE2)

You should now have a reasonable level of fluency in Gaelic - you should be accessing Gaelic news everyday, whether on the radio, online or on television.

Assignment: Writing: Leabhar-là nan Nàidheachdan Go online

You are going to keep a small news diary.

- Choose a news story.
- Where did you find the story?
- What day is the story from?

You may wish to include the following bulletpoints about the story.

- Where is the story set?
- Who is involved?
- When is it happening?
- What do people think?
- Write down any difficult words.

You should do this once a week for a month.

5.16 The Cup Final: A' Chuairt Dheireannach (UND1)

Listening comprehension: A' Chuairt Dheireannach Go online

Live sport is a feature of Gaelic TV and Radio - not only is it entertaining in its own right but it has also attracted many non-Gaelic speakers to the channels, many of whom have decided to find out more about the language used for commentary. Many sports which do not get good coverage on English channels, Celtic Rugby, Lower league Scottish football and ladies football, and shinty, have all received great coverage from BBC Alba and BBC Radio nan Gàidheal.

Baile a' Chàirn Camanachd have been playing Loch Mòr Shinty Club for the Women's Camanachd Cup, the Valerie Fraser Trophy. Ceit has scored the winning goal and is being interviewed by a reporter from BBC Alba:

To complete this exercise, you will need the following sound file:
hg-cgae4-5-1listening.mp3 (1-7)

It is recommended that you listen to the entire sound file first before completing the exercise.

Part 1
hg-cgae4-5-1listening1.mp3

Q36: When did Kate start playing shinty?

....

Part 2
hg-cgae4-5-1listening2.mp3

Q37: How did Baile a' Chàirn do in the first half?

....

Part 3
hg-cgae4-5-1listening3.mp3

Q38: Why was the second half more challenging than the first?

....

Part 4
hg-cgae4-5-1listening4.mp3

Q39: Why was it unexpected that Kate scored the winning goal?

....

Part 5
hg-cgae4-5-1listening5.mp3

Q40: How do the club's supporters assist the team?

....

Part 6
hg-cgae4-5-1listening6.mp3

Q41: What choice will Kate have to make next year?

Vocabulary: A' Chuairt Dheireannach Go online

Q42: Match the English translations with the Gaelic.

1. mar a chaidh dhuinn	a. awfully nervous
2. cha bhithinn gad chreidsinn	b. know each other
3. socraich	c. goalkeeper
4. cianail nearbhasach	d. meaning a terrible lot
5. tionndadh mun chuairt	e. turn around
6. neach-glèidhidh	f. I would not have believed you
7. iomall a' bhogsa	g. how it went for us
8. eòlach a chèile	h. calm
9. a' ciallachadh an uamhais	i. edge of the box

5.17 Television: Telebhisean (UND1)

Nina is talking about her family's TV watching habits.

Listening comprehension: Telebhisean Go online

To complete this exercise, you will need the following sound file:
hg-cgae4-5-2listening.mp3 (1-6)

It is recommended that you listen to the entire sound file (*hg-cgae4-5-2listening.mp3*) first.

Paragraph 1
hg-cgae4-5-2listening1.mp3

Q43: Where are the TVs in Nina's house?

Paragraph 2
hg-cgae4-5-2listening2.mp3

Q44: How does Nina mainly access television?

....

Q45: What kind of programmes does she like to watch, in particular?

Paragraph 3
hg-cgae4-5-2listening3.mp3

Q46: How do her brothers prefer to watch programmes?

....

Q47: What does Nina say about American television shows in comparison to shows from this country

Paragraph 4
hg-cgae4-5-2listening4.mp3

Q48: Nina's mother likes a certain kind of programmes. What subjects do these programmes cover?

....

Q49: Where are some of the countries they are set in?

....

Q50: What helps her understand them better?

Paragraph 5
hg-cgae4-5-2listening5.mp3

Q51: According to Nina, what does her father spend on Satellite TV?

....

Q52: What information is given about her father's interest in boxing?

Paragraph 6
hg-cgae4-5-2listening6.mp3

Q53: What happens on Christmas Day?

....

Q54: Why will she not argue with her grandmother?

Vocabulary: Thelebhisean Go online

Q55: Match the English translations with the Gaelic.

1. seòmar-suidhe	a. murder
2. seòmar-teaghlaich	b. crime
3. coimpiutair-uchd	c. remote controller
4. uidheam-smachd cèin	d. Queen's Speech
5. caochladh shianailean	e. boxset
6. cruinneachadh bogsa	f. lovely
7. fo-thiotalan	g. wee hours of the morning
8. murt	h. turkey
9. eucoir	i. screen
10. neo-àbhaisteach	j. family room
11. saideal	k. a range of channels
12. uairean beaga na maidne	l. sitting room
13. cearc-fhrangach	m. unusual
14. sgàilean	n. laptop
15. Òraid na Ban-rìgh	o. subtitles
16. laghach	p. satellite

5.18 Farewell: Soraidh slan

You have reached the end of the course - can you read Mr Munro's farewell? You should be able to, well done!

Soraidh Slan

Uill, tha mi an dòchas gu bheil an cursa air còrdadh ribh. Tha mi a' guidhe gach soirbheachas dhaibh. Tha Dòmhnall a' falbh dhan Eilean Sgitheanach airson Cursa nam Meadhanan a dhèanamh aig Sabhal Mòr Ostaig. Cha bhi e fada gus am bi e a' nochdadh air BBC Alba tha mi cinnteach. Bidh Calum a' dol còmhla ris, a' dèanamh ceòl tràidiseanta. Bha an cothrom aige a dhol gu Beinn an Faoghla no a Ghlaschu ach bidh e a' siubhal na dùthcha gu tric leis a' chòmhlan ciùl aige co-dhiù.

Tha Ceit air a dhol a Ghlaschu airson teagasg spòrs a dhèanamh. Tha i fìor mhath agus tha sinn uile an dòchas gun till i dhan sgoil seo aon latha mar thidsear. Cha bhi Nina a' falbh idir, tha i air obair fhaighinn anns an sgoil-àraich mar neach-taic. Is toigh leatha a bhith faisg air a pàrantan. Chan fhàg i Baile a' Chàirn gu siorraidh. Chì sinn i mun cuairt.

Bidh mi gan ionndrainn ach bidh clas ùr agam an ath bhliadhna, deiseil agus deònach Gàidhlig ionnsachadh. Bu chòir dhut fhèin a bhith nas misneachaile a thaobh leughadh, èisteachd, sgrìobhadh agus gu h-àraidh labhairt. Tha mi a' guidhe gach soirbheachas dhut air do shlighe tron t-saoghal, agus tha mi an dòchas gun cùm thu a' dol anns a' Ghàidhlig. Tha sinn feumach air do leithid.

A h-uile latha, a chì is nach fhaic. Soraidh slan is na mìle beannachd.

Mgr Rothach

Glossary

'S àbhaist dhomh obair ann an Glaschu
: I usually work in Glasgow phr

's e deagh charaid a tha ann
: he is a good friend (phr)

'S e sin as coireach
: that is the reason, that is to blame phr.

's fhada bho
: long since phr.

'S fhada bhon uairsin
: It has been a long time since then phr

a' bhean agam
: my wife

A' Bheilg
: Belgium

A' Bhorlainn
: The area of Portree known as Home Farm in English, now covered by houses and a nursing home.

A' Bhreatainn Bheag
: Brittany

a' chiad bhaile air an do thadhail mi
: the first town which I visited

A' Chòmraich
: Applecross nm

A' Chòrn
: Cornwall

a' chuibhreann
: part, portion, segment

A' Chuimrigh
: Wales

a' coileanadh a dleastanais
: fulfilling her duty

a' coimhead air adhart
: looking forward

a' coimhead as dèidh na cloinne
looking after children

a' coinneachadh
meeting

a' coiseachd suas an staran
walking up the path

a' cumail sìos àireamhan nam fiadh
keeps down the number of deer

a' cur a-steach airson na h-obrach
applying for the job/post

a' cur fàilte air
welcoming

a' cur fallas ort
make you sweat phr

a' cur post-dealain
sending e-mail

a' dèanamh cròn air a' chànan
damaging the language phr

a' dol a dh'ionnsaigh
heading towards vn

a' faighinn a' chothruim
getting the opportunity phr

a' faighinn air adhart
getting along (phr)

a' faighinn a-mach mun deidhinn
finding out about them

A' falbh airson greis.
Going away for a while.

a' frasadh a luchd-dùthcha le bomaichean
showering her own people with bombs

a' freagairt an fhòn
answering the phone

a' fuireach an ath dhoras
staying next door (phr)

a' fulang
suffering

A' Ghearmailt
Germany

A' Ghreig
Greece

a' Ghrian
the Sun nf

a' glacadh
catching

a' glèidheadh an fhearainn
protects the land

a' leagail chraobhan
chopping down tree

a' màthair
the mother

A' Pholainn
Poland

A' Phortagaill
Portugal

a' placadaich
fluttering, flapping

a' rannsachadh Hiort
exploring St Kilda

a' seinn na pìoba
playing the pipes (idiom)

a' siabadh anns a' ghaoith
jerking in the wind

a' sìor fhàs
ever growing vn phr

a' stiùireadh
directing

a' suathadh ri inntinn
affecting his mind

a' tabhann
offering v.n.

a' tairgsinn obair
offering work, a job

a' tairsginn obair
offering work, a job

a' tionndadh
turning, converting vn

a' toirt coimhairle
giving advice

a' toirt comhairle seachad mu obraichean
giving advice about careers

a' toirt cothrom dhut
giving you an opportunity

a' toirt faochadh
giving relief

a' toirt ionnsaigh
attacking

a' toirt ùine
taking time vn phr

a' toirt ùine mhòr
taking a long time vn phr

a b' fheàrr a fhreagradh orm
which would suit me best

abair gun do chòrd e rium
I especially enjoyed it

abair gun robh iad trang (*idiom*)
they were really busy

abair iongnadh
what a surprise! (phr, idiom)

Abair sealladh!
What a view! What a sight!

abhachd
joke

abhainn

river nf

a bha os cionn greisean gnìomhachais

who was in charge of work placements

a bheil snathaidean a' cur eagal ort?

are you scared of needles? phr

A bheil thu air obair mar seo a dhèanamh?

Have you done work like this?

a bhiodh a' cur feum air frithealadh

who would need to be attended to

acadamaidh

academy

acair

anchor

Ach' Ille Bhuidhe

Achiltibuie

achadh

field nm

achdaire

actuary

a chionns

since

Ach shaoil e nach robh iad cho dubh ri duslach na h-aimhreit a dh'fhàg e.

But he thought they were not as black as the dust of the quarrel he left.

a dh'aindeoin

despite av

a dh' aindeoin

despite

a dh'aindeoin an adhartais a rinn e

despite the progress he made

a dh'fhaicinn 'siabann' ùr

to see a new 'soap' [*a tv programme in this context*]

a dh'fhaodadh sgoilearan a dhèanamh

which pupils could do

adhartas
progress nm

adhbhrann
ankle

a dhith
lacking

adhlacadh
burying (human remains)

Afraga A Deas
South Africa

agallamh
interview nm

ag ionaltradh
grazing

ag obair a-muigh
working outside

ag obair don riaghaltas
working for the government phr

ag obair le làmhan
working with hands

agus mar sin air adhart
and so on, etcetera

a h-uile càil
everything

A h-uile cothrom a gheibh mi
every opportunity I get phr

Aifreann
Mass nf

aig astar
at a distance phr.

aig deireadh an latha
at the end of the day

aig iomagain
worry, concern, anxiety

aig muir

at sea (phr)

àile

air

ainmeil

famous

air a' chuan mhòr

on the open ocean, open sea

air a ghlèidheadh

reserved v phr perfect/ passive

air deireadh

behind, (in order) losing

àireamhachd

arithmetic

aire an t-sluaigh

the attention of the public phr

air faire

on the horizon

air feadh an t-saoghail

throughout the world phr.

air leth

unique adj phr

air leth luath

exceedingly fast

air loidhne

on-line

air sgaradh

divorced (v phr)

airson an tagradh agam

for my application

airson ant-samhraidh

for the summer (phr)

airson ar n-ùidh a thogail

to raise our interest

airson do ghlacadh
to catch you (out)

airson nan duine beartach a-mhàin
for rich people only

air taobh siar an eilein
on the western side of the island

air tòir
in pursuit v phr

àite
place

àiteachan poblach
public places phr

àite-fuirich
accomodation nm

àite poblach
public place

àite sìtheil
peaceful place nm

aithnichte
recognised

aithris
reporting vn

aithris mhath
a good (weather) report

àlainn
beautiful (adj)

Alba
Scotland

allt
stream, burn nm

àm
a time, less specific than uair nm

Am Bac
Back nm

àm-cluiche
playtime/break nm

àm-dìnnear
dinnertime nm

a-measg
amongst av

am falach
hiding

amhaich
neck, throat

a-mhàin
only adv

àmhainn
over nf

amharc
viewing vn

Am measg
amongst

an aghaidh
against, versus

anailis
analysis

anainn
pineapple nm

an amharc
in view

an àrainneachd nàdarrach
the natural environment nf

anart
linen

an ath bhliadhna
next year

an ath thuras
next time phr

An Caisteal Nuadh

Newcastle nm

An Clò Mòr

Harris Tweed

An Comann Ceilteach

The Celtic Society n.m. phr.

An Cuilthionn

The Cuillin, The large mountain range which dominates the centre of the Isle of Skye, visible from almost all parts of the Island and also a major theme in much of MacGill-Eain's poetry. There are several peaks of which Sgurr Alasdair is the tallest at 992 metres. Dòmhnall and Ceit wil be visiting An Cuilthionn on their trip to Skye.

an dà chuid

both types

An Danmhairg

Denmark

an Darna Chogadh

World War II, The Second War phr

an dearbh rud

the very thing, the exact thing phr

an dòigh cheart

the right way nf

an dùil ri leanabh

expecting a baby phr.

an duine agam

my husband

An Eadailt

Italy

An Eilbheis

Switzerland

An Eiphit

Egypt

an eunlaith

bird life, wild-fowl

an-fhoiseil

restless adj

An Fhraing

France

an iomairt

the initiative

an ìre as isle

realising

an Iuga Chlaret

the Claret Jug - the winner's prize at the Open Championship for golf. Young Tom Morris was the first player to have his name engraved on it - previously the winner received a belt, similar to boxing to mark his wins and having been the first person to win the trophy three times in a row, Young Tom Morris got to keep the belt - it is now on display alongside the Claret jug at the Golf Museum in St. Andrew's.

an lathair

in attendance

an luchd-reic

the sales people nplu

ann an cala Steòrnabhaigh

in Stornoway harbour

ann an gach ceàrn

in every corner phr.

annasach

unusual adj

anns a' chiad dol-a-mach

in the first place phr

anns a' chumantas

in the main, on the whole

anns an aon chlas aig an sgoil

in the same class at school (phr)

anns na h-Innsean an Iar

in the West Indies

An Olaind

Netherlands

An Ostair

Austria

An robh thu fhèin riamh ann an Hiort?

Were you ever in St Kilda?

An Rubha

Point nm

An Ruis

Russia

an sàs ann

engaged in

an sgiobair agus am meat

the skipper and the mate

An Spàinn

Spain

An Stòrr

The Storr is a rocky hill on the Trotternish peninsula of the Isle of Skye north of Portree. It dominates the skyline north of the town and is famous for it strange shaped rock pinnacles, including the Old Man of Storr. (Bodach Stòir).

an taca ri

in relation to

antaidh

aunt (nf)

an taigh-feachd

the barrack(s)

An Taobh Siar

Westside nm

an t-Aonadh Eòrpach

European Union nm

an t-athair

the father

an t-eilean as motha

the biggest island nm phr

An t-Eilean Sgitheanach

Isle of Skye nm

an t-Òb

Leverburgh

an toiseach

in front of, (in order) in the lead, first

an trup mu dheireadh

the last time phr

an t-sealladh a bu bhòidhche a chunnaic mi *rim bheò*

the most beautiful sight I saw *in my life*

An t-Seic

Czech Republic

an t-seirbhis

the service n.f.

An t-Suain

Sweden

An Tuirc

Turkey

An Tunga

Tong nm

An Ungair

Hungary

aoigh

guest nm

aoigheachd

hospitality

Aonach Mòr

Aonach Mòr, ski resort next to Ben Nevis

Aonadh

Union

Aonadh Rugbaidh na h-Alba

Scottish Rugby Union

aonaranach

lonely adj.

aonta

agreement nm

aontachadh

agreeing vn

aotrom

light adj

àrach
brought up, raised

àrachas
insurance

àradh
ladder

a ràdh le cinnt
to say with certainty

àrainn
campus

àrainneachd
environment

àrainneachd chàirdeil
friendly environment

aran-coirce
oatcakes (nm)

Ard a' Bhasair
Ardvasar nm

àrd-ìre
Higher

Àrd nam Murchan
Ardnamurchan nm

Àrd-riochdaire
executive producer nm

àrd-sgoil
high school

àrd-ùrlar
stage nm

A-reir coltais
apparently av

Arm a' Bhreacain
The Tartan Army

às dèidh làimhe
afterwards av

a shaoradh le truacantas

to release him on compassionate grounds

a sheallas

which shows

asnaichean

ribs nf

Astràilia

Australia

àth

ford nm

athair

father (nm)

athair m' athar

my father's father (phr)

athair mo mhàthar

my mother's father (phr)

athar

father (genitive)

atharrachadh

changing v.n.

ath-nuadhachadh

renewing, regenerating

a thoirt seachad

to pass on

athraichean

father (plural)

ath-sgrìobh

rewrite

ath-sgrìobhadh

rewriting

ath-sgrùd

revise

ath-sgrùdadh

re-examining

ath-thrèanadh

retraining

B' àbhaist dhomh

I used to

b' àbhaist dhomh obair ann an Glaschu

I used to work in Glasgow phr

b' àbhaist do

used to phr

b' aithne do

recognised

b' ann a shaoileadh neach

one would think

b' fhèarr le

would prefer phr

b' fhèarr leam

I would prefer

b'fheudar do

needed to v phr

b' fheudar do

had to, compelled (idiom phr.)

badan

nursery

bàgh

bay nm

Bagh a' Chaisteil

Castlebay on Barra nm

bàidheil

affectionate adj

Baile a' Chaolais

Ballachulish

Baile a' Mhanaich

Balivanich, Benbecula nm

Baile Sear

Baleshare nm

balbh
dumb/mute adj

balgain-bhuachair
mushrooms

banais
wedding nf

banana
banana nm

banas-taighe
housework - nm

barantas
qualification

Barraigh
Barra nm

bàs
death nm

bàsachadh
dying vn

bàsaich
die v

bàt'-aiseig
ferry boat

bata
stick, bat

bàta-siùil
sailboat

bàta-smuid
steam boat

bàthaich
barn nm

beachdachadh
considering

beachdaich
consider

beagan a chluinntinn mum thuras
to hear a little about my trip

beagan adhartais
a little progress phr.

beagan de dh'fhaochadh
a little relief, respite

beagan na bu taine
a little thinner

beagan robach
a little ropey adj phr

beairt
loom

bean
woman (nf)

beàrn
gap

Bearnaraigh Mòr
Great Bernera nm

Bearnaraigh na Hearadh
Berneray nm

beatha
life nm

beiceadh
baking vn

beinn
mountain nf

Beinn na Faoghla
Benbecula nm

Beinn Neibheis
Ben Nevis

beul
mouth nm

Beurla
English

bha am fuaim fada na bu mhiosa

the noise was much worse phr

bha deuchainn agam o chionn sìa mìosan

I had an exam six months ago phr

bha m' ùidh air a ghlacadh

my attention was caught

Bha mi air mo dhòigh

I was delighted phr

bha mòran cheistean rim fuasgladh fhathast

there were many questions to answer yet

Bhatarsaigh

Vatersay nm

bha ùidh agam riamh

I always had an interest

Bheireadh an obair seo an cothrom sin dhomh.

This work would give me that opportunity.

bhiodh greis mhath ann mus biodh e slàn gu leòr airson aghaidh a' bhlàir a thoirt air

there would be a lengthy period before he would be fit enough to return to combat

bho àm gu h-àm

from time to time phr

bho chuideigin eile a dheigheadh a leòn

from someone else who would be wounded

Bhon uairsin

since then av

bho thall thairis

from abroad phr

bho thùs

originally adv.

bhrosnachadh

encouraging

bhuileachadh

give, dispense

biast dhubh, dobhran

otter nm

biathadh
feeding v.n.

Bidh cuid ag obair air an ceann fhèin.
Some work freelance (self-employed).

bilean
lips nplu

biodag
dirk (Short Highland sword) (*noun fem.*)

bith-beò
a living, livelihood (nm)

bith-eòlas
biology

blas
accent

blas eadar-dhealaichte
different accent phr nm

blasta
tasty adj

blàthachadh suas
warm up

blàths
warmth

bleigeard balaich
a blackguard of a boy, a rascal of a boy

bochdainn
poverty

bodach
old man (informal, nm)

bodhar
deaf adj

bog
soft adj

boireannach
woman (nm)

bonn
: medal, *also* coin

bonnach
: bannock

bonn airgid
: silver medal

bonn òr
: gold medal

bonn umha
: bronze medal

borb
: barbaric

bothan-chabar
: log cabin

bradan
: salmon nm

bragail
: boastful (adj)

bràithrean
: brothers (nplu)

bràmar
: boyfriend or girlfriend

bratach
: flag

bràthair
: brother (nm)

bràthair m' athar
: my father's brother (phr)

bràthair mo mhàthar
: my mother's brother (phr)

bràthar
: brother (genitive)

breabadair
: weaver

breabadaireachd
weaving

brèagha
beautiful

breithneachadh
judging

Breton
Breatainnis

breug
lie

briathrachas
vocabulary nm

briseadh-cridhe
heartbreak

broc
badger nm

brocolaidh
broccoli nm

broilleach
breast nm

brosnachadh
encouraging

brù
belly

bruich
boiling vn

Bruthaich
brae, slope

buadhaiche
winner

buaidh
influence, effect, victory nf

buannachadh
winning

buannachd

advantage, reward nf

buannaich

win

bu chaomh le

would like phr

bu chaomh leam

I would like idiom

bu choir do

should phr

buidheann

group nm nf

buidheann leasachaidh

development organisation nf/ nm

buidhne

feminine genitive of buidheann

buille

hit, blow, shot (golf)

buinneag

brussel sprout nf

bu mhath le

would like phr

bu mhath leam

I would like idiom

bun no bàrr

head or tail phr

bun-sgoil

primary school

bùrn

water (Lewis dialect) nm

bus

muzzle

bùth nan leabhraichean

bookshop nm. nf, phr. gen.

bùth-obrach
workshop

Bu toigh le
would like phr

bu toigh leam
I would like

Bu toigh leam a bhith nam thidsear sgoil-àraich
I would like to be a nursery teacher

bu tric a dh'iarradh i air fios a leigeil gu athair's gu a mhàthair
she would often ask him to let his mother and father know

cabach
chatty (adj)

cabadaich, cabadaich
chatting

cabar feidh
stag's head nm

cabhsair
causeway

caill
lose

cailleach
old woman, hag (informal, impolite, nf)

càirdeil
friendly

càirdheil
friendly(adj)

cairt-aithnichidh
identity card

cairteal na h-uarach
quarter of an hour phr

càite an deigheadh e
where would he go

càl
cabbage nm

call

loss

calma

robust

calpa

calf nf

caman

shinty stick

Canaigh

Canna nm

cànainean oifigeil

official languages nplu

cànan nan Gàidheal

the language of the Gael (Gaelic) n phr

caochail

die, change v

caochladh

dying, changing, a range of things vn

capall coille

capercallie nm

càradh

repairing vn

caran dòrainneach

a little boring adj phr

Carlabhagh

Carloway nm

Carson nach gabh thu an cothrom?

Why don't you take the opportunity?

carthannas

charity

cas

leg, foot nf

casad

cough

casan
legs, feet nf

casg
ban nm

cas-ruisgte
barefoot adj

Catalònia
Catalunya

cead
permission, permit, licence (nm)

ceangailte
connected av

ceangailte ri
connected to

ceangal
connection, link

ceann
head, end nm

ceann, cinn
head, heads nm

Ceann a Deas a' Bhaile
South Side of the City phr

ceannairceach
rebellious

ceannard
head

ceann cropaig
tuffed cod's head nm

Ceann Iar-Thuath na h-Èireann
North West of Ireland nm

Ceann-suidhe
President

cearc
chicken nf

cearc-fhraoich

grouse hen

ceartachadh

correcting

ceartaich

correct

ceartaich, ceartachadh

correcting

ceathrar bhalaich

four boys (phr)

ceimigeachd

chemistry

ceò

smoke, can also mean mist - knowing how to deal with the context of a word is very important

ceòl

music

ceòlmhor

musical adj

ceòl traidiseanta

traditional music nm

ceò nam bean

mist of the mountains

ceud ach aon

99, (literally, a hundred but one)

ceum

degree, step nm

ceumnach

graduate

ceumnachadh

graduating

ceumnachadh le BEd no le cùrsa iar-cheumnach

graduate with a BEd or a post graduate course

ceumnaich

graduate

ceumnaiche

graduate

cha b' fhada gus am biodh na smuaintean a b' uabhasaiche a' cur charan na inntinn

but it wasn't long until the worst of thoughts would be spinning around in his mind again

cha b' urrainn dhomh bruidhinn

I could not speak phr

Cha chan mi guth

I will not say a word! phr

cha chreid mi gu bheil

I do not believe so phr

cha chreid mi nach eil

I believe so (double negative makes a positive) phr

cha chuir iad dragh sam bith orm

they do not worry me at all phr

chaidh a reic

it was sold

Chaidh a thogail

it was built phr.

chaidh mi air chall

I got lost phr

Cha mhòr gu bheil

hardly phr

cha mhòr nach eil

nearly phr

chan eil aspirin ag aontachadh leam

I am allergic to aspirin phr

Chan eil mo chuid Eadailtis ro làidir

My Italian is not too strong phr

chan eil sealgairean eile ann

no other predators

chan urrainn dhomh cnothan ithe

I cannot eat nuts phr

cha robh air ach Iorac fhàgail

he could do nothing else but leave Iraq

cha robh duine ann

nobody was there (phr)

cha robh e cinnteach ciamar a chaidh aige air briathran na ceiste a labhairt

he wasn't sure how he managed to utter the words of the question

Cha robh mi a' faighinn ach £2.50.

I was only getting £2.50.

cha robh neach sam bith ann

nobody was there (phr)

cha robh sgeul aice

she had no news

chianalas

homesickness

cho ciùit

so cute

cho dlùth a chèile

as close together (phr)

cho fad 's a dh'fhiosraich mi

as far as I knew phr.

cho fileanta sa ghabhas

as fluent as possible phr

choileanadh

fulfil

cho luath ri

as fast as

cho math 's a chunnaic mi riamh

as good as I ever saw/seen adj phr

cho math ri

as well as

Chòrdadh e rium gu mòr.

I would enjoy it very much.

Cho sgìth ris a' chù

as tired as a dog

cho slaodach ri seilcheig

as slow as a snail phr

cho trang 's a ghabhas

as busy as can be adj phr

Chuala mi gu bheil thu a' dol air turas gu Hiort.

I heard that you are going on a trip to St Kilda.

chuireadh e gàire air gamhainn

It would make a calf smile! adj

Chuir mi romham

I decided v. phr.

chuir mi seachad

I spent

chuir mi seachad grèiseag

I spent a short while

ciad-chobhair

First Aid

Cia mheud a tha anns an sgioba agaibh?

How many are in your team?

cianail

awful

cianalas

nostalgia

cidhe

pier

Cinn Tire

Kintyre nm

ciorramach

disabled person nm

ciorramaichte

disabled adj

cìsean

taxes

ciùrradh

harm, injury, hurt

clach

stone

clachair
builder, mason

cladach
rocky shore nm

cladh
graveyard, cemetery

claidheamh
sword

claigeann
skull nm

clann mo bhràthar
my brother's children (phr)

clàradh
recording vn

clàran-fuaim
sound recordings

clàr cruinne
world reconrd

clas còmhraidh
conversation class

cleachd
use

cleachd, a' cleachdadh
use, using

cleachd i no caill i
use it or lose it phr

cleachdte ri
used to v phr

cleasachd
acting vn

cleasaiche
actor nm

cleiriche
clerk

cliabh
creel

cliathaich
edge, verge nf

cliù
fame, reputation

cliùiteach
renowned

clò
cloth

clòimh
wool

cnàmh, cnàmhan
bone, bones nm

cnap guail
a lump of coal

cnoc
hill nm

Cò aig a tha fios?
Who knows?

còcaireachd dhèanadach
practical cookery

co-chomann
friendship, relationship

còd
code

cogadh
war

coibhneil
kind adj

còignear nigheanan
five girls (phr)

coileanadh
complete, completing v.n.

coimhead
watching vn

coimhead air adhart
look forward v vn

coimhearsnachd
community

coimhearsnachd Ghàidhealach
Highland community

Coimisean na Coilltireachd
Forestry Commission

coimpiutaireachd
computing

coin
dogs

coineanach
rabbit

coinneachadh
meeting (v)

coinneamh
meeting

coinnich
meet (v)

coire
corrie nf

Coire Odhair
Corrour nf

coiseachd nam beann
walking the mountains

Coisir Ghàidhlig
Gaelic Choir

co-labhairt
conference

colag
cauliflower nf

colaiste
college

Colasaigh
Colonsay nm

colastarol
cholesterol

Colla
Coll nm

collocation
Deliberately placing one against the other

coma-co-dhiubh
apathetic, did not care

coma-co-diubh
uncaring (adj)

Comann Ball-coise na h-Alba
The Scottish Football Association

Comann Camanachd nam Ban
Women's Camanachd Association

comann lùth-chleasan
athletics club

Comann na Camanachd
The Camanachd Association

comasach
able (adj)

comhardadh
rhyme

còmharrachadh
marking

còmharraich
mark

còmharraich, còmharrachadh
marking

còmhdachadh
covering vn

còmhdaich

cover v

comhfhurtail

comfortable adj

còmhla ri cloinn

with children

còmhradh

conversation, chat - nm

community

coimhearsnachd nf

compàirteachas

partnership nm phr

companaidh-riochdachaidh

production company nm phr

companaidh telebhisein neo-eisimealach

independent television company

conaltradh

communication nm

conaltradh grafaigeach

graphic communication

Connich

meet

connotation

Connotation in literature is an association that a word or phrase has. The word Nazi means a member of the National Socialist German Worker's Party (1920-1945). This is the denotation of the word. The connotation of the word Nazi is that of a cruel and despotic regime.

connspaideach

controversial

co-obrachadh

co-operating vn

co-obrachail

co-operative adj

co-obraichean

colleagues

co-ogha

cousin (nm)

Corbett

A mountain in Scotland which is between 2500 feet and 3000 feet they are named after John Rooke Corbett who climbed all the mountains of Scotland over 2000 feet. There must be a 500 feet drop between the peaks for a Corbett to be distinct. Mountains over 3000 feet are called Munros after Sir Hugh Munro MP who compiled a list of them.

Cornish

Còrnais

cosgaisean siubhail

travel costs

còtain

cotton

cothrom

opportunity chance, a turn (nm)

cothromach

fair, reasonable, balanced, equitable, just

cothrom na Fèinne

fair chance, fair play nm phr

crann

mast

crann-ola

oil-rig n.m.

craobhan

trees

craobh-sgaoileadh

broadcasting

craoladair

broadcaster (nm)

craoladh

broadcasting vn

creàdh

clay adj nm

creag

rock nf

creagach
rocky

creid
believe (v)

creidsinn
believing (vn)

creutair
creature nm

cridhe
heart nm

criomag
crumb

crogan
jar, can nm

croileagan
playgroup

crom
swoop

cron
damage nm

cròn
damage nm

cruachann
hip

cruadal
hardship nm

cruadalach
hardy

cruaidh
hard adj

cruaidh-chàs
hardship nm

cruinn
round adj nm

cruinn-eòlas
geography

cruthachadh
creating

cruthachail
creative

cruthaich
create

cruth didseatach
digital format

Cuach
Quaich, Cup

Cuach na Cruinne
World Cup, also Cupa na Cruinne

cudromach
important adj

cuid de dhaoine
some people

cuideachadh
help(ing) (vn)

cuideachail
helpful (adj)

cuideam
weight

cuidich
help (v)

cuidich, cuideachadh
helping

cuir air dòigh
sort out v

cuireadh
invitation

cuiridh sinn mu sgaoil
we shall set sail

cùirm-ciùil

a musical event (nf), also consairt (nm)

cuir roimhe

aim to do

cuir suas ri

put up v

cùisean

matters nplu

cùis-thagraidh

plea, formal request

cùl an dùirn

wrist

cultar

culture nm

cumail sùil air

keeping an eye on phr

cumanta

common adj

cungaidhean

ingredients, also gritheadan nplu

cunnart

danger

cunntasachd

accountancy

cunntas-beatha

curriculum vitae nm

curachanachd

canoeing (nf, vn)

cùram-chloinne

childcare

curran

carrot nm

curran geal

parsnip

cursa aig astar
distance learning course

cùrsa bogaidh
immersion course

cuspair sònraichte eile
another specialist subject

Dachaigh Cùram Sheann Dhaoine
Old Persons' Care Home

dà-chànanach
bilingual (adj)

daga
dagger

dall
blind adj

daoine a' dèanamh barrachd cron na beathaichean
people do more damage than animals

daoine-uasal
gentlemen

daonnan
always av

dara co-ogha
second cousin (nm)

deagh aimsir
good weather

deagh bheachd
a good opinion, a good idea (phr)

deagh chuibhreann
a good portion

deagh ullachadh
good preparation

dealachadh
separation (vn)

dealaich
separate (v)

dealaichte
separated (v phr)

dealasach
enthusiastic adj.

dealbhadh
design, designing

dèan a' chùis
defeat, lit. do the matter

dèanamh cron
damaging vn

dèan an gnothach
defeat, lit. do the business

dèan cron
damage v

dèante
well-made

deàrrsadh
shining/burning bright

deasbad
debate

deichnear Ghàidheil
ten Gaelic speakers (phr)

deiligeadh ri
dealing with vn

deilig ri, deiligeadh ri
deal with, dealing with

den Chuan Sgìth
of the Minch

deònach
willing adj

deònach mearachdan a dhèanamh
willing to make mistakes phr.

Dè pàigheadh a gheibhinn anns an uair?
What hourly pay would I get?

deuchainn

slainte

deugaire

teenager n.m.

dh'èistinn ris

I would listen to v. conditional

dhèanadh i bèicearachd

she would do baking (phr)

dheòir

tears (deòir, deur- tear, *noun masc*)

dhroch-ghiùlan

serious misconduct

dicheallach

diligent adj.

dìlleachdan

orphans nplu

dìreach air an sgoil fhàgail

just left school

dìreach samhaidh

just brilliant adj phr

dithis bhràithean

two brothers (phr)

diùid

shy adj

diùlt

refuse

diùltadh

refuse

Diùra

Jura nm

dlùth le chèile

close to each other (phr)

dochann

harm nm

dòchasach

hopeful adj

do-chreidsinneach

unbelievable adj

dòigh

beatha

dòighean iasgaich

fishing methods nplu

dòigheil

sound

doirt

pour, (doirteadh) pouring

domhainn

deep adj

do phiuthar

sister

dòrainneach

boring adj

dorsair

janitor

dreach

draft

dreuchd

job, career, occupation

droch bhuaidh

bad influence phr

droch-ghnàthachadh

abuse nm

droch leòn

bad injury

drogaichean

drugs

druim

back nm

duais

Award

dualchas

heritage (*noun masc*)

Dualchas Nàdar na h-Alba

Scottish Natural Heritage nm phr

dualtach

likely adj

dubhag

kidney

duilleag-obrach

worksheet

duine

man (nm)

duine, bean agus cèile

husband, wife and partner

duine-uasal

gentleman

Dùn Bàrra

Dunbar nm

Dùn Phàrlain

Dunfermline

Dunvegan

Dùn Bheagain nm

dùthaich

country (nf)

Dùthaich nam Basgach

Euskadi/Basque Country

dùthcha

genitive of dùthaich

eacarsaich

exercise

eachdraidh

history

eachdraidheil
historic adj

eachdraidh na h-Alba
history of Scotland phr.

eaconomas-dachaigh
home economics

Eadailtis
Italian

eadar-nàiseanta
international

eadar-theangachadh
translation, translating n.m, v.n.

eagalach
frightening adj

Eaglais Chaitligeach
The Catholic Church nf

ealain
art

ealamh
agile

eanchainn
brain nf

earbsach
trustworthy (adj)

eas
waterfall nm

eathar
dinghy

èibhinn
funny (adj)

èifeachdach
effective adj

Eige
Eigg nm

èiginn
distress nf

eilean
island nm

Eilean Ìdhe
Iona nm

Eilean nam Mùc
Muck nm

einnseanair
engineer

eireachdail
handsome adj

Èirinn
Ireland

Eirisgeigh
Eriskay nm

èisteachd
listening vn

eòin
birds

eòlaiche
expert

eòlas
knowledge, experience nm

eòlas creideimh
religious studies (RE)

eòlas mheadhanan
media studies

eòlas-obrach
work experience (nm)

euchd
great achievement

eucoir
crime

eug

die v, death nf

eun

bird

euslaintich

euslainteach, euslaintich - patient, patients (*noun masc.*)

fada na chomann

long in his debt (uses *nam/nad* i.e. *fada nad chomann* - long in your debt)

fad an turais

all the journey

fada ri dhol

far to go

fad is farsaing

far and wide

fad na h-ùine

all the time phr

fàgail na sgoile

leaving school vn

fàg an sgoil

leave school v

failneachadh

failing

failnich

fail

faire

horizon

faireachdainn

feeling vn, nm

falaisgearachd

heather burning

fallain

healthy

fallas

sweat nm

falmhaich

empty (*verb*)

falt

hair nm

faodaidh droch mhuir a bhith ann

there can be a heavy (bad) sea

Faodaidh tu coinneachadh ris an sgioba.

You can meet the team.

Faodaidh tu na cothroman agad a leudachadh.

You may widen your opportunities.

faoileag

seagull nf

far-ainm

nickname

feadhainn

some (people) nf

feadhna

genitive of feadhainn

fealla-dhà

fun (nm)

feallsanachd

philosophy

feannag

crow nf

fear

man (nm)

feidh

deer nplu

fèidh

deer (*plural*)

feileadh

kilt

fèineil

selfish (adj)

Fèis Cheilteach Innse Gall

Hebridean Celtic Festival nf phr

feòcallan

polecat nm

feòil-muice

pork

feusgain

mussels nm

fhuadach

expelled

fhuair e a' bhròg

he got the sack, he was sacked (Literally; he got the shoe/boot) can also be used in a romantic context, equivalent to "he got dumped"

fhurtachd

comfort, consolation

fiacal

tooth nm

fiadh

deer nm

fiadh-bheatha

wildlife nm

fiadh-chat

wildcat nm

fialaidh

generous

fighe

knitting

fileantachd

fluency nf

Fiobha

Fife

fiodh

wood nm

fiolmadh

filming vn

fìon-dhearcan
grapes

fionnar
cool adj

fìor dheagh chuspair
a really good subject (phr)

fìor dhroch fhaileadh
really bad smell

fìor mhath
truly good adj phr

fiosaig
physics

fios a leigeil gu a phàrantan
to let his parents-know

fìrinn, an fhìrinn, a dh'innse na fìrinn
truth, the truth, to tell the truth

fitheach
raven nm

foghlam
education nm

foghlam adhartach
further education

foghlamaiche
educator

foghlam coimhearsnachd
community education

foghlam spòrs
physical education (PE)

foghlam tro mheadhan na Gàidhlig
Gaelic Medium Education nm phr

foighdineach
patient (adj)

foillseachadh
publishing vn

foillsich

publish v

fòirneart

violence nm

fo mhulad

sad, depressed av

fon achlais

under arm (lit - under armpit!) phr

for

cheumnaiche

for-cheumnach

postgraduate

fraidhigeadh

frying vn

Frangais

French

fraoch

heather

freagairt

answer n.f.

freagarrach

suitable adj.

frithealadh

attending

fuaigheall

sewing

fuaim

noise nm

fuaimneachadh

pronunciation

fuaradair

refrigerator nm

fuath

hatred,enmity (*noun masc.*)

fulang
suffering

Gabh àite
take part

gach ceàrn
every corner phr

Gaelic
Gàidhlig

Gàidhlig
Gaelic

galairean
diseases nplu

gamagan
gums nplu

gaol
love nm

gar cumail sàbhailte
keeping us safe

gàrradh
yard, garden

gealladh
promise (nm)

geamair
gamekeeper

geamannan Gàidhealach
Highland Games nplu

Geamannan na Co-fhlaitheis
The Commonwealth games

gearain
complain (v)

gearan
complaint, complaining (vn)

Gearmailtis
German

gearradh

cutting vn

geàrradh

editing vn

ge bith far a bheil iad

wherever they are phr.

ged a bha iomagain orra

although they were concerned, worried

gìnealaichean ri theachd

future generations

Giogha

Gigha nm

giùlain

carrying

glac

catch v

glàiste ann an tìm

frozen in time phr

glan

clean

glaoic

idiot (nm)

gleann

glen, narrow valley nm

Gleann Comhainn

Glencoe nm

glèidheadh na h-àrainneachd

preserving the environment vn phr

gleusta

skilled

glùn

knee

gnìomhachas

business (trade) nm

gnothach
business, matter

gnùis
brow

gobha
smith

goilf là an-diugh
modern golf, lit. golf today

goireasan
resources

goirt
sore adj

goirteachadh
injure, hurt vn

goirtich
injure, hurt v

goistidh
godfather (nm)

gòraich a' chogaidh
the foolishness of the war

gràdh
love

gràdh-saothraiche
amateur

gràin-creideimh
sectarianism nf

granaidh
granny (nf)

greiseag
a short time

Griomsaigh
Grimsay nm

grìosachadh
grilling vn

grod

horrible (adj)

gruaidh, gruaidhean

cheek, cheeks

grunnan fhileantach

a handful, a cluster of fluent speakers

grunnan luchd-ionnsachaidh

a handful, a cluster of learners

grùthan

liver nm

gualainn

shoulder

gu cunbhalach

regular

gu dìcheallach

diligently av

gu h-àraidh

especially (av)

gu h- obann

suddenly

guidhe

wish vn

gu math inntinneach

very interesting adj phr

gu mì-fhortanach

unfortunately

gun dachaigh

homeless adj phr

gun dòchas

without hope adj phr

gun ghuth

without a voice adj phr

gunna

gun

gun obair
unemployed adj phr

gun phàrantan
without parents adj phr

gun sgillinn a chosg
without spending a penny phr

gun teagamh
without a doubt phr

gus am fàsadh e gu tur na b' fheàrr
until he would completely recover

gu saor-thoileach
voluntarily

gu siorraidh bràth
forever more av

gus sgàineadh le gàireachdainn
almost splitting with laughter adj

hama
ham nf

Hiort
St Kilda nm

ho-ro-gheallaidh
celebration, good craic n phr

iar
cheannard

iarainn
iron

iar-cheannard
depute head teacher, depute rector

iasg
fish nm

iasgair
fisherman

Ìle
Islay nm

inbhir

river mouth nf

innealadair

engineer n.m.

innealan fuaigheil

sewing machine nplu

inneal-fuaigheall

sewing machine

inneal-tìme

time machine nm

innis

tell

innis dhomh dè chunnaic thu

tell me what you saw

Innis Tìle

Iceland

inntinneach

interesting adj

inntrig

access v.

Institiud Spòrs na h-Alba

Scottish Institute of Sport

ìochdaran

underdog nm

iòga

yoga

iolaire

eagle nf

ioma-chànanach

multilingual (adj)

iomadh leòinteach eile

many another casualty, wounded person

iomain

shinty

iomairt

initiative

iomall a' bhaile

the edge of town (phr)

iomchaidh

suitable, appropriate

ìomhaigheachd

imagery (*noun fem.*) the images which are used by the poet to convey the poem's meaning, these may seem initially to be unrelated to the main theme of the poem. In prose, the imagery may be used to evoke certain feelings or to allow the reader to make connections with other aspects.

ionad-fàilte

reception nm

Ionad Sgithidh

Ski Centre

Ionad Spòrs A-Muigh

Outdoor Sports Centre

iongantach

surprising, wonderful adj.

ionndrainn

missing, longing vn nf

ionnsachadh

learning v.n. n.m.

ionnsaich, ionnsachadh

learning

Iorac

Iraq

Ioracach

Iraqi

ìre

level nf

ìre nàiseanta a ceithir

National 4

ìre nàiseanta a còig

National 5

iriosal

humble

iris, irisean

magazine, magazines nf, nplu

Irish

Gàidhlig na h-Èireann

is beag an t-iongnadh

it's little wonder

is bochd sin

that is a pity (phr, idiom)

is caomh leam

I like (leòdhasach) (phr, idiom)

is coma leam

I do not care (phr, idiom)

Is dòcha gum faigh thu fhèin ann aon latha.

Perhaps you will get there yourself one day.

is dòcha gun deigheadh ceàird ionnsachadh dha

perhaps he would be taught a new trade

is duilich leam

I am sad (phr, idiom)

is fhada a tha mo dhachaigh bho bhith na lùchairt

my home is far from being a palace

is fhada bhon uarsin

long time no see (phr, idiom)

is fhiach e

it is worth it (phr, idiom)

is gann

scarcely (phr, idiom)

is lugha orm

I hate (phr, idiom)

is milse leam

I am fond of (phr, idiom)

is tric

frequently, often (phr, idiom)

is truagh sin
that is a pity (phr, idiom)

Kyle of Lochalsh
Caol Loch Aillse nm

labhairt
talk, speak

lagh
law nm

laghach
lovely (adj)

Laideann
Latin

làidir
strong (adj)

Laighe
lying

làmh, làmhan
hand, hands nf

làmh an uachdair
upper hand, control

làn
tide

làn fhealla-dhà
full of fun adj

làn gheir / làn shaill
full of fat

lann-cluiche
stadium, lain-chluiche (stadia)

làrach Dualchais na Cruinne
World Heritage Site

lar-ogha
great-grandchild (nm)

leagh
melt v

leaghadh

melting vn

leam-leat

fickle(adj)

lean cùisean air adhart

things continued

leann

beer nm

leannan

darling (nm)

leasachadh

development vn nm

leasaich

develop

leas-athair

stepfather (nm)

leas-bràthair

stepbrother (nm)

leas-màthair

stepmother (nf)

leas-phiuthar

stepsister (nf)

leathair

leather

Leig mi dhìom mo dhreuchd

I retired v. phr, idiom (lit. I let my position from me)

leig mu sgaoil

set free, release

leig seachad

give up v

leirmheas

review

lèirmheas

review nm

Leòdhas
Lewis nm

leòintich
wounded

leòn
wound, wounding

leth-bhreac
copy

leth-bràthair
half-brother (nm)

leth-phiuthar
half-sister (nf)

leth-uair
half an hour av phr

Leughainn
I would read v. conditional

leum
jumping

leumadair
dolphin nm

libhrig, libhrigeadh
delivering

linn ùr
a new generation

Lìog
League

Lìog Ball-coise na Gàidhealtachd
Highland Football League

Lìog Chinn a Tuath
North League

liomaid
lemon nm

lion
net

lìon

fill v

lìonadh

filling vn

Lìos Mòr

Lismore nm

locair

plane

Loch Abair

Lochaber nm

Loch Aillse

Lochalsh nm

Loch Baghasdail

Lochboisdale on South Uist nm

Loch Carrain

Lochcarron nm

Lochlann

Scandinavia

Loch nam Madadh

Lochmaddy, North Uist nm

locradh

planing

Lodainn an Ear

East Lothian nm

lom

plain adj

loma-làn

packed full adj phr

long

ship

losgadh

firing

luach an airgid

value for money

luath

fast

luchd

persons (nf)

luchd-amhairc

viewers nplu

luchd-ciùil

musicians nplu

luchd-coimhid

viewers

luchd-dàimhe

relations

luchd-èisteachd

audience nplu

luchd-fastaidh

employers

luchd-labhairt

speakers nf

luchd-leantainn

supporters, *literally*; followers

luchd-taice

sponsors

luchd-teagaisg

teachers

lurgann

shin nf

lùth-chleasan

athletics/gymnastics (npl)

mac

son (nm)

mac an duine

humankind nm

machair, machraichean

machair, low-lying coastal grass land common on the Atlantic coast of the Gaelic speaking Scottish Islands

machair-goilf

links course (golf course on coastal land beside sea)

mac mo bhràthar

my nephew (my brother's son, phr)

madadh-allaidh

wolf nm

madadh-ruadh, sionnach

fox nm

maicrofon

microphone nm

maide

stick

Màiri Sìne Nic Laomainn

Mary Jane Lamont

màise-ghnùis

make-up nf

mala, malaichean

eyebrow, eyebrows

Mannainn

Mann, Isle of Man

Manx Gaelic

Gàidhlig Mhannaineach

maol

forehead nm

Mar a chanas iad

as they say phr

marag dhubh

black pudding nf

maraiche

mariner

mar a thig na sgilean cànain aca air adhart

how their language skills progress

mar a thuirt mi na bu thràithe

as I said earlier phr.

marbh
dead adj

marbhadh
killing

mar bu trice
would usually phr

mar-thà
already (av)

ma sgaoil
break up, dissolve

matamataig
mathematics

màthair
mother (nf)

màthair m' athar
my father's mother (phr)

màthair mo màthar
my mother's mother (phr)

mathan
bear nm

màthar
mother (genitive)

ma thogras sibh
if you wish

màthraichean
mothers (plural)

Meall
Lump

meanbh-chuileagan
midges nplu

meas
assess, value

meas, measadh
assessment, assessing

measadh

assessing/assessment

measail air

fond of adj

measgachadh

mix vn

measgaich

mix, (measgachadh) mixing

meatafor

metaphor, an analogy between two different words in order to add to the meaning of one of the words.

meatailt

metal

mèinnear

miner

mholainn

I would recommend v phr conditional 1st person

miann

desire, wish

mì-chàilear

unpleasant (adj)

mì-fhoighdineach

impatient

milis

sweet adj

mill

destroy v

milleadh

destruction vn

mì-mhodhail

rude (adj)

mìn

meal

mì-nàdarrach

unnatural (adj)

mìn-choirce
oatmeal

mineachadh
explaining, explanation vn, nm

minich
explain v

ministear-airm
military chaplain

mìn-sàibh
sawdust

mionaideach
minute, precise adj

mionnaich
guts, intestines

mìosachan
calendar

mo charaid as fheàrr
my best friend (phr)

mo chèile
my partner

Mointeach Raineach
Rannoch Moor nm

mol
shingle beach nm

moladh
praise

mo phiuthar
my sister

mòr
chuid

Mòrbhaine
Morvern nf

mòr-chuid
majority

mosach

grumpy (adj)

mothachadh

the lowest level

mothaich

realise

muasgan-chaolais

prawn

mùc-mhara

whale nf

mu dheireadh thall

eventually

Muideart

Moidart nm

Muile

Mull nm

Mullach

summit

mun dualchas Gàidhealach

about their Gaelic heritage

murt

murder (nm)

mu sgaoil

loose, at large

mus tachradh sin

before that would happen

mus tèid mi ann

before I go phr

mu thràth

already (av)

nach ionnsaich sinn ri chèile?

Why do we not learn together?

Nach math a rinn e?

Didn't he do well?

nach tigeadh dreuchd sgoilearachd air am mac

that academic study would not suit their son

nàdarrach

natural (adj)

na ghaisgeach

as a hero

na Greine

genitive of a' Ghrian The Sun nf

na h-ealain, na ceàird, na cleachdaidhean

the arts, the crafts, the customs

Na Hearadh

Harris nm

Na h-Eileanan a- Staigh

The Inner Hebrides

na h-Olympaigs

The Olympics

nàire

shame (*noun fem.*)

Na Lochan

Lochs nplu

nam èiginn

in my difficulty phr

Nam faigheadh tu an obair. . .

If you got the job. . .

nam mac-meanmhainn

in their imagination

nan tachradh idir

if it would happen at all

naoinear iasgairean

nine fishermen (phr)

nas anmoiche nam beatha

later in their life

nas lugha na bhiodh ann am baile mòr

smaller than would be in a city/large town

Na Stàitean Aonaichte

The United States nplu

neach

person (nm)

neach-aithris

reporter nm

neach-camara

camera Operator nm

neach-deasachaidh

editor nm

neach-fàilteachaidh

receptionist

neach-fuaim

sound Engineer nm

neach-glanaidh

cleaner

neach labhairt

spokesperson nm

neach naidheachd

journalist nm

neach-taice

assistant nm

neach-teagaisg

teacher (alternative)

neas

weasel nm

neòil

clouds, neul - cloud (*noun masc.*)

nighe

washing v.n.

nighean

daughter, girl

nighean mo pheathar

my niece (my sister's daughter, phr)

nighe nan soitheachan

washing the dishes (phr)

nìmheil

malicious(adj)

Nirribhidh

Norway

Nis

Ness nm

Niseag

Nessie nf

nochd

appear v

nochdadh

appearing vn

nochdadh ùidh

showing interest vn

nuadh-eòlas

modern studies

nuair a bha an cogadh na àirde

when the war was at its height

nuair a bhios mi nas sìne

when I am older

nuair a chluinneas

when they hear

nuair a dh'èistinn

when I would listen phr

obair-càraidh

repairwork

obair ionmholta

incredible work nf

obair-làimhe

handiwork

obair rianachd

administrative work

ochdnar Lochlannaich

eight Vikings (phr)

o chionn deich bliadhna

ten years ago phr

ogha

grandchild

o ghìnealach gu gìnealach

from generation to generation

oide

tutor n.m.

Oidhche Challainn

Hogmanay/New Year

oifigear leasachaidh

development officer

oifis

office

òige

youth (*noun fem.*)

oighreachd

estate

oileanach

student n.m.

oilsgin

oilskin

Oilthigh Ghlaschu

Glasgow University

oir na mara

the edge of the sea

oirthir Leòdhais agus Na Hearadh

the coastline of Lewis and Harris

ollamh

professor

o mhoch gu dubh

from early until late, phr, idiom

on ghlùin
from the knee (i.e. from their mother's knee)

on uair a bha sinn glè òg
since we were very young (phr)

orainsear
orange nm

òrd
hammer

ospadal-raoin
field hospital

pàigheadh
pay nm

Paislig
Paisley

pàiste
child n.m

pàrant sìngilte
single parent

Pàrlamaid na h-Alba
The Scottish Parliament

Pàrlamaid na h-Eòrpa
European Parliament nf

peantair
painter

peathar
sister (genitive)

peathraichean
sisters (plural)

peilearan
bullets nplu

peirceall
jaw nf

pian
pain (nm)

piseach
: improvement

piuthar
: sister

piuthar m' athar
: aunt, my father's sister (phr)

piuthar mo mhàthar
: aunt, my mother's sister (phr)

Place
: English

plumair
: plumber

plumbais
: plum nm

Poblachd na h-Èireann
: Republic of Ireland nf

poileataigs
: politics

pòit
: pot, saucepan

Portree
: Port Rìgh nm

pòs
: marry (v)

pòsadh
: marrying (vn), marriage (nm)

pòsta
: married (v phr)

post-dealain
: e-mail nm

preasantair
: presenter nm

prìomhaire
: Prime Minister

prìomh mhinistear
First Minister

prìomh-thidsear
principal teacher

prìseil
valuable adj

proifeiseantach
professional, (*verb and noun*)

proifeiseantachd
professionalism

pròiseil às
proud of phr

rachainn
I would go v. conditional

rag
stiff (adj)

ràmh
oar

rànaich
crying v vn

rann
stanza

rannaigheachd
versification, how a poem is divided into verses or stanzas - this is often used to highlight or distinguish different parts of the poem from each other - in older Gaelic poetry rannaigheachd was intrinsically linked to rhyme schemes and the fact that they were often written as songs.

rannsachadh
researching vn

rannsaich
research (vn)

rannsaiche
researcher nm

raon
field, area

raon farsaing
a wide range phr

raon-goilf
golf course

Ratharsair
Raasay nm

Rèis
race

Rèis a' chnuic
hill race

reòthadh
freezing vn

reusanta
reasonable

Riaghaltas na h-Alba
The Scottish Government

rianachd
administration

rianachd gnìomhachais
business administration

riaraichte
satisfied, content

ri dreach an toileachais
an outward show of cheerfulness

rioban
ribbon

riochdachadh
producing vn

riochdaire
producer nm

rionnach
mackerel nm

ri taobh na traghad
beside the beach

robach
ropey (adj)

roghainn
choice

Roimh-ràdh mh
introduction nm

roinn
divide v

ròn
seal nm

ro-reamhrachad
obesity

ròstadh
roasting vn

rud beag feargach
A little angry phr

Rugadh agus thogadh
born and raised

Ruisis
Russian

ruitheam
rhythm - the rhythm of a poem can often add to its effectiveness - this can be due to its use of alliteration, of syllable choice, the length of each line or the length of each stanza.

Rùm
Rùm nm

runaire
secretary

rus
rice nm

sàbh
saw

Sagart
Priest nm

saillte
salted adj

salach

dirty (adj)

salann

salt

samhlachas

symbolism - a symbol in literature can often be something entirely unrelated to what it means on a superficial level e.g. if you have a stuffed toy which symbolises your relationship with someone, it does not mean that the relationship is like a stuffed toy. All symbolism comes from imagery but not all imagery is symbolic. Symbolism is imagery which evokes another meaning.

samhradh

summer (nm)

sanas-reice

advert nm

saoghal mòr na h-obrach

big wide world of work phr

saor

joiner

saoranachd

citizenship nf

saorsa inntinne

freedom of mind, mental freedom

sàr

special, super adj

sàr-àrd-ìre

Advanced Higher

Sasann

England

seachdnar chluicheadairean ball-coise

seven footballers (phr)

seadag

grapefruit nf

Sealainn Nuadh

New Zealand

sealg

hunt

sealgaireachd
hunting nf

sealgairean nàdarrach
natural predators nplu

seall, sealltainn
look, looking (v)

sealltainn
showing/looking vn

seanair
grandfather (nm)

sean bhean
old lady (polite)

seanmhair
grandmather (nf)

seann aois
old age

seann-duine
old man (formal, nm)

searbh
bitter adj

seargadh-inntinn
dementia

seasmhachd
sustainability nf

seilcheag
snail nf

seòl
sail

seòladair
sailor

seòladh
sailing

seòmar, an seòmar, seòmraichean
room, the room, rooms

seòmar na luchd-obrach
staff room

seòmar-teagaisg
classroom

seòmraichean
rooms nplu

sgadan
herring nm

sgàirteil
vigorous

Sgalpaigh
Scalpay nm

sgamhan, sgamhain
lung, lungs nm

sgaoileadh
distribution, publishing

sgaradh
separation, severing

sgeadaich, sgeadachadh
decorate

sgeama-obrach
work scheme

sgeir
skerry, reef nf

sgioba
crew

sgiobair
captain

sgìrean sònraichte
special areas nplu phr

sgoil-àraich
nursery school

sgoil phoblach
public school

sgoiltean àraich
nursery schools

sgreuch
the shouting, crying, racket, din

sgrìobhadair
writer nm

sgrìobhadh
writing vn

sgrios
destruction

sgriùbhaire
screwdriver

sgrùd
examine, inspect

sgrùd, sgrùdadh
analysiing

sgrùdadh
examine/study vn nm

sgudal
rubbish

sheachnadh
avoid, stay away from

shuas an rathad
up the road phr.

sianar thidsearan
six teachers (phr)

Sìnis
Chinese

sinn-seanair
great-grandfather (nm)

sinn-seanmhair
great-grandmother (nf)

sinnsear, sinnsearan
ancestor, ancestors (nm)

sìnte
lying (in bed)

sìoda
silk

sireadh
searching vn

sìrist
cherry nf

sitheann
venison nf

sìtheil
peaceful

siùcarach
sugary adj

slabhraidh
chain

slàinte a' bhradain
health of the salmon - phr

slàinte-inntinn
mental health

slat-iasgaich
fishing road

sliasaid
thigh nf

slighe
path

Slòbhaigia
Slovakia

Slòibheana
Slovenia

smachd
control,rule

smachd a chumail
keeping control

smaoinichidh iad barrachd dhiot
they will think more of you

smeur
currant nm

smiogaid
chin nm

snàsail
snazzy

snathaid
needle

snèap
swede nm

sochair
calm

sòda
bicarbonate of soda

soilleir
clear, light (*adj.*)

soirbheachadh
succeeding

soirbheachail
successful adj

soirbheachas
success

soirbhich
succeed

soitheach
vessel (large boat, ship)

solas an latha
the light of day, daylight phr

Sollas
Sollas, N. Uist nm

sònraichte
special/excellent adj phr

spaideil
smart

spàin
spoon

spàin-bhùird
table spoon

spàin-fiodh
wooden spoon

Spàinntis
Spanish

spàin-teatha
tea spoon

spanair
spanner

spìosrach
spicy adj

spìosraichean
spices nplu

Spòrs Alba
Sport Scotland

spreadh
exploded

spuirean
talons

srath
strath, wide valley nm

sreap
climbing vn

sròn
nose

sròn a' bhàta
prow of the boat

staid ìosal
critical condition phr idiom

staing
: difficulty nf

stamag
: stomach

Stèidhich
: establish v

stèidhichte
: based, established v.

Stèisean Sràid na Banrìghinn
: Queen Street Station (Glasgow)

Steòrnabhagh
: Stornoway nm

stiùireadh
: directing vn

stiùireadh gnìomhachais
: business management

stiùiriche
: director nm

stòlta
: composed (adj)

strì
: struggle/battle - shinty was used by the ancient Celts and then the Highland clans as a way of practising for battle, in a sense the young players were making their own preparation for the real battles ahead in war.

stròc
: stroke (health) (nm)

stuadhan mara
: sea stacks, cliffs

suallaichean
: breakers, large waves

suas dhan mhullach as àirde
: one thing you will not avoid

suath
: stir, (suathadh) stirring *also* rub, rubbing

sùbailte

flexible, supple adj.

sùbh

craoibh

sùbh-lair

strawberry

sùil, sùilean

eye, eyes

Suòmaidh / Fionnlainn

Finland

tabhartasan

donations nplu

Tachair

happen

tachairt

happening vn

tachartas

event nm

tadhal air

visiting vn

tagais

haggis nm

taiceil

supportive (adj)

taigheadas

housing nm

taighean leabaidh is bracaist

Bed and Breakfast nplud

taigh-omainn

clubhouse

taigh-seinnse

public house, pub nm

Taigh tasgaidh a' Chuain Shiar

Museum of the Atlantic

tairbeart
peninsula, isthmus

taisbeanadh
exhibition, display nm phr

taitneach
pleasant

tana
thin adj

tapaidh
well built, burly, hardy, sturdy, *also* clever or smart

tarrag
nail

tarraing
pull, attract v, vn

Tarraing na ròpa
tug of war

tarsainn air
across

teachdaireachd
message

teachdaireachd na Colaiste
mission (statement) of the College

teanga
tongue nm

tearc
scarce, scant

tè-fàilteachaidh
receptionist

teicneòlas
technological studies

teicneolas fiosrachaidh
information technology (IT)

teicniche
technician nm

teisteanas

qualification, certificate

tha àite ann

there is a place

tha aon rud cinnteach

one thing is certain

thachair

happened v. past

tha Eadailtis aig m' athair

my father speaks Italian phr

tha eagal ar beatha oirnn mu dheidhinn

we are extremely worried about him

tha fios agus cinnt gun cuireadh an t-arm brath thugaibh

the army would certainly have informed you

Tha fiughair orm

I am looking forward to

tha Gàidhlig agam a-staigh

I have Gaelic in the home (phr)

tha iad a' cur eagal mo bheatha orm

they frighten the life out of me phr

Tha iad ag ràdh sin.

They say that.

Tha mi a' cluinntin gur e eilean brèagha agus inntinneach a tha ann.

I hear that it is a beautiful and interesting island.

Tha mi a' coimhead air adhart ris gu mòr.

I am greatly looking forward to it.

Tha mi an dòchas gun cord do thuras riut.

I hope that you enjoy your trip?

tha mise air mo chiad latha a chur a-steach

I have completed my first day

Tha mi toilichte an cothrom seo fhaighinn.

I'm happy to get this opportunity.

Thathar ag ràdh

It is said (*passive from of Tha*)

tha tòrr bheathaichean a' dèanamh cròn
many animals cause damage

Theab Iain bruidhinn
Iain almost talked

theab laigse a thighinn orra
they nearly fainted

Thèid aithisg fhoillseachadh
A report will be published

Thèid sinn suas gu Roinn na Gàidhlig anns an lioft.
We'll go up to the Gaelic Department in the lift.

thig gu tìr
come ashore, land

thoir air adhart
advance

thoir buaidh air
influence, effect v

thoir cothrom
give opportunity (v)

thoir sùil air
look, examine v idiom

thug i an dotaireachd a-mach
she trained as a doctor

Thug i mi gu sàbhailteachd
She took me to safety phr

tidsear-stiùiridh
guidance teacher

tilgeil
throwing

tìm
time as an overall concept, used rarely outwith certain situations nm

Tìm an Òbain
the Oban Times newspaper

timcheall an t-seòmair
round the room

timcheall na h-oirthir
around the coastline

tinneas cridhe
heart disease

tiodhlacadh
burial, funeral n.m

tionndaidh
turn, convert

Tìr a' Mhurain
Land of the Marram Grass, a poetic name for South Uist

tìr-eòlas
geology

Tìriodh
Tiree nm

tiugh
thick adj

tlachd
pleasure nf

tlachdmhor
enjoyable adj

togail airgid
raising money vn

toileachas
happiness

tòin
bottom nf

toirt air adhart
advancing

toirt buaidh air
influencing, effecting vn

toirt cobhair
aiding vn

toirt cothrom
giving a chance (vn)

toirt faochadh
relieving vn

toirt sùil air
looking, examining vn idiom

toirt taic
assisting vn

toiseach toiseachaidh
small start

toisicheamaid
let us begin (phr)

tonn
wave

tòrr fuaim
lots of noise phr

trachas
dissertation

tràigh
sandy beach nf

treòrachadh
guiding vn

treun
strong, brave

triùir pheathraichea
three sisters (phr)

tròcair
mercy nf

trod
argue, arguing, giving a row

troigh
foot (measurement)

troimh-chèile
upset

trom
heavy. (also pregnant) adj.

truagh
: awful adj

truaghan
: poor soul nm

truailleadh
: pollution nm

truas
: pity nm

truas gu leòr
: plenty of sympathy

tuagh
: axe

tuigseach
: intelligent (adj)

tuigsinn càch a chèile
: understanding each other phr

tuineap
: turnip nm

tuinn
: waves

tuit
: fall v

tuiteam
: falling vn

tunnag
: duck nf

tùr
: tower nm

turas, trup
: a time, different from the time before, both also mean "trip"

tursan iongantach
: wonderful/amazing trips, tours, walks

tùsanach
: native adj nm

uachdaran

landlord

uachdar na Gealaich

surface of the Moon

uachdar na pàirce

surface of the park phr

uair

a specific hour, or minute, for telling the time nm

uair a bha siud

that time av phr

uaireannan

sometimes av

uaireigin

sometime av

uamhasach truagh

terribly awful adj phr

ubhal

apple nm

uchd

chest nf

Uibhist

Uist nm

Uibhist a Deas

South Uist nm

Uibhist a Tuath

North Uist nm

ùidh

interest (nf)

ùidh ann an... air ùrachadh

interest in... has been renewed, rekindled, revived

uidheamachd

tools, equipment

ùidh mhòr

a great interest

Uig

Uig nm

uighean pùdarach

powdered eggs phr

uildear

welder

uileann

elbow

uiread de dhragh

so much, amount of worry

ullachadh

preparing vn

uncail

uncle (nm)

Urnaigh an Tighearna

The Lord's Prayer

le urram

with honours

urras

a trust nm

Urras Nàiseanta Na h-Alba

The National Trust for Scotland

urrsairean

trustees nplu

Welsh

Cuimris

. . . carson a bha mi air tighinn

. . . why I had come

Answers to questions and activities for Context 1

Topic 1: Family and friends

Grammar: Numerical nouns - Counting people (page 14)

Q1: ochdnar

Q2: còignear

Q3: aonar/aonan

Q4: triùr

Vocabulary: Good and bad qualities in a friend (page 22)

Q5: 1e, 2i, 3f, 4a, 5b, 6d, 7h, 8g, 9c

Vocabulary: Good friends and bad friends (page 22)

Q6: 1f, 2d, 3a. 4i, 5b, 6h, 7c, 8g, 9e

Grammar: Tha or 'S e (page 26)

Q7: 1f, 2h, 3c, 4e, 5g, 6a, 7b, 8i, 9d

Grammar: Is in everyday phrases (page 27)

Q8: 1d, 2c, 3e, 4a, 5b

Grammar: Còmhla ri or le? (page 28)

Q9: a) le

Q10: b) còmhla ri

Q11: a) le

Q12: b) còmhla ri

Q13: b) còmhla ri

Q14: a) le

Q15: b) còmhla ri

Q16: a) le

Q17: b) còmhla ri

Ri & le prepositions: Exercise (page 30)

Q18:

Ri

rium	rinn
riut	ribh
ris	riutha
rithe	

Q19:

Le

leam	leinn
leat	leibh
leis	leotha
leatha	

Reading comprehension: Dòmhnall (page 31)

Q20: d) 4

Q21: c) 3

Q22: a) True

Q23: b) False

Q24: b) False

Q25: a) True

Q26: b) False

Q27: b) False

Q28: a) True

Q29: a) True

Reading comprehension: Ceit (page 33)

Q30: a) True

Q31: b) 2

Q32: c) 8

Q33: a) True

Q34: a) True

Q35: b) False

Q36: a) True

Q37: b) False

Q38: a) True

Listening comprehension: Calum (page 35)

Transcript

Tha an teaghlach agam cho mòr. Tha ochdnar againn anns an teaghlach, agus a bharrachd air mo phàrantan, 's mise am fear as sìne. Tha Marsaili sia bliadhna deug a dh'aois. Tha i gam chur droil. Tha i fada ro mheasail air Dòmhnall MacAbhatair! As dèidh Marsaili, tha càraid ann, dithis bhràithrean, Micheal agus Màrtainn. Tha iadsan trì bliadhna deug a dh'aois. Tha falt ruadh orra. Bidh iad a' sabaid ri chèile fad an t-siubhail, agus nuair nach eil a' sabaid ri chèile, bidh iad a' sabaid le chèile! Tha iad an-còmhnaidh ann an trioblaid anns an sgoil! Tha Eilidh deich. Tha ise gu math sàmhach agus tha Andrea dìreach còig, tha ise uamhasach snog.

'S beag an t-iongnadh gu bheil mo mhàthair sgìth! 'S e Floraidh an t-ainm a tha oirre. 'S ann à Uibhist a Deas a tha i. 'S e nurs a tha innte, bidh i ag obair aig an Ospadal ann am Baile a' Chàirn. Tha i pòsta ri m' athair, Calum Mòr. Tha Gàidhlig aig an dithis aca. 'S e oifigear poileis a tha ann, tha an obair a' còrdadh ris. Tha e èibhinn ach mosach uaireannan. B' àbhaist do m' athair a bhith a' seinn na pìoba ann an còmhlan-ceilidh ach stad e nuair a ghabh e ris a' phoileas.

Extra information:

Question 3: fada ro mheasail = far too fond

Question 4: a' cur droil = annoying

Question 9: Calum Mòr = Big Calum/Malcolm

Q39: c) 8

Q40: a) True

Q41: a) True

Q42: a) True

Q43: a) True

Q44: a) True

Q45: b) False

Q46: a) True

Q47: a) True

Q48: a) True

Q49: b) False

Listening comprehension: Nina (page 37)

Transcript

Tha teaghlach mòr agam, tha sianar againn anns an teaghlach agus tha mo sheanmhair a' fuireach còmhla rinn cuideachd. Tha mo thriùir pheathraichean uile air an taigh fhàgail. Tha Bella a' fuireach anns an Eadailt. 'S ise as sìne, tha i trithead agus tha i pòsta ri Carlo. Tha taigh aca faisg air an Roimh. Bidh sinn a' dol dhan Eadailt air làithean saora mar as trice.

Tha Marlena pòsta cuideachd. Tha ise fichead 's a sìa. Tha leanabh beag aice, Dylan. Tha esan cho beag agus cho snog. Bidh mi a' coimhead as a dhèidh bho àm gu àm. Tha iad a' fuireach faisg oirnn ann an ceann a Tuath a' bhaile.

Tha Kareen aig an oilthigh ann an Dùn Èideann. Tha i a' dèanamh cruinn-eòlas. Is toigh leatha a bhith a- muigh agus a' coiseachd nam beann. Tha i aon bhliadhna air fhichead a dh' aois. Bidh i a' fàgail an oilthigh an ath shamhradh agus a' dol gu Astrailia airson bliadhna.

Tha mo pheathraichean uile gu math laghach. 'S mise as òige agus mar sin tha an triùir eile ag ràdh gu bheil mi air mo mhilleadh. 'S e Benito a tha air m' athair agus Tina a tha air mo mhàthair. Is iad na pàrantan as fheàrr anns an t-Saoghal.

Extra information:

Question 2: seanmhair = grandmother, senair= grandfather

Question 7: bho àm gu àm = from time to time

Q50: c) 6

Q51: a) True

Q52: a) True

Q53: b) 30

Q54: a) True

Q55: a) True

Q56: b) False

Q57: b) False

Q58: a) True

Q59: a) True

Q60: b) False

Writing: Friends and family (page 39)

Example

Use the profiles of Dòmhall, Ceit, Calum and Nina as guides.

Reading comprehension: Cairistìona (page 40)

Q61: Next door (1)

Q62: Close (1) Sister (1)

Q63: Very difficult (1). Her father (1) not nice (1). Her mother (1) suffering/ill/bad health (1)

Q64: A lovely (1) funny (1) woman/lady (1)

Q65: Baking/bake (1)

Q66: Always (1) clean (1) and tidy (1)

Q67: Trouble (1) from her mum/mother (1)

Q68: Sineag went to church (1) did not like (1) people playing on Sunday (1)

Q69: Sometimes (1) quiet (1)

Q70: Missed (1) her parents (1) a lot (1)

Q71: Talked (1) too much (1)

Q72: Friends (1) forever (1)

Q73: Heartbreak (1)

Q74: She had to move (1) went with mother (1) to Edinburgh (1)

Q75: More than (1) twenty (1) years (1)

Q76: Box (1) from parents' (1) house (1)

Q77: Young (1) about (1) eight/8 (1)

Q78: A website (1) for finding/locating (1) school friends (1)

Q79: a) A personal recollection about old friends

Translation: Cairistìona (page 42)

Q80:

1. What a surprise the answer was! Or: The reply was such a surprise
2. Christina was so happy to hear from me.
3. She is married now with a baby. Or: She is married and has a baby now.
4. Her (the baby's) name is Margaret/Mairead just like me.
5. What an honour!
6. That was not the end of the matter/story however.
7. I moved to a new flat last year on the edge of Glasgow.
8. My work is very busy and therefore/so I had not met my neighbours.
9. But who lives on the same street? Correct/Right!
10. Christina, her husband Roddy/Rory/Ruairidh and wee Margaret/Mairead.
11. We are close friends again.
12. And although we do not play with toys and dolls now.
13. We have lots of fun!

Topic 2: Lifestyles

Vocabulary: Cooking methods (page 49)

Q1: 1F, 2E, 3A, 4H, 5G, 6D, 7B, 8C

Vocabulary: Meat, fruit and vegetables (page 50)

Q2:

Feòil	Meat	Glàsraichean	Vegetables
1. feòil-muice	b. pork	10. colag	d. cauliflower
2. hama	n. ham	11. càl	g. cabbage
3. feòil-uain	f. lamb	12. curran	h. carrot
4. feòil-muilt	a. mutton	13. snèap	e. swede
5. feòil-mhart	p. beef	14. tuineap	r. turnip
6. cearc	k. chicken	15. curran geal	c. parsnip
7. sitheann	o. venison	16. brocolaidh	l. broccoli
8. iasg	i. fish	17. balgain-bhuachair	q. mushrooms
9. tunnag	m. duck	18. buinneag	j. brussel sprout

Q3:

Measan	Fruit	Biadh Gaidhealach	Highland food
1. ubhal	l. apple	11. seadag	s. grapefruit
2. orainsear	j. orange	12. smeur	n. currant
3. fìon-dhearcan	k. grapes	13. marag dhubh	r. black pudding
4. anainn	i. pineapple	14. tagais	q. haggis
5. plumbais	m. plum	15. feusgain	t. mussels
6. sùbh-làir	g. strawberry	16. sgadan	p. herring
7. sùbh-craoibh	o. raspberry	17. bradan	h. salmon
8. liomaid	b. lemon	18.ceann cropaig	c. stuffed cod's head
9. banana	a. banana	19.rionnach	d. mackerel
10. sìrist	f. cherry	20. muasgan-chaolais	e. prawn

Vocabulary: Describing taste (page 52)

Q4:

1. làn gheir / làn shaill	g. full of fat
2. milis	e. sweet
3. searbh	j. bitter
4. siùcarach	a. sugary
5. lom	b. plain
6. tana	f. thin
7. tiugh	i. thick
8. saillte	d. salted
9. spìosrach	h. spicy
10. blasta	c. tasty

Reading comprehension: Coiridh (page 52)

Q5: you may make it (1) with any (1) meat (1) or no meat at all (1)

Q6: after (1) the second/II/2 (1) World War/war (1)

Q7: very (1) different (1) but enjoyable/people enjoyed it (1)

Q8: open (1) late (1)

Q9: awfully/terribly/very (1) hot (1) and put you in/make you (1) sweat (1)

Q10: not too (1) hot (1) but strong (1) taste (1)

Q11: round/circular (1) clay (1) oven (1)

Q12: wood (1)

Q13: chicken covered/coated (1) in mixture/blend (1) of spices/spice (1) and yoghurt (1)

Q14: created (1) in Glasgow (1)

Q15: it's now (1) a real (1) Scottish (1) food/dish/meal (1)

Listening comprehension: Deoch (page 53)

Listening transcript

Tha ceithir deochan gu math ainmeil ann an Alba, uisge, Irn Bru, leann agus uisge-beatha agus tha iad gu math cudromach airson eaconamaidh na dùthcha. Ach cuideachd, tha buaidh mhòr aca air ar slàinte agus air cultar cuideachd.

Tha mòran uisge ann an Alba. Tha làn fhios againn air sin! Bidh companaidhean mòra a' dèanamh tòrr airgid bho uisge na h-Alba. Ma thèid thu gu fuaradair ann am bùth sam bith, chì thu dhà no trì diofar sheòrsa de dh'uisge bho air feadh na h-Alba. Ach chan eil e a' dèanamh ciall na botailean plastaig a ghluasad bho àite gu àite, tha seo a' milleadh na h-àrainneachd gu mòr. A bheil mòran diofar eadar an uisge sna botailean agus an uisge às na pìoban aig an taigh? Chanainn-sa nach eil!

Tha iad ag ràdh gur e Alba an aon dùthaich san t-saoghal far a bheil Irn Bru a' reic barrachd chrogain na Coca-Cola. Tha Coke dona gu leòr dhut ach tha Irn Bru nas miosa! Cha toigh leis na fiaclairean idir e. Bidh feadhainn ag ràdh ge-tà gu bheil e uabhasach math ma bhios ceann goirt ort air sgàth tè de na deochan nàiseanta eile aig Alba, leann.

Tha inbhe àrd aig deoch làidir, gu h-àraidh leann, ann an cultar na h-Alba. Bidh na companaidhean grùdaidh a' toirt taic airgid do chonsairtean mòr mar 'T anns a' Phàirc' neo do sgiobaidhean ball-coise agus sgiobaidhean rugbaidh - dè tha clann òga a' dol a smaoineachadh nuair a chì iad sanasachd airson leann air beulaibh nan lèintean? Bheir seo buaidh mhòr orra gun teagamh. Gu mi fhòrtanach tha buaidh mhòr aig leann air daoine eile cuideachd -ag adhbhrachadh tòrr fòirneart agus tinneas am measg an t-sluaigh.

Ach tha buannachdan mòra an lùib deoch-làidir airson na dùthcha. Tha taighean-staile air feadh na h-Alba agus ann an àiteachan mar Ìle agus Srath Spè. Bidh iad a' toirt tòrr airgid a-steach gu eaconamaidh na sgìre, a' reic mòran air feadh an t-Saoghail agus a' tarraing luchd-turais. Chan eil mòran thachartasan a' dol air a' Ghàidhealtachd gun tè bheag ach a bheil uisge-beatha cho dona? Cha bhi na deugairean a' sabaid anns a' phàirc ag òl uisge beatha a tha ochd bliadhna deug a dh'aois. Bidh iad ag òl fìon neo cider saor.

Q16: Water (1), whisky (1), beer (1)

Q17: Scotland's/Scottish/country's/country (1) economy (1)

Q18: health (1) culture (1)

Q19: it brings in lots (1) money (1)

Q20: two or three different (1) kinds/types/brands(1) of water (1)

Q21: Moving (1) plastic bottles/bottles (1) from place to place (1)

Q22: Destroys/ruins/hurts (1) the environment (1)

Q23: Is there a difference (1) between (1) the water in the bottles/bottled water/bottles (1) and the water in the taps/out off the taps/out the taps/tap water (1)?

Q24: One/only (1) place/country (1) in the World (1) where Irn Bru sells more/outsells/beats (1) than Coke.

Q25: They don't (1) like it (1).

Q26: concerts/T in the Park/music festivals (1), rugby teams/rugby clubs (1) football teams/football clubs (1)

Q27: advertising/adverts/logos (1) for beer (1) on the front (1) of the strips/shirts/jumper-s/uniforms(1)

Q28: throughout (1) Scotland (1)

Q29: It sells (1) a lot throughout the world/worldwide and attracts (1) tourists/visitors(1)

Q30: cheap cider (1) wine (1)

Talking: Labhairt mu bhiadh (page 55)

Example

1. Q. Am bi thu ag ithe gu fallainn?
   A. SAMPLE Negative answer
   Cha bhi. Bu chòir dhomh barrachd mheasan ithe. Bidh mi a' dèanamh gu leòr eacarsaich ach tha mi ro mheasail air hama agus isbeanan. Is toigh leam siùcar cuideachd agus tha mi cianail airson reòiteag agus slaman-milis a ghabhail!
   SAMPLE Positive answer
   Bidh. Bidh mi ag ithe còig pìosan de mheasan san latha agus cha bhi mi ag ithe teoclaid neo criospaichean idir. Bidh mi a' grìosachadh rudan seach a bhith gam fraidheagadh agus cha tèid mi faisg air sliseagan no McDonald's idir!
   Do you eat healthily?
   No. I should eat more fruit. I do enough exercise but I am too fond of ham and sausages. I like sugar too and I am terrible for having ice cream and jelly.
   Yes. I eat five pieces of fruit a day and I do not eat chocolate or crisps at all. I grill things rather than fry and I do not go near chips or McDonald's at all.

2. Q. Dè am biadh as fhèarr leat, agus carson?
   A. 'S e iasg as fheàrr leam. Ithidh mi a h-uile seòrsa de dh'èisg, bho bhradan gu sgadan. Ithidh mi paidh èisg no iasg le sliseagan. Is toigh leam biadh na mara. Chan urrainn dhomh muasgan-chaol ithe ge-tà. Chan eil iad a' còrdadh rium.
   This question can have a hierarchy of different foods, you can say how much you like different things etc.
   Sample translation:
   What is your favourite food and why?
   Fish is my favourite. I eat all sorts of fish, from salmon to herring. I will eat fish pie or fish and chips. I like seafood. I can not eat prawns though. They do not agree with me/I do not enjoy them.

3. Q. Dè do bheachd air duine a bhios a' seachnadh feòil?
   (What is your opinion on vegetarians?)
   A. Nam bheachd, tha iad ceart sin a dhèanamh.
   (In my opinion, they are right to do that.)
   Tha e an urra riutha fhèin.
   (It is up to themselves.)
   Nam bheachd, tha iad ceàrr. Tha feòil cho blasta.
   (In my opinion, they are wrong. Meat is so tasty.)

4. Q. Am bi thu a' dèanamh còcaireachd aig an taigh?
   A. Bidh/Cha bhi
   Bidh mo mhàthair a' dèanamh còcaireachd san taigh. Tha i uabhasach math air còcaireachd. Bidh a' ròstadh. Bidh m' athair a' dèanamh na còcaireachd. Bidh e a' dèanamh choiridhean.
   Sample translation:
   Do you do cook at home?
   My mother cooks at home. She is terribly good at cooking. She roasts. My father does the cooking. He makes curries. DROP THE AGUS

5. Q. An robh thu riamh ag obair ann an taigh-bìdh?
   A. Bha/Cha robh /Tha mi fhathast

Tha e a' còrdadh rium.
Sample translation:
Have you ever worked in a restaurant?
Yes/no/I still do
I enjoy it a lot

6. Q. Nan robh thu a' cur air dòigh dìnnear, dè bhiodh tu a' taghadh airson gach cùrsa?
   A. Bhithinn-sa a' taghadh . . .
   Sample translation:
   If you were putting on a dinner, what would you choose for each course?
   I would choose . . .

7. Q. An itheadh tu casan-losgainn? (Would you eat frogs' legs?)
   A. Dh'ithinn / Chan ithinn.
   Tha mi a' smaoineachadh gum biodh e grod. I think that it would be horrible.
   Tha e coltach ri cearc. It is similar to chicken.

Q31:

Bidh/Cha bhi - this is a simple question but you need to expand to gain full marks.

SAMPLE Negative answer
Cha bhi. Bu chòir dhomh barrachd mheasan ithe. Bidh mi a' dèanamh gu leòr eacarsaich ach tha mi ro mheasail air hama agus isbeanan. Is toigh leam siùcar cuideachd agus tha mi cianail airson reòiteag agus slaman-milis a ghabhail!

SAMPLE Positive answer
Bidh. Bidh mi ag ithe còig pìosan de mheasan san latha agus cha bhi mi ag ithe teoclaid neo criospaichean idir. Bidh mi a' grìosachadh rudan seach a bhith gam fraidheagadh agus cha tèid mi faisg air sliseagan no McDonald's idir!

Q32:

SAMPLE answer
'S e iasg as fheàrr leam. Ithidh mi a h-uile seòrsa de dh'èisg, bho bhradan gu sgadan. Ithidh mi paidh èisg no iasg le sliseagan. Is toigh leam biadh na mara. Chan urrainn dhomh muasgan-chaol ithe ge-tà. Chan eil iad a' còrdadh rium. This question can have a hierarchy of different foods, you can say how much you like different things etc.

Q33:

SAMPLE answers
Nam bheachd, tha iad ceart sin a dhèanamh.
(In my opinion, they are right to do that.)

Tha e an urra riutha fhèin.
(It is up to themselves.)

Nam bheachd, tha iad ceàrr. Tha feòil cho blasta.
(In my opinion, they are wrong. Meat is so tasty.)

Q34:

SAMPLE answers
Bidh/Cha bhi

Bidh mo mhàthair a' dèanamh còcaireachd san taigh. Tha i uabhasach math air còcaireachd. Bidh i a' ròstadh. Bidh m' athair a' dèanamh na còcaireachd. Bidh e a' dèanamh choiridhean.

Q35:

SAMPLE answers
Bha/Cha robh /Tha mi fhathast

Tha e a' còrdadh rium gu mòr.

Q36:

SAMPLE answer
Bhithinn-sa a' taghadh . . .

Q37:

SAMPLE answer
Dh'ithinn / Chan ithinn.

Tha mi a' smaoineachadh gum biodh e grod. I think that it would be horrible.

Tha e coltach ri cearc. It is similar to chicken.

Vocabulary: Oatcakes for four (page 57)

Q38:

Recipe for oatcakes
3. Leagh an t-ìm ann am pòit
7. Measgaich a' mhìn-coirce, an salann agus an sòda.
9. Dòirt an t-ìm air a leaghadh a-steach dhan mheadhan.
4. Suath a h-uile càil le spàin-fiodh.
8. Cuir an t-uisge ann agus measgaich e gus bi e tiugh.
6. Cuir a h-uile rud air bòrd agus dèan bonnach.
5. Roinn am bonnach na chairtealan.
10. Cuir na cairtealan air greideal airson trì mionaidean gach taobh.
2. Fàg iad airson greiseag.
1. Ith iad!

Q39:

Imperative	Past tense	Future tense
Leagh an t-ìm ann am **pòit**	Leagh mi an t-ìm ann am pòit.	Leaghaidh mi an t-ìm ann am pòit.
Measgaich a' **mhìn-coirce**, an **salann** agus an **sòda**.	Mheasgaich mi a' **mhìn**-choirce, an salann agus an sòda.	Measgaichidh mi a' mhìn-choirce, an salann agus an sòda.
Dòirt an t-ìm air a leaghadh a-steach dhan mheadhan.	Dhòirt mi an t-ìm air a leaghadh a-steach dhan mheadhan.	Dòirtidh mi an t-ìm air a leaghadh a-steach dhan mheadhan.
Suath a h-uile càil le **spàin-fiodh**.	Shuath mi a h-uile càil le **spàin**-fiodh.	Suathaidh mi a h-uile càil le spàin-fiodh.
Cuir an t-uisge ann agus measgaich e gus bi e tiugh.	Chuir mi an t-uisge ann agus mheasgaich mi e gus an robh e tiugh.	Cuiridh mi an t-uisge ann agus measgachaidh mi e gus am bi e tiugh.
Cuir a h-uile rud air bòrd agus dèan **bonnach**.	Chuir mi a h-uile rud air bòrd agus rinn mi bonnach.	Cuiridh mi a h-uile rud air bòrd agus nì mi bonnach.
Roinn am bonnach na chairtealan.	Roinn mi am bonnach na chairtealan.	Roinnidh mi am bonnach na chairtealan.
Cuir na cairtealan air greideal airson trì mionaidean gach taobh.	Chuir mi na cairtealan air greideal airson trì mionaidean gach taobh.	Cuiridh mi na cairtealan air greideil airson trì mionaidean gach taobh.
Fàg iad airson **greiseag**.	Dh'fhàg mi iad airson greiseag.	Fàgaidh mi iad airson greiseag.
Ith iad!	Dh'ith mi iad!	Ithidh mi iad!

Translation: Buntàta agus sgadan (page 59)

Q40:

We all know about Robert Burns' Night and that people eat haggis, neeps and tatties on the 25th of January each year. But did you know that the Gaels have a special night every year also? They have their own special food which they eat on that day as well. This day is the Old New Year.

When the calendar was changed in 1752, the start of the year moved to the first day of January but the Gaels have kept the old calendar for years and that then means that Hogmanay lands on the 12th of January.

Tatties and herring is a very humble, common food. The potato is boiled and the herring is covered in oatmeal and people eat them with their hands. The food is not terribly important though. It is an opportunity for people to come together for craic and conversation and to raise a song or a verse.

Reading comprehension: Buntàta agus sgadan (page 59)

Q41: 4, 8, 6, 3, 7, 1, 2, 5

Grammar: Future relative tense endings (page 61)

Q42:

a choisich	eas	a choisicheas
a dh'òl	as	a dh'òlas
a cheannaich	eas	a cheannaicheas
a dh'fhàg	as	a dh'fhàgas
a dhùin	eas	a dhùineas
a dh'ìth	eas	a dh'ìtheas
a thog	as	a thogas
a sheinn	eas	a sheinneas
a chluich	eas	a chluicheas
a chan	as	a chanas

Answers from page 62.

Q43: b) Wrong

Q44: a) Correct

Q45: a) Correct

Q46: b) Wrong

Q47: a) Correct

Grammar: Relative future (page 63)

Q48:

English	Root	Relative future
meet	coinnich	a choinnicheas
lift	tog	a thogas
take	gabh	a ghabhas
sell	reic	a reiceas
speak	bruidhinn	a bhruidhneas
use	cleachd	a chleachdas
write	sgrìobh	a sgrìobhas
leave	fàg	a dh'fhàgas
collect	cruinnich	a chruinnicheas
close/shut	dùin	a dhùineas
open	fosgail	a dh'fhosglas
listen	èist	a dh'èisteas
sing	seinn	a sheinneas
play	cluich	a chluicheas
win	buannaich	a bhuannaicheas
stay	fuirich	a dh'fhuiricheas
help	cuidich	a chuidicheas
put	cuir	a chuireas
buy	ceannaich	a cheannaicheas
drink	òl	a dh'òlas

Q49:

go	rach	a thèid
see	faic	a chì
hear	cluinn	a chluinneas
get	faigh	a gheibh
come	thig	a thig
take/bring	thoir	a bheir
do/make	dean	a nì
arrive/reach	ruig	a ruigeas

Q50:

1. Cuin a ruigeas sinn an taigh?
2. Cò a sheinneas òran? or Cò a ghabhas òran?
3. Ciamar a bhuannaicheas sinn an geam?
4. Dè a chleachdas iad?
5. Cia mheud a thig dhan phàrtaidh?

Q51:

Ceit	Dè an t-ainm a bha air an taigh-òsta *a chleachd* sinn an-uiridh?
Dòmhnall	'S e an Taigh Òsta Rìoghail a bh' ann. 'S e Taigh Òsta Chabar Fèidh a bha sinn ag iarraidh ach bha sin trang le ceilidh aig a' Chomann Eachdraidh.
Ceit	Am faca tu na postairean *a chuir* Sìleas an-àird? Nach eil iad math? Fhuair i 'A' ann an ealain an-uiridh.
Dòmhnall	An do ghabh thu an trifle *a rinn* a màthair? Tha sin nas fhèarr! Bha e cho blasta.
Ceit	Ghabh. Fuirich mionaid tha an ceic seo a' coimhead sgoinneil. Gabhaidh mi pìos dheth.
Dòmhnall	'S e sin an ceic *a rinn* Siusaidh! O bha e math! Chleachd i ùighean bho chroit a seanar, bha iad cho buidhe!
Ceit	Agus cho milis! Tha mòran dhaoine air tighinn a-nochd.
Dòmhnall	Tha. 'S math rinn sinn leis an t-sanasachd.
Ceit	Obh obh cò tha sin? 'S e sin Aonghas air a' chòigeamh bhliadhna, an duine *a dh'ìth* cus an uiridh agus *a chuir* a-mach.
Dòmhnall	Tha coltas air gur esan an duine *a dh'itheas* cus a' bhliadhna-sa cuideachd.
Ceit	Tha mi an dochas nach ith! 'S mise *a ghlanas* an-àird e.

Q52:

1. Did you hear what he said?
2. I lifted what he left.
3. Did you see what they will be watching?
4. I read what you wrote.

Answers from page 66.

Q53: My name is Doctor Angus. I was in school with Donald's father and I have been Donald and Ceit's doctor since they were babies. I used to work in a big hospital in Glasgow but now I work in a health centre here. I would not like to work in the city again. I am growing old and it is important to look after myself. You should do the same thing with a little exercise and by eating the right things. I would recommend one more thing for free - do not go near smoking! It will do terrible damage that can not be repaired to your body! I wish you the health of the salmon - a healthy heart and a wet mouth!

Reading comprehension: Casg smocaidh (page 66)

Q54: 2006 (1)

Q55: controversial (1)

Q56: majority/most people (1) agree (1) good (1) thing (1)

Q57: heart disease, cancer, stroke

Q58: costs a lot for the country's economy, kills people when they are too young

Q59: Republic (1) of Ireland (1)

Q60: the right (1) thing to change (1) the health (1) and culture (1) of the country/Scotland/Scottish (1)

Q61: breweries/brewing companies (1)

Q62: people would not (1) go to bars if they could not (1) smoke (1) and this would affect/damage (1) their business (1)

Q63: healthier/more healthy (1), cleaner/more clean (1) more pleasant (1)

Q64: they would not (1) get smell of smoke (1) on their clothes (1) and hair.(1)

Q65: nothing (1) to cover (1) / other smells (1) are not (1) covered (1)

Q66: beneficial/good (1)

Q67: fell/fallen (1) 17/seventeen (1) per cent/percent (1)

Q68: giving up/quitting/stopping (1)

Q69: a) A factual piece about the benefits of the smoking ban.

Vocabulary: Casg smocaidh (page 68)

Q70:

1G, 2J, 3F, 4E, 5I, 6D, 7H, 8C, 9A, 10K, 11B

Reading comprehension: Suòmaidh (page 69)

Q71: last year (1) summer/summertime (1)

Q72: sunny/sun/daylight (1) at midnight(1)

Q73: worst (1) country for heart (1) disease (1) in Europe (1)

Q74: fruit/fruits (1) vegetable/vegetables (1)

Q75: pain (1) chest (1)

Q76: What (1) would/could (1) they do (1)?

Q77: important (1) change (1) Finnish/Finns/Finns' (1) lifestyle/way of life(1)

Q78: currants (1) berries (1)

Q79: grow (1) well/good (1) in a Northern/Far North (1) country

Q80: The community (1) with lowest (1) cholesterol (1)

Q81: a prize (1)

Q82: advertising/advertisement/adverts/advert/advertisements (1) for tobacco (1)

Q83: every(1) penny(1) education (1) about dangers/danger (1) of smoking (1)

Q84: numbers/rates/rate/number (1) of sufferers/suffering (1) fallen/cut (1) sharply/lots/greatly (1)

Q85: Smoking (1) ban (1)

Q86: Still long way (1) to go (1)

Q87: a) To highlights Finland's health record as an example for Scotland.

Vocabulary: Suòmaidh (page 71)

Q88:

1. solas an latha	d. daylight
2. fallain	f. healthy
3. eacarsaich	e. exercise
4. an taca ri	h. in relation to
5. cianail	a. awful
6. iomairt	i. initiative
7. a dhith	j. lacking
8. fulang	l. suffering
9. dòigh-beatha	k. lifestyle
10. tinneas cridhe	g. heart disease
11. colastarol	b. cholesterol
12. cunnart	c. danger
13. cìsean	m. taxes

Listening comprehension: Campa nam botannan (page 72)

Transcript

Thoisich mi a' dèanamh chlasaichean nuair a thill mi dhan Eilean Sgitheanach o chionn còig bliadhna. Bha mi air cùrsa teagaisg a dhèanamh aig an oilthigh ach cha do chòrd teagasg rium. B' àbhaist dhomh a bhith ag obair aig Ionad Spòrs a-Muigh faisg air an Aghaidh Mhòr ach cha robh mi air trèanadh oifigeil fhaighinn ged a bha mi air a dhol gu tòrr chlasaichean eacarsaich nuair a bha mi aig an oilthigh.

Chaidh mi gu colaiste ann an Inbhir Nis agus rinn mi ath-thrèanadh ann an coidseadh spòrs agus eacarsaich. An uairsin, thoisich mi a' dèanamh clas beag iòga ann an Ionad na Coimhearsnachd agus dh'fhàs e beag air bheag.

A-nis, bidh mi a' cumail chlasaichean gach oidhche san t-seachdain bho Dhiluain gu Dihaoine air feadh na sgìre ach 's e an gnothach as motha agam "Campa nam Botannan". Bidh boireannaich a' tighinn bho air feadh na Gàidhealtachd dhan Eilean airson seachdain. Bidh iad ag èirigh tràth sa mhadainn agus bidh sinn a' dèanamh tòrr eacarsaich.

Nuair a bhios tu a' dèanamh eacarsaich sam bith, feumaidh tu blàthachadh suas a dhèanamh. Tòisichidh sinn gach seisean le beagan ruith agus sìneadh mus tèid sinn an sàs gu cruaidh. Bidh mi a' toirt comhairle dha na boireannaich mu dheidhinn na bhios iad ag ithe. Tha e cudromach gum bi iad ag ithe nan rudan ceart agus gum bi iad a' seachnadh biadh làn gheir agus shiùcar.

Thuirt boireannach rium gun do chaill i clach as dèidh dhi tighinn dhan a' champa. Tha e a' còrdadh rium gu mòr a bhith a' dèanamh mo bhith-beò san dòigh seo.

Nan robh cothrom agam, bu toigh leam a dhol gu "Muscle Beach" anns na Stàitean Aonaichte far am bi daoine a' dol gach latha airson cuideaman a thogail ri taobh na traghad agus leis a' ghrèin a' deàrrsadh. Chan eil a' ghrian a' dearrsadh san Eilean Sgitheanach cho tric!

Q89:

1. Ionad Spòrs A-Muigh	f. Outdoor Sports Centre
2. ath-thrèanadh	a. retraining
3. iòga	b. yoga
4. gnothach	i. business, matter
5. blàthachadh suas	g. warm up
6. a' toirt coimhairle	c. giving advice
7. clach	h. stone
8. cuideam	d. weight
9. ri taobh na traghad	e. beside the beach

Q90: When she returned (1) to Skye 5/five (1) years ago (1)

Q91: Outdoor (1) Sports Centre (1) near (1) Aviemore (1)

Q92: Official (1) training (1)

Q93: a wee/small (1) yoga (1) class (1)

Q94: Community(1) Hall/Centre (1)

Q95: every (1) night (1) of the week (2)/from Monday (1) to Friday (1)

Q96: Throughout the Highlands (1)

Q97: They get up/rise(1) early(1) and do lots(1) of exercise.(1)

Q98: a little (1) running (1) and stretching (1)

Q99: advice (1) about what/the food (1) they eat (1)

Q100: food/foods (1) that is fatty/full of fat (1) and sugary/full of sugar (1)

Q101: she lost (1) a stone (1) after the camp

Q102: people lift (1) weights (1)

Q103: The sun (1) does not/doesn't (1) shine (1) so often (1)

Listening comprehension: Aithris an fheasgair (page 73)

Transcript

Chaidh duine a thoirt do dh'ospadal Bhelford anns a' Ghearasdan a-raoir as dèidh dha tuiteam ceud **troigh** bho chreig air Beinn Nibheis. Tha e air a dhruim a bhriseadh agus tha na dotairean ag ràdh gu bheil e ann an staid ìosal an-dràsta. Bha dà streapadair eile còmhla ris agus chuir iad fios do sgioba teasairginn na beinne leis na fònaichean- làimhe aca. Dh'fhàg an heileacoptair Inbhir Losaidh agus thog e an duine a bha air a ghoirteachadh agus thug iad sa bhad dhan ospatal. 'S e seo an treas tubaist taobh a- staigh seachdain air na beanntan ann an Loch Abar. Chaidh dithis a mharbhadh ann an maoim-sneachda air Aonach Mòr Dimàirt agus tha an sgioba fhathast a' sireadh duine às an Eadailt a chaidh air chall Diciadain faisg air Baile a' Chaolais.

Thèid aithisg fhoillseachadh an-diugh a bhios ag innse gu bheil cus Albannaich fhathast a' fulang le aillse, tinneas cridhe, ro-reamhrachd agus tinneas an t-siùcair. Tha an aithisg air a foillseachadh le buidheann de dhotairean bho air feadh na h-Alba. Tha iad a' gabhail uallach mu dheidhinn nan ìrean de dhroch shlàinte, gu h-àraidh a measg fireannach ann an Ceann an Iar na h-Alba. Thuirt Dotair Ailean Mac an t-Sagairt, neach labhairt na buidhne, gum feum Riaghaltas na h-Alba tòiseachadh air prògraman foghlaim sna bun-sgoiltean agus cìsean a chur air biadh mì-fhallain.

Bha an cluicheadair ball-coise ainmeil aig Barcelona, Diego Ronaldessi, ga ghoirteachadh gu dona a-raoir ann an gèam an aghaidh Mhadrid. Cha tug cluicheadair bhon sgioba eile ionnsaigh air idir nuair bha e a' ruith sìos cliathaich na pàirce agus ghlac a chas toll ann an uachdar na pàirce. Thuit e dhan talamh agus chuir e car na adhbrann ach aig an aon àm thachair rudeigin ris a' ghlùin aige. Thuirt neach-labhairt bho Chomann Ball-coise Bharcelona nach robh e soilleir fhathast dè cho dona 's a bha e air leòn ach bha iad dòchasach nach biodh e a-mach na b' fhaide na trì mìosan. Mus deach a ghoirteachadh, bha Ronaldessi air dà thadhal a chur le cheann air an oidhche a bhuannaich Barcelona ceithir tadhail gu h-aon.

Q104: Fort William (1)

Q105: broken back (1) low/critical/poor (1)

Q106: two (1) climbers (1)

Q107: 3/three (1)

Q108: Italian (2)/man (1) from Italy (1)

Q109: cancer, heart disease, obesity, diabetes (1 mark for each)

Q110: men (1) West of Scotland (1)

Q111: Spokesperson/spokesman (1) for the group (1)

Q112: education/educate (1) in primary schools/primary school (1) tax/taxes (1) on unhealthy food (1)

Q113: last night (1)

Q114: running (1) edge/side (1) park (1)

Q115: knee (1) ankle (1)

Q116: he will not/won't (1) be out/injured (1) longer/for more than (1) three months/3 months (1)

Q117: with his head (1)

Vocabulary: Aithris an fheasgair (page 75)

Q118:

1. stàid	s. state, condition
2. sgioba teasairginn	r. rescue team
3. sgioba teasairginn nam beann	o. mountain rescue team
4. goirteachadh	m. injured
5. leòn	u. wounded
6. tubaist	a. accident
7. maoim-sneachda	c. avalanche
8. ro-reamhrachd	p. obesity
9. tinneas an t-siùcair	g. diabetes
10. gabh uallach	k. have concern
11. ìre	n. level
12. Ceann an Iar na h-Alba	v. West of Scotland
13. droch shlàinte	d. bad health
14. ionnsaigh	b. attack
15. cliathaich	h. edge
16. cuir car na adhbrann	t. twist in an ankle
17. soilleir	e. bright, obvious
18. tadhal	i. goal
19. tachair	j. happen
20. toll	l. hole
21. glac	f. catch
22. foillseachadh	q. publication

Vocabulary: Pàirtean na bodhaig (page 76)

Q119:

a' bhodhaig	**the body**
cas	j. leg, foot
casan	m. legs, feet
làmh, làmhan	b. hand, hands
uchd	g. chest
broilleach	p. breast
tòin	a. bottom
sliasaid	e. thigh
calpa	o. calf
asnaichean	c. ribs
cnàmh, cnàmhan	n. bone, bones
lurgann	h. shin
ceann, cinn	d. head, heads
eanchainn	i. brain
claigeann	l. skull
peirceall	k. jaw
druim	f. back

Q120:

1. cruachann	d. hip
2. uileann	a. elbow
3. gualainn	f. shoulder
4. glùn	e. knee
5. adhbhrann	c. ankle
6. cùl an dùirn	b. wrist

Q121:

1. cridhe	e. heart
2. sgamhan, sgamhain	a. lung, lungs
3. dubhag	g. kidney
4. grùthan	b. liver
5. brù	f. belly
6. mionnaich	d. guts, intestines
7. stamag	c. stomach

Q122:

1. amhaich	e. neck, throat
2. smiogaid	c. chin
3. maol	a. forehead
4. gnùis	j. brow
5. mala, malaichean	g. eyebrow, eyebrows
6. sùil, sùilean	b. eye, eyes
7. gruaidh, gruaidhean	f. cheek, cheeks
8. bus	i. muzzle
9. sròn	d. nose
10. falt	h. hair

Q123:

1. ìnean	g. fingernails
2. an òrdag	j. the thumb
3. an gunna fada	a. the middle finger
4. an sgealbag	i. the 2nd finger
5. luideag bheag an airgid	b. the pinkie finger
6. mac an aba	e. the 4th finger
7. corragan	d. fingers
8. meuran	h. fingers
9. bas	c. palm
10. dòrn	f. fist

Q124:

1. beul	e. mouth
2. fiacal	d. tooth
3. teanga	a. tongue
4. bilean	c. lips
5. gamagan	b. gums

Vocabulary: Diseases (page 78)

Q125:

1. tinneas	e. disease, illness
2. galar	f. disease, infection
3. galar-feise	l. sexually transmitted infection
4. an cnatan	a. a cold
5. aillse	d. cancer
6. a' ghriùthlach	i. measles
7. an tinneas busach	j. mumps
8. tinneas ospagach	c. asthma
9. tinneas tuiteamach	g. epilepsy
10. tinneas nan alt	b. arthritis
11. ro-reamhrachd	k. obesity
12. cur a-mach	m. vomit
13. diobhairt	n. vomit
14. cuthach	h. insanity

Grammar: *Bu* or *B'* (page 82)

Q126: b) B'

Q127: b) B'

Q128: a) Bu

Q129: a) Bu

Q130: a) Bu

Q131: a) Bu

Q132: b) B'

Topic 3: Media

Vocabulary: Film jobs (page 90)

Q1:

Dreuchd	Job
Stiùiriche	Director
Riochdaire	Producer
Sgrìobhadair	Writer
Preasantair	Presenter
Neach-deasachaidh	Editor
Neach-camara	Camera operator
Neach-fuaim	Sound Engineer
Rannsaiche	Researcher
Cleasaiche	Actor
Neach-taice	Assistant
Teicniche	Technician
Luchd-amhairc	Viewers
Luchd-èisteachd	Audience
Neach-aithris	Reporter
Àrd-riochdaire	Executive producer

Listening comprehension: Nina (page 93)

Listening transcript

Section 1

Preasantair	Hallo agus fàilte! Tha sibh ag èisteachd ri Breab do Rapal air BBC Radio nan Gàidheal a-nochd, Oidhche Luain, beò on stiùdio ann an Glaschu. Chuala sibh òran an-sin air a thaghadh le ar n-aoigh a-nochd, Nina NicCoinnich Rossi à Baile a' Chàirn. Tha Nina shuas anns an stiùidio ann an Inbhir Nis. Feasgar math a Nina.
Nina	Feasgar math.
Preasantair	Tha mi toilichte fàilte a chur ort dhan phrogram. An e seo a' chiad uair agad air an radio?
Nina	'S e. Cha d' rinn mi riamh program radio ach tha mi a' coimhead air adhart ris.

Section 2

Preasantair	Glè mhath. Tha mi cinnteach gun còrd e riut agus ris an luchd-èisteachd aig an taigh air neo a' siubhal dhachaigh anns na càraichean aca. A bheil duine sam bith sònraichte aig an taigh a bhios ag èisteachd riut?
Nina	Tapadh leat. Tha. Bu toigh leam "Hallo" a ràdh ri Ceit, Calum agus Dòmhnall ag èisteachd aig an taigh. Tha mi a' creidsinn gu bheil Dòmhnall ag obair còmhla ribh ann an Glaschu an-dràsta.
Preasantair	Tha sin ceart. Gille gasta. Tha Dòmhnall air a dhol dhachaigh a-nis as dèidh dha a bhith ag obair cruaidh fad an latha. A bheil sgeulachdan agad mu Dhòmhnall?
Nina	Tha, gu leòr, ach 's e program teaghlaich a tha ann am Breab do Rapal agus cha bhiodh iad freagarrach!

Section 3

Preasantair	Tha thu gu math èibhinn Nina. A-nise, tha thu air deich òrain a thaghadh airson a' phrogram a-nochd. Am b' urrainn dhut mìneachadh dhuinn carson a thagh thu na h-òrain seo?
Nina	B' urrainn. Bha e gu math doirbh taghadh a dhèanamh air na h-òrain as fheàrr leam oir is fìor thoigh leam iomadh stoighle de cheòl. Thagh mi òrain a bha a' ciallachadh tòrr dhomh agus a bha a' cur nam chuimhne àmannan sònraichte. Thogadh mi ann an taigh làn de cheòl. Bhiodh mo mhàthair a' cluich seann chlàran anns an taigh agus nuair a dh'fhàs mi an-àird thòisich mi ag èisteachd riuthasan.

Section 4

Preasantair	Dè seòrsa stuth ris am biodh do mhàthair ag èisteachd?
Nina	Ceòl roc Ameirigeanach, stuth bho na Seasgadan agus na Seachdadan. Tha i gu math measail air Ceòl Dubh cuideachd, an leithid de Stevie Wonder agus Marvin Gaye. Thug m' athair buaidh orm cuideachd. 'S fheàrr le m' athair ceòl Gàidhlig tràidiseanta agus bidh esan a' cluich tòrr opara oir tha e às an Eadailt. Is toigh leam opara cuideachd.
Preasantair	'S e deagh mheasgachadh a tha sin. Am bi thu ag èisteachd ri ceòl ùr cuideachd?
Nina	Bidh mi ag èisteachd ri ceòl ùr bho àm gu h-àm. Chan eil a h-uile stoighle a' còrdadh rium ach tha mi gu math fosgailte ri rudan ùra. Is toigh leam ceòl dannsa eileagtronaigeach gu h-àraidh. Tha ruitheam làidir ann agus is urrainn dhut dannsa còmhla ri do charaidean.

Section 5

Preasantair	Tha sinn a' dol a dh'èisteachd ri òran dannsa an-dràsta. An inns thu dhuinn mu dheidhinn?
Nina	Innsidh. Chuala mi an t-òran seo leis a' chòmhlan Ghàidhlig NiteWorks aig an Fhèis Cheilteach Innse Gall ann an Steòrnabhagh a bhon-uiridh. Bidh an t-òran seo a' cur nam chuimhne sìde ghrianach theth agus coinneachadh ri mòran charaidean ùra.. Tha mi a' smaoineachadh gu bheil e cudromach gum bi òigridh a' dèanamh ceòl ùr anns a' Ghàidhlig agus tha an t-òran seo na dheagh eisimpleir air sin.
Preasantair	Mìle taing Nina. Uill a chàirdean, mar a thuirt Nina, 's e seo NiteWorks leis an òran "Subdisco". Bidh sinn air ais ann an grèis.

Q2: Monday (1)

Q3: Studio (1)

Q4: Is this first (1) time (1) on radio?

Q5: Nina/She (1) and the audience (1) will enjoy (1) it

Q6: Nice/lovely/great (1) guy/boy/lad (1)

Q7: Not (1) suitable (1) for family/respectable (1) programme (1)

Q8: Funny (1)

Q9: Can/able (1) to explain (1) reasons/why (1) chose/select (1) them

Q10: 60s/Sixties (1) 70s/Seventies (1)

Q11: Her father (1)

Q12: Gaelic/traditional (1) opera (1)

Q13: From Italy/Italian (1)

Q14: good mix/varied (1)

Q15: Strong (1) beat/rhythm (1) dance (1) with friends (1)

Q16: Two years ago/year before last (2)

Q17: Hot (1) sunny (1) weather (1) meeting (1) new (1) friends (1)

Q18: Young/Youth(1) making/writing/creating (1) new (1) Gaelic (1) music

Q19: In a bit/wee/little(1) while

Reading comprehension: Calum (page 95)

Q20: Magazines (1)

Q21: Sport (1), Politics (1)

Q22: Chicken(s) (1), wood (1), old cars (1)

Q23: Young (1) musicians (1)

Q24: Big (1) handsome/beautiful/attractive (1) castle (1) near (1) Skye (1)

Q25: 250 (1) pounds per day

Q26: E-mail (1)

Q27: Knowledge/experience (1) of traditional (1) music and television (1)

Q28: Still (1) dark ,(1) sun (1) not risen (1)

Q29: Beautiful/attractive/lovely (1), woman (1), blonde/fair (1)

Q30: Not (1) happy (1) but he put up with it (1)

Q31: Technical (1) trouble ,(1) band (1) mistakes (1)

Q32: Impatient (1), restless (1)

Q33: b) snail.

Q34: Clap/applause (1)

Q35: Director (1)

Q36: Microphone (1)

Q37: Happy (1) enough (1) but not (1) as good (1) as first (1)

Q38: Play (1) with two (1) of his hero(es) (1)

Q39: Next (1) time/ceilidh (1) in his area/district (1)

Q40: March (1)

Q41: Everyone/everybody (1) in house (1)

Q42: Lots (1) of work (1) involved (1)

Conversation simulation: Work placement with Gaelic Department at BBC (page 101)

Q43:

Character	Script	Translation
Catrìona	Madainn mhath, a Dhòmhnaill. Is math d' fhaicinn.	Good morning, Donald. It's good to see you.
Dòmhnall	Madainn mhath, a Chatrìona. Tha mi toilichte an cothrom seo fhaighinn.	Good morning, Catriona. I'm happy to get this opportunity.
Catrìona	Thèid sinn suas gu Roinn na Gàidhlig anns an lioft agus faodaidh tu coinneachadh ris an sgioba.	We'll go up to the Gaelic Department in the lift and you can meet the team.
Dòmhnall	Glè mhath. Cia mheud a tha anns an sgioba agaibh?	Very good. How many are in your team?
Catrìona	Tha sin doirbh a ràdh oir bidh cuid ag obair air an ceann fhèin agus dìreach a' tighinn a-steach airson pròiseact agus an uair sin a' falbh airson greis.Chì thu gu bheil tòrr ag obair airson Roinn na Gàidhlig an seo.	That is difficult to say because some work freelance and only come in for a project and then go away for a while.You will see that a lot work for the Gaelic Department here.

Reading comprehension: Post-dealain (page 102)

Q44: a) A personal recollection of work experience in the media

Q45: c) his work placement.

Q46: b) A receptionist

Q47: a) knew about him.

Q48: a) had an identity card for him.

Q49: c) is in charge of work placements.

Q50: a) news team.

Q51: c) How busy they were.

Q52: a) Behind the Gaelic news team

Q53: b) He caught Donald's attention.

Q54: c) That Kate would greatly enjoy the history programme.

Q55: c) They worked full-time on Internet information.

Q56: b) Old information

Q57: b) a soap on the southside of Glasgow

Q58: b) False

Listening comprehension: Fòn-làimhe (page 105)

Listening transcript

Listening transcript

Ceit Halo, a Dhòmhnaill. Ciamar a tha thu?

Dòmhnall Hi a Cheit. Tha mi math dha-rìribh. Ciamar a tha thu fhèin an-diugh? Bha latha sgoinneil agamsa.

Ceit Tha mi gu math. Ciamar a fhuair thu air adhart leis 'an t-siabann' ùr?

Dòmhnall Fhuair math dha-rìribh. Bha a h-uile duine deiseil airson filmeadh nuair a ràinig mi sa mhadainn. Bha luchd-solais ann, luchd-fuaim, luchd-camara, actairean agus eile. Bha sluagh mòr ann.

Ceit Dè cho fad 's a bha sibh air an làraich?

Dòmhnall Thòisich sinn aig naoi uairean sa mhadainn agus chrìochnaich sinn aig sia uairean feasgar. Cha do dh'fhairich mi an latha a' dol seachad. Bha uiread a' tachairt.

Ceit A bheil e ceadaichte dhut innse cò mu dheidhinn a tha an siabann?

Dòmhnall Uill, faodaidh mi a ràdh gu bheil e beagan coltach ri River City, ach ann an suidheachadh Gàidhlig. Tha na caractaran a' tighinn bho theaghlaichean a tha air gluasad a Ghlaschu bhon Eadailt, Pagastan, Afganastan, Sasainn agus a' Ghàidhealtachd cho math ri Gàidheil a chaidh a thogail ann an Glaschu. Tha a' chuid as motha den chòmhradh ann an Gàidhlig ach bidh feadhainn a' bruidhinn ann am Beurla cuideachd.

Ceit Mmm... coimheadaidh mi air adhart ri sin fhaicinn.

Translation

Ceit Hello Donald. How are you?

Donald Hi Ceit. I am excellent/great. How are you (yourself) today? I had a brilliant day.

Ceit I am fine/well. How did you got on at the new "soap"?

Donald Got on great. Everyone was ready for filming when we arrived in the morning. There were lighting engineers, sound engineers, cameramen, actors and others. There were lots of people.

Ceit How long were you on the site?

Donald We started at nine in the morning and we finished at six in the evening. I did not feel the day go past. So much was happening.

Ceit Is it permitted/allowed for you to tell what the soap is about?

Donald Well, I may say that it is a little like River City, but in a Gaelic situation. The characters come from families that have moved to Glasgow from Italy, Pakistan, Afghanistan, England and the Highlands as well as Gaels who were raised in Glasgow. Most of the conversation/dialogue is in Gaelic but some speak English as well.

Ceit Mmm... I will look forward to seeing that.

Q59: c) A super day

Q60: a) How did you get on with the 'soap'?

Q61: a) Very well

Q62: c) Lighting, sound, camera, actors and others

Q63: b) How long were you on location?

Q64: a) True

Q65: a) There was so much happening.

Q66: b) Are you permitted to tell me what it is about?

Q67: a) The Gaelic soap is like it.

Q68: a) The characters in the soap come from there.

Q69: b) False

Reading comprehension: Ealasaid NicNèill (page 107)

Q70: b) A media project in primary school

Q71: a) Sixth year at school

Q72: B and D

Q73: a) True

Q74: b) One course was more academic and the other more practical.

Q75: A, B, and D

Q76: a) Head of the student society

Q77: b) Something to improve their Gaelic and to keep them occupied

Q78: b) There is a friendly environment and small classes.

Q79: b) She is with an independent television company for six months as part of her course.

Q80: a) A personal text with information about how to become involved in the media.

Listening comprehension: Dè tha dol? (page 110)

Listening transcript

Feasgar math agus fàilte gu 'Dè tha dol?' A-nochd fiosrachadh mu phrògraman ùra air BBC Alba agus air Rèidio nan Gàidheal. Ach an toiseach, fiosrachadh mu na tha tachairt nar coimhearsnachdan ionadail.

A-nochd ann an Talla-Bhaile Steòrnabhaigh tha Mgr Seumas Dòmhnallach a' dol a bhith a' bruidhinn air na Gàidheil a chaidh a Chanada anns an 19mh linn deug. Tha seo a' tòiseachadh aig 7.30f. Ann an Inbhir Nis an ath oidhch' bidh an t-Ollamh Iain Greumach a' bruidhinn air ainmean-àite Gàidhlig ann an Roinn na Gàidhealtachd ann an Taigh-Òsta an Rìgh aig 8.00f.

A-nis gu prògraman air seanal na Gàidhlig. Tha an siabann ùr Gàidhlig a' tòiseachadh a- nochd aig 7.30f. Tha Gàidheil, Goill agus in-imrich bho air feadh an t-saoghail a' coinneachadh ri chèile ann an coimhearsnachd air taobh-a-deas baile Ghlaschu. Tha fealla-dhà, deasbad agus bròn san t-sreath ùr seo. Feuch gun coimhead sibh air. Cha bu chòir dhuibh a chall.

Tha prògram cloinne ùr a' tòiseachadh cuideachd an t-seachdain seo. 'S e cartùn a tha ann an Iain air a' Ghealaich agus tha e a' tòiseachadh Oidhche Haoine aig 6.00f.

Agus sin e bhuamsa a-nochd. Feasgar math.

Q81: b) information about new programmes on the BBC's Gaelic services.

Q82: b) What is happening in our local communities

Q83: a) James Macdonald

Q84: c) Gaels who went to Canada in the 19th century.

Q85: c) Gaelic place names in the Highlands

Q86: a) The King's Hotel

Q87: a) True

Q88: a) 7.30 pm

Q89: A, B, and C

Q90: b) South Side

Q91: A, D, G

Q92: b) John on the Moon

Writing: A' sgrìobhadh lèirmheas (page 112)

Example

Which event you attended and where it was held

Chaidh mi gu consairt na sgoile aig Àrd-sgoil Bhaile a' Chàirn Oidhche Haoine.Thachair an consairt ann an talla mòr na sgoile. Tha mi a' smaoineachadh gun robh an talla glè fhreagarrach airson an leithid de thachartas. Bha e mòr agus bha gu leòr ghoireasan ann.

What the event was in aid of and the people that were involved

Bha an consairt ga chumail airson airgead a thogail airson sgoilearan a chur a-null gu Afraga a Deas airson cuideachadh le pròiseact carthannais an-sin. Bha na sgoilearan glè thrang ag ullachadh fad na seachdaine ro làimhe. Tha mi a' smaoineachadh gun robh còrr is dà cheud duine ann nuair a thòisich cùisean aig leth uair an dèidh seachd.

What activities took place and how enjoyable they were

Chunnaic mi mòran chòmhlan-ciùil agus seinneadairean aig a' chonsairt. Chluich an còmhlan-ròc on Cheathramh Bliadhna òrain ainmeil leis na Beatles. Tha mi den bheachd gu bheil seann cheòl mar sin uamhasach inntinneach agus chòrd sin rium glan.

Chuala sinn cuideachd o choisir na sgoile. Sheinn iad measgachadh de cheòl pop o latha an-diugh agus seann òrain Albannach. Chan eil mi cho measail air coisirean ach feumaidh mi ràdh gun robh an coisir air leth. Ghabh iad an t-òran Gàidhlig "Latha Math" cuideachd. Bha e sgoinneil.

[An dèidh a' chonsairt, bha a h-uile duine glè thoilichte leis mar a chaidh dhaibh. Bha na sgoilearan claoidhte, bha na pàrantan pròiseil às a' chloinn aca agus bha na tidsearan air an dòigh leis an airgead a thog iad airson a' phròiseact.]

Whether you would recommend the event to others and/or if you would go again

Tha mi a' smaoineachadh gun d' rinn Àrd Sgoil Bhaile a' Chàirn obair air leth agus mholainn an consairt aca dhut ma tha thu a' coimhead airson oidhche làn fhealla-dhà agus ceòl math.

Grammar: Direct speech to indirect (1) (page 118)

Q93:

	Direct speech	**Indirect speech**	**Possible choices**		**Answer**
1.	"Tha mi a' sgrìobhadh post-dealain," thuirt Màiri.	Thuirt Màiri	gu bheil gun robh gum bi	i a' sgrìobhadh post-dealain.	gun robh
2.	"Chan eil mi ga fhaicinn air an Eadar-lìon," thuirt Seumas.	Thuirt Seumas	nach eil nach robh nach bi	e ga fhaicinn air an Eadar-lìon.	nach robh
3.	"Tha mi a' cur air an telebhisean," thuirt Anna.	Thuirt Anna	gu bheil gun robh gum bi	i a' cur air an telebhisean.	gun robh
4.	"Chan eil mi ag èisteachd ri prògram Gàidhlig air an rèidio," thuirt Uilleam.	Thuirt Uilleam	nach eil nach robh nach bi	e ag èisteachd ri prògram Gàidhlig air air an rèidio.	nach robh
5.	"Tha an seanal Gàidhlig inntinneach," smaoinich Ceit rithe fhèin.	Smaoinich Ceit	gu bheil gun robh gum bi	an seanal Gàidhlig inntinneach.	gun robh
6.	"Tha am prògram ùr a' còrdadh rium," dh'aidich Iain.	Dh'aidich Iain	gu bheil gun robh gum bi	am prògram ùr a' còrdadh ris.	gun robh

Grammar: Direct speech to indirect (2) (page 119)

Q94:

	Direct speech	Indirect speech	Possible choices		Answer
1.	"Sgrìobh mi post-dealain," thuirt Màiri.	Thuirt Màiri	gu gun do nach do	sgrìobh i post-dealain.	gun do
2.	"Chan fhaca mi am fiosrachadh air an Eadar-lìon," thuirt Seumas.	Thuirt Seumas	gu gum nach	fhaca* e am fiosrachadh air an Eadar-lìon.	nach
3.	"Chuir mi air an telebhisean," thuirt Anna.	Thuirt Anna	gu gun do nach do	chuir i air an telebhisean.	gun do
4.	"Dh'èist mi ri prògram Gàidhlig air air an rèidio," thuirt Uilleam.	Thuirt Uilleam	gu gun do nach do	dh'èist e ri prògram Gàidhlig air an rèidio.	gun do
5.	"Chunnaic mi an seanal Gàidhlig a-raoir," thuirt Ceit.	Thuirt Ceit	gu gum nach	*faca i an seanal Gàidhlig a-raoir	gum
6.	"Chòrd am prògram ùr rium," dh'aidich Iain.	Dh'aidich Iain	gu gun do nach do	chòrd am prògram ùr ris.	gun do

* Note the irregular verb.

Grammar: Direct speech to indirect (3) (page 120)

Q95:

	Direct speech	Indirect speech	Possible choices		Answer
1.	"Sgrìobhaidh mi post-dealain a-màireach," thuirt Màiri.	Thuirt Màiri	gum gun nach	sgrìobhadh i post-dealain a-màireach.	gun
2.	"Chì mi am fiosrachadh air an Eadar-lìon," thuirt Seumas.	Thuirt Seumas	gum gun nach	faiceadh e am fiosrachadh air an Eadar-lìon.	gum
3.	"Cuiridh mi air an telebhisean," thuirt Anna.	Thuirt Anna	gu gun do nach do	chuir i air an telebhisean.	gun do
4.	"Dh'èist mi ri prògram Gàidhlig air air an rèidio," thuirt Uilleam.	Thuirt Uilleam	gum gun nach	èisteadh e ri prògram Gàidhlig air an rèidio a-nochd.	gun
5.	"Chì mi am prògram Gàidhlig air iPlayer a-màireach," thuirt Ceit.	Thuirt Ceit	gum gun nach	faiceadh i am prògram Gàidhlig air iPlayer a-màireach.	gum
6.	"Còrdaidh am prògram ùr riut," thuirt Iain ri Anna.	Thuirt Iain ri Anna	gum gun nach	còrdadh am prògram ùr rithe.	gun

Grammar: Conditional after *gun* or *gum* (page 121)

Q96:

Statement	Answer
Bha e a' smaoineachadh gun(coisich) e dhachaigh.	Bha e a' smaoineachadh gun coisicheadh e dhachaigh.
Bha e ag ràdh gum (fuirich) e an oidhche.	Bha e ag ràdh gum fuiricheadh e an oidhche.
Thuirt i gum (fosgail) i an doras.	Thuirt i gum fosgladh i an doras.
Gheall i gun (cuir) i post-dealain thugam.	Gheall i gun cuireadh i post-dealain thugam.
Smaoinich e gun (coimhead) e an telebhisean.	Smaoinich e gun coimheadadh e an telebhisean.
Dh'aontaich i gun (sgrìobh) i litir.	Dh'aontaich i gun sgrìobhadh i litir.

Grammar: Identify direct speech (page 121)

Q97: Greis gnìomhachais

Choisich mi a-steach dhan togalach mhòr bhrèagha aig a' BhBC agus chaidh mi gu fàilteachas. Bha fios aca gun robh mi a' tighinn oir thuirt tè air cùl an deasg rium, **" Ah, a Mhgr MhicAbhatair! Bha Roinn na Gàidhlig a' bruidhinn rinn agus tha cairt-aithnichidh againn an seo deiseil dhuibh."** Chùm i oirre agus thuirt i, **"Bidh cuideigin bho Roinn na Gàidhlig an seo ann am mionaid."**

Ann an ceann mionaid thàinig tè tro dìon agus thuirt i, **"A Dhòmhnaill, is mise Catrìona Nic a' Ghobhainn. Faodaidh sinn a dhol suas gu Roinn na Gàidhlig agus connichidh tu ris an sgioba."**

Chaidh sinn a-staigh dhan lioft agus chaidh sinn suas ùrlar no dhà. An uair sin choinnich mi ri tòrr dhaoine. Bha feadhainn ag eadar-theangachadh fo-thiotalan airson phrògraman; bha feadhainn a' deasachadh bhidiothan airson an craoladh; bha feadhainn a' cur stuth suas air làrach-lìn a' BhBC, agus bha feadhainn a' rannsachadh fiosrachadh airson phrògraman culturail.

Thuirt Catrìona rium, **"Seo an deasg agad airson an ùine a bhios tu còmhla rinn. Ma tha ceistean sam bith agad, dìreach leig fios."**

"Tha seo a' dol a chòrdadh rium," thuirt mi rium fhìn.

Translation: Greis gnìomhachais (page 122)

Translation

I walked into the BBC's large, beautiful building and went to reception. They knew that I was coming because someone behind the desk said to me, "Ah, Mr MacAvatar! The Gaelic Department was speaking to us and we have an identity card here ready for you."

She continued and said, "Someone from the Gaelic Department will be here in a minute." After a minute someone came through security and said, "Donald, I am Catriona Smith. We can go up to the Gaelic Department and you will meet with the team."

We entered the lift and went up a floor or two. Then I met many people. Some were translating subtitles for programmes; some were editing videos for broadcasting; some were uploading material on to the BBC website, and some were researching information for cultural programmes.

Catriona said to me, "This is your desk for the time you will be with us. If you have any questions, just let me know." I am going to enjoy this, I said to myself.

Grammar: Direct speech to indirect (4) (page 123)

Q98:

Correct sentences

1. "Bha Roinn na Gàidhlig a' bruidhinn rium," thuirt an tè-fàilteachaidh.
   Thuirt an tè-fàilteachaidh **gun robh** Roinn na Gàidhlig a' bruidhinn rithe.
2. "Tha cairt-aithnichidh agam dhuibh," thuirt Anna.
   Thuirt Anna **gun robh** cairt-aithnichidh aice dhomh.
3. "Bidh cuideigin bho Roinn na Gàidhlig còmhla riut ann am mionaid" thuirt Ealasaid.
   Thuirt Ealasaid **gum biodh** cuideigin bho Roinn na Gàidhlig còmhla rium ann am mionaid.
4. Thuirt Catrìona, "Faodaidh sinn a dhol suas gu Roinn na Gàidhlig."
   Thuirt Catrìona **gum** faodadh sinn a dhol suas gu Roinn na Gàidhlig.

Topic 4: Global languages

Reading comprehension: Blas-chainnt (page 138)

Q1: The teacher

Q2: a) I could not understand a thing.

Q3: Study/studied the vocab/word list and look/looked at grammar books.

Q4: A, C, E, G, H, I

Q5: Not sure what the reason for wrong answers is.

Q6: People/speakers from different areas/places speak/have different accents.

Q7: 3 of Harris, Barra, Lewis, Islay.

Q8: Stupid

Q9: Water

Q10: Listen to Gaelic radio, Radio nan Gael.

Q11: Native. learn(er)

Q12: Granny/grandmother is from there.

Q13: b) To inform about the differences in Gaelic accents and dialect.

Vocabulary: Blas-chainnt (page 142)

Q14:

nuair a dh'èistinn	when I would listen
bun no bàrr	head or tail
briathrachas	vocabulary
sgrùdadh	examine/study
gu dìcheallach	diligently
adhartas	progress
cruaidh	hard
fo mhulad	sad, depressed
deiligeadh ri	dealing with
gu siorraidh bràth	forever more
An Caisteal Nuadh	Newcastle
blas eadar-dhealaichte	different accent
an t-eilean as motha	the biggest island
Carlabhagh	Carloway
cumanta	common
anns a' chiad dol-a-mach	in the first place
an dearbh rud	the very thing
a' tachairt	happening
bùrn	water (Lewis dialect)
daonnan	always
dualtach	likely
a' dèanamh cròn air a' chànan.	damaging the language
Mar a chanas iad	as they say
cleachd i no caill i	use it or lose it
mholainn	I would recommend
raon farsaing	a wide range
tùsanach	native

Listening comprehension: Gàidhlig na h-Èireann (page 143)

Listening transcript

Nina: Hallo, ciamar a tha thu? Dè an t-ainm a tha ort?
Kevin: Dia duit a chara! 'S mise Caomhain O Gallchoir. 'S ann à Glaschu a tha mi.
Nina: A bheil Gàidhlig nad theaghlach a Chaomhain?
Kevin: Chan eil, ach bha Gàidhlig na h-Èireann, neo Gaeilge aig mo shinn-seanair. Bha esan a Tìr Chonnaill ann an Ceann Iar-Thuath na h-Èireann. Thàinig e a dh'Alba ann an naoi ceud deug sa sia a' sireadh obair ann an Glaschu.

Nina: Dè an obair a bha aige?
Kevin: Bha e ag obair ann am factaraidh a bha a' dèanamh innealan fuaigheil. Bha beatha

doirbh aig na h-Eirinnich ann an Glaschu aig an àm sin. Bha tòrr gràin-creideimh a' dol eadar na Prostanaich agus na Caitligich agus bha mòran fòirneart agus cunnart anns a' bhaile.

Nina: Càit' an robh e a' fuireach?
Kevin: Bha e a' fuireach ann an Ceann a Deas a' Bhaile - na Gorbals. Bha mòran Èirinnich a' fuireach an seo oir bha an taigheadas uamhasach saor - ach bha e uamhasach grod cuideachd - bha mòran ghalairean anns na Gorbals oir bha e cho salach le deichnear a' fuireach ann an aon seòmar mar bu trice - ach bha coimhearsnachd aca cuideachd agus bhiodh mo shinn-seanair a' dol dhan Eaglais Chaitligeach gach latha airson Aifreann. Bha an Sagart gu math cudromach don choimhearsnachd.

Nina: An robh Gàidhlig na h-Èireann aig do sheanair?
Kevin: Bha beagan aige agus bhiodh e a' dol a dh'Èirinn airson an t-Samhraidh agus rinn mo mhàthair an aon rud - chaidh ise dhan Ghaeltacht airson an t-Samhraidh cuideachd - ged nach do dh'ionnsaich i mòran Gaeilge. Thill mo shinn-seanair a dh'Èirinn nuair a bha e glè shean agus bhiodh mo mhàthair agus na peathraichean aice a' tadhal air sna seann làithean. Bha e ag ionndrainn Tìr Chonnaill gu mòr.

Nina: A bheil mòran Èirinnich anns na Gorbals fhathast?
Kevin: Tha mise a' fuireach ann an Ceann an Iar a' Bhaile a-nis agus chan eil an uiread de dh'Èirinnich ann an sin ach tha coimhearsnachd làidir Èirinneach ann an Ceann an Ear Ghlaschu agus air feadh taobh siar na h-Alba agus bidh busaichean loma-làn fhathast a' fàgail as na Gorbals gach Disathairne a' dol a dh'ionnsaigh Dhùn nan Gall le daoine, sean agus og a' dol a choimhead air càirdean ann an Èirinn.
Nina: Tha eachdraidh do theaghlaich glè inntinneach. Tha mi a' dol a dhèanamh eachdraidh an teaghlaich agamsa airson a' phròiseict rannsachaidh agam a' bhliadhna-sa.

Q15: Glasgow

Q16: North West

Q17: To find a job/look for work

Q18: Sectarianism/religious hatred/hate, diseases and violence/danger

Q19: Horrible/disgusting, ten in a room, dirty

Q20: Priest

Q21: Visiting grandfather, mother, every summer

Q22: East end of Glasgow and throughout the West of Scotland

Q23: Every Saturday the buses are full of people going to visit their relatives.

Vocabulary: Gàidhlig na h-Èireann (page 145)

Q24:

Ceann Iar-Thuath na h-Èireann	North West of Ireland
a' sireadh	searching
innealan fuaigheil	sewing machine
beatha	life
gràin-creideimh	sectarianism
fòirneart	violence
cunnart	danger
Ceann a Deas a' Bhaile	South Side of the City
taigheadas	housing
galairean	diseases
Eaglais Chaitligeach	The Catholic Church
Aifreann	Mass
Sagart	Priest
cudromach	important
a' tadhal air	visiting
ag ionndrainn	missing
làidir	strong
loma-làn	packed full
a' dol a dh'ionnsaigh	heading towards

Reading: Conamara - Èisteachd (page 145)

Q25: You can play on the beach, take a ferry to islands and hillwalk.

Q26: The Highlands

Q27: It is a special place for Irish Gaelic speakers

Q28: To work at university or work for the government

Q29: Every part of Ireland

Q30: They have regular classes in sport, drama and music

Q31: By turning pop songs into Irish gaelic

Q32: It got four million views in a year and they appeared on TV

Q33: They are better than the originals

Q34: The same thing for learners of Gaelic

Q35: Young learners / meeting, money/ for hotels|B&Bs/ in the islands

Vocabulary: Conamara (page 148)

Q36:

àite sìtheil	peaceful place
taighean leabaidh is bracaist	Bed and Breakfast
a' faighinn a' chothruim	getting the opportunity
soirbheachail	successful
a' tionndadh	turning, converting
ag obair don riaghaltas	working for the government
conaltradh	communication
Poblachd na h-Èireann	Republic of Ireland
gach ceàrn	every corner
sgìrean sònraichte	special areas
air a ghlèidheadh	reserved
a' lìonadh	filling
buannachd	advantage, reward

Reading comprehension: Nina anns an Roinn Eòrpa (page 148)

Q37: Three

Q38: Not strong, but she understands enough and it is plenty for a trip

Q39: Her cousin's wedding

Q40: Sang a beautiful song about love

Q41: She cried

Q42: found|went to |policeman|woman|police officer / spoke / italian

Q43: The police said she spoke good Italian for a Scottish girl.

Q44: Skiing with school

Q45: understands|understood|understand / people / enjoy|like / speaking / to foreigners|people from abroad / in own language

Q46: 24

Q47: Very precise, know two languages

Q48: B and C

Q49: beautiful / historic|history / small islands / beside|next to / sea|ocean

Q50: c) A personal piece about different European languages.

Vocabulary: Nina anns an Roinn Eòrpa (page 152)

Q51:

foghlam tro mheadhan na Gàidhlig	Gaelic Medium Education
tha Eadailtis aig m' athair	My father speaks Italian
Chan eil mo chuid Eadailtis ro làidir	My Italian is not too strong
banais	wedding
rànaich.	crying
chaidh mi air chall	I got lost
Thug i mi gu sàbhailteachd	She took me to safety
rud beag feargach	A little angry
pròiseil às	proud of
cha b' urrainn dhomh bruidhinn	I could not speak
an luchd-reic	the sales people
bho thall thairis	from abroad
cànainean oifigeil	official languages
an t-Aonadh Eòrpach	European Union
Pàrlamaid na h-Eòrpa	European Parliament
mionaideach	minute, precise
A-reir coltais	apparently
luchd-labhairt	speakers
tuigsinn càch a chèile	understanding each other
eachdraidheil	history
mus tèid mi ann.	before I go

Talking: Gàidhlig (page 156)

Listening transcript

Interviewer: Cuin a thòisich thu ag ionnsachadh Gàidhlig?
Pupil 1: Thòisich mi nuair a bha mi anns a' bhun-sgoil. Bhiodh tidsear a' tadhal oirnn ann an clas a seachd.
Pupil 2: Thòisich mi ag ionnsachadh nuair a bha mi gu math beag. Bhiodh mo mhàthair a' bruidhinn rium anns an taigh.
Pupil 3: Chaidh mi tro fhoghlam tro mheadhan na Gàidhlig. Chaidh mi dhan sgoil-àraich an toiseach agus an uairsin a' bhun-sgoil.
Pupil 4: Chaidh mi gu coisir Ghàidhlig agus dh' ionnsaich mi òrain. Bha mi airson na faclan a thuigsinn.

Interviewer: A bheil Gàidhlig sam bith anns an teaghlach agad?
Pupil 1: Chan eil Gàidhlig sam bith anns an teaghlach agam . 'S ann à Sasann a tha mo phàrantan.
Pupil 2: Chan eil Gàidhlig aig mo phàrantan ach tha Gàidhlig aig mo sheanmhair. 'S ann à Uibhist a Deas a tha i. Bidh mi a' bruidhinn Gàidhlig rithe bho àm gu àm.
Pupil 3: Tha Gàidhlig gu leòr aig m' athair agus mo mhàthair. Tha mo bhràthair fileanta cuideachd.

Interviewer: Ciamar a tha thu a' faireachdainn mu dheidhinn do chuid Ghàidhlig?
Pupil 1: Tha mi gu math diùid.
Pupil 2: Chan eil mòran misneachd agam.
Pupil 3: Chan eil eagal sam bith orm.
Pupil 4: Tha gu leòr Gàidhlig agam.
Pupil 5: Tha beagan Gàidhlig agam, ach tha mi ag iarraidh tuilleadh ionnsachadh.

Interviewer: Dè an sgil as fheàrr agad?
Pupil 1: Tha mi gu math comasach air sgrìobhadh.
Pupil 2: Chan eil mi cho math air èisteachd.
Pupil 3: Tha mi a' faighinn labhairt doirbh.
Pupil 4: Is fìor thoigh leam leughadh. Tha e furasta.
Pupil 5: Chan urrainn dhomh tuigsinn idir.

Interviewer: Am bi thu a' cleachdadh do chuid Ghàidhlig?
Pupil 1: Bidh mi a' bruidhinn ri mo charaidean.
Pupil 2: Bidh mi a' bruidhinn ri mo sheanair bho àm gu àm.
Pupil 4: Cha bhi. Cha toigh leam bruidhinn!

Interviewer: A bheil thu ag amas air fileantachd?
Pupil 1: Chanainn gu bheil mi ìre mhath fileanta mu thràth, ach bidh mi ag ionnsachadh rudan ùra gach latha.
Pupil 2: Bu toigh l'. Tha mi airson a bhith cho fileanta sa ghabhas. Tha mi airson a dhol gu colaiste Ghàidhlig.
Pupil 4: Bu toigh leam a bhith fileanta ach chan eil an ùine agam airson ionnsachadh.

Interviewer: Am bu toigh leat obair ceangailte ris a' Ghàidhlig?
Pupil 1: Cha bu toigh leam obair ceangailte ris a' Ghàidhlig. Tha mi airson a bhith nam dhotair.
Pupil 2: Bhiodh obair anns a' Ghàidhlig gu math inntinneach. Is toigh leam a bhith ag obair còmhla ri cloinn agus chòrdadh an obair sin rium.
Pupil 3: Bu toigh l' gu mòr. Tha mi ag iarraidh a bhith nam chraoladair ag obair do BhBC Alba agus BBC Radio nan Gàidheal.

Grammar: *À* and *às* (page 157)

Q52:

asam	asainn
asad	asaibh
às	asta
aiste	

Q53:

I am proud of you (pl.)	Tha mi pròiseil	asaibh
Stop making fun of her	Sguir a tharraing	aiste
I am making fun of you	Tha mi a' tarraing	asad
He deceived me	Thug e an car	asam
I am not sure of them	Chan eil mi cinnteach	asta
He let out a scream	Leig e sgreuch	às
She is not proud of us	Chan eil i moiteil	asainn

Practice with *'S ann* (page 160)

Q54: 'S ann anns a' bhanca a tha mi ag obair.

Q55: 'S ann às an Òban a tha Peadar.

Q56: 'S ann tro meadhan na Gàidhlig a dh'ionnsaich mi matamataig.

Q57: 'S ann ann an Ìle a rugadh mi

Q58: 'S ann le Calum a tha an geansaidh.

Q59: Tha an cùrsa seo mu dheidhinn Gàidhlig.

Topic 5: Citizenship

Reading comprehension: Coìdseadh (page 166)

Q1: How (1) did you start (1)?

Q2: Advert (1), paper (1)

Q3: Interest (1) / sports (1) / healthy (1) / first-aid (1) / qualification (1)

Q4: Four and a half years (1)

Q5: Big help / assistance (1) made job easier (1)

Q6: Poverty (1) crime (1) social difficulties (1)

Q7: Mental/mind health (1)

Q8: Bad language/ swearing (1)

Q9: Father absent/not there (1) AND mother a drug addict (1)

Q10: Shinty (1)

Q11: Putting/returning something back (1) into the community (1)

Q12: Has been very interesting (1)

Q13: a) A conversation about Kevin's work.

Vocabulary: Còidseadh (page 168)

Q14:

oifigear leasachaidh	development officer
iomairt	initiative, enterprise
teisteanas	qualification, certificate
ciad-chobhair	First Aid
dìreach air an sgoil fhàgail	just left school
cursa aig astar	distance learning course
foghlam coimhearsnachd	community education
bochdainn	poverty
eucoir	crime
brosnachadh	encouraging
droch bhuaidh	bad influence

Listening comprehension: Cùram-chloinne (page 169)

Listening transcript

Tha mi air bhith a' coimhead as dèidh leanabhan bho nuair a bha mi beag. Bidh mi a' coimhead as dèidh na cloinne aig caraidean mo phàrantan. Bidh mi a' faighinn deich not san uair mar phàigheadh. Bu toigh leam a bhith nam thidsear sgoil-àraich nuair a bhios mi nas sìne.

Rinn mi cùrsa ann an cùram-chloinne aig Ìre Nàiseanta a Còig an-uiridh. Dh'ionnsaich mi mu dheidhinn nan sgilean a tha dhìth airson a bhith a' coimhead an dèidh chloinne. Fhuair sinn leasanan mu dheidhinn slàinte, biadh agus nighe. Bha sinn ag obair le doileagan cuideachd. Bha sinn gan cleachdadh airson ionnsachadh mar a bhios tu ag atharrachadh bhadain. Rinn sinn dà là còmhla ri teaghlach. Cha do chòrd e rium idir a bhith ag atharrachadh badan ceart airson a' chiad uair. Bha fìor dhroch fhaileadh ann.

Tha mòran obair rianachd an-sàs ann an cùram-chloinne. Feumaidh tu a bhith eòlach air na feumalachdan slàinte aig a' chloinn; ma tha biadh sam bith ann nach urrainn dhaibh ithe, ma tha drogaichean ann a dh'fheumas iad a ghabhail gu cunbhalach no ma tha duilgheadasan aca le ionnsachadh.

Bidh mi ag obair còmhla ri balach le trioblaidean slàinte gach Disàthairne. Bidh seo a' toirt faochadh gu a mhàthair, a tha na pàrant sìngilte. Thèid sinn chun na pàirce agus cluichidh sinn air an fhream-sreap agus air na swings. 'S e obair chruaidh a tha ann oir cha bhi am balach a' bruidhinn gu mòr agus uaireannan fàsaidh e troimh-chèile gu math furasta ach 's toigh leis mi agus cha chreid mi nach eil mi a' toirt deagh bhuaidh air.

Fhuair mi eòlas-obrach air a' cheathramh bhliadhna san àrd sgoil nuair a chuir mi seachad grèiseag ag obair còmhla ri clas beag anns an sgoil-àraich. B' àbhaist dhomh a bhith nam phàiste anns an sgoil-àraich sin agus bha mi ag obair còmhla ri mo sheann tidsear, a' Bhean Phòsta NicCoinnich.

Bha dragh orm gum bithinn gun fheum ach bha na leasanan anns an sgoil air feum a dheànamh dhomh. Bha mi a' cuimhneachadh air mo threànadh agus ga chur gu feum. Rinn mi a' mhòr-chuid dem obair còmhla ri clann eadar trì agus ceithir bliadhna a dh'aois.

Bha a' chlann bheag uile gu math laghach rium. Bha iad cho ciùit! Air an latha mu dheireadh agam anns an sgoil-àraich thug iad uile càirtean agus preasantan dhomh. Chan eil cuimhne agam an robh mi fhèin cho fialaidh do Bhean Phòsta NicCoinnich nuair a bha mise anns an sgoil-àraich. Bha ise coma-co-dhiubh oir thug mi an t-seòclaid agam dhi. 'S fìor thoigh leam a' Bhean Phòsta NicCoinnich! Uaireannan, b' fheàrr leam gun robh mi air ais anns an sgoil-àraich!

Q15: When she was wee/small (1)

Q16: Ten (1) pounds an hour (1)

Q17: Last year (1)

Q18: Health (1) Food (1) washing (1)

Q19: Learn (1) to change (1) nappy (1) properly (1)

Q20: A, C, D

Q21: Relief/rest (1) for the mother (1)

Q22: Does not speak (1) much (1) grows upset/becomes upset/upset (1) easily (1)

Q23: Fourth year (1)

Q24: a) Former pupil

Q25: Lovely/nice (1) so (1) cute (1)

Q26: Presents (1), cards (1)

Q27: That she was back (1) in the nursery (1)

Vocabulary: Cùram-chloinne (page 172)

Q28:

a' coimhead as dèidh na cloinne	looking after children
pàigheadh	pay
Bu toigh leam a bhith nam thidsear sgoil-àraich	I would like to be a nursery teacher
nuair a bhios mi nas sìne	when I am older
cùram-chloinne	childcare
badan	nursery
fìor dhroch fhaileadh	really bad smell
obair rianachd	administrative work
gu cunbhalach	regular
a' toirt faochadh	giving relief
pàrant sìngilte	single parent
troimh-chèile	upset
chuir mi seachad grèiseag	I spent a short while
B' àbhaist dhomh	I used to
cho ciùit	so cute
fialaidh	generous
coma-co-dhiubh	apathetic, did not care

Reading comprehension: 'Care for a cèilidh' (page 172)

Q29: Glasgow

Q30: So many (1) people (1) with same (1) name

Q31: born (1) raised/brought up (1)

Q32: Measures/guesses/estimates (1) how much (1) insurance (1) should be paid (1)

Q33: difficult/hard/tough (1) weighty/heavy/important (1)

Q34: fun/light (1)

Q35: choir (1) himself/solo (1)

Q36: traditional (1) musicians (1)

Q37: voluntary/volunteers (1)

Q38: cancer sufferers (1) hospices/carehomes (1) in Western Isles/Hebrides (1)

Q39: uses social media (1) to publicise/advertise (1) puts up a joke per/a day (1)

Q40: 580 (1)

Q41: hundreds (1) of friends (1) and supporters (1)

Q42: TV/television (1) and front page (1) of papers (1)

Q43: Very happy (1)

Q44: raised (1) money (1) for charity (1)

Vocabulary: 'Care for a cèilidh' (page 176)

Q45:

coimhearsnachd Ghàidhealach	Highland community
cliùiteach	renowned
far-ainm	nickname
agus mar sin air adhart	and so on, etcetera
o ghìnealach gu gìnealach	from generation to generation
Rugadh agus thogadh	born and raised
achdaire	actuary
àrachas	insurance
carthannas	charity
Coisir Ghàidhlig	Gaelic Choir
aithnichte	recognised
an iomairt	the initiative
Dachaigh Cùram Sheann Dhaoine	Old Persons' Care Home
gu saor-thoileach	voluntarily
a' fulang	suffering
seargadh-inntinn	dementia
an dà chuid	both types
toileachas	happiness
abhachd	joke
clàr cruinne	world record
innis	tell
euchd	great achievement
iriosal	humble
dòigheil	sound
teachdaireachd	message
air loidhne	online

Reading comprehension: Duais Ian Muir (page 177)

Q46: parents (1)

Q47: every (1) chance/opportunity (1) he gets/has (1)

Q48: Climbing (1) kayaking (1)

Q49: interesting (1) important (1)

Q50: letter(s)(1) essay(s) (1) book(s) (1)

Q51: look after (1) wilderness/wild land (1)

Q52: children (1) from (1) Donald's/his area/district (1)

Q53: meet (1) get/find information (1) about nature (1)

Q54: a) Preserving the environment in their area

Q55: three (1) nights (1)

Q56: no road (1)

Q57: train (1) walk (1)

Q58: research/study (1) wildlife (1) in mountains (1) took pictures (1) of animals/deers/eagles (1)

Q59: early (1) in year (1)

Q60: Looks good (1) on CV/Curriculum Vitae/Resumé (1)

Q61: a) To talk about the work of the John Muir Trust.

Vocabulary: Duais Ian Muir (page 180)

Q62:

coiseachd nam beann	walking the mountains
Bhon uairsin	since then
measail air	fond of
an àrainneachd nàdarrach	the natural environment
A h-uile cothrom a gheibh mi	every opportunity I get
a' dol a shreap	going climbing
a' dol a churachanachd	going kayaking
Bha mi air mo dhòigh	I was delighted
Dùn Bàrra	Dunbar
Lodainn an Ear	East Lothian
a' meas prìseil	regard as valuable
urras	a trust
gìnealaichean ri theachd	future generations
Stèidhich	establish
buidheann leasachaidh	development organisation
compàirteachas	partnership
Dualchas Nàdar na h-Alba	Scottish Natural Heritage
taisbeanadh	exhibition, display
aire an t-sluaigh	the attention of the public
cùisean	matters
ceangailte ri	connected to
glèidheadh na h-àrainneachd	preserving the environment
Coire Odhair	Corrour
Mointeach Raineach	Rannoch Moor
fiadh-bheatha	wildlife
meanbh-chuileagan	midges
buannachd	benefit
cunntas-beatha	curriculum vitae

Vocabulary: Beathaichean fiadhaich (page 182)

Q63:

Gaelic	**English**
mathan	bear
fiadh	deer
fiadh-chat	wildcat
iolaire	eagle
madadh-allaidh	wolf
madadh-ruadh, sionnach	fox
fitheach	raven
capall coille	capercaillie
broc	badger
biast dhubh, dobhran	otter
ròn	seal
Niseag	Nessie
mùc-mhara	whale
leumadair	dolphin
feannag	crow
faoileag	seagull
bradan	salmon
feòcallan	polecat
neas	weasel

Vocabulary: Gaelic placenames (page 184)

Q64:

eas	waterfall
abhainn	river
gleann	glen, narrow valley
srath	strath, wide valley
beinn	mountain
sgeir	skerry, reef
allt	stream, burn
coire	corrie
ceann	head, end
druim	ridge
eilean	island
innis	island
creag	rock
cladach	rocky shore
mol	shingle beach
tràigh	sandy beach
cnoc	hill
bàgh	bay
inbhir	river mouth
àth	ford

Vocabulary: Eilean nan Ginideach (page 186)

Q65:

Cnoc a' Chait	Hill of the Cat
Gleann an Daimh	Glen of the Stag
Eilean an Eich	Horse Island
Sgeir an Ròin	Seal Skerry
Beinn a' Mhathain	Bear Mountain
Eas a' Bhradain	Salmon Waterfall
Abhainn an Eoin	Bird River
Uamh an t-Sionnaich	Cave of the Fox
Bàgh an Rionnaich	Mackerel Bay
Creag an Fhithich	Raven's Rock
Àth a' Bhruic	Badger's Ford
Loch a' Mhadaidh-Allaidh	Loch of the Wolf

Vocabulary: Island names (page 187)

Q66:

Gaelic Name	Romantic Name	English	Meaning
Leòdhas	Eilean an Fhraoich		
An t-Eilean Sgitheanach	Eilean a' Cheò		
Uibhist a Tuath	Tir an Eòrna		
Uibhist a Deas	Tir a' Mhurain		
Na Hearadh	Tir nam Beann*		
Barraigh	Tir nan Òg*		

Translation: Sealgaireachd (page 187)

Q67: Hunting is barbaric and unnatural . It does not give the animals a fair chance. Very often, the poor creature suffers in great pain with bullets and dies a long time afterwards.

Q68: We do not benefit from hunting / it is the rich people who benefit / walking the moor in Harris Tweed jackers / a gun under their arm / after a stag's head for their big house in the South. / They come and go / in a plane for the weekend / and stay in the big lodges / without spending a penny in the shops.

Q69: What pleasure is there/ in killing little creatures?/ Nothing except murder! / They say they need to keep the numbers of deer down / but I would say that it is people that are the animals / who do the most harm to the countryside.

Q70: We should ban hunting.

Q71: Hunting is natural for humankind. /It is more natural / than keeping animals in a field anyway. / If we did not hunt / we would all be hungry / and we would still be living in cages.

Q72: We must hunt to preserve the land. / For example, if there are too many deer, / they will cause damage / to trees and the roads.

Q73: We must hunt / because there are no natural predators in this country / like wolves and bears anymore.

Q74: It is not write to hunt too much however / and it does not make sense to hunt things which are rare / but it is the right way to keep a hold / on the number of deer, rats, foxes and seals.

Q75: People are so fond of seals / because they are so nice and beautiful / when they are young / but they do a lot of damage to fish farms / and other methods of fishing / that provide work for many people in the Highlands.

Q76: We should not ban hunting.

Vocabulary: Sealgaireachd (page 191)

Q77:

air tòir	in pursuit
cothrom na Fèinne	fair chance, fair play
creutair	creature
peilearan	bullets
às dèidh làimhe	afterwards
fon achlais	under arm (lit: under armpit!)
cabar feidh	stag's head
gun sgillinn a chosg	without spending a penny
tlachd	pleasure
feidh	deer

mac an duine	humankind
achadh	field
sealgairean nàdarrach	natural predators
an dòigh cheart	the right way
dòighean iasgaich	fishing methods
a' dèanamh cron	damaging

Extra vocabulary: Citizenship (page 193)

Q78:

a' treòrachadh	guiding	**bodhar**	deaf
a' toirt cobhair	aiding	**balbh**	dumb/mute
a' toirt faochadh	relieving	**gun dachaigh**	homeless
a' cuideachadh	helping	**gun obair**	unemployed
a' togail airgid	raising money	**gun dòchas**	without hope
cior ramach	disabled person	**gun ghuth**	without a voice
ciorramaichte	disabled	**trò cair**	mercy
dall	blind	**bàidheil**	affectionate

Q79:

coibhneil	kind	**urrsairean**	trustees
truas	pity	**èiginn**	distress
fialaidh	generous	**staing**	difficulty
tabhartasan	donations	**gaol**	love
obair ionmholta	incredible work	**a' nochdadh ùidh**	showing interest
co-obrachadh	co-operating	**carthannas**	charity
co-obrachail	co-operative	**deònach**	willing
urras	trust	**a dh'aindeoin**	despite

Q80:

ìochdaran	underdog	**cruaidh-chàs**	hardship
truaghan	poor soul	**cruadal**	hardship
dìlleachdan	orphans	**dochann**	harm
gun phàrantan	without parents	**droch-ghnàthachadh**	abuse
cas-ruisgte	barefoot	**truailleadh**	pollution
aontachadh	agreeing	**cròn**	damage
aonta	agreement	**leasachadh**	development
tuigseach	sensitive	**seasmhachd**	sustainability
nam èiginn	in my difficulty		

Answers to questions and activities for Context 2

Topic 1: Learning in context

Vocabulary: Sabhal Mòr Ostaig (page 201)

Q1:

ionad-fàilte	reception
bàthaich	barn
èifeachdach	effective
seòmraichean	rooms
tùr	tower
a-mhàin	only
ceum	degree, step

Q2:

foghlam	education
cultar	culture
an dà chuid	both kinds
àite-fuirich	accommodation
shuas an rathad	up the road
chaidh a thogail	it was built
craobh-sgaoileadh	broadcasting

Q3:

mar a thuirt mi na bu thràithe	as I said earlier
ceòl traidiseanta	traditional music
a' sìor fhàs	ever growing
fileantachd	fluency
cùrsa bogaidh	immersion course
cho fileanta sa ghabhas	as fluent as possible
'S e sin as coireach	that is the reason, that is to blame

Reading comprehension: Sabhal Mòr Ostaig (page 202)

Q4: Reception (1)

Q5: Information (1) about the history (1) of the college (1)

Q6: An old (1) barn (1)

Q7: About (1) a quarter (1) of a mile (1)

Q8: A hall (1)

Q9: Can you (1) play an instrument (1) or sing a song? (1)

Q10: 1999 (1)

Q11: Their classes (1) and their food (1)

Q12: The Tower (1)

Q13: Many reasons (1)

Q14: Broadcasting (1) skills (1)

Q15: In the Gaelic (1) and English (1) media (1)

Q16: Any 3 from traditional music, education, culture, history

Q17: It grows (1) every year (1)

Q18: One year (1) only or a four year degree. (1)

Q19: Fluency (1)

Q20: An immersion course (1)

Q21: Interesting (1), effective (1) and hard work (1)

Q22: a) An overview of the development of Sabhal Mòr Ostaig and its courses.

Vocabulary: Kit and Eilean (page 206)

Q23:

Na Stàitean Aonaichte	The United States
o chionn deich bliadhna	ten years ago
geamannan Gàidhealach	Highland Games
cànan nan Gàidheal	The language of the Gael (Gaelic)
tòrr fuaim	lots of noise
ho-ro-gheallaidh	celebration, good craic
fuaim	noise
Oilthigh Ghlaschu	Glasgow University
bha am fuaim fada na bu mhiosa	the noise was much worse
ionndrainn	longing, missing
Ach' Ille Bhuidhe	Achiltibuie
cleachdte ri	used to

Listening comprehension: Kit and Eilean (page 206)

Listening transcript

At the Ceilidh in the evening, Ceit speaks to Kit, a mature student from the United States. Listen to Kit's opinion on the college and answer the questions.

Thàinig mi dhan a' cholaiste air sgàth's gun robh mi ag iarraidh Gàidhlig a bhith agam. 'S ann à Alabama anns na Stàitean Aonaichte a tha mi. Thòisich mi ag ionnsachadh Gàidhlig o chionn deich bliadhna bho leabhraichean agus air an eadar-lìon. Bha mi a' dèanamh gheamannan Gàidhealach anns na Stàitean agus is fìor thoigh leam cànan nan Gàidheal.

Tha Sabhal Mòr Ostaig a' còrdadh rium gu mòr oir tha an t-Eilean Sgitheanach cho brèagha. Tha a' Ghàidhlig agamsa a' tighinn air adhart. 'S e aon rud nach toigh leam na h-oileanaich òga a' dol a-mach air an oidhche. Nì iad tòrr fuaim agus chan eil iad ag iarraidh Gàidhlig a bhruidhinn riumsa.

Donald is also speaking to a student, Eilean, a young female student who has spent time at the University of Glasgow. Listen to Eilean's opinion on the college and answer the questions.

Uaireannan, tha a' Cholaiste beagan sàmhach ach gheibh thu ho-ro-gheallaidh math aig cèilidhean air an oidhche. Bidh mi a' cluich na pìoba! Chan eil feadhainn dhe na h-oileanaich as sine cho toilichte mu dheidhinn fuaim air an oidhche ach bha mi aig Oilthigh Ghlaschu agus bha am fuaim fada na bu mhiosa an-sin.

Chan eil an cùrsa ro dhoirbh ma bhios tu a' dèanamh do dhìcheall. Uaireannan, tha mi ag ionndrainn a' bhaile mhòir ach thogadh mi ann an Ach' Ille Bhuidhe, faisg air Ulapul, 's mar sin tha mi cleachdte ri bhith a' fuireach ann an àiteachan beaga.

Q24: He wanted (1) to speak Gaelic (1)

Q25: Ten (1) years (1) ago

Q26: From books (1) and the internet (1)

Q27: Highland (1) Games (1)

Q28: Skye is beautiful (1)

Q29: They make noise (1) and they do not speak (1) to him (1)

Q30: It is a little quiet (1)

Q31: Plays (1) the pipes (1)

Q32: They are not happy (1) about the noise (1)

Q33: Much (1) noisier (1)

Q34: She is used (1) to living (1) in small (1) places (1)

Vocabulary: Distance learning (page 208)

Q35:

stèidhichte	based, established v.
air feadh an t-saoghail	throughout the world phr.
dealasach	enthusiastic adj.
dicheallach	diligent adj.
ann an gach ceàrn	in every corner phr.
cuideachail	helpful adj.
ionnsachadh	learning v.n. n.m.
a' tabhann	offering v.n.

Q36:

aig astar	at a distance phr.
ge bith far a bheil iad	wherever they are phr.
oide	tutor n.m.
oileanach	student n.m.
coileanadh	complete, completing v.n.
inntrig	access v.
sùbailte	flexible, supple adj.
freagairt	answer n.f.

Reading comprehension: Distance learning (page 209)

Q37: Germany, (1) America/States (1)

Q38: Diligent/hard working (1) and enthusiastic/passionate (1)

Q39: Internet (1)

Q40: To do/study (1) in their own (1) home/house (1)

Q41: A tutor (1)

Q42: Class (1) on phone (1), worksheets (1) by e-mail (1)

Q43: Twice/two times (1) a year (1)

Q44: The college/south Skye (1)

Q45: Ready to come to the college full-time.

Q46: c) To inform about different courses for learning Gaelic.

Vocabulary: Gaelic in the home (page 211)

Q47:

foghlam tro mheadhan na Gàidhlig	Gaelic Medium Education
deugaire	teenager
An Comann Ceilteach	The Celtic Society
rachainn	I would go
thachair	happened
fad na h-ùine	all the time
tiodhlacadh	burial, funeral

Q48:

an t-Òb	Leverburgh
an t-seirbhis	the service
bun no bàrr	head nor tail
clas còmhraidh	conversation class
biathadh	feeding
nighe	washing
atharrachadh	changing

Q49:

taiceil	supportive
innealadair	engineer
crann-ola	oil-rig
an dùil leanabh	expecting a baby.
trom	heavy (also pregnant)
dà-chànanach	bilingual
slàinte-inntinn	mental health

Reading comprehension: Gaelic in the home (page 212)

Q50: Raised in Harris. Fluent before she went to Primary school. No Gaelic Medium Education. Parents stopped speaking Gaelic to her.

Q51: Friends did not speak Gaelic. Did not attend Celtic Society.

Q52: When her grandfather passed away/died.

Q53: They were very close. He always spoke Gaelic to her.

Q54: She could not understand it. She was completely lost. She could not understand head nor tail or it.

Q55: Speaks it all the time. During feeding, washing/bathing and changing (nappies).

Q56: Easily, without problem/worry

Q57: She does not want to live in a house full of boys.

Q58: Better mental health

Q59: a) To describe an individuals experiences with rediscovering Gaelic.

Vocabulary: Adult learners (page 215)

Q60:

eadar-theangachadh	translation, translating
freagarrach	suitable
pàiste	child
Dùn Phàrlain	Dunfermline
bho thùs	originally
Fiobha	Fife
's fhada bho	long since
cho fad 's a dh'fhiosraich mi	as far as I knew
bùth nan leabhraichean	bookshop
eachdraidh na h-Alba	history of Scotland
leughainn	I would read
dh'èistinn ris	I would listen to

Q61:

beagan adhartais	a little progress
faireachdainn	feeling
aonaranach	lonely
Paislig	Paisley
fuaimneachadh	pronunciation
blas	accent
Chuir mi romham	I decided

Q62:

o mhoch gu dubh	from early until late
comhfhurtail	comfortable
Leig mi dhìom mo dhreuchd	I retired (lit. I let my position from me)
iongantach	surprising, wonderful
foighdineach	patient
misneachd	confidence
deònach mearachdan a dhèanamh	willing to make mistakes

Listening comprehension: Adult learners (page 216)

Listening transcript

Nina is speaking to an adult learner of Gaelic, Catherine Kerr, Catrìona NicIlleChiar, about her experiences of learning the language. Catherine came from a non-Gaelic background but became fluent in the language through self-study and hard work.

Nina - Feasgar math a Chatrìona

Catherine - Feasgar math a Nina

Nina - Ciamar a tha thu an-diugh?

Catherine - Tha mi uamhasach trang. Tha mi ag eadar-theangachadh leabhar airson cloinne gu Gàidhlig. Tha e freagarrach airson pàistean fo aois a seachd.

Nina - Cò às a tha thu bho thus?

Catherine - 'S ann à Dùn Phàrlain a tha mi bho thùs. Tha Dùn Phàrlain ann am Fiobha agus 's fhada bhon a bha a' Ghàidhlig ga bruidhinn ann am Fiobha. Cha robh Gàidhlig sam bith anns an teaghlach agam cho fad 's a dh'fhiosraich mi.

Nina - Ciamar an do thòisich thu ag ionnsachadh na Gàidhlig ma-tà?

Catherine - Bha mi ann am bùth nan leabhraichean air sràid Sauchiehall ann an Glaschu. Bha mi a' coimhead airson leabhraichean mu dheidhinn eachdraidh na h-Alba nuair a thog mi leabhar airson daoine a bha ag ionnsachadh na Gàidhlig. Cha robh mi riamh air smaoineachadh mu sin ach an oidhche sin chaidh mi dhachaigh agus thòisich mi air a' chursa.

Nina - Cò ris a bha e coltach ag ionnsachadh bho leabhar?

Catherine - Tha mi gu math sean a-nis, mar sin bha teipichean an cois an leabhair. Leughainn an leabhar agus dh'èistinn ris na teipichean. Rinn mi beagan adhartais ach bha mi a' faireachdainn aonaranach. An uairsin lorg mi clas oidhche aig a' cholaiste shuas an rathaid bhuam ann am Paislig. Bha an tidsear gu math cuideachail. Thug i taic dhomh a thaobh fuaimneachadh, blas agus grammar.

Nina - Ciamar an do thòisich thu ag ionnsachadh na Gàidhlig ma-tà?

Catherine - Bha mi ann am bùth nan leabhraichean air sràid Sauchiehall ann an Glaschu. Bha mi a' coimhead airson leabhraichean mu dheidhinn eachdraidh na h-Alba nuair a thog mi leabhar airson daoine a bha ag ionnsachadh na Gàidhlig. Cha robh mi riamh air smaoineachadh mu sin ach an oidhche sin chaidh mi dhachaigh agus thòisich mi air a' chursa.

Nina - Cò ris a bha e coltach ag ionnsachadh bho leabhar?

Catherine - Tha mi gu math sean a-nis, mar sin bha teipichean an cois an leabhair. Leughainn an leabhar agus dh'èistinn ris na teipichean. Rinn mi beagan adhartais ach bha mi a' faireachdainn aonaranach. An uairsin lorg mi clas oidhche aig a' cholaiste shuas an rathaid bhuam ann am Paislig. Bha an tidsear gu math cuideachail. Thug i taic dhomh a thaobh fuaimneachadh, blas agus grammar.

Nina - Dè na ceumannan eile a ghabh thu airson Gàidhlig ionnsachadh?

Catherine - Chuir mi romham seachdain a chur seachad ann an sgìre far an robh Gàidhlig ga bruidhinn anns a' choimhearsnachd. Mar sin, chuir mi air dòigh seachdain ann an leabaidh agus bracaist ann an Eirisgeigh. Dh'fhuirich mi còmhla ri boireannach leis an ainm, Peigi Anna. Bha i uamhasach fhèin cuideachail. Bhruidhneadh i Gàidhlig rium o mhoch gu dubh, nuair a bhithinn a' gabhail mo bhracaist, nuair bhithinn a' tilleadh air ais bho choiseachd agus nuair a bhithinn a' dol gu leabaidh air an oidhche. Bha e doirbh, ach beag air bheag dh'fhàs mi na b' fheàrr. Chanainn gun tug e dà bhliadhna mus robh mi comhfhurtail agus an uairsin, dà bhliadhna eile mus robh mi a' faireachdainn gun robh mi fileanta agus tha mi air bhith a' bruidhinn Gàidhlig fad còrr is trithead bliadhna.

Nina - Tha a' Ghàidhlig agad uamhasach fileanta. Rinn thu obair mar thidsear Bheurla. A bheil thu fhathast a' teagasg?

Catherine - Leig mi dhìom mo dhreuchd an-uiridh. Tha mi cho trang 's a bha mi riamh eadar obair eadar-theangachaidh agus rudan eile, bidh mi a' sgrìobhadh bàrdachd agus a' bruidhinn air an reidio bho àm gu h-àm. Cha do phòs mi riamh ach bidh mi a' tadhal air teaghlach mo pheathar ann an Ceann a Deas Shasainn agus a' coimhead as dèidh mo mhàthar. Tha i fhathast beò aig aois naochad 's a h-aon.

Nina - Tha sin iongantach. A-nis, ann an co-dhùnadh, cò ris a dh'fheumas tu a bhith coltach ma bhios tu ag ionnsachadh na Gàidhlig?

Catherine - Feumaidh tu a bhith foighdineach. Feumaidh misneachd a bhith agad cuideachd. Feumaidh tu a bhith deònach mearachdan a dhèanamh agus feumaidh tu cumail a' dol. Chanainn gur e an rud as fheàrr a bhith a' gabhail spòrs leis, 's e cànan sgoinneil a tha ann an Gàidhlig!

Q63: Catherine is from (1) Dunfermline/Fife (1). There is no (1) Gaelic (1) in the family (1)

Q64: She learned from a book (1) from tapes (1) at a night class (1)

Q65: Catherine stayed with Peigi/Peggy Ann (1) who was very helpful (1) and spoke Gaelic to her (1) all the time/morning to night/early to late/all day at breakfast (1) when she returned from holiday (1) bed time (1)

Q66: a) Two years

Q67: a) Four years

Q68: b) Over thirty years

Q69: She does translation work, (1) poetry, (1) speaking on radio,(1) visit sister's family, (1) looks after mother (1)

Q70: They should be /have patient/patience (1) confident/confidence (1) and be willing to (1) make mistakes (1) keep going/persevere/perseverance (1)

Writing: Applying for a place on a course (page 218)

Sample answer

A charaid chòir,

NC An Cùrsa Comais aig Sabhal Mòr Ostaig

Is e Dòmhnall Mac a' Bhatair an t-ainm a tha orm. Tha mi seachd bliadhna deug a dh'aois agus rugadh agus thogadh mi ann am Baile a' Chàirn.

Tha mi nam sgoilear air an t-siathamh bliadhna aig Àrd Sgoil Bhaile a' Chàirn, agus tha miair a bhith ag ionnsachadh Gàidhlig on a' chiad bhliadhna san àrd-sgoil. Tha mi cuideachd a' dèanamh Beurla, Eachdraidh, Foghlam Corporra agus Matamataig aig Àrd-ìre am-bliadhna. Tha iad a' còrdadh rium glan.

Bidh mi a' cluich ball-coise agus a' dol a shreap air na beanntan ach tha ùidh mhòr agam ann an Cultar na Gàidhlig gu sònraichte. Tha mi air mo bheò-ghlacadh le eachdraidh na Gàidhealtachd. Nam bheachd, 's e cànan cudromach a tha ann do dh'Alba agus is fìor thoigh leam a bhith ga bruidhinn.

Chanainn nach eil mi fileanta fhathast ach tha mo thidsear den bheachd gu bheil mi air deagh ìre a ruighinn agus cha toir e fada fileantachd fhaighinn.

Tha Gàidhlig aig m' athair cuideachd agus bu thoigh leam a bhith comasach bruidhinn ris. Tha mi airson a bhith nam neach-naidheachd agus bhiodh ùidh agam anns a' chùrsa ceum BA Gàidhlig agus na Meadhanan ach feumaidh mi mo Ghàidhlig a leasachadh roimhne sin.

Tha mi an dòchas gun cluinn mi bhuaibh a dh'aithgearr.

Tapadh leibh.

le gach deagh dhùrachd

Dòmhnall Mac a' Bhatair

Grammar: The verbal noun (page 221)

Q71:

John is hitting a ball	Tha Iain a' bualadh ball
Mary is walking on the beach	Tha Màiri a' coiseachd air an tràigh
I will be shutting the door	Bidh mi a' dùnadh an dorais
Paul was not cutting wood	Cha robh Pòl a' geàrradh fiodh
I was climbing in France	Bha mi a' sreap anns an Fhraing
The lorry was pulling a car	Bha an laraidh a' tarraing càr
Are you reading the Bible?	A bheil thu a' leughadh a' Bhiobaill
Douglas was researching history	Bha Dubhghlas a' rannsachadh eachdraidh
David was not steering at the time	Cha robh Daibhidh a' stiùireadh aig an àm
He would open the book	Bhiodh e a' fosgladh an leabhair
I will not be changing clothes	Cha bhi mi ag atharrachadh aodach
I get up at eight o' clock	Bidh mi ag èirigh aig ochd uairean
Is Janet learning Italian?	A bheil Seònaid ag ionnsachadh Eadailtis?
Johnny works in a factory	Tha Seonaidh ag obair ann am factaraidh
What are you thinking?	Dè tha thu a' smaoineachadh?
Margaret lives in Glasgow	Tha Mairead a' fuireach ann an Glaschu
Do you understand German?	A bheil thu a' tuigsinn Gearmailtis
Roderick is writing poetry	Tha Ruairidh a' sgrìobhadh bàrdachd
They want a cup of coffee	Tha iad ag iarraidh cupa cofaidh
William works in Aberdeen	Tha Uilleam ag obair ann an Obar Dheathain
Do you feel all right?	A bheil thu a' faireachdainn ceart gu leòr
I do not understand	Chan eil mi a' tuigsinn

Grammar: Verbal nouns with pronoun objects (page 223)

Q72:

	Answers
Do you hear me?	A bheil thu gam chluinntinn?
Do you (plu.) see it?	A bheil sibh ga fhaicinn? or A bheil sibh ga faicinn?
James is meeting them	Tha Seumas gan coinneachadh
Was Sorley hitting you?	An robh Somhairle gad bhualadh?
Who wants us?	Cò tha gar n-iarraidh?
I am answering him now	Tha mi ga fhreagairt an-dràsta Tha mi ga fhreagairt a-nis
Are you leaving us here?	A bheil thu gar fàgail an-seo?
Are you buying it? (fem)	A bheil thu ga ceannach?
They were singing it (masc)	Bha iad ga sheinn

Grammar: How to apply the infinitive? (page 226)

Q73:

John is going to hit a ball	Tha Iain a' dol a bhualadh ball
Mary is going to walk on the beach	Tha Màiri a' dol a choiseachd air an tràigh
I am going to shut the door	Tha mi a' dol a dhùnadh an dorais
Paul was not going to cut wood	Cha robh Pòl a' dol a gheàrradh fiodh
I am going to climb in France	Tha mi a' dol a shreap anns an Fhraing
Are you going to read the Bible?	A bheil thu a' dol a leughadh a' Bhiobaill
Douglas was going to research history	Bha Dubhghlas a' dol a rannsachadh eachdraidh
I am going to open the book	Tha e a' dol a dh'fhosgladh an leabhair
I am not going to change clothes	Tha e a' dol fhosgladh an leabhair
I am going to get up at eight o' clock	Chan eil mi a' dol a dh'atharrachadh aodach
Is Janet going to learn Italian?	Tha mi a' dol a dh'èirigh aig ochd uairean
Johnny is going to work in a factory	A bheil Seònaid a' dol a dh'ionnsachadh Eadailtis?
What are you going to think?	Tha Seonaidh a' dol a dh'obair ann am factaraidh
Margaret is going to live in Glasgow	Dè tha thu a' dol a smaoineachadh?
Roderick is going to write poetry	Tha Mairead a' dol a dh'fhuireach ann an Glaschu
They are going to want a cup of coffee	Tha Mairead a' dol fhuireach ann an Glaschu
William is going to work in Aberdeen	Tha Ruairidh a' dol a sgrìobhadh bàrdachd
Do you going to feel all right?	Tha iad a' dol a dh'iarraidh cupa cofaidh
I am not going to understand	Tha Uilleam a' dol a dh'obair ann an Obar Dheathain

Grammar: Infinitives with pronoun objects (page 227)

Q74:

Are you going to you hear me?	A bheil thu a' dol gam chluinntinn?
Are you (plu.)going to see it?	A bheil sibh a' dol ga fhaicinn? or A bheil sibh a' dol ga faicinn?
James is going to meet them	Tha Seumas a' dol gan coinneachadh
Was Sorley going to hit you?	An robh Somhairle a' dol gad bhualadh?
Who is going want us?	Cò tha a' dol gar n-iarraidh?
I am going to answer him now	Tha mi a' dol ga fhreagairt an-dràsta Tha mi a' dol ga fhreagairt a-nis
Are you going to leave us here?	A bheil thu a' dol gar fàgail an-seo?
Are you going to buy it? (fem)	A bheil thu a' dol ga ceannach?
They were going to sing it (masc)	Bha iad a' dol ga sheinn

Grammar: The irregular verbal noun (page 228)

Q75:

I am going to hear music	Tha mi a' dol a chluinntinn ceòl
She is going to do homework	Tha i a' dol a dhèanamh obair-dachaigh
James is going to make dinner	Tha Seumas a' dol a dhèanamh dìnnear
Is he going to go?	A bheil e a'dol a dhol?
Are you going to see a film with him?	A bheil thu a' dol fhaicinn fiolm còmhla ris? A bheil thu a' dol a dh'fhaicinn fiolm còmhla ris?
What are you going to get?	Dè tha thu a' dol fhaighinn? Dè tha thu a' dol a dh'fhaighinn?
What were you going to say?	Dè bha thu a' dol a ràdh?
When is the bus going to arrive?	Cuin a tha am bus a' dol a ruighinn?
When is the bus going to come?	Cuin a tha am bus a' dol a thighinn?
I am going to take a piece	Tha mi a' dol a thoirt pios
Were you going to bring money with you?	An robh thu a' dol a thoirt airgead leat?
I was going to give money to you	Bha mi a' dol a thoirt airgead dhut

Grammar: The difference between *a'* and *a* (page 229)

Q76: c) a ruighinn

Q77: a) a dhol

Q78: a) a' faighinn

Q79: b) a thoirt

Q80: b) a' toirt

Q81: c) a dhèanamh

Q82: a) a' dèanamh

Q83: b) a thighinn

Topic 2: Education

Reading comprehension: Mo bheatha mar thidsear (page 238)

Q1: He did a postgrad (1) for a year (1) and a year in school (1)

Q2: Glasgow: one year (1), Uist: four years (1)

Q3: Correcting/correction/marking (1), reports (1), discipline (1), admin/paperwork (1)

Q4: b) Mr Munro is sometimes overwhelmed with administration.

Q5: The skills were: good at talking and listening (1), enthusiasm for subject (1) and patience (1)

Q6: Homes (1) that are disadvantaged/not ideal (1)

Q7: Difficulties/troubles (1) with bad (1) behaviour (1)

Q8: He has taught (1) more than two thousand (1) of them

Q9: Some pupils (1) are involved (1) in Gaelic (1) and one or two are teachers (1)

Q10: He needs peace and quiet (1) in the summer (1) for a month (1)

Q11: His family lives there (1)

Q12: Reading, working with sheep, walk on the beach

Q13: He makes these statements: good to see children progress (1), helping people grow (1), helping the effort to keep Gaelic alive (1)

Q14: The correct order is:

- When did you start teaching?
- What are the greatest difficulties you have?
- What skills must you have?
- Do you ever meet any old pupils?
- You must enjoy the long holidays
- Why would you recommend to someone to become a teacher?

Q15: c) inform about the working life of a high school teacher.

Reading comprehension: Gaelic medium education (page 242)

Q16: b) promote Gaelic medium education.

Q17: The correct order is show below:

GME starts in playgroup when the children are two to three years of age.
Children are immersed in Gaelic in P1 & P2.
Every class is delivered through the medium of Gaelic.
The number of pupils has risen over the years.
Glasgow Gaelic School is the largest school for high school GME.
There are no schools in the Western Isles Council who deliver GME to pupils older than 13.
The lack of teachers at high school level is the biggest obstacle to advancing GME.
Research shows that GME pupils do just as well, if not better than their peers in English medium.

Listening comprehension: A' fàgail na sgoile airson saoghal na h-obrach (page 244)

Listening transcript

Many people do not leave school for university or college, they instead go into other positive destinations, including employment and training. Here we meet Donald's cousin Anndra.

Cha do chòrd an sgoil rium ro mhath. Bha agam ri fuireach gus an Nollaig anns a' chòigeamh bhliadhna airson an sgoil fhàgail. Thòisich mi ag obair do bhràthair m' athar. 'S e clachair a bha ann. Bha an obair cruaidh ach chòrd e rium a bhith ag obair a-muigh le mo làmhan.

Dh'ionnsaich mi an t-uabhas còmhla ri m' uncail mu dheidhinn saoghal na h-obrach. Cha d' fhuair mi mo phàigheadh mura robh mi ann agus dh'fheumainn a bhith deiseil airson a' bhan a bhith gam thogail tràth anns a' mhadainn.

Cha robh Gàidhlig a' còrdadh rium anns an sgoil ach 's e Gàidhlig a bhiodh m' uncail a' bruidhinn air an làrach agus anns a' bhan. Thug seo piseach air mo Ghàidhlig gun teagamh.

Dh'obraich mi còmhla ris airson bliadhna gu leth ach bha mi ag iarraidh tuilleadh a dhèanamh na bhith a' gluasad bhreigean agus a' sgioblachadh is a' sguabadh. 'S e teicneòlas an aon chuspair san sgoil a bha air còrdadh rium agus thòisich mi a' bruidhinn ris an luchd-ciùird anns na taighean agus bhiodh iad a' sealltainn dhomh na bha iad a' dèanamh. Fhuair mi an obair aig na saoran gu math inntinneach agus 's e sin a chuir mi romham mar an dreuchd a bha mi ag iarraidh.

Thug mi a-mach teisteanas ann an saoranachd anns a' cholaiste ann an Inbhir Nis. Bhithinn ag obair anns an Eilean Sgitheanach aon mhios agus a' dol a dh'fhuireach anns a' bhaile mhòr an ath mhios. Dh'fhuirichinn ann an taigh leabaidh agus bracaist. Cha robh e dona idir, bha e blàth agus comhfhurtail agus bha am bracaist blàsta a h-uile madainn.

Choisichinn dhan cholaiste agus choinnichinn ris na caraidean agam aig stèisean nam busaichean mus rachadh sinn dhan cholaiste faisg air meadhan a' bhaile. Bha na daoine aig a' cholaiste uabhasach coir. Anns a' chlas agam, choinnich mi ri òigridh eile bho air feadh na Gàidhealtachd. Cha robh mi an dùil gum biodh mòran nighneanan ann air a' chùrsa ach bha dusan air a' chùrsa agus bha iad fìor mhath agus dìcheallach cuideachd. Bha na tidsearan math oir ged nach do chòrd an sgoil rium, bha an colaiste gu math diofraichte leis mar an do dh'ionnsaich sinn rudan ann an dòigh phraictigeach.

Rinn mi mo phreantasachd còmhla ri saor anns an sgìre. Rinn mi dà bhliadhna còmhla ris a' chompanaidh. Gu mì-fhortanach, cha robh airgead aig a' chompanaidh airson mo chumail as dèidh sin agus bha mi ag obair air tuathanas-èisg airson sia miosan. Mu dheireadh thall, fhuair mi obair anns an Eilean Sgitheanach ag obair do chompanaidh mòr a' togail thaigheadais shoisealta ann an Ceann an Iar an Eilein faisg air Dun Bheagain. Is toigh leam a bhith faisg air mo phàrantan anns an Eilean ach tha mi a' pòsadh an ath bhliadhna.

Q18: He is a builder/mason (1)

Q19: It is hard/tough/difficult (1), but he enjoys/enjoyable/enjoyed (1) working outside (1) with his hands (1)

Q20: A great deal/a terrible amount/a lot (1)

Q21: Early (1)

Q22: b) No

Q23: e) It has definitely improved.

Q24: His uncle had him move (1) bricks (1), tidying (1) and sweeping (1).

Q25: They would show him (1) what they were doing (1).

Q26: He would work (1) in Skye (1) one month (1) and stay (1) in Inverness/the town/the city (1) the other (1).

Q27: It was not bad (1), warm (1), comfortable (1) and they do a tasty breakfast (1).

Q28: He would walk to college (1) and meet friends (1) at bus station (1).

Q29: The number (1) of girls (1) on the course.

Q30: He learned (1) through practical work/practically (1)

Q31: He was sacked/let go/fired (1). He worked on fish farm (1) for six months(1).

Q32: A big company (1) building/social housing(1) in Skye/near Dunvegan/North West Skye (1).

Q33: He likes (1) being near (1) his parents (1) and he is marrying (1) next year (1).

Listening comprehension: Àrd sgoil (page 246)

Listening transcript

Anna is in Nina and Calum's Gàidhlig fluent speakers' class. She has been conducting an e-mail exchange with a pupil in a school in the Western Isles to improve her Gaelic. She is now going to conduct a video conference with Lachlann, her penpal, over the internet. Listen to their conversation.

Lachlann - Hallo Anna, dè mar a tha thu?

Anna - Tha mi gu dòigheil tapadh leat a Lachlainn, ciamar a tha thu fhèin?

Lachlann - Tha mi glè mhath, 's math d' fhaicinn! Tha ceist no dhà agam dhut.

Anna - Is agamsa cuideachd. Stiall ort an tòiseach.

Lachlann - Ok ma thà, cuin a bhios tu a' dol dhan sgoil gach latha?

Anna - Bidh mi ag èirigh aig cairteal an dèidh seachd anns a' mhadainn. Gabhaidh mi fras agus an uairsin thèid mi sìos an staidhre agus gabhaidh mi mo bhracaist. Bidh mi a' fàgail an taighe aig ochd uairean mar as trice agus bidh mi a' coiseachd dhan sgoil.

Lachlann - Nach buidhe dhut! Feumaidh mi èirigh aig cairteal gu seachd anns a' mhadainn. Tha cabhag orm anns a' mhadainn oir bidh am bus a' falbh aig leth-uair an dèidh seachd. Bidh mi a' ruighinn na sgoile aig leth-uair an dèidh ochd. B' fheàrr leam a bhith a' fuireach nas fhaisge air an sgoil oir tha e cho fada anns a' mhadainn agus sàmhach air an deireadh-sheachdain ach is toigh leam a' choimhearsnachd agam, tha e breàgha agus tha na daoine laghach.

Anna - Obh obh! Nach eil thu sgith aig deireadh an latha?

Lachlann - Tha mi caran sgith ach bidh mi a' dol a-mach airson ruith nuair a thilleas mi dhachaigh. Feumaidh mi a bhith fut agus fallainn airson ball-coise a chluich. As t-samhradh bidh mi a' cuidheachadh leis na caoraich. Nach eil thu fhèin trang aig an sgoil?

Anna - Tha mi cho trang 's a ghabhas. Am-bliadhna, rinn mi còig cuspairean aig àrd-ìre. Tha mi a' dèanamh Beurla, Gàidhlig, Matamataig, Ceimigeachd agus Bith-eòlas. 'S e Bith-eòlas as fheàrr leam. Tha an tidsear uamhasach fhèin comasach agus tha ùidh mhòr aice anns a' chuspair. Mar sgoilear, 's e rud cudromach a tha sin. Dè an cuspair as fheàrr leat?

Lachlann - Feumaidh mi ràdh gur toigh leam Gàidhig gu mòr. Bidh mi a' seinn anns a' Ghàidhlig agus tha an tidsear agam gam chuideachadh le òrain ùra a dh'ionnsachadh. Tha e cudromach an cànan a chumail beò. Is toigh leam fiosaig agus conaltradh grafaigeach. Bu toigh leam obair ceangailte ris an dà chuspair seo. Tha thu a' dèanamh tòrr, a bheil mòran obair-dachaigh agad?

Anna - Tha gu dearbh! Bidh mi a' dèanamh ath-sgrùdadh a h-uile oidhche. Tha mi ga fhaighinn doirbh a bhith a' cuimhneachadh fiosrachadh a' chiad uair 's mar sin feumaidh mi sùil a thoirt air a-rithist as dèidh làimhe. Lachlann - Tha mi fortanach oir 's urrainn dhomh fiosrachadh a chuimhneachadh a' chiad uair mar as trice cho fad 's gu bheil ùidh agam ann ach chan eil mi gu math sam bith air rudan mar bhith-eòlas. Am bu toigh leat fhèin obair ceangailte ri bith-eòlas?

Anna - Tha mi airson a dhol a dh'Oilthigh Dhùn Èideann airson dotaireachd a dhèanamh. Feumaidh mi sàr-àrd-ìre a dhèanamh ann am Bith-eòlas agus Ceimigeachd an ath bhliadhna. Bidh mi ag ionndrainn mo charaidean nuair a dh'fhàgas mi an sgoil. Bidh mi a' conaltradh leotha tro làraich-lìn shoisealta. Dè mu do dheidhinn-sa?

Lachlann - Tha fadachd orm an sgoil fhàgail. Tha mi an dùil bliadhna a dhèanamh aig Sabhal Mòr Ostaig mus tèid mi gu Oilthigh Shrath Chluaidh airson innealaidearachd a dhèanamh, agus mar sin, ma gheibh mi na tha dhìth orm anns na deuchainnean, fàgaidh mi sgoil aig deireadh na còigeamh bliadhna.

Anna - Uill, chan eil Dùn Èideann is Glaschu fad o chèile. Chan eil e ach trì cairteal na h-uarach air an treana. Feumaidh sinn coinneachadh uaireigin.

Lachlann - Feumaidh gu dearbh. Bha e math bruidhinn riut agus tha mi an dòchas gun coinnich sinn a-rithist. Tioraidh an-dràsta.

Q34: b) False

Q35: a) True

Q36: b) False

Q37: a) True

Q38: b) False

Q39: a) True

Q40: a) True

Q41: b) False

Q42: a) True

Q43: b) False

Q44: a) True

Q45: a) True

Q46: a) True

Q47: b) False

Q48: a) True

Q49: a) True

Q50: a) True

Q51: a) True

Q52: a) True

Q53: a) True

Q54: a) True

Q55: a) True

Reading comprehension: Sgoil anns na seann làithean (page 250)

Q56: He walked (1)

Q57: Three miles (1)

Q58: With two brothers (1) OR Alasdair/Alexander & Hector (1) (max 1 point for question)

Q59: Rain (1), snow (1), wind (1) and sun (1)

Q60: 14 (1)

Q61: He learned about crofting/agriculture (1) worked on croft with father (1)

Q62: He joined the army (1)

Q63: Sit/sat exam at 11 (1)

Q64: Portree (1)

Q65: North Uist (1), Scalpay (1) and Harris (1)

Q66: Hostels (1)

Q67: They boarded because of bad roads (1) and/or having far to travel/long journey (1) times.

Q68: He stayed (1) with an aunt (1).

Q69: They only (1) got (1) home (1) on holidays (1).

Q70: They were homesick (1)

Q71: Jessie/Aunt's cooking(1) for six (1) years (1).

Q72: The belt (1) and the ruler/cane (1).

Q73: a) True

Q74: b) False

Q75: There were over (1) 80 (1).

Q76: There were 3 (1)

Q77: It was a sad (1) day (1) for the community (1).

Q78: It is a museum (1)

Q79: That he will remember (1) as long (1) as he lives (1).

Reading comprehension: Oilthigh ann an Glaschu (page 253)

Q80: He would (1) know (1) lots (1) of people (1)

Q81: It publishes (1) books (1) and gives classes (1)

Q82: He had to apply/application (1) and attend an interview (1) with the officer/Gaelic officer (1).

Q83: It is the second (1) oldest (1) club (1).

Q84: The shinty(1) team(1)

Q85: There are boys (1) from Skye (1) on the team.

Q86: He did too much (1) partying/celebration/fun (1) and failed (1) an exam (1) and had to resit (1).

Q87: Poetry (1), history (1) and language (1)

Q88: Politics/It is bigger (1) or Gaelic is smaller.

Q89: Big (1) heavy/thick (1) books about famous (1) politicians (1).

Q90: He wants to be a Modern Studies (1) teacher (1).

Q91: South America (1)

Q92: He did a course (1) about politics (1) there, it was very/really interesting (1).

Q93: Make (1) your own mind up/decision (1)

Listening comprehension: Fèis (page 256)

Listening transcript

Education is not restricted to the school. Extra-curricular activities are very useful areas for learning new skills. In particular, fèisean are very good places to expand your Gaelic langauge skills and knowledge.

Calum - Madainn mhath, 's e Calum MacFhearguis an t-ainm a tha orm. Tha mise gu bhith a' teagasg na fidhle dhaibh. Dè na h-ainmean a tha oirbh?

Peigi - Is mise Peigi NicIlleathain.

Iain - 'S e Iain Moireach an t-ainm a tha orm

Calum - Glè mhath, ciamar a tha sibh an-diugh?

Peigi - Tha mise glè mhath.

Iain - Tha mi sgìth

Calum - Obh obh, feumaidh tu dùsgadh a bhalaich. A-nise, an do chluich sibh an fhidheall roimhe?

Peigi - Chluich. Tha mi air a bhith ag ionnsachadh na fidhle fad còig bliadhna. Is toigh leam an fhidheall. Tha am fuaim glè bhinn agus tha e math airson ruidhlichean is srathan spè a chluich.

Iain - Cha do chluich. Bidh mi a' seinn na pìoba mar as trice ach bha mi ag iarraidh ionnsramaid eile a dhèanamh. Bidh mi a' cluich giotar cuideachd agus bha mi airson rudeigin eile le teudan fheuchainn.

Calum - Glè mhath. 'S e seo a' chiad uair a tha mi air bhith nam oide aig fèis. Chaidh mi fhèin dhan fhèis nuair a bha mi òg. Chòrd e rium gu mòr agus tha mi an dòchas gun còrd e ribh.

Calum - Dè na cuspairean eile a tha sibh a' dèanamh na seachdain seo?

Peigi - Uill, tha mi a' dol a dhèanamh òrain Ghàidhlig oir tha mi uabhasach math air seinn. Bidh mi a' seinn ann an coisir Ghàidhlig na sgoile agus tha e math òrain ùra ionnsachadh airson mo Ghàidhlig a thoirt air adhart. Bidh mi a' seinn aig a' Mhòd san Dàmhair cuideachd. Tha mi a' dèanamh dràma mar an treas cuspair agam. Is toigh leam cleasachd agus bu toigh leam a bhith nam chleasaiche.

Iain - 'S e Mgr MacFhionnlaigh a tha a' teagasg na pìoba. Is esan mo thidsear pìobaireachd mar sin feumaidh mi pìobaireachd a dhèanamh. Bidh mi a' seinn na pìoba aig co-fharpaisean. Thagh mi camanachd mar an treas cuspair agam. Cha do chluich mi camanachd riamh. Is fìor thoigh leam ball-coise agus shaoil mi gum bithinn math air camanachd. Tha mi a' coimhead air adhart ris.

Calum - Math-dhà-rìreabh. A-nise, tòisichidh sinn air na puirt againn a-nis. Cluichidh sinn The High Road To Linton. A h-aon, a dhà, a trì, a ceithir. . .

Q94:

Peggy	**John**
Surname is Maclean	Surname is Murray
Also sings	Feeling tired
Feeling very good	Also plays the guitar
Has been played fiddle for five years	Has not played fiddle before
Drama as third subject	Looking forward to shinty
Would like to be an actress	Good at football
Going to the Mod	Going to a competition

Answers from page 258.

Q95:

I have not eaten	Chan eil mi air ithe
I have gone	Tha mi air falbh
We have run	Tha sinn air ruith
Has Calum tidied?	A bheil Calum air sgioblachadh?
Donald has not researched	Chan eil Dòmhnall air rannsachadh
Kate has swum	Tha Ceit air snàmh
You (plu.) have finished	Tha sibh air crìochnachadh
Have they drunk?	A bheil iad air òl?

Answers from page 258.

Q96:

I have gone home	Tha mi air a dhol dhachaigh
You have gone too far	Tha thu air a dhol ro fhada
Paul has gone to France	Tha Pòl air a dhol dhan Fhraing
Have you gone to the cinema?	A bheil thu air a dhol dhan taigh-dhealbh?
We have not gone to the museum yet	Chan eil sinn air a dhol dhan taigh-tasgaidh
I think Iain has gone home	Tha mi a' smaoineachadh gu bheil Iain air a dhol dhachaigh

Answers from page 259.

Q97:

I had not eaten	Cha robh mi air ithe
I had gone	Bha mi air falbh
We had run	Bha sinn air ruith
Calum had tidied	Bha Calum air sgioblachadh
Donald had not researched	Cha robh Dòmhnall air rannsachadh
Kate had swum	Bha Ceit air snàmh
You (plu.) had finished	Bha sibh air crìochnachadh
Had they drunk?	An robh iad air òl?

Answers from page 260.

Q98:

I had gone home	Bha mi air a dhol dhachaigh
You had gone too far	Bha thu air a dhol ro fhada
Paul had gone to France	Bha Pòl air a dhol dhan Fhraing
Had you gone to the cinema?	An robh thu air a dhol dhan taigh-dhealbh?
We had not gone to the museum yet	Cha robh sinn air a dhol dhan taigh-tasgaidh
I think Iain had gone home	Tha mi a' smaoineachadh gun robh Iain air a dhol dhachaigh

Answers from page 262.

Q99:

I have eaten the food	Tha mi air am biadh ithe
I have left the house	Tha mi an taigh fhàgail
We have run the race	Tha sinn air an rèis a ruith
Calum has tidied the room	Tha Calum air an t-seòmar a sgioblachadh
Donald has not researched the subject	Chan eil Dòmhnall air an cuspair a rannsachadh
Kate has swum the loch	Tha Ceit air an loch a shnàmh
You (plu.) have finished the course	Tha sibh air an cursa a chrìochnachadh
Have they drunk the whisky?	A bheil iad air an t-uisge-beatha òl ?

Vocabulary: Education (page 265)

Q100:

accountancy	cunntasachd
administration	rianachd
arithmetic	àireamhachd
art	ealain
biology	bith-eòlas
business administration	rianachd gnìomhachais
business management	stiùireadh gnìomhachais
chemistry	ceimigeachd
child-care	cùram-chloinne
Chinese	Sìnis
computing	coimpiutaireachd
English	Beurla

Q101:

French	Frangais
Gaelic	Gàidhlig
geography	cruinn-eòlas
geology	tìr-eòlas
German	Gearmailtis
graphic communication	conaltradh grafaigeach
history	eachdraidh

Q102:

Home economics	eaconomas-dachaigh
Hospitality	aoigheachd
Information technology (IT)	teicneolas fiosrachaidh
Italian	Eadailtis
Latin	Laideann
Mathematics	matamataig
Media studies	eòlas mheadhanan

Q103:

Modern studies	nuadh-eòlas
Music	ceòl
Philosophy	feallsanachd
Physical education (PE)	foghlam spòrs
Physics	fiosaig
Politics	poileataigs
Practical cookery	còcaireachd dhèanadach
Religious studies (RE)	eòlas creideimh
Russian	Ruisis
Spanish	Spàinntis
Technological studies	teicneòlas

Vocabulary: Qualifications (page 266)

Q104:

ìre nàiseanta a ceithir	National 4
ìre nàiseanta a còig	National 5
ceum	Degree
teisteanas	Certificate
àrd-ìre	Higher
sàr-àrd-ìre	Advanced Higher
duais	Award
sgeama-obrach	Work Scheme

Vocabulary: Educational establishments (page 267)

Q105: The correct order is shown:

croileagan	playgroup
sgoil-àraich	nursery school
bun-sgoil	primary school
àrd-sgoil	high school
acadamaidh	academy
colaiste	college

Vocabulary: Educational root verbs (page 267)

Q106:

meas	assess, value
rannsaich	research
thoir sùil air	look at
ath	sgrìobh
sgrùd	examine, inspect
còmharraich	mark
ceartaich	correct
failnich	fail
soirbhich	succeed
beachdaich	consider
ath	sgrùd
leasaich	develop
thoir air adhart	advance
ceumnaich	graduate

Vocabulary: Educational verbal nouns (page 268)

Q107:

measadh	assessing
rannsachadh	studying
sgrùdadh	examining, inspecting
còmharrachadh	marking
ceartachadh	correcting
failneachadh	failing
soirbheachadh	succeeding
ath-sgrìobhadh	rewriting
ath-sgrùdadh	re-examining
beachdachadh	considering
toirt sùil air	looking at
toirt air adhart	advancing
leasachadh	developing
ceumnachadh	graduating

Vocabulary: Education (page 268)

Q108:

measadh	assessment
deuchainn	exam
duilleag	obrach
anailis	analysis
leirmheas	review
soirbheachas	success
dreach	draft
teisteanas	certificate
ìre	grade
barantas	qualification
adhartas	progress

Vocabulary: Higher and further education (page 269)

Q109:

measadh	assessment
deuchainn	exam
duilleag	obrach
anailis	analysis
leirmheas	review
soirbheachas	success
dreach	draft
teisteanas	certificate
ìre	grade
barantas	qualification
adhartas	progress

Vocabulary: Jobs in education (page 269)

Q110:

eòlaiche	expert
luchd-teagaisg	teachers
oide	tutor
ollamh	professor
foghlamaiche	educator
rannsaiche	researcher
luchd-sgrùdaidh	inspectors
neach-sgrùdaidh	inspector
ceannard	head
iar	cheannard - depute head
dorsair	janitor
for-cheumnaiche	postgraduate
ceumnaiche	graduate

Answers to questions and activities for Context 3

Topic 1: Jobs

Vocabulary: Education (page 277)

Q1:

foghlam Gàidhlig ro-sgoile	Gaelic medium pre-school
sgoil-àraich Ghàidhlig	Gaelic medium pre-school/nursery
bun-sgoil	primary school
tidsear bun-sgoile Gàidhlig	Gaelic primary school teacher
clasaichean tro Ghàidhlig	Gaelic medium classes
Sgeama Luchd-ionnsachaidh Gàidhlig sa Bhun-sgoil	Gaelic Learners in the Primary School Programme (GLPS)
àrd-sgoil	secondary school
Gàidhlig mar chuspair	Gaelic as a subject
oileanach	student

Grammar: Irregular verbs (page 278)

Q2:

abair	ag ràdh	a ràdh	thuirt	their	theireadh
say	saying	to say	said	will say	would say
beir	a' breith	a bhreith	rug	beiridh	bheireadh
catch	catching	to catch	caught	will catch	would catch
cluinn	a' cluinntinn	a chluinntinn	chuala	cluinnidh	chluinneadh
hear	hearing	to hear	heard	will hear	would hear
dèan	a' dèanamh	a dhèanamh	rinn	nì	dhèanadh
do	doing	to do	did	will do	would do
faic	a' faicinn	a dh'fhaicinn	chunnaic	chì	chitheadh
see	seeing	to see	saw	will see	would see

Q3:

faigh	a' faighinn	a dh'fhaighinn	fhuair	gheibh	gheibheadh
get	getting	to get	got	will get	would get
rach	a' dol	a dhol	chaidh	thèid	rachadh
go	going	to go	went	will go	would go
ruig	a' ruigsinn	a ruigsinn	ràinig	ruigidh	ruigeadh
arrive, reach	arriving, reaching	to arrive, reach	arrived, reached	will arrive, reach	would reach
thoir	a' toirt	a thoirt	thug	bheir	bheireadh
give	giving	to give	gave	will give	would go
thig	a' tighinn	a thighinn	thàinig	thig	thigeadh
come	coming	to come	came	will come	would come

Grammar: Ceit's diary (page 279)

English translation

I **found (1)**out today from Bòrd na Gàidhlig that there are many work opportunities in the Gaelic world. They **said (2)** that there are more than 2,000 pupils in Gaelic education in 63 primary schools in Scotland. There must be opportunities for me as a PE teacher.

I **saw (3)** also in the pamphlet that there is Gaelic medium education in nearly forty secondary schools. I **shall see (4)** what my Guidance Teacher in school **will say (5)** about this. I **shall catch (6)** him when I return to Inverness. I am not quite sure what I **shall get (7)** in the SQA exams, and I do not know what universities and colleges are wanting **to get (8)** in to courses.

I do not know what I **shall do (9)** - primary school or secondary school. Perhaps there would be more opportunities in primary school. On the other hand, I am sure more new Gaelic secondary schools **will come (10)**.

Q4:

Gaelic

Fhuair (1) mi a-mach an-diugh bho Bhòrd na Gàidhlig gu bheil mòran chothroman obrach ann an saoghal na Gàidhlig. **Thuirt (2)** iad gu bheil barrachd air 2,000 sgoilear ann am foghlam Gàidhlig ann an 63 bun-sgoil ann an Alba. Tha fios gum bi cothroman ann dhomh mar thidsear spòrs.

Chunnaic (3) mi cuideachd anns a' bhileig aca gu bheil foghlam tro mheadhan na Gàidhlig ann am faisg air ceathrad àrd-sgoil. **Chì (4)** mi dè **their (5)** an Tidsear Stiùiridh agam anns an sgoil mun seo. **Beiridh (6)** mi air nuair a thilleas mi a dh'Inbhir Nis. Chan eil mi buileach cinnteach dè **gheibh (7)** mi anns na deuchainnean aig SQA, agus chan eil fhios agam dè tha oilthighean agus colaistean ag iarraidh airson **fhaighinn (8)** a-steach gu cùrsaichean.

Chan eil fhios agam dè **nì (9)** mi-bun-sgoil no àrd-sgoil? Is dòcha gum biodh barrachd chothroman anns a' bhun-sgoil. Air an làimh eile, **thig (10)** barrachd àrd-sgoiltean Gàidhlig ùra tha mi cinnteach.

English translation

I **found (1)** out today from Bòrd na Gàidhlig that there are many work opportunities in the Gaelic world. They **said (2)** that there are more than 2,000 pupils in Gaelic education in 63 primary schools in Scotland. There must be opportunities for me as a PE teacher.

I **saw (3)** also in the pamphlet that there is Gaelic medium education in nearly forty secondary schools. I **shall see (4)** what my Guidance Teacher in school **will say (5)** about this. I **shall catch (6)** him when I return to Inverness. I am not quite sure what I **shall get (7)** in the SQA exams, and I do not know what universities and colleges are wanting **to get (8)** in to courses.

I do not know what I **shall do (9)** - primary school or secondary school. Perhaps there would be more opportunities in primary school. On the other hand, I am sure more new Gaelic secondary schools **will come (10)**.

Grammar: Responding in the past tense (page 282)

Q5:

Root	**Past tense question**	**Past tense answer**
abair	an tuirt thu dad?	thuirt / cha tuirt
say	did you say anything?	I did not.
beir	an do rug thu air?	rug / cha do rug
catch, give birth	did you catch him?	I did.
cluinn	an cuala tu sin?	chuala / cha chula
hear	did you hear that?	I did not
dèan	an do rinn thu sin?	rinn / cha do rinn
do	did you do that?	I did not.
faic	am faca tu e?	chunnaic / chan fhaca
see	did you see him?	I did not.
faigh	an d' fhuair thu sin?	fhuair / cha d' fhuair
get	did you get that?	I did.
rach	an deach thu ann?	chaidh / cha deach
go	did you go there?	I did.
ruig	an do ràinig i?	ràinig / cha do ràinig
arrive, reach	did she arrive?	She did not.
thoir	an tug thu sin dha?	thug / cha tug
give	did you give him that?	I did not.
thig	an tàinig i?	thàinig / cha tàinig
come	did she come, arrive?	She did not.

Grammar: Responding in the future tense (page 283)

Q6:

Root	Future tense question	Future tense answer
abair	an abair thu sin?	abraidh / chan abair
say	do you say that?/will you say that?	I will.
beir	am beir thu air?	beiridh / cha bheir
catch, give birth	will you catch, him?	I will not
cluinn	an cluinn thu mi?	cluinnidh / cha chluinn
hear	do (can) you hear me?/will you hear me?	I will not
dèan	an dèan thu sin?	nì / cha dèan
do	will you do that?	I will.
faic	am faic thu i?	chì / chan fhaic
see	will you see her?	I will.
faigh	am faigh thu sin?	gheibh / chan fhaigh
11get	will you get that?	I will.
rach	an tèid thu ann?	thèid / cha tèid
go	will you go there?	I will not
ruig	an ruig i a-nochd?	ruigidh / cha ruig
arrive, reach	will she arrive tonight	she will not
thoir	an toir thu sin dha?	bheir / cha toir
give	will you give him that?	I will.
thig	an tig i a-nochd?	thig / cha tig
come	will she come tonight?	she will not

Grammar: Responding in the conditional tense (page 284)

Q7:

Root	Conditional tense question	Conditional tense answer
abair	an abradh tu sin?	dh'abrainn / chan abrainn
say	would you say that?	I would.
beir	am beireadh e air?	bheireadh / cha bheireadh
catch, give birth	would he catch, him?	he would not
cluinn	an cluinneadh tu iad?	chluinninn / cha chluinninn
hear	would you hear them?	I would
dèan	an dèanadh ise sin?	dhèanadh / cha dèanadh
do	would she do that?	she would not
faic	am faiceadh tu i?	chìthinn / chan fhaicinn
see	would you see her?	I would.
faigh	am faigheadh tu sin?	gheibhinn / chan fhaighinn
get	would you get that?	I would.
rach	an rachadh tu ann?	rachainn / cha rachainn
go	would you go there?	I would not
ruig	an ruigeadh i a-nochd?	ruigeadh / cha ruigeadh
arrive, reach	would she arrive tonight	she would not
thoir	an toireadh tu sin dha?	bheirinn / cha toireadh
give	would you give him that?	I would.
thig	an tigeadh i a-nochd?	thigeadh / cha tigeadh
come	would she come tonight?	she would not

Grammar: Find the irregular verbs (page 284)

English translation

I spoke to my Guidance Teacher today and I said (1) to her that I wanted to work in the Gaelic world as a P.E. Teacher. She asked lots of questions about what type of work I wanted to do (2). For example:

- Would you see (3) yourself working in a primary school or a secondary school?
- Would you go (4) to an education college or a university?
- Have you done (5) a work placement in a primary school or a secondary school yet?
- Would you give (6) help in this school wih P.E. classes?

- Would you get (7) in to a course at the moment with what you have or would you need to get (8) higher grades in the exams?

This is how I answered:

I would see (9) myself working in a primary school I would think. There is more opportunity to do (10) Gaelic there. I would go (11) to a college of education and I would do (12) a course there. I did (13) a work placement on fourth year and I enjoyed it. I would give (14) help with P.E. classes. I would enjoy that. I would get (15) in to a course with what I have at present. I got (16) on very well in the exams last year and I shall do (17) my best this year to get (18) high grades.

Reading comprehension: Ceit (page 285)

Q8: b) teach Gaelic.

Q9: b) expanding.

Q10: a) Nursery, primary and secondary

Q11: a) True

Q12: b) nursery school in Oban.

Q13: a) Teaching Gaelic to little ones

Q14: b) quickly the children's language skills progress.

Q15: a) Yes

Q16: a) B. Ed.

Q17: b) False

Q18: b) By working in the Gaelic media whilst teaching.

Q19: c) Local authorities

Listening comprehension: Mr Macdonald (page 288)

Listening transcript

Mgr Macdhòmhnaill Feasgar math, a Cheit. Suidh sìos. Carson a thàinig thu a bhruidhinn rium an-diugh?

Ceit Feasgar math. Tha mi airson bruidhinn ribh mu chùrsaichean teagaisg. Bu toigh leam a bhith nam thidsear Gàidhlig.

Mgr Macdhòmhnaill Tha mi toilichte sin a chluinntinn, a Cheit. Tha mi smaoineachadh gun dèan thu deagh thidsear. Chan e obair fhurasta a tha ann, ach 's e obair air leth chudromach a tha ann.

Ceit Is toil leam spòrs agus is toigh leam Gàidhlig. Ciamar a gheibh mi obair aig deireadh an là leis na cuspairean sin.

Mgr Macdhòmhnaill Ueil, a Cheit, tha mi smaoineachadh gu bheil dà dhòigh air seo a dhèanamh. Dh'fhaodadh tu cùrsa bun-sgoil airson teagasg tro mheadhan na Gàidhlig a dhèanamh agus is dòcha gum biodh cothrom agad spòrs a dhèanamh leis a' chloinn. No dh'fhaodadh tu cùrsa àrd-sgoil a dhèanamh airson spòrs agus obair fhaighinn ann an àrd-sgoil Ghàidhlig.

Ceit Tha mi smaoineachadh gum b' fheàrr leam a bhith a' teagasg ann am bun-sgoil.

Mgr Macdhòmhnaill Rud eile a dh'fhaodadh tu a dhèanamh-dh'fhaodadh tu trèanadh mar thidsear spòrs agus is dòcha gum faigheadh tu obair a' dol timcheall bhun-sgoiltean a tha a' teagasg tro mheadhan na Gàidhlig.

Ceit Mmm - cha do smaoinich mi mu dheidhinn sin.

Q20: c) To sit down.

Q21: b) Why have you come to speak to me today?

Q22: c) I need to speak about a course.

Q23: c) Ceit was thinking of becoming a teacher.

Q24: a) Not easy

Q25: a) PE and Gaelic

Q26: a) How she can get work in these two subjects.

Q27: b) Two

Q28: b) False

Q29: a) She had not thought of it.

Listening comprehension: Careers (page 290)

Listening transcript

Mgr Macdhòmhnaill Am faiceadh tu thu fhèin ag obair ann am bun-sgoil no àrd-sgoil?

Ceit Chan eil fhios agam. Is dòcha gum biodh barrachd chothroman aig ìre na bun-sgoil. Ach air an làimh eile, bidh barrachd àrd-sgoiltean Gàidhlig ann anns na bliadhnaicheann ri teachd, tha mi glè chinnteach. Tha mi smaoineachadh gur dòcha gum feuch mi teagasg ann an àrd-sgoil.

Mgr Macdhòmhnaill An rachadh tu gu colaiste foghlaim no oilthigh?

Ceit Tha mi smaoineachadh gum biodh e glic dhomh a dhol gu àite far a bheil àrainneachd Ghàidhlig ann. Le sin thèid mi gu Sabhal Mòr Ostaig agus nì mi ceum ann an Gàidhlig agus an dèidh sin gheibh mi teisteanas ann an teagasg.

Mgr Macdhòmhnaill An do rinn thu greis-gnìomhachais ann am bun-sgoil no àrd-sgoil fhathast?

Ceit Rinn. Bha mi air greis-gnìomhachais air a' cheathramh bliadhna agus chaidh mi gu bun-sgoil aig an robh aonad Gàidhlig. Chòrd e rium.

Mgr Macdhòmhnaill An toireadh tu cuideachadh le clasaichean spòrs anns an sgoil seo?

Ceit Bheireadh gu dearbh. Chòrdadh sin rium gu mòr. Bhiodh e math cuideachd nam b' urrainn dhomh cuid de na sgoilearan le Gàidhlig a chuideachadh. Dh'fhaodamaid iomain is ball-coise a chluich ann an Gàidhlig.

Mgr Macdhòmhnaill Am faigheadh tu a-steach gu cùrsa an-dràsta leis na tha agad no am feumadh tu ìrean na b' àirde fhaighinn anns na deuchainnean?

Ceit Gheibhinn a-steach an-dràsta leis na tha agam. Rinn mi glè mhath an-uiridh anns na deuchainnean. Ach bidh mi ag obair gu trang am bliadhna seo cuideachd.

Q30: c) Not as exciting as secondary school.

Q31: b) She will work on a school in Barra.

Q32: b) Would you go to an education college or a university?

Q33: a) there is a Gaelic environment.

Q34: a) a degree in Gaelic and then a teaching qualification.

Q35: d) Fourth year

Q36: b) Would you help with PE classes in the school?

Q37: a) Shinty and football

Q38: a) True

Q39: a) True

Topic 2: Work and CVs

Translation: CV (page 295)

Translation

Sport and Pastimes

I captain the school football team. I also hill walk and I especially like to be in the Cuillins. I am a member of the sports centre in Inverness and I go there regularly.

I go to Baile a' Chàirn Youth Club each Friday and we help in the community by visiting old people, and tidying up the town from time to time.

I write in the school magazine and I have a programme on Baile a' Chàirn Community Radio. I play music from 8.00pm-9.00pm each Wednesday evening. I enjoy that very much.

The reason why I want to do this course.

Ever since I was small I was fond of writing. When we had opportunity in school to choose a work-placement, I chose a placement with Rèidio nan Gàidheal. There I learnt editing skills. I also put a piece together for a children's programme and I also did some research for one or two other programmes. I enjoyed the placement and it confirmed me in my desire to be a broadcaster.

Employment

I work in Tesco on a Monday evening each week and more in the holidays. I enjoy meeting people and working with others.

Vocabulary: Expressions (page 296)

Q1:

Spòrs is Cur-seachadan

Tha mi nam chaiptean air sgioba ball-coise na sgoile. Bidh mi cuideachd a'coiseachd nam beann agus is fìor thoigh leam a bhith anns a' Chuilthionn. Tha mi nam bhall den ionad-spòrs ann an Baile a' Chàirn agus bidh mi a' dol ann gu cunbhalach.

Bidh mi a'dol do Chlub Òigridh Baile a' Chàirn gach Dihaoine agus bidh sinn a' cuideachadh anns a' choimhearsnachd le bhith a' tadhal air seann daoine agus a' sgioblachadh a' bhaile bho àm gu àm.

Bidh mi a' sgrìobhadh ann an Iris na Sgoile agus tha prògram agam air Rèidio Coimhearsnachd Baile a' Chàirn. Bidh mi a' cluich ceòl bho 8.00-9.00 gach feasgar Diciadain. Tha sin a' còrdadh rium gu mòr.

Adhbhar a tha mi ag iarraidh an cùrsa seo a dhèanamh.

Riamh on a bha mi beag bha mi dèidheil air sgrìobhadh. Nuair a bha cothrom againn anns an sgoil greis-gnìomhachais a thaghadh, thagh mise greis còmhla ri Rèidio nan Gàidheal. Ann an sin dh'ionnsaich mi sgilean deasachaidh. Cuideachd, chuir mi criomag ri chèile airson prògram cloinne agus bha mi a' dèanamh beagan rannsachaidh airson prògram no dhà eile. Chòrd an greis seo rium agus dhaighnich e mi nam rùn a bhith nam neach-craolaidh.

Obair

Bidh mi ag obair ann an Tesco feasgar Diluain gach seachdain agus barrachd anns na làithean saora. Tha e a' còrdadh rium a bhith a' coinneachadh ri daoine agus ag obair còmhla ri daoine eile.

Grammar: Forming the conditional tense (page 298)

Q2:

Roots	**Conditional forms**
bhris	bhriseadh
chuir	chuireadh
dhùin	dhùineadh
ghabh	ghabhadh
mhill	mhilleadh
phòs	phòsadh
shuidh	shuidheadh
thog	thogadh
las	lasadh
nigh	nigheadh
ruith	ruitheadh

Q3:

Roots	**Conditional forms**
dh'aithnich	dh'aithnicheadh
dh'èirich	dh'èiricheadh
dh'ith	dh'itheadh
dh'òl	dh'òladh
dh'ullaich	dh'ullaichead
dh'ùng	dh'ùngadh

Q4:

Roots	**Conditional forms**
dh'fhuirich	dh'fhuiricheadh
dh'fhalaich	dh'fhalaicheadh
dh'fhaighnich	dh'fhaighnicheadh
dh'fhosgail	dh'fhosgladh* (note shortened form)

Grammar: Find the conditional tense (page 299)

Sample translation

Q5:

Bha fios agam dè **bhithinn** a' dèanamh an dèidh dhomh an sgoil fhàgail on a bha mi beag. Nan robh mi a' dol a bhith nam chraoladair Gàidhlig, **dh'fheumainn** ùidh a shealltainn anns an obair ro làimh le greis-gnìomhachais a dhèanamh anns an sgoil. **Shaoilinn** gun sealladh sinn gu colaiste no oilthigh gun robh spèis agam anns an dreuchd seo co-dhiù.

An uair sin, **bhiodh** agam ri dhol gu Sabhal Mòr Ostaig airson cùrsa anns na meadhanan Gàidhlig a dhèanamh. **Thuigeadh** iad an sin gun robh mi airson obair fhaighinn ann an saoghal nam meadhanan agus **bhiodh** cothroman agam coinneachadh ri daoine a bha anns a' ghnìomhachas mu thràth. Cuideachd, **choinnichinn** ri oileanaich a **bhiodh** airson an aon obair a dhèanamh agus **dh'ionnsaicheadh** sinn bho chàch a chèile.

Thogainn sgilean a **chleachdainn** anns a' ghnìomhachas agus nuair a **bhithinn** deiseil den chùrsa **bhithinn** an dòchas obair fhaighinn còmhla ri companaidh craolaidh neo-eisimileach agus **bhiomaid** a' dèanamh phrògraman airson MG Alba.

English translation

I knew what I would be doing[1] after I left school since I was small. If I was going to be a Gaelic broadcaster, I would have[2] to show an interest in the work beforehand by doing a work placement in school. I would think[3] that would show to a college or university that I had an interest in this occupation at least.

Then, I would[4] have to go to Sabhal Mòr Ostaig for a course in Gaelic media. They would understand[5] there that I was wanting to obtain employment in the media world and I would[6] have opportunities to meet people who were already in the industry. Also, I would meet[7] with students who would[8] want to do the same work and we would learn[9] from one another.

I would pick up[10] skills which I would use[11] in the industry and when I would[12] finish the course I would[13] hope to get work with an independent broadcast company and we would make[14] programmes for MG Alba.

Grammar: Conditional tense of irregular verbs (page 301)

Q6:

1.	theirinn	I would say
2.	bheirinn	I would bear/give birth
3.	chluinninn	I would hear
4.	dhèanainn	I would do
5.	chithinn	I would see
6.	gheibhinn	I would get
7.	rachainn	I would go
8.	ruiginn	I would reach
9.	bheirinn	I would give
10.	thiginn	I would come

Q7:

1.	Theireadh feadhainn nach b' urrainn dhut.	1.	Some would say that you could not.
2.	Bheireadh an cù cuilean dubh.	2.	The dog would give birth to a black puppy.
3.	Chluinneadh tu i a' gaireachdainn mìle air falbh.	3.	You would hear her laughing a mile away.
4.	Dhèanadh Iain deagh dhotair.	4.	John would make a good doctor.
5.	Air latha math chitheadh tu Na h-Eileanan a-Muigh bhon Chuilthionn	5.	On a good day you would see the Outer Isles from the Cuillins.
6.	Gheibheadh a h-uile duine a chuid.	6.	Everyone would get his portion.
7.	Rachadh tu às do chiall leis na meanbh-chuileagan.	7.	You would go out of your mind with the midges.
8.	Ruigeadh i an t-ostal-òigridh aig naoi uairean.	8.	She would reach the youth hostel at nine o' clock.
9.	Bheireadh e gaire air gamhainn.	9.	It would make a stirk (a calf between 1-2 years old) laugh. (Idiom)
10.	Thigeadh iad nam b' urrainn dhaibh.	10.	They would come if they could.

Grammar: Conditional tense for repeated use (page 302)

Q8:

1.	My grandmother would sit in the garden on sunny days.	Shuideadh mo sheanmhair anns a' ghàradh air làithean grianach.
2.	She would drink coffee in the morning and tea in the afternoon.	Dh'òladh i cofaidh anns a' mhadainn agus tì feasgar.
3.	I would buy a new car every three years.	Cheannaichinn càr ùr gach trì bliadhna.
4.	The school bus would go by at eight o'clock each morning.	Rachadh am bus-sgoile seachad aig ochd uairean gach madainn.
5.	I used to get up at six o'clock each morning.	Bhithinn ag èirigh aig sia uairean gach madainn.
6.	She would walk to the shops each day.	Choisicheadh i don bhùth gach latha.
7.	I would walk to work each Monday.	Choisichinn dom obair gach Diluain.

Grammar: Conditional tense with *if* (page 303)

Q9:

1.	______ faiceadh tu an sealladh brèagha às an seo, bhiodh tu toilichte.	nan/nam	Nam faiceadh tu an sealladh brèagha às an seo, bhiodh tu toilichte.
2.	______ togadh tu dealbh den t-sealladh seo, dh'fhaodadh tu a reic.	nan/nam	Nan togadh tu dealbh den t-sealladh seo, dh'fhaodadh tu a reic.
3.	______ bruidhneadh ti ris, sguireadh e tha mi cinnteach.	nan/nam	Nam bruidhneadh ti ris, sguireadh e tha mi cinnteach.
4.	______ parcadh tu an car an sin, bhiodh e sàbhailte.	nan/nam	Nam parcadh tu an car an sin, bhiodh e sàbhailte.
5.	______ itheadh tu do bhiadh, bhiodh tu sàsaichte.	nan/nam	Nan itheadh tu do bhiadh, bhiodh tu sàsaichte.

Reading comprehension: The media (page 305)

Q10: b) Writing and reading newspapers

Q11: c) Meeting people, speaking to them, and finding out about them

Q12: a) Careers they could follow after leaving school.

Q13: b) Broadcaster

Q14: c) Media

Q15: a) One

Q16: b) He obtained employment.

Q17: b) Trainee journalist

Listening comprehension: Ceit and Donald (page 306)

Listening transcript

Ceit	Ciamar a tha thu a Dhòmhnaill? A bheil thu trang a' dèanamh deiseil airson nan deuchainnean?
Dòmhnall	Tha mi gu math, a Cheit. 'S tha mi trang a' dèanamh deiseil. Gàidhlig Diluain agus Cruinn-eòlas an ath latha. Dè mu do dheidhinn fhèin?
Ceit	Tha mi gu math a Dhòmhnaill. Tha Gàidhlig agamsa Diluain cuideachd. Ach chan eil deuchainn eile agam gu Diciadaoin. Cha do rinn mise Cruinn-eòlais. Tha mi a' dèanamh Eachdraidh Diciadain. Cuin a tha na deuchainnean eile agad?
Dòmhnall	Tha Bith-eòlais agam Diardaoin, Teicniceachd Dihaoine agus Beurla Diluain. Agus an deuchainn mu dheireadh Dimàirt- Conaltradh Grafaigeach. Cuin a bhios tu fhèin deiseil?
Ceit	Tha Fraingis agam Diardaoin, Ceimigeachd Dihaoine, agus Beurla Diluain. Bidh e math nuair a bhios e seachad.
Dòmhnall	Gu dearbh. Bidh e math. Dè tha thu a' dol a dhèanamh as t-samhradh?
Ceit	Feuchaidh mi ri obair fhaighinn. Is dòcha gum faigh mi air falbh airson seachdain no dhà gu Eireann. Bu toigh leam Gàidhlig na h-Eirinn a chluinntinn. Is dòcha gun tèid mi gu Dùn nan Gall.
Dòmhnall	Bhiodh sin math. Bu toigh leamsa tadhal air Eireann uaireigin cuideachd.

Q18: b) Getting ready for the exams

Q19: b) False

Q20: a) Gaelic

Q21: b) History

Q22: a) True

Q23: a) It will be good when they are over.

Q24: a) A week or two

Q25: c) Hearing Irish Gaelic spoken

Q26: b) He would like to visit sometime.

Reading comprehension: The interview (page 308)

Q27: c) You are better than the other applicants

Q28: a) True

Q29: c) By preparing thoroughly for it

Q30: a) If you are informed about their company

Q31: a) Working with people and being willing to work hard

Q32: a) Allow you to demonstrate your ability to do the job.

Listening comprehension: Going back (page 309)

Listening transcript

An t-seachdain seo chaidh, thill mi dhan t-sean oilthigh agam. Cha robh mi air a bhith ann o chionn ceathrad bliadhna. Tha na h-aon togalaichean ann. Tha feadhainn ùra ann cuideachd, ach chan eil mòran.

Tha barrachd air 15,000 oileanach ann a-nis. Nuair a bha mise ann anns na seachdadan bha mu 5,000. Tha a' bhuil air. Cha mhòr gun urrainn dhut coiseachd eadar clasaichean gun a bhith a' bualadh ann an cuideigin. Tha an t-àite cho trang, seach mar a bha.

Ma thu ag iarraidh cupa cofaidh an dèidh clas, feumaidh tu a bhith foighidneach. Tha na ciudhaichean a' sìneadh a-mach doras an ionaid-ithe. Bidh tòrr a' dol dha na cafaidhean anns a' bhaile no a' toirt 'thermos' leotha.

Ceathrad bliadhna air ais bha na 'hippies' agus na 'punks' agus an fheadhainn spaideil ann. An-diugh, tha e mar gum biodh gu bheil na boireannaich uile spaideil agus na fir mì-sgiobalta ach ann an dòigh spaideil. Agus, rud as neonaiche dhomh, tha a'mhòr-chuid a' cosg pìos aodaich le suaicheantas an oilthighe. Cha robh sinn a' dèanamh sin ri mo linn-sa.

Aon rud eile, fhuair mise tabhartas on riaghaltas nuair a bha mise san oilthigh. Chan eil na h-oileanaich bhochd an-diugh a' faighinn na taic a fhuair mise agus le sin nuair a chrìochnaicheas iad, bidh fiachainn mhòra orra.

Q33: a) To his old university

Q34: b) False

Q35: b) False

Q36: a) 15,000

Q37: b) You are likely to collide with people

Q38: a) True

Q39: c) The well-dressed

Q40: A, B and D

Q41: b) Lots of debts

Writing: Dreuchdan (page 311)

Q42: What skills do you need to do this job?

Q43: What training do you require?

Q44: What equipment do you use in your job?

Q45: What is the job like?

Q46: Who works with you?

Q47: Where do you work?

Q48: How good is the money?

Q49: Why are you interested in this work?

Answers to questions and activities for Context 4

Topic 1: Planning a trip - Adventure holiday in the Western Isles

Vocabulary: A sailing holiday (page 329)

Q1:

Fàsach-Làithean Saora eadar-dhealaichte	Wilderness-Different holidays
Seòladh gu Hiort air gheat mhòr	Sailing to St Kilda on a large yacht
Seòlaidhean	Sailings
Cinn-latha	Dates
Seòrsa Seòlaidh	Type of sail
Cosgais	Price
An Innse Ghall & Hiort	The Outer Hebrides and St Kilda
An t-Eilean Sgitheanach	The Isle of Skye
Eige, Rùm & Canaigh	Eigg, Rhum and Canna
Cèitean	May
Ògmhìos	June
Iuchar	July
A' seòladh gu deas dhan t-Òb	Sailing south to Leverburgh
A' seòladh gu Hìort	Sailing to St Kilda
Fad an latha air tìr	All day ashore
A' seòladh agus aig acair faisg air Tarasaigh	Sailing and at anchor near Taransay
A' seòladh air ais gu Steòrnabhagh	Sailing back to Stornoway

Vocabulary: Special adjectives (page 332)

Q2:

corra bhàta	the next island
an ath eilean	a few boats
deagh shealladh	a beautiful view
droch aimsir	bad weather
am prìomh eilean	the main island
sàr sheòladair	an excellent sailor
seann taigh	an old house
a h-uile taigh-solais	every lighthouse
iomadach cunnart	each low tide
gach muir-tràigh	many dangers

Vocabulary: Pre-noun adjectives (page 333)

Q3:

the main town	am prìomh bhaile
the excellent fiddler	an sàr fhìdhlear
the good trip	an deagh thuras
every sailor	gach seòladair
many (iomadh) places	iomadh àite
an old boat	seann bhàta
an old house	seann taigh
a bad morning	droch mhadainn
every wave	a h-uile tonn
the next ferry	an ath aiseag
an old sailor	seann seòladair
many (iomadach) women	iomadach boireannach

Grammar: Agam (page 334)

Q4:

1. I have a sleeping bag. Tha poca cadail agam.
2. You (s) have a car. Tha càr agad.

3. We have a ticket. Tha tiogaid againn.
4. She has a new book. Tha leabhar ùr aice.
5. They have a day off. Tha latha dheth aca.
6. He has my DVD. Tha an DVD aige.
7. Class, you (pl) have a new teacher. A chlas, tha tidsear ùr agaibh.

Grammar: Identifying prepositional pronouns (1) (page 335)

Q5:

asad	out of you (s)
againn	at us
oirbh	on you
annaibh	in you
bhuat	from you (s)
dhibh	of you (pl)
foidhpe	under her
thugainn	towards us
leam	with me
umpa	around them
ris	to him
romhaibh	before you (pl)
tromham	through me

Grammar: Identifying prepositional pronouns (2) (page 335)

Q6: Tha àite **agam** air gheat a tha a' seòladh à Steòrnabhagh gu Hiort. Tha mi a' smaoineachadh gur e deagh sheòladair a tha **annam** oir is toigh **leam** a bhith aig muir. Chuir an companaidh seòlaidh litir **thugam** ag innse **dhomh** dè seòrsa aodach a bu choir a bhith **orm** aig muir.

Sgrìobhaidh mi air ais **thuca** a-màireach agus canaidh mi **riutha** gu bheil aodach **agam** agus gu bheil mi a' coimhead air adhart ris an turas anns a' Chèitean. Tha mi cinnteach gun cluinn mi **bhuapa** nas fhaisge air an àm.

Is toigh **leam** a bhith ann an gheat le daoine eile 's uisge **fodhainn** agus port **romhainn**, a' ghaoth **leinn** agus aodach blàth **umainn**.

Q7:

I have a place on a yacht which is sailing from Stornoway to St Kilda. I think that I am a good sailor because I like being at sea. The sailing company sent me a letter telling me what kind of clothing I should wear at sea.

I shall write them back tomorrow and I shall say to them that I have clothing and that I am looking forward to the trip in May. I am sure that I shall hear from them nearer the time.

I enjoy being in a yacht with other people and water underneath us and a port ahead of us, the wind with us and warm clothing (wrapped) around us.

Talking: St Kilda (page 336)

Q8:

Character	**Script**	**Translation**
You	Halò, a Dhòmhnaill. Ciamar a tha thu? Chuala mi gu bheil thu a' dol air turas gu Hiort.	Good morning, Donald. How are you? I heard that you are going on a trip to St Kilda.
Dòmhnall	Madainn mhath. Tha thu ceart. Tha mi a' seòladh à Steòrnabhagh anns a' Chèitean. Tha mi a' coimhead air adhart ris gu mòr. An robh thu fhèin riamh ann an Hiort?	Good morning. You are right. I am sailing from Stornoway in May. I am greatly looking forward to it. Were you ever in St Kilda?
You	Cha robh mi riamh ann, a Dhòmhnaill. Bha mi ann an Eige aon turas agus chòrd sin rium. Bu toigh leam a dhol a Hiort. Tha mi a' cluinntinn gur e eilean brèagha agus inntinneach a tha ann.	No I have never been there, Donald. I have ben on Eigg once and I enjoyed that. I would like to go to St Kilda. I hear that it is a beautiful and interesting island.
Dòmhnall	Tha iad ag ràdh sin agus tha e cho làn de eachdraidh cuideachd. Tha museum beag ann tha mi a' tuigsinn. Is dòcha gum faigh thu fhèin ann aon latha.	That it was what they say and it is so full of history also. There is a little museum there I understand. Perhaps you will get there yourself one day.
You	Uill, bu toigh leam sin a dhèanamh. Cò aig a tha fios? Tha mi an dòchas gun còrd do thuras riut.	Well, I would like to do that. Who knows? I hope that you enjoy your trip?

Reading comprehension: Donald's trip (page 336)

Q9: b) boarding a yacht and sailing south.

Q10: a) Stornoway harbour

Q11: c) To ensure their safety

Q12: c) They will get rules and information about safety at sea.

Q13: a) help with the sails or sit and take photographs.

Q14: c) Suitable weather and a good (weather) report for a day or two

Q15: c) This journey is not for poor sailors.

Q16: b) See the old houses and the bird life

Q17: a) A lot of work

Q18: a) To provide details of what can be expected on the voyage to St Kilda.

Listening comprehension: St Kilda audio tour (page 338)

Listening transcript

Halò. Fàilte gu Hiort. Tha thu an-dràsta a' coimhead air an taigh-sgoile.

Air do làimh chlì tha 'An t-Sràid' far an robh na daoine a' fuireach agus far an robh 'Pàrlamaid Hiort' a' coinneachadh.

Tha inbhe aig Hiort mar àite aig a bheil Inbhe Dhualchas na Cruinne. Dh'fhàg na h-eileanaich mu dheireadh Hiort ann an 1930. 'S e Hiort an t-ainm a tha air a' phrìomh eilean, ach tha trì eileanan eile ann. 'S iad Dùn, Sodhaigh agus Boraraigh.

Air do làimh cheart chì thu taigh mòr-seo far an robh na h-eileanaich a' stòradh clòimh agus itean. Bha an clòimh agus na h-itean airson màl a phàigheadh.

Faisg air an taigh mhòr sin tha gunna mòr dubh. Ann an 1918 thàinig bàta-aigeal Gearmailteach a-steach gu Bàgh a' Bhaile agus loisg e air an taigh seo. Chì thu fhathast far an deach stuadh an taighe a dhroch mhilleadh agus a chàradh. Chuir an riaghaltas gunna air an eilean an dèidh sin.

Q19: b) The school-house

Q20: a) The Street

Q21: c) The people lived there and the St Kilda Parliament met there.

Q22: c) A World Heritage Site.

Q23: a) Four

Q24: Wool and feathers

Q25: c) They were to pay the rent of the islanders.

Q26: b) 1918

Q27: b) False

Q28: b) False

Reading comprehension: Sailing trip (page 340)

Q29: c) Time ashore exploring St Kilda

Q30: b) Around the coastline and up to the highest point on the island

Q31: b) The colour of the seaweed

Q32: b) False

Q33: a) If there is good weather

Q34: b) They are the highest sea cliffs in Britain

Q35: c) The biggest gannet colony in the world

Q36: b) To take amazing photographs

Q37: a) The programme was filmed on the island.

Q38: b) Taransay has a long and interesting history.

Q39: a) Information about St Kilda and Taransay.

Listening exercise: Taransay (page 343)

Listening transcript

Here is a transcript of the text if you wish to read it to a class.

Chan eil daoine air a bhith a' fuireach air Eilean Tharasaigh o 1974. Aig toiseach na ficheadamh linn bha 70 duine a' fuireach air an eilean. Ann an 1961 bha e air a dhol sìos gu còignear. Bha iad uile den aon teaghlach, clann Mhic Rath.

Is iad dìreach luchd-turais a bhios a' fuireach air an eilean seo a-nis. Seo an t-eilean as motha ann an Alba gun duine a bhith a' fuireach air. Tha an t-eilean mu 6.4 km ann am fad agus 4.8 km aig an àite as leotha.

Tha iomadach eun air an eilean ach chan eil mòran bheathaichean eile, ach fèidh agus luchanan. Tha Tarasaigh ainmeil airson na flùraichean a tha a' fàs air, le iomadach seòrsa brèagha a' fàs air na machraichean.

Chleachd am BBC an t-eilean ann an 2000 airson prògram a bha na dheuchainn shòisealta. Thug iad cuireadh do 36 neach a thighinn a dh'fhuireach air an eilean airson bliadhna. Cha do mhair ach 29 dhiubh a' bhliadhna.

Q40: c) No one has permanently lived on the island since that date

Q41: b) Seventy

Q42: b) 1961

Q43: a) MacRae

Q44: a) True

Q45: a) 6.4 km long and 4.8 km wide

Q46: a) True

Q47: a) A social experiment

Q48: c) 29

Assignment: Writing: Planning a trip (page 346)

Model answer

Tha mi a' dol chuairt dhan Ghàidhealtachd airson an deireadh-sheachdain. Bidh mi a' dol gu Geàrrloch air sgàth 's gu bheil mo sheanmhair a' fuireach anns an sgìre. Fàgaidh mi à Bàile a' Chàirn às dèidh na sgoile Dihaoine agus bidh mi a' siubhal air a' Westerbus airson dà uair a thìde.

Bidh mi a' dol còmhla ri mo charaidean Calum agus Sandra. Tha e a' còrdadh riutha a bhith a-muigh, a' coiseachd agus a' rannsachadh àiteachan iomallach. Tha ùidh mhòr aig Calum ann an Gàidhlig agus tha Gàidhlig aig mo sheanmhair. Ionnsachaidh sinn beagan cuideachd.

Nuair a ruigeas sinn Geàrrloch, bidh sinn glè sgìth agus nì mo sheanmhair dinnear dhuinn. 'S e cocaire math a tha innte. Ma bhios an t-sìde càilear, thèid sinn a-mach dhan tràigh le cù mo sheanmhar, 'Dìleas'. Tha an tràigh glè àlainn agus ciùin.

Madainn Dhisathairne, bidh sinn ag èirigh tràth oir bu toigh leinn Beinn Eighe a shreap. 'S e tè dhe na beanntan as àirde ann an Alba a th' ann agus bidh sinn shuas fad an latha. Chì sinn seallaidhean àlainn, beathaichean fiadhaich agus sreapadairean eile.

Didomhnaich, gabhaidh sinn dinnear mòr. Bidh mo sheanmhair a' dol dhan eaglais ach nì sinn an dinnear dhi. Nach eil sinn snog?! Gu mì-fhortanach, tha e gu bhith fliuch agus chan fhaigh sinn a-mach gu anmoch. Thig na meanbh-chuileagan às dèidh an uisge cuideachd. Grod!

Madainn Dhiluain, gheibh sinn lioft dhachaigh o phàrantan Sandra. Is fìor thoigh leotha aibseileadh agus stadaidh sinn air an rathad dhachaigh airson beagan de shin a dhèanamh. Tha mi a' coimhead air adhart ris an turas gu mòr. Is cinnteach gum bi mi dìreach claoidhte nuair a bhios e seachad.

Grammar: Prepositional pronouns (page 347)

Q49:

agam	againn
agad	agaibh
aige	aca
aice	

Q50:

orm	oirnn
ort	oirbh
air	orra
oirre	

Q51:

annam	annainn
annad	annaibh
ann	annta
innte	

Q52:

asam	asainn
asad	asaibh
às	asta
aiste	

Q53:

bhuam	buainn
bhuat	bhuaibh
bhuaithe	bhuapa
bhuaipe	

Q54:

dhìom	dhìnn
dhìot	dhìbh
dheth	dhiubh
dhith	

Q55:

dhomh	dhuinn
dhut	dhuibh
dha	dhaibh
dhi	

Q56:

fodham	fodhainn
fodhad	fodhaibh
fodha	fòdhpa
fòidhpe	

Q57:

thugam	thugainn
thugad	thugaibh
thuige	thuca
thuice	

Q58:

leam	leinn
leat	leibh
leis	leotha
leatha	

Q59:

umam	umainn
umad	umaibh
uime	umpa
uimpe	

Q60:

rium	rinn
riut	ribh
ris	riutha
rithe	

Q61:

romham	romhainn
romhad	romhaibh
roimhe	romhpa
roimhpe	

Q62:

tromham	tromhainn
traobhad	tromhaibh
tromhe	tromhpa
troimhpe	

Q63:

tharam, thairis orm	tharainn, thairis oirnn
tharad, thairis ort	tharaibh, thairis oirbh
thairis (air)	tharta, thairis orra
thairte, thairis orm	

Topic 2: Other countries

Locations in Canada (page 360)

Q1:

Alba Nuadh	Nova Scotia
Eilean Cheap Bhreatainn	Cape Breton Island
Talamh an Èisg	Newfoundland
Eilean Antacòstai	Ile de Anticosti
Eilean na Magdaileanan	Iles de la Madeleine
Eilean Èoin (also Eilean a' Phrionnsa)	Prince Edward Island
Bronsuic Ùr	New Brunswick
Cuibèg	Quebec
Eilean Gainmhich	Sable Island

Scots Gaelic and Canada (page 361)

Q2: a) True

Q3: a) True

Q4: b) False

Q5: a) True

Q6: a) True

Q7: c) False

Q8: a) True

Q9: a) True

Q10: a) True

Q11: b) False

Q12: a) True

Q13: a) True

Superlative exercise (page 365)

Q14:

The plane is the best way to travel.	Is e am plèan an dòigh as fhèarr air siubhal.
This road is the worst road I have ever walked.	Is e an rathad seo an rathad as miosa a choisich mi riamh.
This is the smallest insect in the world.	Is e seo a' bhiastag as lugha air an t-saoghal.
This is the best way to make a cake.	Is e seo an dòigh as fheàrr air cèic a dhèanamh.
This is the hottest place in Britain.	Is e seo an t-àite as teotha ann am Breatainn.
This man is the strongest in Russia.	Is e an duine seo an duine as treasa anns a' Ruis.
This is the most difficult work.	Is e seo an obair as duilghe.

Ann + mo (page 366)

Q15:

1. There is a spider in my sleeping bag. Tha damhan-allaidh **nam** phoca-cadail.
2. You (s) have a fly in your soup. Tha cuileag agad **nad** bhrot.
3. The tickets are in our pockets. Tha na tiogaidean **nar** pocaidean.
4. There is a camera in her bag. Tha camara **na (f)** baga.
5. There are stones in their shoes. Tha clachan **nam** brògan.
6. He has a new DVD in his pocket. Tha DVD ùr aige **na (m)** phòcaid.
7. I see you are sitting in your new car. Tha mi a' faicinn gu bheil sibh a' suidhe **nur** càr ùr.

Fo + mo (page 367)

Q16:

1. There is a shoe under my chair. Tha bròg **fom** chathair.
2. We have lifejackets under our seats. Tha criosan-sàbhalaidh **for** suidheachanan.
3. There is snow under your feet. Tha sneachd **fod** chasan.
4. She has a parcel under her arm. Tha parsail aice **fo (f)** h- achlais.
5. They have guns under their coats. Tha gunnaichean aca **fon** còtaichean.
6. There is a cat under his car. Tha cat **fo (m)** chàr.
7. Do not put your hands under your desks, class. Na cuiribh ur làmhan **for** deascaichean, a chlas.

Mu + mo (page 367)

Q17:

1. He is speaking about his new book. Tha e a' bruidhinn **ma (m)** leabhar ùr.
2. They are thinking about their fishing trip. Tha iad a'smaoineachadh **mun** turas iasgaich.
3. I am writing a story about my new pet. Tha mi a' sgrìobhadh sgeulachd **mum** pheata ùr.
4. She knows about your accident. Tha fios aice **mud** thubaist.
5. Did you speak about our journey? An do bhruidhinn thu **mar** turas?
6. She did not say anything about her accident. Cha tuirt i dad **ma (f)** tubaist.
7. I want to speak about your(pl) exam results. Tha mi airson bruidhinn **mur** comharran san deuchainn.

Identifying Augmented Prepositions (1) (page 368)

Q18:

bhom	from my
den	from, out of them
der	from, out of our
gad	towards, up to your (s)
gur	towards, up to your (pl)
len	with their
ler	with our
ler	with your (pl)
rir	towards, to us
rin	towards, to them
ror	before us
trod	through your (s)
tror	through us
tror	through your (pl)

(page 368)

Q19: Nam bheachdsa chan e Alba Nuadh a' chiad àite a thig gu inntinn dhaoine nuair a tha iad a' smaoineachadh **mun** làithean saora. Is dòcha gur e an t-adhbhar airson seo cho iomallach 's a tha e. Cia mheud againn a dh'fhaodadh **ler** corrag Alba Nuadh a chomharrachadh air mapa den t-saoghal? Glè bheag, tha mi cinnteach.

Tha Alba Nuadh air taobh an ear Chanada. Tha tòrr uisge **ma** thimcheall-An Cuan Siar, Bàgh Fundy, Caolas Northumberland, Camas St Lawrence, agus Camas Maine.

Tha e a'cur iongnadh air mòran gu bheil Alba Nuadh nas motha na Danmhairg, ach nas lugha na Alba on d' fhuair Alba Nuadh a h-ainm. Chan eil luchd-turais ann an Alba Nuadh fada on chladach, no calaichean sìtheil no tràighean mòra brèagha ri oir a' chuain mhòir. Seo na seallaidhean **mum** bi iad a' bruidhinn nuair a thilleas iad dhachaigh.

Q20:

In my opinion, Nova Scotia is not the first place that comes to people's minds when they think about their holidays. Perhaps the reason for this is how isolated it is. How many of us could point out Nova Scotia with our finger on a map of the world? Very few, I am sure.

Nova Scotia is on the east side of Canada. There is much water surrounding it -the Atlantic Ocean, Fundy Bay, Northumberland Straight, the Gulf of St Lawrence and the Gulf of Maine.

It surprises many that Nova Scotia is larger than Denmark, but smaller than Scotland, from which Nova Scotia received her name. Tourists in Nova Scotia are not far from the shore, or tranquil harbours or large sandy beaches at the edge of the ocean. These are the sights they speak about when they return home.

Gaelic conversation: Holiday trip (page 370)

Q21:

Character	Script	Translation
You	Halò, a Cheit. Ciamar a tha thu? Ciamar a chòrd do thuras a dh'Alba Nuadh riut?	Hello, Ceit. How are you? How did you enjoy your trip to Nova Scotia?
Ceit	Chòrd glè mhath. A bheil thu airson **beagan a chluinntinn mum thuras**?	I enjoyed it very much. Do you want to hear a little about my trip?

Character	Script	Translation
You	Tha, gu dearbh. **Innis dhomh dè chunnaic thu.**	Yes, indeed. Tell me what you saw.
Ceit	Uil, b' e **a' chiad bhaile air an do thadhail mi**, Lunenburg. Tha am baile seo ainmeil airson a' bhàta siùil Bluenose. B' e bàta-siùil **air leth luath** a bha ann am Bluenose I a chaidh a thogail ann an 1921. Airson 17 bliadhna cha b' urrainn do bhata-siùil iasgach eile làmh an uachdair fhaighinn orra. **Chaidh a reic** an dèidh an darna cogaidh agus chaidh a chall **anns na h-Innsean an Iar** ann an 1946. Ach chaidh Bluenose II a thogail ann an 1963. Chleachd iad planaichean Bluenose I airson Bluenose II. B' e mac-samhail dhà-rìreamh a bha innte. Bha mise a-muigh a' seòladh ann am Bluenose II, agus abair gun do chòrd e rium.	Well, the first town I visited was Lunenburg. This town is famous for the sailing boat Bluenose. Bluenose I was an extremely fast sailing boat which was built in 1921. For 17 years no other fishing sailing boat could beat her. She was sold after the Second World War and was lost in the West Indies in 1946. But Bluenose II was built in 1963. They used the plans for Bluenose I for Bluenose II. She was true copy. I was out sailing in Bluenose II, and I certainly enjoyed it.

Character	Script	Translation
You	Wow. Bhiodh sin math. Dè eile a rinn thu ann an Lunenburg?	Wow. That would have been good. What else did you do in Lunenburg?
Ceit	Chaidh mi gu Taigh-tasgaidh Iasgach a' Chuain Shiar. An sin chunnaic mi aquarium, sgunair iasgaich, fiolmaichean, agus seann rudan co-cheangailte ris an iasgach. Bha cothrom agam bruidhinn ri seann iasgairean cuideachd. Bha tòrr sgeulachdan inntinneach aca. Is e **Làrach Dhualchas na Cruinne** aig UNESCO a tha ann an Lunenburg.	I went to the Fisheries Museum of the Atlantic. There I saw an aquarium, a fishing schooner, films, and ancient artefacts associated with fishing. I had the opportunity to speak to old fishermen also. They had loads of interesting stories. Lunenburg is a UNESCO World Heritage Site

Reading comprehension: Gaelic College (page 371)

Q22: c) by a causeway

Q23: a) Preserving its Gaelic culture.

Q24: Dance, music and Gaelic community

Q25: b) It was not surprising

Q26: c) He founded the College

Q27: b) In one room in a log cabin

Q28: It will keep it alive, promote and preserve it.

Q29: b) the traditions of the immigrants from the Highlands of Scotland

Q30: a) To inform about the development of Gaelic in Cape Breton.

Listening comprehension: Gaelic College (page 373)

Listening transcript

Air ais ann an 1938 nuair a thòisich an t-Urramach A.W.R. MacCoinnich agus a chàirdean Colaiste Ghàidhlig ann an Ceap Bhreatainn bha tòrr obrach romhpa.

Bha iad airson *cultar, ceòl, cànan, ealain, ceàirdean, cleachdaidhean agus dualchsan Gàidhealtachd na h-Alba a dh'àrdachadh agus a ghlèidheadh.*"

Tha Colaiste na Gàidhlig air tòrr atharrachaidhean fhaicinn anns na bliadhnaichean mu dheireadh, ach cha do dh'atharraich air dòigh sam bith teachdaireachd na colaiste.

Tha pamflaid na Colaiste ag ràdh gu bheil iad fhathast dìleas dhan an rud a bha an t-Urramach MacCoinnich airson stèidhicheadh. Le sin tha curaicealam na Colaiste fhathast a' tairgsinn iad seo a' phìob mhòr, an fhidheall, a' phìob bheag, drumaireachd, Gàidhlig (cànan agus òran), dannsa Gàidhealach, piano, dannsa ceum, clàrsach, fighe, bodhran agus cùrsa bogaidh Gàidhlig.

Q31: a) His friends

Q32: a) There was a huge amount

Q33: a) Promote and preserve it

Q34: a) It has kept pace with the times

Q35: Stepdance, harp, bagpipes and small pipes.

Q36: Song

Q37: a) Immersion course

Reading comprehension: Cape Breton (page 374)

Q38: b) someone who learnt Gaelic when they were a child

Q39: c) someone who learnt Gaelic later in their life

Q40: a) How many speakers of Gaelic there are in Cape Breton

Q41: a) Gaelic learners

Q42: a) They have brought it to the attention of the world

Q43: They make them want to learn Gaelic and to find out where the songs come from.

Q44: a) To inform about the history of Gaelic in Nova Scotia

Listening comprehension: Seumas (page 375)

Listening transcript

Dè tha a' dol a thachairt ri Gàidhlig ann an Ceap Bhreatainn?

Ma tha Gàidhlig a' dol a bhith beò ann an Ceap Bhreatainn anns an àm ri teachd, feumaidh cothrom a bhith aig a' chloinn air Gàidhlig ionnsachadh. Airson seo a dhèanamh feumaidh na sgoiltean Gàidhlig a theagasg, gu h-àraidh anns na coimhearsnachdan far a bheil Gàidhlig air a bruidhinn. Ma tha cothrom aig a' chloinn Gàidhlig a dh'ionnsachadh agus a chleachdadh anns na coimhearsnachdan aca fhèin, bidh cothrom aig a' chànan fuireach beò.

An dàrna rud, feumaidh an riaghaltas barrachd airgid a thoirt don Ghàidhlig. Tha feum air airgead bhon riaghaltas airson taic agus àrdachadh a thoirt don chànan. Tro thurasachd agus foghlam faodaidh barrachd dhaoine cothrom fhaighinn air a' chànan a dh'ionnsachadh no barrachd misneachd fhaighinn anns a' chànan. Feumaidh seo tachairt gun dàil, cho fad 's a tha fileantaich air fhàgail. Feumaidh cothrom a bhith aig luchd-ionnsachaidh coinneachadh ri fileantaich.

Am faigh a' Ghàidhlig bàs? Tha feadhainn ag ràdh nach b' urrainn dhi bàsachadh cho fad 's a bhios stuthan Gàidhlig anns na leabhar-lainn agus na h-oilthaighean ann an Ceap Bhreatainn. Ach, tha dòchas nas fheàrr ann dhan chànan ma mhaireas i beò mar chànan a tha air a bruidhinn am measg mhuinntir Cheap Bhreatainn. Tha e cudromach gum bi cothrom aig clann cànan an sinnsirean a bhruidhinn agus a thuigsinn.

Q45: b) Children

Q46: b) The schools in Gaelic-speaking communities

Q47: b) The Government must give more money to Gaelic

Q48: a) More accessibility to the language and more confidence in using the language

Q49: a) Before there are no fluent speakers left

Q50: a) Its literature has been preserved in libraries and universities

Q51: a) It is important children speak and understand the language of their ancestors.

Assignment: Writing: Planning a trip (page 377)

Sample answer

Tha mi a' dol air turas gu Alba Nuadh airson mios as t-samhradh. Bidh mi a' dol gu Ceap Bhreatainn air sgàth 's gu bheil co-oghaichean agam a' fuireach anns an sgìre. Fàgaidh mi à Glaschu aig deireadh an Ògmhios agus bidh mi a' siubhal air an itealan airson ceithir uairean a thìde gu Halifax.

Bidh mi a' dol còmhla ri mo charaidean Donnchadh agus Marsaili. Tha e a' còrdadh riutha a bhith a-siubhal, a' faicinn rudan ùra agus a' rannsachadh àiteachan eachdraidheil. Tha ùidh mhòr aig Calum ann an Gàidhlig agus tha Gàidhlig gu leòr ann an Ceap Bhreatainn fhathast. Ionnsachaidh sinn beagan cuideachd.

Nuair a ruigeas sinn Halifax, bidh sinn glè sgìth agus fuirichidh sinn airson latha no dhà ann an taigh-òstas spaideil. 'S e an taigh-òsta as fheàrr ann an Alba Nuadh a tha ann. Nuair a bhios sinn ann an Halifax, thèid sinn a-mach dhan ghearastan mhòr, "An Citadel". Tha an t-àite gu math eachdraidheil agus coltach ri Fort George faisg air Inbhir Nis.

An dèidh latha no dhà, bidh sinn ag èirigh tràth oir feumaidh sinn bus gu ruige Mabù, Ceap Breatainn fhaighinn. 'S e turas fada a tha ann agus bidh sinn a' siubhal fad an latha. Chì sinn seallaidhean àlainn, beathaichean fiadhaich agus mòran chraobhan.

Bidh sinn a' fuireach ann am Mabù fad cola deug. Fuirichidh sinn còmhla ri mo cho-oghaichean. Bidh sinn a' dol dhan taigh-cèilidh agus nì sinn dannsa-ceum. Nach eil sinn dàna?! Gu fortanach, tha an t-sìde gu bhith teth agus gheibh sinn a-mach a shnàmh anns na lochan. Cha bhi meanbh-chuileagan ann ach bidh mosgaidean ann. Tha iad nas motha na meanbh-chuileagan ach tha iad ceart cho grod! Air a' cheathramh sheachdain, gheibh sinn cothrom a dhol gu Antigonish, sgìre eile le dualchas Gàidhealach. Is fìor thoigh le Gàidheil Chanada a bhith a' coinneachadh ri daoine à Alba agus tha mi cinnteach gum faigh sinn fàilte bhlàth chridheil.

Tha mi a' coimhead air adhart ris an turas gu mòr. Is cinnteach gum bi mi dìreach claoidhte nuair a bhios e seachad.

Topic 3: Celebrating a special event

Translation: Spòrs (page 381)

Q1:

Donald

Kate and I are both very sporty but in different ways. Kate prefers teams sports but I prefer to exercise on my own. But I really like watching sport on TV and finding out about sporting history. I went to Harris and St Andrews as part of this cùis - two beautiful places, two places that are quite different.

Kate

In this cùis, we will be getting involved in sport - Scotland is a very sporting nation although we are not so successful sometimes, sport is a big part of our culture - from football to rugby, from shinty to golf and from hill-walking to athletics. I went to the big shinty game in Badenoch and I am looking forward to the athletics in Glasgow.

Mr Munro

You should be getting better at Gaelic now and you should be trying to speak in Gaelic all the time. You will be learning about the Genitive case with compound prepositions in terms of grammar and learning lost of new words also. Your exams are coming soon. Remember! To be successful in Gaelic, you just need the one thing that you need for boxing, Sùil an Tìgeir, the Eye of the Tiger!

Listening comprehension: Èisteachd - Iomain ann am Bàideanach (page 382)

Listening transcript

Dhùisg mi madainn Disathairne agus thug mi sùil a-mach ais an uinneig. Cha b' urrainn dhomh a chreidsinn! Bha e air a bhith tioram fad na seachdain ach a-nis bha na tuiltean de uisge a' dòrtadh agus bha lòintean air nochdadh anns a' ghàrradh.

Thàinig smuain thugam sa bhad, "Cha bhi an gèam iomain agam a' dol air adhart an-diugh." Thog mi m' fhòn-làimhe is chaidh mi dha mo leabhar-seòlaidhean is chuir mi fios dhan mhanaidsear agam, Mairead NicRàth. Chuir i teachdaireachd thugam gu sgiobalta. Cha robh mi fada ceàrr, bha an gèam againn air a chur dheth airson seachdain eile. 'S e briseadh dùil mòr a bha seo dhomh. Bha mi air a bhith a' coimhead air adhart ris gu mòr - bha sin gu bhith a' cluich an aghaidh sgioba à Glaschu a bha co-ionnan rinn aig mullach na lìoga agus bha teans math againn.

Chaidh mi sìos an staidhre agus a-steach dhan a' chidsin far an robh m' athair na shuidhe aig a' bhòrd a' leughadh a' phàipeir-naidheachd ionadail. Bha e a' leughadh tron earrann spòrs agus cha tug e aire orm an toiseach. Mu dheireadh thall mhothaich e gun robh mi ann agus thionndaidh e rium ag ràdh "Bha mi a' cluinntinn gun robh a' phàirc iomain fo uisge." Dh'innis mi dha gun robh e ceart agus nach robh an gèam a' dol air adhart agus thòisich mi ag ithe mo ghràn le bainne.

Dh'fheumadh gun robh mi nam shealladh truagh air sgàth 's gun tuirt e "O m' eudail, tha thu a' coimhead cho brònach. Innsidh mi dhut dè nì sinn an-diugh." "Dè tha sin?" Dh'fhaighnich mi dha. "Chan eil mi ag obair 's mar sin tha mi saor agus 's urrainn dhuinn a dhol dhan ghèam mhòr a tha ann eadar Ceann a' Ghiuthsaich agus Baile Ùr an t-Slèibh an-diugh. Tha e tioram shìos an-sin" Uill, chan fheum mise innse dhuibh nach robh mi a' ruith ach a' leum a-mach dhan chàr! Cha robh mi riamh aig a' ghèam mhòr eadar an dà sgioba iomain as soirbheachaile air an t-saoghail.

Bha sin uair gu leth sa chàr air an A9 leis an trafaig a bha air an rathad. Nuair a ràinig sinn Baile Ùr an t-Slèibh, chunnaic sinn an t-uamhas dhaoine a' coiseachd sìos do phàirc Bhaile Ùr an t-Slèibh, "Eilean Bheannachair" no "An t-Eilean".

Chosg e ceithir not gach neach faighinn a-steach agus chanainn-sa gun robh còrr is ceithir mìle duine mu thimcheall na pàirce. Chluinneadh fuaim uabhasach mòr bho na daoine nuair a bhiodh dùbhlan mòr ga dhèanamh. Bha an luchd-leantainn aig an dà sgioba gu math nàimhdeil, cha robh iad airson call idir. Feumaidh tu cuimhneachadh nach eil ach mìle eadar an dà bhaile seo ann an sgìre Bhaideanach. Tha iad air a bhith a' strì aig mullach na camanachd airson còrr is ceud bliadhna. Bha tòrr sabaid eadar na cluicheadairean 's iadsan a' feuchainn ris a' ghèam a ghleidheadh.

'S dòcha gun robh e cothromach gun do chrìochnaich an gèam co-ionnan le trì tadhail aig gach sgioba ach chunnaic mi cluicheadairean sgileil, luath is sònraichte. B' e an gèam iomain a b' fhèarr a chunnaic mi riamh. Camanachd. Càite a bheil an coimeas rithe anns an Roinn Eòrpa?

Q2: She looked (1) out (1) the window/outside (1)

Q3: Dry (1)

Q4: b) Her shinty game will not be going ahead today

Q5: Disappointed (1)

Q6: Equal/joint (1) top/first place (1) of the league

Q7: Kitchen (1) table (1)

Q8: Sports (1) section

Q9: The park/pitch (1) was under (1) water (1)/submerged (2)

Q10: Upset/miserable/pitiful (1)

Q11: Not (1) working (1)

Q12: Two most (1) success (1) ful

Q13: An hour (1) and a half (1) in that order/90 (2) minutes

Q14: Lots of people (1) walking in the park (1)

Q15: An awfully/terribly/very(1) loud/big (1) noise (1)

Q16: Hostile/unfriendly (1)

Q17: Only/just (1) a mile (1) between (1) the two towns (1) (or: the villages are very close)

Q18: Perhaps/maybe (1) fair (1) it ended all-square/equal/in a draw/3-3 (1)

Q19: Skilful, (1) fast, (1) special (1)

Q20: Best (1) game (1) she ever (1) saw (1). (important to get full meaning of words here)

Vocabulary: Shinty (page 383)

Q21:

briseadh dùil	disappointment
co-ionnan	equal
teans	chance
ionadail	local
dùsgadh	wakening up
tuil	flood
gàrradh	garden
tadhal	goal
dùbhlan	tackle
sabaid	fighting
dùisg	wake up

Q22:

dùsgadh	wakening up
thoir sùil	take a look
cha b'urrainn dhomh a chreidsinn	I could not believe it!
lòn	puddle
thàinig smuain thugam	a thought came to me
sa bhad	in an instant
teachdaireachd	message, text message
gu sgiobalta	tidily, promptly, also *gu pongail*
Cha robh mi fada ceàrr	I was not far wrong
briseadh dùil	disappointment
co-ionnan	equal

Q23:

earrann	section
mu dheireadh thall	eventually, at long last
dh'fheumadh gun robh mi nam shealladh thruagh	I must have been a pitiful sight
cha robh mi ruith ach leum!	You could not hold me back. literally "I was not running but jumping!"
chluinneadh	passive past tense of cluinn - hear
dùbhlan	challenge, *sport* tackle
sabaid	fighting
Camanachd. Càite a bheil an coimeas rithe ann an Roinn Eòrpa?	Shinty. Where is its equal in Europe? An old Gaelic saying praising shinty as the finest game known to man.

Listening comprehension: A visit to Fife (page 385)

Listening transcript

Rugadh Tòmas Morris ann an Cill Rìmhinn ann am Fìobha ann an ochd ceud deug fichead sa h-aon. Tha Cill Rìmhinn ainmeil air feadh an t-Saoghail mar dachaigh ghoilf agus bha ceangal làidir aig Tòmas Morris ris a' bhaile fad a bheatha.

Thoisich e a' cluich goilf nuair a bha e deich bliadhna a dh'aois. Thòisich e a' giùlain nam bagaichean ag obair na "chaddy" mus d' fhuair e obair còmhla ri Ailean Robasdan, a' chiad chluicheadair proifeiseanta. Chluich an dithis ann an sgioba. Fhuair e a' bhròg bho Robasdan nuair a lorg Robasdan e a' cluich le ball ùr ris a chanadh "guttie". Bha Robasdan a' cosnadh tòrr airgid a' deanamh bhuill "featherie" agus dh'fhalbh Tòmas a Phreastabhaig ann an Siorrachd Air.

Rinn Tòmas a' chiad bhuille anns a' chiad Open ann an 1860 agus bhuannaich e a' cho-fharpais seo ceithir tursan.

Thòisich a mhac, Tòmas, a' cluich goilf cuideachd agus bhiodh an dithis aca a' cluich còmhla ann an sgioba. Chanadh iad Tòmas Morris "Òg" ri mhac agus "Seann" Tòmas Morris ris fhèin. Gu mì-fhortanach, bhàsaich Tòmas Òg nuair nach robh e ach fichead sa ceithir le greim-cridhe ach bha e air ceithir co-fharpaisean Open a bhuannachadh ann an còig bliadhna. Cuideachd b' e Tòmas Òg a bha anns a' chiad duine a fhuair ainm air an "t-Siuga Chlaret", an duais airson an Open a bhuannachadh. Ach chan eil e soilleir cò a b'fheàrr, an t-athair neo am mac?

Rinn "Seann" Tòmas bith-beò a' dealbhadh raointean-goilf. 'S e Tòmas as còireach gu bheil ochd tuill deug san àbhaist agus gu bheil buncairean a' nochdadh mar chnapan-starra. Bha e a' còsnadh not gach latha airson an obair seo a dhèanamh. Tha seo gu math eadar-dhealaichte bho na milleanan a bhios na cluicheadairean fhaighinn a-nis.

Tha ceangal làidir aig Tòmas ris na h-Eileanan an Iar. Dhealbhaich e raointean-goilf air a' mhachair aig Aisgernis ann an Uibhist a Deas agus thathar a' ràdh gur e a' mhachair-ghoilf as nàdarraiche air an t-Saoghail. Chaidh an raon aig Tòmas a chall airson cha mhòr ceud bliadhna gus an deach a lorg ann an 2005. Chaidh an raon ath-nuadhachadh agus tha e a-nis a' tarraing chluicheadairean bho air feadh an t-Saoghail. 'S cinnteach gum bu toigh le Tòmas tadhal air Tìr a' Mhurain e fhèin airson a chluich!

Bha Tòmas gu bhith ochdad 's a seachd bliadhna a dh'aois nuair a bhàsaich e. Thuit e sìos an staidhre ann an taigh-comainn Chill Rìmhinn. Chaidh adhlacadh ann an chladh aig Àrd-eaglais Chil Rìmhinn. Ged a chaochail e o chionn còrr is ceud bliadhna tha goilf là an-diugh fada na chomainn airson gach piseach a thug e air a' ghèam.

Q24: 1821 (1)

Q25: At the age of ten (1)

Q26: First (1) professional (1)

Q27: He was sacked (1)

Q28: Hit (1) the first (1) shot (1)

Q29: His son (1)

Q30: Heart attack (1)

Q31: Who (1) was best (1), father or son?

Q32: The amount of/number of/18 holes (1) and bunkers (1)

Q33: A pound (1)

Q34: The most (1) natural(1) in world (1)

Q35: Nearly/almost (1) hundred (1) years

Q36: Fell (1) down stairs (1) in clubhouse

Q37: St Andrews (1) Cathedral (1) graveyard/cemetery (1)

Q38: In his debt/owes him a lot (1) for his improvements (1)

Vocabulary: Golf (page 386)

Q39:

ceangal	connection
gu mì-fhortanach	unfortunately
ath-nuadhachadh	renewing
raon-goilf	golf course
machair-goilf	links course
fada na chomann	long in his debt
piseach	improvement
goilf là an-diugh	modern golf
dealbhadh	designing

Reading comprehension: Rugbaidh Aonaichte agus Rugbaidh Liòg (page 387)

Q40: You play (1) for the love (1) of the game (1)

Q41: Football, cricket, athletics (3)

Q42: 19th /nineteenth (1)

Q43: Miners/mining (1), weavers/weaving(1)

Q44: Gentlemen (1)

Q45: Not right/wrong (1) to play (1) for money (1)

Q46: Two (1) players (1) fewer (1)

Q47: Australia (1)

Q48: Playing Rugby League
Taking money from sponsors
Receiving too much in travel costs

Q49: The World Cup (1)

Q50: South Africa (1) 1995 (1)

Q51: Reward/money (1) for their fame/reputation (1) and skills (1)

Q52: A successful (1) new (1) era (1)

Q53: It did not (1) have much (1) of an effect

Q54: Changed (1) too much (1)

Q55: Bigger/larger (1) and stronger (1)

Q56: More (1) injuries (1)

Q57: Tthousands (1) of spectators (1) and millions (1) of viewers (1)

Q58: Money (1)

Q59: c) An opinion piece about the development of different codes of rugby.

Rugby vocabulary (page 389)

Q60:

mèinnear	miner
sgoil phoblach	public school
luchd-leantainn	supporters
thoir buaidh air	effect
luchd-coimhid	viewers
luchd-amhairc	spectators
luchd-taice	sponsors
soirbheachail	successful
daoine-uasal	gentlemen
gràdh-saothraiche	amateur
proifeiseantachd	professionalism
tha aon rud cinnteach	one thing is certain
tha àite ann	there is a place
droch leòn	bad injury

Reading comprehension: Geamannan eadar-nàiseanta (page 390)

Q61: This/coming (1) weekend (1)

Q62: Queen (1) Street (1) Station (1)

Q63: Wet (1)

Q64: People from the town/back home

Q65: Catherine Smith (1) (names are usually only 1 mark in Higher)

Q66: Fourth (1) place

Q67: A famous (1) American (1), and two (1) English (1) Olympians/ran at Olympics (1)

Q68: The 100 (1) metres

Q69: Banned/cheat/took (1) drugs (1)

Q70: Tthrowing (1) and jumping (1) (or: field events/sports)

Q71: Strong/strength, well-built

Q72: Glasgow (1) City Council (1), the Scottish (1) Government (1)

Q73: That they will be comfortable (1) and dry (1)

Q74: How (1) quickly (1) the stadium/place (1) empties (1)

Q75: It can let out/release (1) 20 thousand/20000 (1) people in 5 minutes (1)

Q76: Every/each day (1)

Q77: That they will win (1) a gold (1) medal

Q78: b) A preview of a trip to the International Games

Vocabulary: Ordinal numbers (page 392)

Q79:

Donna	an ceathramh àite (4th)
Teàrlach	an treas duais 3rd
Alasdair	a' chiad dhuais 1st
Anna	an còigeamh àite 5th
Seònag	an siathamh àite 6th
Màiri	an darna dhuais - 2nd
Aonghas	an seachdamh àite 7th
Cairistiona	an t-ochdamh àite 8th

Vocabulary: Sports terms (page 393)

Q80:

Geamannan Gàidhealach	Highland Games
Lùth-chleasan	athletics
iomain	shinty
camanachd	shinty
hocaidh	hockey
hocaidh-deighe	ice hockey
ball-basgaid	basketball
ball-lìn	netball
ball-coise	football
Rugbaidh Lìog	Rugby league
Rugbaidh Aonaichte	Rugby Union
teanas	tennis

rothaireachd	cycling
iomradh	rowing
curachanachd	canoeing
sreap	climbing
coiseachd	walking
goilf	golf
bogsadh	boxing
seòladh	sailing
croladh	curling
sgitheadh	skiing
sgitheadh uisge	water skiing
speileabòrdadh	skateboarding
criogaid	cricket
snàmh	swimming

Assignment: Writing: Sgrìobhadh (page 394)

Sample text

I went to the Isle of Skye Highland Games in the summer last year. The games happen on the first Wednesday in August every year.

The games take place up on the Lump - *am* **Meall** - in Portree. This is a big rock above the harbour. There is a round sports arena at the top of the Lump and dancing, athletics, tug of war and piping competitions happen there.

An awful lot of people were at the game the day I went. There were many tourists amongst them, with people from Japan, from Germany and from the United States. The weather was terribly hot and everyone was sitting or lying on the slopes around the park.

The town pipe band was playing between the competitions. I thought that they would be feeling terribly warm in their kilts and jackets but they kept going all afternoon. I enjoyed hearing the tunes. My big brother took part in the hill race. The runners had to run round the arena twice and then out past the shore to the hill on the far side of the bay. They run to the top and back to the Lump. It was quite far and quite hard but my brother came in tenth place. Didn't he do well?

The games are enjoyed by everyone in Skye and after the day being over, everyone meets in the high street and celebrates, having conversations about what happened through the day. This is a big day for the midges as well however!

Unfortunately, we needed to go home and my big brother slept the whole way home. He was as tired as a dog!

Reading comprehension: An Cliseam - sreap agus coiseachd (page 396)

Q81: Every (1) time (1) he goes

Q82: Deer (1), birds (1)

Q83: Far (1) and wide (1)

Q84: 799 (1)

Q85: Youth hostel (1)

Q86: Reasonable (1) only (1) 10 pounds (1)

Q87: She had never (1) climbed (1) it

Q88: Gets tired (1) looking (1) at it

Q89: b) an old building for hunting whales

Q90: Like the surface of the moon (1) - grey (1) and rocky (1)

Q91: Good weather had attracted them (1)

Q92: He started to sweat/sweating (1)

Q93: Scalpay (1)

Q94: St Kilda (1)

Q95: He had read (1) a story about the St Kildans/people (1) leaving (1) the Island but had never (1) visited (1) himself.

Q96: That he will see (1) other beautiful (1) views (1) next (1) time

Grammar: The genitive case (page 399)

Q97:

Genitive with compound prepositions are in bold, the other genitive is in italics.

Bha mi a' dìreadh **chun a' mhullaich** nuair a chunnaic mi iolaire air sgeith **os cionn a' choire**. Bha i a' dol mun chuairt is mun chuairt a' cleachdadh *blàths na h-àile* airson fuireach an-àird. An uairsin, chrom i agus chaidh e am falach anns a' choire ach an uairsin gu h-obann **nochd** i a-rithist le coineanach na spuirean. Abair sealladh!

Chì mi seallaidhean iongantach mar seo a h-uile turas a thèid mi a choiseachd sna beanntan. Chì mi fèidh ag ionaltradh **ri taobh na h-aibhne**, na h-eòin bheaga a' cluich **am measg an fhraoich** agus nuair a bhios mi air a' mhullach a ruighinn, chì mi fad is farsaing **thar na dùthcha**.

Topic 4: Scottish Gaelic literature

Answers from page 408.

Q1: Mary the daughter of Ian, the son of Murdo, the son of Calum.
We have daughter, father, grand-father and great grandfather in the title.

Q2: Mary was her grandmother who lost her father on the "Iolaire" on New Year's Eve 1919.

Answers from page 408.

Q3: The poet is sitting listening to her grandmother - "Tha mi nam shuidhe ag èisteachd ribh". See the title of the poem. This tells us that it was her grandmother she was listening to.

Q4: tha mo chridh' a' tuigsinn barrachd na mo chlaisneachd /'s mo shùilean a' toirt a-steach barrachd na mo chluasan.
This suggests that the writer 'heard' more from the emotion expressed in her grandmother's voice than from the words the grandmother spoke. Anne Frater also 'listened' to the tears welling up in her grandmother's eyes.

Q5:

She was listening through her heart and through her eyes. *Mo chridhe* meaning the heart, is reckoned to be the seat of the feelings and emotions. Her grandmother communicated her feelings and emotions to the writer in a way that spoke to her heart.
Mo shùilean = someone has said that the eyes are the windows of the soul. Through watching her grandmother's eyes and seeing tears well up in them, the writer 'heard' her grandmother's non-verbal communication.

Answers from page 408.

Q6: The word sèimh (calm) can describe a sea state. Her speech (*cainnt*) is compared to the rise and fall of the waves (*ag èirigh 's a' tuiteam mar thonn*)

Q7: 'aghaidh fhuar a' chuain' suggests a sea that is cold and cruel and perhaps this is how Frater's grandmother thinks the sea treats her, with a callous coldness. In English, we might translate the expression *aghaidh fhuar* as 'stony-faced'.

Q8: Just as a wave flowing along on the sea can be suddenly broken on a sharp rock so her voice betrays her emotion when she hits a painful memory?

Q9: The word *sàl* can mean the sea especially the salty aspect of it, the brine. Tear drops are salty and cover the eye like a sea. The word '*glas-chuan*' suggests a cold grey sea.

Answers from page 409.

Q10:

The word *e* refers to the grandmother's father.
It is necessary to understand the reference to the rope. After the *Iolaire* hit the rocks, one man swam to shore with a rope. Many who were saved got to shore by this means.
After a while, the boat lurched on the reef and the rope broke casting all those who were on it into the sea. Màiri Iain Mhurch' Chaluim's father was one of those drowned this way.

Answers from page 409.

Q11: You have learned from the answer to a previous question that the rope referred to in that stanza was the life-line which broke sending numbers to their death. Here the rope refers to Màiri's father.

Q12: Màiri's father was a strong rope for her to hold on to as a child. The reader is also told that she had a loving hold on her father - *air an robh grèim gràidheil agaibh*. The word *greim* echoes the firm hold her father would have had on the rope which broke and enhances the thought how firm a hold she would have had on her father as a child.

Q13: Here the word *sreap* can mean (i) 'climbing', which Màiri would have done climbing up on to her father's knee and it could also mean (ii) growing up in years.

Answers from page 409.

Q14: Perhaps she means that if her father had been away for most of the war, she would have had very limited memories of him. It could also mean that now at an old age the number of years which can recall with her father were very few, since she lost him at age ten. The use of the word *creag* to describe the father suggests he was the rock on which the family was built.

Q15: This perhaps suggests that she delighted in her father as a young girl and had her hopes and expectations of life itself dashed the night he drowned.

Q16: The poet is suggesting that the events and trauma of that night remained with the grandmother the rest of her life, especially at the time of greatest national celebration in Scottish culture, the New Year.

Answers from page 410.

Q17: When you bury a rock, you do not expect it to leave a hole in the ground. Burying involves covering over. The word *creag* is being used by the writer to symbolise her grandfather. The hole that is left is not literal but metaphorical.

Q18: Through the loss of her father life became that much harder. There was no father figure in the home and her mother would have to work twice as hard to keep things together. Brine can preserve items. There is probably an allusion to this facet of brine.

Q19: The grandmother's pain as a child and as a grandmother is mentioned. It is also mentioned that her heart breaks afresh each time her father is remembered. The pain appears to be as sore in her old age as it was in her childhood.

Answers from page 410.

Q20: The fact that she mentions that she had a father suggests that it was very painful to have a patronymic which excluded her father. The truth was that although her father had died, she did have one and she considers that should have been acknowledged by using his name in her patronymic and not Mair Bheag Chatrìona, which acknowledged that her mother, Catrìona, was a widow.

Reading comprehension: *Màiri Iain Mhurch' Chaluim* (page 412)

Literary techniques used by the author

The poet uses visual imagery to good effect in the poem. There are a number of images referring to the sea and to an ròp (the rope) and an creag (the rock).

- **The structure** of the poem is the poet's close observations on her grandmother whilst she was recounting her memories of the Iolaire to a BBC recording crew. The poet analyses her own interaction with her grandmother in this situation as well as analysing her grandmother's deportment.

- **Imagery**
  The images of the sea. The grandmother's voice, speech rising and falling like a wave on the cold face of the sea.
  Ur guth sèimh, ur cainnt
  ag èirigh 's a' tuiteam mar thonn
  air aghaidh fhuar a' chuain

  You should always use Gaelic quotations when referring to the text.
  an sàl a' tighinn gu bàrr
  ann an glas-chuan ur sùilean
  This suggests to us that her grandmother cries and when she cries her tears are salty as the brine and the tears that flood her eyes are as the cold grey sea in which her father perished.

  's gach dòchas a bha nur sùilean
  air a bhàthadh tron oidhch' ud.
  Perhaps the poet is trying to suggest to us the floods of tears that were shed that night on hearing of the loss, as well as the extinguisehd hope of her father's home-coming.

  Chruadhaich an sàl ur beatha
  agus chùm e am pian ùr
  There could be two images intended in these lines. Her grandmother's life has been hardened by the salty sea. Salt rubbed into wounds is sore.

  "Bha e air an ròp an uair a bhris e . . . "
  Agus bhris ur cridhe cuideachd le call an ròpa chalma air an robh grèim gràidheil agaibh fhad 's a bha sibh a' sreap suas nur leanabh.
  Màiri's father was a strong rope for her to hold on to as a child. The word *greim* echoes the firm hold her father would have had on the rope which broke and enhances the thought how firm a hold she would have had on her father as a child.

  Agus, aig aois deich bliadhna cha robh agaibh ach cuimhne air a' chreig a bhiodh gur cumail còmhnard;
  The play on the word *a' chreig* to describe the father suggests he was the rock on which the family was built.

  Chàirich iad a' chreag agus dh'fhàg sin toll.
  The word *creag* is being used by the writer to symbolise her grandfather. The hole that is left is not literal but metaphorical.

- **Literary Techniques - Figures of Speech: 6 quotations**

  assonance: repetition of vowel sounds
  Ur guth sèimh, ur cainnt
  ag èirigh 's a' tuiteam mar thonn
  *air aghaidh fh**ua**r a' ch**ua**in*

  alliteration: repetition of of **c/ch** sound, of **g** sound, and **s** sound
  *Agus bhris ur **c**ridhe **c**uidea**ch**d*
  *le **c**all an ròpa **ch**alma*
  *air an robh **g**rèim **g**ràidheil a**g**aibh*
  *fhad '**s** a bha **s**ibh a' **s**reap **s**uas*
  nur leanabh.

  alliteration: repetition of of **c** sound
  Agus, aig aois deich bliadhna
  *cha robh agaibh ach **c**uimhne air a' chreig a*
  *bhiodh gur **c**umail **c**òmhnard;*

  alliteration: repetition of of **ch** sound
  ***Ch**àirich iad a' **ch**reag*
  agus dh'fhàg sin toll

  simile: voice is likened to a wave rising and falling
  Ur guth sèimh, ur cainnt
  ag èirigh 's a' tuiteam mar thonn .

  metaphor: father likened to a strong rock. However, there is an irony because it was a rock that caused the death of poet's grandfather.
  *cha robh agaibh ach cuimhne air **a' chreig***
  a bhiodh gur cumail còmhnard;

Q21: You should have most of the following in your answer:

- Information about the background to the poem and the significance of the information given underneath the title
- You can also include the setting of a BBC Gaelic radio interview where Anne Frater watched her grandmother being recorded.
- The subject of the poem is loss and the effect the loss of a father has upon a young child.
- The poet probably wrote it to give us an understanding of how pain does not necessary lessen with years; of how it perhaps made her feel a mix of guilt and thankfulness that she did not lose her own father; she possibly gained an insight into her grandmother in listening to her re-tell the experience.
- You should provide quotes from the poem to back up your answers from bullet point 2 on.

Model answer

The theme of Màiri Iain Mhurch' Chaluim by Anne Frater is loss and the effect the loss of a father has upon a young child.

The poet probably wrote it to give us an understanding of how pain does not necessary lessen with years; of how it perhaps made her feel a mix of guilt and thankfulness that she did not lose her own father; she possibly gained an insight into her grandmother, Màiri Iain Mhurch' Chaluim, in listening to her re-tell the experience.

The setting of the poem is a BBC Gaelic radio interview where Anne Frater watched her grandmother being recorded for a programme on the loss of the Iolaire.

This ship foundered on the first day of the New Year 1919. It was taking home young men from Lewis and Harris who had completed military service in WW1. Out of 280 on board, 205 lost their lives. The ship went down a short distance from Stornoway harbour.

Q22: a) *Ur guth sèimh, ur cainnt*
ag èirigh 's a' tuiteam mar thonn
air aghaidh fhuar a' chuain

Q23: c) *Chàirich iad a' chreag agus dh'fhàg sin toll.*

Q24: c) *Chruadhaich an sàl ur beatha*
agus chùm e am pian ùr

Q25: a) *Agus, aig aois deich bliadhna cha robh agaibh ach cuimhne air a' chreig a bhiodh gur cumail còmhnard;*

Q26: d) assonance

Q27: b) alliteration

Q28: b) alliteration

Q29: c) simile

Q30: a) metaphor

Q31: You can respond to a piece of literature in at least three ways and you could include one of the following responses to the poem in your answer.

- The piece of literature **confirms** your views on the effects of the loss of a loved one. You agree with the writer's view.
- The piece of literature **challenges** your views on the effects of the loss of a loved one. You disagree with the writer's viewpoint but accept that it has caused you to revisit your own thoughts or beliefs on the matter.
- The piece of literature **changes** your views on the effects of the loss of a loved one. The writer has made you alter your views on a particular matter, perhaps because of new information, or because he or she has a deeper understanding of an issue than you had.

Answers from page 420.

Q32: a) True

Q33: a) True

Q34: b) False

Q35: b) False

Q36: b) False

Q37: b) False

Q38: a) True

Q39: b) False

Q40: a) True

Q41: a) True

Making a summary of the story (page 421)

Q42: *Paragraphs 2-3* More information on Kenneth's stubborness and his parents' eventual acceptance that perhaps the army might be the best place for him.

Q43: *Paragraphs 4-5* Kenneth still maintains some contact with his parents, but does not mention his homesickness. He pretends he is happy and has friends amongst the other recruits.

Q44: *Paragraphs 6-8* Kenneth's parents realise that he is going to Iraq for six months when they read in newspaper about his regiments' movements.
Weeks go by and there is no word of Kenneth. Their only comfort is that if anything serious would have happened they would have been informed.
As it happened he was injured and taken to hospital, but the parents know nothing of this.

Q45: *Paragraphs 9-13* Description of Kenneth's recuperation and contact with Hashima, a young Iraqi female doctor. His relationship with Hashima develops into more than one between a doctor and patient.
Hashima questions Kenneth about his reasons for coming to Iraq.
Kenneth tells Hashima about his own childhood and island home.

Q46: *Paragraphs 14-16* Hashima tells Kenneth of her background and education in Britain. She has lost her parents in a bombing attack by British forces.
The issue of where Kenneth would go, now that he had recuperated sufficiently to leave hospital, is discussed.

Q47: *Paragraphs 17-20* Short story reverts to thoughts of Kenneth's parents at home.
Still no word from Kenneth.
Neighbours are asking about him and trying to comfort with thoughts such as if anything serious had happened to him they would have heard.

Q48: *Paragraphs 21-22* Kenneth goes to stay with Hashima. She often asks him to contact his mother and father, but he refuses.

Q49: *Paragraphs 23-24* Kenneth's parents are still in the dark and conflicting emotions are experienced by them.
They are very worried about Kenneth but they also are very angry that he has not contacted them.

Q50: *Paragraphs 25-27* Kenneth asks to be discharged from the army. His request is accepted on compassionate grounds as he would not be much use to the army now.
Two religions and two cultures which were opposite to each other were going to come together. Kenneth wasn't much bothered about religion anyway.
Kenneth asks Hashima to marry him. She accepts. The army chaplain marries them.

Q51: *Paragraph 28* Disaster hits their marriage when Hashima is killed following an explosion at the hospital.
He had only one choice now that he was widowed. He had to leave Iraq.

Q52: *Paragraphs 29-33* Kenneth returns home from Iraq. He has decided not to relate what happened to him whilst he was away.
Eventually, he reaches home and sees the yellow flapping ribbon on the gate. Apart from the ribbon everything appeared to be the same as when he left.
He finds his parents who are at the back of the house. They nearly faint when they see him
They ask him twice where he was. '*Abroad, just abroad*' is his laconic reply.

What techniques did the author use? (page 426)

Q53:

bha fios aig pàrantan Choinnich **nach tigeadh dreuchd sgoilearachd air am mac**	idiom
bha an sgoil cho dubh dha ri cnap guail	idiom + simile
bu mhath an naidheachd a bhith gun naidheachd idir	proverb (seanfhacal)
cha robh iad [na neòil] cho dubh ri duslach na h-àimhreit a dh'fhàg e	simile

Reading comprehension: *An Saighdear* (page 429)

Q54:

Paragraphs 1-8

The story is about Kenneth, who is stubborn. Despite his parents' pleas he joins the army straight from school. Kenneth is aware of the dangers of his profession and is aware that his own grandfather was killed as a soldier. His grandfather had been called up against his will. Kenneth had gone voluntarily.

At first Kenneth's parents are reluctant to give their approval. However, they eventually accept that perhaps this vocation might be the best option for him.

Kenneth still maintains some contact with his parents, but does not mention his homesickness. He pretends he is happy and has friends amongst the other recruits.

His parents learn from newspaper accounts that his regiment is going to Iraq.

Kenneth is badly wounded in a bomb explosion and is hospitalised. His parents know nothing of his injuries.

Paragraphs 9-16

Whilst recuperating he comes into contact with Hashima, a young Iraqi female doctor. His relationship with her develops into more than the normal relationship between a doctor and a patient.

She questions Kenneth about his reasons for coming to Iraq. He replies that it was the army and the government who made him come and that he could not refuse. He also tells her about his own childhood and island home. She tells Kenneth of her background and education in Britain. She has lost her parents in a bombing attack by British forces.

The issue of where Kenneth would go, now that he had recuperated sufficiently to leave hospital, is discussed.

Paragraphs 17-27

The story focuses on Kenneth's parents at home. They still have no word from Kenneth. Neighbours are asking about him and try to offer comfort. They suggest that if anything serious had happened to him they would have heard.

Kenneth goes to live with Hashima. She often asks him to contact his mother and father, but he refuses. Kenneth's parents are still in the dark and they display conflicting emotions about Kenneth. They are very worried about him but they also are very angry that he has not contacted them.

Kenneth asks to be discharged from the army. His request is accepted on compassionate grounds as he would not be much use to the army now.

Kenneth asks Hashima to marry him. She accepts and they are married by the army chaplain. Two religions and two cultures opposed to each other are going to come together. It appears that Kenneth is not much bothered about religion.

Paragraphs 29-33

Disaster hits their marriage when Hashima dies following an explosion at the hopital. He has only one choice now that he is widowed. He has to leave Iraq.

Kenneth returns home. He has decided not to tell anyone about events in Iraq.

He arrives home and sees the yellow ribbon flapping on the gate. Apart from this, everything appears to be the same as when he left.

He finds his parents sitting at the back of the house. They almost faint when they see him.

They ask him twice where he was. 'Abroad, just abroad ' is his laconic reply.

Q55: a) idiom

Q56: b) simile

Q57: c) proverb

Q58: b) simile

Q59: Suggest ways in which this piece of literature has confirmed, challenged and/or changed your views on the nature of relationships.

Gaelic and English meanings (page 434)

Q60:

An ear-thuath air Port Rìgh/Shuas air cùl a' bhaile	sets the scene
Iad uile dèante is sgairteil/Cruadalach agus tapaidh	describes the young men's qualities as shinty players
Chaill iad uile an òige/'S i'n toiseach mar linn eile	highlights the way that all people eventually grow old
Borb le cunnartan a' chogaidh/le tinneas, leòintean agus bàs	highlighting the brutality of their experience in the war
Ged a thàrr a' mhòr chuid às	although most survived they were changed forever
Latha grianach ciùin	describes the beautiful weather the day of the game

Shinty players exercise (page 434)

Q61:

strì	struggle
gleusta	skilled
cruadalach	hardy
calma	robust
sgàirteil	vigorous
tapaidh	courageous
dèante	well-made
làidir	strong

Poetic terms 1 (page 435)

Q62:

cianalas	nostalgia
cogadh	war
seann aois	old age
òige	youth
mòladh	praise
dualchas	heritage

Poetic terms 2 (page 435)

Q63:

ìomhaigheachd	imagery
comhardadh	rhyme
rannaigheachd	versification
samhlachas	symbolism
ruitheam	rhythm
meatafor	metaphor
rann	stanza

Reading comprehension: *An t-Earrach 1937* (page 437)

Q64: It gives us a reminder that it is set very soon before World War II.

Q65:

The theme of An t-Earrach 1937 by Sorley MacLean is growing up and the effect of war upon young men.

The poet seems to have written the poem for several reasons; to pay tribute to the shinty-playing skills of pupils he knew when he was a young teacher; to explore how the passing of time always takes away the innocence and vigour of youth; to also show that this happened to this particular generation in the most violent and brutal way with the Second World War.

The setting of the poem is initially the Portree High School shinty team winning the local shinty championship in 1937 at a park on the edge of the town in the Isle of Skye. It is a beautiful day and the poet returns to this setting throughout the poem.

For the pupils to have won this trophy, called the Robertson Cup and played for by men's' teams from all the districts of Skye, was a significant achievement. However, two years later many of them were called up to fight and two lost their lives in the War. When MacLean wrote the poem however, it was in the late 1980s and many had also passed away from other causes since.

Q66: Lines 2 and 3.

Q67: Gillean mu shia-deug 's mu sheachd-deug,
Iad uile dèante is sgairteil
Cruadalach agus tapaidh
Sgitheanaich, Ratharsaich, agus fear dhiubh
Leòdhasach mòr socair làidir.

Q68: Latha o chionn leth-cheud bliadhna,
Latha grianach ciùin,
Gun snàithnean ceotha air a' Chuilthionn
No air claigeann a' Stòir.

Q69: Latha o chionn leth-cheud bliadhna,
Latha grianach ciùin,
Gun snàithnean **ceotha** air a' Chuilthionn
No air claigeann a' Stòir.

Ach an-diugh **ceò** eile
Air raon mòr na Bòrlainn,
Ceò na lathaichean a dh'fhalbh
Ciar thar na h-òigridh a chaill an òige
Is ochdnar den dhà-dheug marbh.

Q70: Chaill iad uile an òige
'S i 'n toiseach mar linn eile,
Ach an ceann dà bhliadhna
Borb le cunnartan a' chogaidh,
Le tinneas, leòintean agus bàs,
a shearg flùraichean na h-àbhaist
Ged a thàrr a' mhòr chuid às.

Q71: Am bliadhna tha buidheann eile
A cheart cho gleusta 'n Sgoil Phort Rìgh,
A cheart cho calma ris an sgioba
A bha san t-strì air raon na Bòrlainn
Mun do bharc an leth cheud bliadhna
Air an linn làidir ud de dh'òigridh.

Answers from page 443.

Q72: 1746; After the Jacobite Rebellion; After the Battle of Culloden
"Bha e seachad ceart gu leòr - am blàr. Cùl Lodair." Bha am blàr seachad. - The battle is explicitly named at a few points in the story.
"Bha seisear ac' ann nan còtaichean dearga 's an comanndair." - Redcoats were the uniform of the British Hanoverian Army.

Answers from page 443.

Q73: a) toilichte

Answers from page 444.

Q74: His father had been killed so he was now head of the family. He assumed this role without question.

Answers from page 445.

Q75: He was jealous of Tormod.

Answers from page 446.

Q76: Ran away from home, walked through thunder and lightning.

Answers from page 447.

Q77: These are not definitive answers but they use quotes to back up their view points as you should do also.

- She did not have any choice - she had to choose one of the three or they would all die. "Innsidh mi dhuibh," ars an comanndair mu dheireadh. "Bu chòir dhomh an triùir agaibh a mharbhadh, ach ... " (rinn e gàire) "chan eil mi a' dol a mharbhadh ach a h-aon."
- She should not have made the choice, I agree with Tormod that it was not right that only one of them should die "B' fheàrr dhut a h-uile duine againn a mharbhadh,"
- Iain was the weakest and most innocent, "Cha dèanadh esan feum ann an cogadh." If he had survived his siblings he would have not been able to cope "Chan fhuiling e pian."
- There is no right and wrong. It is an impossible choice created by the commander's sadistic mind "Nuair a smaoinich e air an siud an toiseach, bha e toilicht'. Uimhir gam marbhadh leis a' bhiodaig is leis an daga. Ach am marbhadh leis an inntinn, bha sin eadar-dhealaichte.

Answers from page 448.

Q78:

- Iain was the weakest "Cha dèanadh esan feum ann an cogadh."
- If he had survived his siblings he would have not been able to cope "Chan fhuiling e pian."
- Iain was selfish when his mother was ill "Nuair a bha mi tinn 's e [Tormod] dh'altramaich mi. Bha cus pèin air inntinn Iain,"
- He is not a hard worker "Bha a làmhan geal air a' bhòrd." in comparison to Tormod.
- He is not as innocent as he may seem "Ach an latha thàinig Tormod air ais à Cùl Lodair ghlac mi [Iain] leis a' chlaidheamh na làimh."

- He is a coward, "Tha eagal air." Whilst his brother went to Culloden he did not go and fight.
- She had to choose someone "Chuir e truas oirre cho mòr 's gun do theab a broilleach bristeadh le gaol."

The innocent sacrificed for the sinners as Jesus was in the Bible "Sheall i a-null ris a'

Gaelic and English meanings (page 448)

Q79:

- death
- stress
- love
- relationships
- war
- Gaelic history

Q80:

gàire	smile
buntata is sgadan	tatties and herring
beathaichean	animals
iongantach	surprising
losgadh	burning
truas	pity
sàmhachd	quiet
meirgeach	rusty
farmad	jealousy
tàirneanaich is dealanaich	different

Three sons and the commander (page 449)

Q81: Anns an t-sàmhachd, thuirt Iain, "Cha robh duin' againn aig Cùl Lodair." **Bha e timcheall air ochd bliadhna deug. Tormod timcheall air fichead, is Ruaraidh timcheall air còig-deug.** Chunnaic e tron uinneig sneachd air na beanntan.
"Tha thu na do shuidhe air cathair mo mhàthar," arsa Ruaraidh. Cha do fhreagair an comanndair e. Dh'èirich Ruaraidh 's thug e a chathair do a mhàthair, **a' sealltainn ris a' chomanndair fad na tìde**. Shuidh i sìos. **Theab Iain bruidhinn ach cha tuirt e smid**. Sheas Ruaraidh ris an teine a' sealltainn sìos ris a' chomanndair, a dhà chois sgèapte, **a shùilean a' deàrrsadh**. Bha brèid air a bhriogais ghuirm. "Dè a tha thu dol a dhèanamh?" arsa Tormod mu dheireadh, **a dhà làimh mhòr dhearg air a' bhòrd**. "Innsidh mi dhuibh," ars an comanndair mu dheireadh. "Bu chòir dhomh an triùir agaibh a mharbhadh, ach . . . " (rinn e gàire) "chan eil mi a' dol a mharbhadh ach a h-aon."

Q82: Anns an t-sàmhachd, thuirt Iain, "Cha robh duin' againn aig Cùl Lodair." Bha e timcheall air ochd bliadhna deug. Tormod timcheall air fichead, is Ruaraidh timcheall air còig-deug. Chunnaic e tron uinneig sneachd air na beanntan.
"Tha thu na do shuidhe air cathair mo mhàthar," arsa Ruaraidh. Cha do fhreagair an comanndair e. Dh'èirich Ruaraidh 's thug e a chathair do a mhàthair, a' sealltainn ris a' chomanndair fad na tìde. Shuidh i sìos. Theab Iain bruidhinn ach cha tuirt e smid. Sheas Ruaraidh ris an teine a' sealltainn sìos ris a' chomanndair, a dhà chois sgèapte, a shùilean a' deàrrsadh. Bha brèid air a bhriogais ghuirm. "Dè a tha thu dol a dhèanamh?" arsa Tormod mu dheireadh, a dhà làimh mhòr dhearg air a' bhòrd. "Innsidh mi dhuibh," ars an comanndair mu dheireadh. "Bu chòir dhomh an triùir agaibh a mharbhadh, ach . . . " **(rinn e gàire)** "chan eil mi a' dol a mharbhadh ach a h-aon."

Reading comprehension: *An Taghadh* (page 450)

Q83: Whilst there is no right or wrong answer to this question - you may have considered the following.

You may feel some of the following:

- Shocked that a mother would do this
- Surprised that she chose Iain
- Sad that a family has been left broken
- Angry that she was made to make this choice

The choice can be justified in terms of:

- Màiri had to choose one of her sons, or they would all have been killed, so the needs of the many were put ahead of the few. Iain was a sacrifice to save the family.
- Màiri had to choose one, so she chose the one she could afford to lose - Iain being weak and cowardly.

The choice can never be justified in terms of:

- No one should ever be able to decide whether someone should die, whether they are being forced to or not - it is better that they all died a just death than for one to die in such a perverse way.

Q84: In your paragraph, you may have chosen the following points.

Tormod

- The oldest "timcheall air fichead"
- Head of the family. "shuidh e aig ceann a' bhuird"
- Strong. "fear goirid tapaidh."
- Fought at Culloden. "Bha e aig Cùl Lodair 's mharbh e daoine."
- Comforts his brothers. "Bha T. a' bruidhinn gu cùramach is gu socair ri Iain."
- Cares for his mother 'S e Tormod as fheàrr aca." or "'S e dh'altramaich mi."

Iain

- the middle son "timcheall air ochd bliadhna deug."
- weak "Chan fhuiling e pian."
- jealous "Tha farmad aige ri Tormod, 's bha riamh."
- cowardly "Tha eagal air." or "Bha a làmhan geal air a' bhòrd."
- " did not go to war "Cha dèanadh esan feum ann an cogadh."."
- feels the matter is finished. "Tha am blàr seachad."

Ruaraidh

- The youngest "am fear a b'òige."
- Slightly manic in his behaviour "a' sealltainn ris a' chomanndair fad na tide ... a shùilean a' deàrrsadh."
- Angry and impetuous individual " 'Marbh Mise a-rèist,' dh'èigh R. 'Marbh mise.' "
- Distinct lack of fear "Chan eil eagal aige ro dhuine no ro ainmhidh."
- Naive "Coinnichidh an saoghal ris fhathast."

It would be helpful to show your answers and marks to your teacher or tutor.

Q85: **Yes**, he seems to get angry about it at one point.
No, he is enjoying the situation too much and admits he doesn't know if Tormod did it or not.

Q86: Winter (Sneachd air na beanntan)

Q87: He has taken on the role of the head of the household now his father is dead.

Q88: To commit suicide. She feels ashamed.

Q89: It brings to mind Judas betraying Jesus with a kiss.

Q90: She loved him very much despite his faults and she was heartbroken.

Similes (page 454)

Q91:

àrd	high
binn	melodic
blàth	warm
bog	soft
bodhar	deaf
buidhe	yellow
caol	thin
cruaidh	hard
dubh	black
faoin	daft
geal	white
làn	full
leisg	lazy
maol	bald
rag	stiff
reamhar	fat
sean	old
seòlta	sly

Q92:

na nèimh	the heavens
smeòraich air gèig	a thrush on a branch
bainne	milk
ìm	butter
cloich	stone
sòbhrag	primrose
bior	pin
iarann	iron
cùl an teine	back of the fire
faoileag	seagull
gruth	crowdie
ugh	egg
seann chù	an old dog
ball-iomain	a shinty ball
bòrd	table
ròn	seal
ceò nam bean	the mist on the mountains
sionnach	fox

Q93:

cho àrd ri na nèimh	As high as the heavens.
cho binn ri smeòraich air gèig	As melodic as a thrush on a branch.
cho blàth ri bainne	As warm as milk.
cho bog ri ìm	As soft as butter.
cho bodhar ri cloich	As deaf as stone.
cho buidhe ri sòbhrag	As yellow as a primrose.
cho caol ri bior	As thin as a pin.
cho cruaidh ri iarann	As hard as iron.
cho dubh ri cùl an teine	As black as back of the fire.
cho faoin ri faoileag	As daft as seagull.
cho geal ri gruth	As white as crowdie.
cho làn ri ugh	As full as an egg.
cho leisg ri seann chù	As lazy as an old dog.
cho maol ri ball-iomain	As bald as a shinty ball.
cho rag ri bòrd	As stiff as a table.
cho reamhar ri ròn	As fat as a seal.
cho sean ri ceò nam bean	As old as the mist on the mountains.
cho seòlta ri sionnach	As sly as a fox.

Similes with the definite article (page 457)

Q94:

daor	expensive
binn	melodic
fallainn	healthy
fuar	cold
geal	white
làidir	strong
mì-mhodhail	badly behaved
salach	dirty
sona	happy
teth	hot
an uisge beatha	whisky
smeòraich air gèig	a thrush on a branch
na fèidh	the deer
a' phuinnsean	poison
an t-sneachda	the snow
an daraich	the oak tree
a' chù	the dog
a' pholl	the mud
an rìgh	the king
an Donas	the Devil

Q95:

Cho daor ris an uisge beatha	As expensive as whisky.
Cho binn ris smeòraich air gèig	As melodic as a thrush on a branch.
Cho fallainn ris na fèidh	As healthy as the deer.
Cho fuar ris a' phuinnsean	As cold as poison.
Cho geal ris an t-sneachda	As white as the snow.
Cho làidir ris an daraich	As strong as the oak tree.
Cho mì-mhodhail ris a' chù	As badly behaved as the dog.
Cho salach ris a' pholl	As dirty as the mud.
Cho sona ris an rìgh	As happy as the king.
Cho teth ris an Donas	As hot as the Devil.

Topic 5: Film and TV

Grammar: Using *bi* & *air* (page 464)

Q1:

1. The door was shut	k. Bha an doras air a dhùnadh
2. The window was opened	f. Bha an uinneag air a fosgladh
3. The table was cleaned	p. Bha am bòrd air a ghlanadh
4. The book will be read	a. Bidh an leabhar air a leughadh
5. The music would be heard	h. Bhiodh an ceòl air a chluinntinn
6. He was seen	l. Bha e air fhaicinn
7. She was heard	g. Bha i air a cluinntinn
8. Calum was hit	b. Bha Calum air a bhualadh
9. Màiri was lost	m. Bha Màiri air a call
10. They were opened	n. Bha iad air am fosgladh
11. They were killed	q. Bha iad air am murt / bha iad air am marbhadh
12. I am annoyed	c. Tha mi air mo shàrachadh
13. I am injured	o. Tha mi air mo leòn
14. I will be seen	e. Bidh mi air m' fhaicinn
15. Calum will be found	r. Bidh Calum air a lorg
16. The car will be repaired	j. Bidh an càr air a charadh
17. Margaret will be annoyed	i. Bidh Mairead air a sàrachadh
18. My leg was broken	d. Bha mo chas air a bhriseadh

Grammar: The possessive participle (page 465)

Q2:

1. I am hit	g. Tha mi gam bhualadh/Tha mi ga mo bhualadh
2. She is prepared	d. Tha i ga h-ullachadh
3. It is eaten	e. Tha e ga ithe
4. It is not watched	a. Chan eil e ga choimhead
5. They are not closed	f. Chan eil iad gan dùnadh
6. The shop is cleaned	c. Tha a' bhùth ga glanadh
7. The street is closed	h. Tha an t-sràid ga dùnadh
8. The music is played	b. Tha an ceòl ga chluich

Q3:

1. The door was shut	Chaidh an doras a dhùnadh
2. The window was opened	Chaidh an uinneag fhosgladh
3. The table was cleaned	Chaidh am bòrd a ghlanadh
4. The book will be read	Thèid an leabhar a leughadh
5. He was seen	Chaidh fhaicinn
6. She was heard	Chaidh a cluinntinn
7. Calum was hit	Chaidh Calum a bhualadh
8. Màiri was lost	Chaidh Màiri a chall
9. They were opened	Chaidh am fosgladh
10. They were killed	Chaidh am murt / Chaidh am marbhadh
11. I will be seen	Thèid m' fhaicinn
12. Calum will be found	Thèid Calum a lorg
13. The car will be repaired	Thèid an càr a charadh
14. Margaret will be annoyed	Thèid Mairead a shàrachadh
15. My leg was broken	Chaidh mo chas a bhriseadh

Grammar: *Rach* (page 466)

Q4:

1. The shop was closed	Chaidh a' bhùth a dhùnadh
2. The school was opened	Chaidh an sgoil fhosgladh
3.The food was eaten	Chaidh am biadh ithe
4. The children will be heard	Thèid a' chlann a chluinntinn
5. The house will be built	Thèid an taigh a thogail
6. The whisky will be drunk	Thèid an t-uisge-beatha òl
7. The key was not lost	Cha deach an iuchair a chall
8. The key will not be found	Cha tèid an iuchair a lorg
9. The car was not repaired	Cha deach an càr a charadh
10. The programme will not be shown	Cha tèid am program a shealltainn

Q5:

1. I was paid	c. Chaidh mo phàigheadh
2. You were paid	f. Chaidh do phàigheadh
3. He was paid	a. Chaidh a phàigheadh
4. She was paid	e. Chaidh a pàigheadh
5. We were paid	b. Chaidh ar pàigheadh
6. You were paid	g. Chaidh ur pàigheadh
7. They were paid	d. Chaidh am pàigheadh

Q6:

1. I will be paid	c. Thèid a phàigheadh
2. You will be paid	d. Thèid a pàigheadh
3. He will be paid	e. Thèid mo phàigheadh
4. She will be paid	f. Thèid ur pàigheadh
5. We will be paid	b. Thèid am pàigheadh
6. You will be paid	g. Thèid do phàigheadh
7. They will be paid	a. Thèid ar pàigheadh

Grammar: Active to passive (page 469)

Q7:

Active	Passive
Dhùin iad an doras	Dhùineadh an doras
Thog Calum an taigh	Thogadh an taigh
Dh'fhosgail Seonaidh a' bhùth	Dh'fhosgladh a' bhùth
Chaill Màiri an leabhar	Chailleadh an leabhar
Fhuair mi an spòran	Fhuaireadh an spòran
Cha do dhùin mi an doras	Cha do dhùineadh an doras
Dh'ith mi na h-isbeanan	Dh'itheadh na h-isbeanan
Bhris e mo chas	Bhriseadh mo chas

Q8:

Active	Passive
Dùinidh Ailig an uinneag	Dùinear an uinneag
Togaidh Calum an taigh	Togar an taigh
Fosglaidh Seonaidh a' bhùth	Fosglar a' bhùth
Dùisgidh mi Màrtainn	Dùisgear Màrtainn
Gheibh mi an càr	Gheibhear an càr
Chì iad na solais	Chìthear na solais
Ithidh mi na h-isbeanan	Ithear na h-isbeanan
Brisidh e do chas	Brisear do chas

Grammar: Identifying the passive (page 472)

Q9:

Thèid a' Ghàidhlig ionnsachadh air loidhne le cursa ùr bho Oilthigh Heriot-Watt faisg air Dùn Èideann.

Chaidh an cursa a dhèanamh leis an aonad SCHOLAR aig an oilthigh. **Bha an cursa ga sgrìobhadh** bho thùs ann an 2009 le dithis eòlaichean, ach leis a' Churaicealam airson Sàr-mhathais a' tighinn gu buil, **chaidh an cursa ath-sgrìobhadh** gus am biodh e freagarrach airson latha an-diugh.

Thathar an dòchas gum bi na ceudan de sgoilearan ag ionnsachadh na Gàidhlig air feadh na h-Alba a' cleachdadh an làraich-lìn.

Faodar an cursa a dhèanamh aig an taigh, anns an sgoil air neo àite sam bith anns an t-Saoghal far a bheil Coimpiutair ri fhaotainn.

Cleachdar dealbhan agus faidhlichean fuaim airson an cursa a libhrigeadh. Tha geamannan ann a bhios a' cur gu feum càirtean boillsgidh airson briathrachas a theagasg.

Thèid na ceithir cuspairean a chomhdachadh anns a' chùrsa; Cultar, Obair, Coimhearsnachd agus Ionnsachadh. Tha caochladh eacarsaichean ann a tha a' deiligeadh ris na ceithir sgilean a tha cudromach airson cànan sam bith ionnsachadh - labhairt, sgrìobhadh, leughadh agus èisteachd.

Tha dithis sgoilearan à Àrd Sgoil Bhaile a' Chàirn air a bhith a' cleachdadh an làraich-lìn fad na bliadhna agus chord e riutha glan.

Thogadh athair Dhòmhnaill Mhic a' Bhatair le Gàidhlig ach **cha deach an cànan thoirt do Dhòmhnall**. Ars Dòmhnall, "Chòrd SCHOLAR rium gu mòr, thug e dhomh cothrom math a bhith ag obair air na ceithir sgilean. Bha mi gu math lag a thaobh sgilean labhairt ach a-nis, tha mi comhfhurtail bruidhinn ri daoine. **Tha mi cleachdte** ri Gàidhlig a-nis agus tha mi nas eòlaiche air eachdraidh mo theaghlaich."

Chaidh an làrach a mholadh le Ceit Nic Shimidh cuideachd, "**Rugadh mi air a' Ghàidhealtachd** agus bha mi riamh duiliich nach robh Gàidhlig agam. **Tha mi air mo mhisneachadh** gu mòr as dèidh dhomh SCHOLAR a chleachdadh. Dh'ionnsaich mi an t-uamhas mu dheidhinn a' chultair agus a' chànain. Tha mi ag iarraidh obair ann na Gàidhlig nuair a dh'fhàgas mi an t-oilthigh."

Gheibhear cead airson a dhol air an làrach-lìn SCHOLAR bho cheannard na sgoile, air neo cuideigin anns an sgoil le dleastanas airson SCHOLAR. Ma 's e sgoilear a tha annad, 's fhiach e bruidhinn riutha agus **thèid ainm-cleachdaidh agus facal-faire a thoirt dhut**.

Gheibhear tuilleadh fiosrachaidh air loidhne.

Reading comprehension: Co-fharpais nam fiolmaichean (page 473)

Q10: An advert (1) in the paper (1)

Q11: Between (1) three/3 and five/5 (1) minutes (1)

Q12: It's a good/decent (1) amount (1)

Q13: Donald: comfortable in front of/on camera (1). Kate: good at acting/good actor (1) and confident (1)

Q14: Convince her/work on her for a day or two (1) and he promised her chocolate (1)

Q15: The camera was excellent/very good/special (1), it had clear/good/high quality sound (1) and it had a clear/good/high quality picture (1)

Q16: The music (1)

Q17: It is about the love between a fisherman and a girl (1) and how his siter tries to stop it (1)

Q18: She refused to kiss Donald (1)

Q19: They uploaded it on/via the Internet/website (1)

Q20: In Glasgow (1) in a fancy/posh hotel (1) in the city centre (1)

Q21: Best high school film (1) and best music (1)

Q22: b) A personal recollection of making a film

Vocabulary: Co-fharpais nam fiolmaichean (page 476)

Q23:

1. Dh'fheumadh	l. needed
2. pàipear na sgìre	f. local paper
3. an rud an thog m' aire	j. the thing that caught my attention
4. teachdaireachd	h. message
5. cuibhreann	d. portion, amount
6. chuir mi romham	m. I decided
7. obair air	a. work on, hassle
8. uidheamachd	g. equipment
9. ag obair air a cheann fhèin	b. working on his own
10. chaidh e gu math le	k. it went well with
11. aig a' cheann thall	c. at the end of the day
12. teis-mheadhan	i. the dead centre
13. thachair mi ri	e. I met

Reading comprehension: Artagail naidheachd (page 477)

Q24: Because there was a long campaign (1) for the facility (1)

Q25: Money/finance/financial (1) crisis/problems (1) at the Council (1)

Q26: A new facility (1)when the new school (1) opened (1)

Q27: Plenty of room (1) and five full-time (1) jobs (1)

Q28: He is the spokesman/spokesperson (1)

Q29: Economic (1), Social (1), Education (1)

Q30: Saturday: Special concert/ceilidh (1), school pupils/children (1) and musicians (1), speeches (1)
Sunday: Church Service (1), dedication (1) of war memorial (1)

Q31: He was heavily/greatly (1) involved (1)

Q32: He struggled/fought (1) twenty years (1) to create opportunities (1) to retain/keep young people (1), and he helped (1) old people (1)

Q33: 16 (1)

Q34: a) A news article about a local event.

Vocabulary: Artagail naidheachd (page 479)

Q35:

ionad coimhearsnachd	community centre
staing	crisis, bad situation
staing ionmhais	financial crisis (trioblaidean airgid)
buille mhòr	a big blow
geallaidhean	promises
goireas	facility, resource
seasgair	blàth, comhfhurtail
Bòrd Leasachaidh na Sgìre	District Development Board
fiughar ri	looking forward
roi-innleachd	strategy
cuirm	concert, event, function
a' coisrigeadh	dedicating
carragh cuimhne	war memorial
daoine uasal	important people, gentlemen
nach do thàrr às a' chogadh beò	that did not come out of the war alive
an-sàs gu mòr anns an ìomairt	involved greatly in the campaign
aillse	cancer
an grùthan	the liver
banntrach	widow
as dèidh do... aonta a ruighinn	after reaching an agreement
as leth an teaghlaich	on behalf of the family
cobhair	assistance

Listening comprehension: A' Chuairt Dheireannach (page 480)

Listening transcript

Duilich a Cheit , ach am faigh sinn facal ort?
Gheibh, gu deimhinne.
Ciamar a tha thu a' faireachdainn mu dheidhinn a' gheam?
Tha mi cho toilichte leis mar a chaidh dhuinn. Thòisich mi a' cluich iomain nuair a bha mi anns a' bhun-sgoil agus nan robh thu air innse dhomh gum bithinn an-seo diugh cha bhithinn gad chreidsinn.

Dè d o bheachd air mar a chaidh dhuibh anns a' chiad leth?
Thòisich sinn glè mhath an-diugh. Chuir Mairead NicIlleinein tadhal anns a' chiad dà mhionaid agus shocraich sin sinne. Bha sinn cianail nearbhasach ron gheam. Nuair a fhuair Catrìona NicArtair an dara thadhal as dèidh fichead mionaid bha cùisean gu math comhfhurtail dhuinn ach cha robh sinn somalta uair sam bith.

Dh'fh às cùisean na bu dhorra dhuibh anns an darna leth. Dè chaidh ceàrr agus dè rinn sibh airson a thionndadh mun chuairt?
Gu mì-fhortanach, chaill sinn tadhal do Loch Mòr tràth anns an dara leth. Rinn sin cùisean gu math teann dhuinn agus chaill Loch Mòr cothrom na dhà eile. Bha an neach-glèidhidh againn, Mòrag, glè sgiobalta eadar na pùist ge-tà agus chùm ise a-mach iad.

Fhuair thusa an tadhal a bhuannaich an geam. Inns dhuinn carson nach robh thu an dùil ri sin a dhèanamh?
Uill, mar as trice bidh mise a' cluich aig a' chùl anns an loidhne-dion. Cha bu chòir dhomh a bhith anns an t-suidheachadh sin shuas na pàirce ach chaidh mo ghluasad do mheadhan na pàirce le deich mionaidean ri dhol. 'S e sin as còireach gun robh mi gam fhàgail air iomall a' bhogsa leis a' bhall. Bha an cothrom agam agus ghabh mi e. Cha b' urrainn dhomh a chreidsinn nuair a chaidh e a-steach.

'S math rinn thu. Dè tha seo a' ciallachadh don sgioba agad?
Tha e a' ciallachadh an uamhais. Tha sinn gu math eòlach a chèile. Bidh sinn a' trèanadh gu cruaidh air ar neart agus ar futachd. Tha sgioba Loch Mòr gu math làidir. 'S e seo a' chiad dhuais mhòr ann an eachdraidh ar sgioba. Bha ar luchd-leantail gu math taiceil air feadh a' gheam. Bidh mòran aca ag obair gu saor-thoileach, a' draibheadh air feadh na dùthcha agus a' cumail chèilidhean airson airgead a thogail. Tha mi air mo dhòigh gu bheil m' athair an-seo cuideachd. Bha esan riamh gam chuideachadh le camanachd agus gam bhrosnachadh.

Dè mu dheidhinn an àm ri teachd agad? Tha thu a' falbh dhan oilthigh nach eil?
Bidh e doirbh dhomh a bhith a' siubhal gach seachdain nuair a thèid mi dhan oilthigh ann an Glaschu. 'S mathaid gum faigh mi sgioba ann an Glaschu ach chan eil mi cinnteach aig an ìre-sa. 'S e Baile a' Chàirn mo dhachaigh agus tha e a'ciallachadh an uamhais a bhith a' cluich agus a' buannachadh as leth an àite agam fhèin.

Mealaib h bhur naidheachd, a Cheit, tha mi cinnteach gun còrd an oidhche riut agus ri do charaidean.
Tapadh leibh.

Q36: In primary school (1)

Q37: They started well (1), scored early/after two minutes (1), and were comfortable (1).

Q38: Lost goal/conceded (1) early (1)

Q39: She usually (1) plays in defence (1)

Q40: By volunteering/voluntary work (1) such as driving across/throughout the country (1), running ceilidhs (1) to fundraise/raise money (1)

Q41: Stay (1) with Baile a' Chàirn or play (1) with other/new team (1)

Vocabulary: A' Chuairt Dheireannach (page 482)

Q42:

mar a chaidh dhuinn	g. how it went for us
cha bhithinn gad chreidsinn	f. I would not have believed you
socraich	h. calm
cianail nearbhasach	a. awfully nervous
tionndadh mun chuairt	e. turn around
neach-glèidhidh	c. goalkeeper
iomall a' bhogsa	i. edge of the box
eòlach a chèile	b. know each other
a' ciallachadh an uamhais	d. meaning a terrible lot

Listening comprehension: Telebhisean (page 482)

Listening transcript

Tha dà thelebhisean anns an taigh againn, fear anns an t-seòmar-suidhe agus fear eile shuas an staidhre anns an t-seòmar-teaghlaich. Cha robh ar pàrantan riamh a' leigeil leinn telebhisean nar seòmraichean-cadail agus is math sin. Is urrainn dhut coimhead air telebhisean air fòn-làimhe no coimpiutair-uchd agus chan fheum thu a bhith còmhla. Cha bhi sinn a' dèanamh mòran strì a thaobh cò leis a tha an "uidheam-smachd cèin" anns an taigh agam co-dhiù.

Bidh mi fhèin a' coimhead air mòran telebhisean air loidhne, air neo gun bhith a' coimhead air telebhisean ceart idir. Is e bhideothan èibhinn as fheàrr leam a choimhead. Bidh mi a' leantainn caochladh shianailean air YouTube. Ach nuair a bhios mi a' coimhead air an telebhisean, is fìor thoigh leam programan mu dheidhinn eachdraidh, gu h-àraidh eachdraidh na h-Alba.

Tha e a' còrdadh ri mo bhràithrean gu mòr a bhith a' coimhead air sreath air fad le cruinneachadh bogsa. 'S e programan Ameirigeanach as fheàrr leotha a bhith a' coimhead. Bidh na sreathan bho na Stàitean Aonaichte nas fhaide na programan san dùthaich seo. Mar as trice, chan fhaic ach sia no seachd programan ann an sreath à Breatainn ach thall anns na Stàitean, chan eil e neo-àbhaisteach sreath cho fada ri fichead 's a dhà programan fhaicinn.

'S e telebhisean Lochlannach as fheàrr le mo mhàthair, programan dràma mu mhurt agus eucoir ann an dùthchannan mar an t-Suain, an Danmhairg agus Nirribhidh. Bidh fo-thiotalan ann agus tha sin ga cuideachadh gu mòr le tuigsinn.

Bidh m' athair a' coimhead air spòrs air an teilibhisean. Bidh e a' cosg fortan air telebhisean saideil gus am faigh e cothrom na geamannan mòra às an Spàinn agus à Sasainn a choimhead. Is toigh leis bogsadh cuideachd, agus uaireannan fuirichidh e air chois gu uairean beaga na màidne airson sabaidean ann an Ameiriga fhaicinn.

Là na Nollaig, thig mo sheanphàrantan dhan taigh airson dinnear. As dèidh dhuinn a' chearc-fhrangach a ghabhail, bidh sinn uile nar suidhe air beulaibh an sgàilein agus bidh mo sheanmhair airson Òraid na Ban-rìgh a choimhead. Tha mi a' faighinn seo dòrainneach ach chan eil mi a' dol a throd ri mo sheanmhair, tha i cho laghach!

Q43: In the sitting room/lounge (1), upstairs (1) and in the family/living room (1)

Q44: Online/internet (1)

Q45: Programs on Scottish history (1)

Q46: In box sets (1)

Q47: The series are longer (1)

Q48: Murder/death (1) and crime (1)

Q49: 2 points if you name any from Sweden, Norway, Denmark. Scandinavia is also good for 2 points.

Q50: Subtitles

Q51: A fortune (1)

Q52: He stays up late (1) to watch fights (1) from America (1)

Q53: Grandparents come for dinner (1) and the Queen's speech is watched (1)

Q54: Because she is so lovely/nice (1)

Vocabulary: Thelebhisean (page 484)

Q55:

Seòmar-suidhe	sitting room
Seòmar-teaghlaich	family room
coimpiutair-uchd	laptop
uidheam-smachd cèin	remote controller
caochladh shianailean	a range of channels
cruinneachadh bogsa	boxset
fo-thiotalan	subtitles
murt	murder
eucoir	crime
neo-àbhaisteach	unusual
saideal	satellite
uairean beaga na maidne	wee hours of the morning
cearc-fhrangach	turkey
sgàilean	screen
Òraid na Ban-rìgh	Queen's Speech
laghach	lovely